聚焦社会民生　共话时代变迁

——首都大学生暑期优秀社会实践论文集

王鲁娜　姚洪越　主编

气象出版社
China Meteorological Press

图书在版编目（CIP）数据

聚焦社会民生　共话时代变迁：首都大学生暑期优
秀社会实践论文集 / 王鲁娜，姚洪越主编. -- 北京：
气象出版社，2021.8
　ISBN 978-7-5029-7528-9

　Ⅰ. ①聚… Ⅱ. ①王… ②姚… Ⅲ. ①大学生－社会
实践－中国－文集 Ⅳ. ①G642.45-53

中国版本图书馆CIP数据核字(2021)第167440号

聚焦社会民生　共话时代变迁——首都大学生暑期优秀社会实践论文集
Jujiao Shehui Minsheng　Gonghua Shidai Bianqian——Shoudu Daxuesheng
Shuqi Youxiu Shehui Shijian Lunwenji

出版发行：气象出版社			
地　　址：北京市海淀区中关村南大街 46 号		邮政编码：100081	
电　　话：010-68407112（总编室）　010-68408042（发行部）			
网　　址：http://www.qxcbs.com		E-mail：qxcbs@cma.gov.cn	
责任编辑：刘瑞婷　张锐锐		终　　审：吴晓鹏	
责任校对：张硕杰		责任技编：赵相宁	
封面设计：地大彩印设计中心			
印　　刷：北京中石油彩色印刷有限责任公司			
开　　本：710 mm×1000 mm　1/16		印　　张：24	
字　　数：523 千字			
版　　次：2021 年 8 月第 1 版		印　　次：2021 年 8 月第 1 次印刷	
定　　价：68.00 元			

目　录

新中国成立70年来
城乡居民养老方式变迁及养老意愿调查①

王鲁娜　　王新月

【摘　要】　新中国成立70年来,我国人民的生活发生了翻天覆地的变化,居民的养老现状及养老需求也随之改变。从居民老有所养、老有所依的基本养老要求到如今的更文娱化、多元化、体系化的变迁之中,可以透视出社会发展的基本轨迹。本文通过探究新中国成立70年来城乡居民养老方式的变迁情况,着重关注我国城乡居民的养老现状和未来的养老意愿,以期能够为有关部门改善养老过程中面临的问题以及满足居民未来养老期望提供现实依据和理论支持。

【关键词】　城乡居民;养老现状;未来意愿

新中国成立以来,人民生活水平不断提高,现代医疗不断进步,我国居民的平均寿命有了很大的提高,但与此同时,计划生育、年轻人思想的变化、养儿成本的提高等诸多外界因素导致我国新生儿逐渐减少、青壮年人口数量减少、老年人口比例逐渐攀升,社会出现了人口老龄化现象。随着人口老龄化的发展,国家、社会、子女以及老人自身都在调整或适应适宜的养老条件及政策。因此,探析新中国70年来城乡居民养老状况的变迁和未来养老方式的选择具有重要意义,不仅为解决人口老龄化问题提供科学遵循,更有利于满足人民对美好生活追求的需要。

本次调查采用网上问卷及访谈问卷两种方式。网上问卷由小组成员在朋友圈、QQ空间的方式发放并收回,主要调查养老承担者的现状及他们未来的养老意愿。访谈问卷由小组成员采访身边需要养老的老年人记录并回收(北京市、上海市、陕西省宝鸡市、贵阳市修文县)。调查问卷一共发出311份,其中发出网络问卷204份,收回204份,回收率达100%;有效问卷204份,有效率达100%。访谈问卷共发出107份,收回107份,回收率达100%;有效问卷107份,有效率达100%。

一、新中国成立70年来城乡居民养老情况变迁

新中国成立70年来,我国在各方面都有着显著的变化。在这70年里,我国在养老方面的政策从较为疏漏到逐渐完善,少不了政府、社会和家庭等各方的努力。在这期间可以大致把我国的养老情况分为三个时期,分别为新中国成立至改革开放前的萌芽期、改革开放后至2000年的探索期以及2000年至今的完善期。

---

①　本课题指导教师王鲁娜(北京工商大学马克思主义学院);课题组组长王新月(食品173);课题组成员:胡家宁、许世玉、王何天爱、李卓然、郭思凡(食品173)。

（一）萌芽期：新中国成立至改革开放前

新中国成立至改革开放前，城乡养老体现出二元化的特点，城镇养老个人、单位和家庭共同发力，乡村居民养老方式主要为家庭养老，社会养老服务机构主要由政府开办且数量极少。此时期严格的户籍制度、以家庭为主的农业生产方式和自古以来的"孝"文化有效地巩固了家庭养老的条件。家庭养老以其成本低、更好的关怀老人、"孝文化"传统美德而占主要优势。在此时期国家百废待兴，首要之事是社会主义的改造和经济的发展，国家对于养老服务方面基本以救助为主，面向对象也大多是鳏寡孤独老无所依者。最初带有养老服务性质的机构为生产教养院，但在严格意义上生产教养院并不是专门的养老机构，它只是为了收留和教育城镇流离失所之人。根据统计，1953 年底，全国共建成这类机构 920 个，接受孤寡老人约 10 万人次。后来不再接收有劳动力的人，成为专门接收孤寡老人的"养老院"。到 1964 年，全国此类机构为 733 个，安置老人 7.9 万。人民公社运动时，在农村"五保户"的基础上兴建养老院。1958 年底，全国兴办建成养老院 15 万所，收养 300 余万"五保户"，但在后来受"文化大革命"的影响，养老院和敬老院都发展曲折。在政策方面，1951 年颁布了《中华人民共和国劳动保险条例》，此条例对城镇职工的劳动保险金和养老待遇作出了较为明确的规定。但由于其不是专门为养老所制定，所以其本身的涉及范围不大（只针对城镇职工），可以看出在新中国成立前期我国的养老政策十分单一。

（二）探索期：改革开放后至 2000 年

改革开放后的探索期强调对养老行业实行福利社会化改革，尝试养老方式市场化。改革开放时期，随着各方面的大变动，家庭养老也随之出现一些问题，此时政府所能提供的财力和政策也不能与解决这一问题所需要具备的能力相匹配，因此主张实行福利社会化改革。在此时期，虽然家庭养老仍为养老的主体，但机构养老和社区养老也如春笋般涌现。"文化大革命"之后，全国上下拨乱反正，重新开展养老福利事业。1984 年进一步明确"社会福利社会办"的城市社会福利事业指导思想，之后在 1987 年倡导由国家、集体和个人一起办。在政策方面，我国相继颁布了《社会福利机构管理暂行办法》《老年人社会福利机构基本规范》《老年人建筑设计规范》《农村敬老院管理暂行办法》等法规，从居住、医疗、康复、娱乐等方面一起改善。与此同时，1985 年颁布的《关于制定国民经济和社会发展第七个五年计划的建议》和 1995 年颁布的《国务院关于深化企业职工养老保险制度改革的通知》将我国养老保险制度继续完善，1997 年也明确了社会统筹与个人累积相结合的养老保险制度改革方向。可见在这一时期，政府和社会对养老问题逐渐重视起来。在此改革过程中，政府应该在其中发挥主导作用，但养老行业同其他行业一样引入市场化之后，部分地方政府将养老责任推到了社会和市场，对养老行业放任不管，这已经与当时的福利社会化改革的初衷不符，对我国养老事业造成非常大的影响，同时也在探索期为以后的养老服务提供了经验与教训。

(三)完善期:2000 年至今

2000 年至今是我国养老服务体系的完善阶段,这一时期最重要的是 2006 年第二次全国老龄工作会议上提出的"养老服务体系"。2000 年,我国开始进入老龄化社会,养老显然成为一个影响着经济等各方面的大问题。据估计,2020 年我国老年人口将达到 2.48 亿,2050 年将达到 4.37 亿,进入重度老龄化阶段①,养老问题日益凸显,必须健全和发展养老服务体系。在此时期,国家继续推动社会福利社会化,大力兴办养老服务公共事业。相继颁布了《关于加快实现社会福利社会化的意见》《关于支持社会力量兴办社会福利机构的意见》和《关于加快发展养老服务业的意见》等政策。在 2016 年,全国养老机构的床位已达到 669.8 万张,居家养老服务设施基本已覆盖城镇和 50% 以上的农村②。养老主体也可分为家庭、社会、社区养老服务体系三种,从家庭和单位向多样化发展。此时的养老服务也更加细致,根据老年人的家庭收入情况和自身健康状况把老年人分为不同类别,类别不同财政补贴也不同。服务内容除了基本的生活照顾,还提供医疗服务及精神疏导。

二、当前我国城乡居民养老现状及问题分析

本部分将深入老年人的生活,从养老承担者和需养老者两个角度来共同得出我国城乡居民养老的真实现状以及现阶段所出现的问题。

(一)我国城乡居民养老情况现状分析

1. 养老承担者的基本现状

2000 年以来,我国养老服务处于系统化的形成阶段。随着我国社会逐渐步入老龄化社会,我国需养老者所占比例逐渐增加使养老压力日渐加重。未来几十年内我国人口结构仍将向老龄化方向变动。因此,我国的养老承担者起着十分重要的作用。

(1)养老承担者对于养老政策的了解度及满意度

针对我国社会老龄化问题,我国采取了许多应对措施。政府大力兴办养老服务公共事业,正式提出"养老服务体系"概念。我们对大众是否了解此类措施的程度展开调查。我们发现居住于城市的被调查者多数对政府养老制度的运作知之甚少,而居住于乡村中的被调查者对政府养老制度的运作了解程度甚至更低。看出我国对养老制度等措施的普及程度较弱,使得公民对社会上现有的养老服务认知情况较弱。同时也调查了民众对于我国养老保障现状的满意程度问题,如图 1,不难发现乡村居民对养老保障的不满程度较高,说明我国养老保障体系目前仍欠缺完善,乡村一类较偏的地方养老体系仍存在着较大问题。

---

① 数据来源:中华人民共和国民政网。

② 数据来源:全国老龄工作委员会统计。

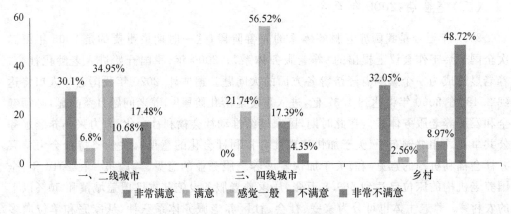

图 1　居民对养老保障的满意程度

（2）影响子女赡养父母的主要因素

随着需养老者比重增加，子女肩负的责任愈发重大。面对日益增大的养老压力，子女对老人的赡养至关重要。我们通过图 2 发现，居于一、二线城市和乡村的子女认为赡养父母的最大压力在于性格差异，居于三、四线城市的子女认为赡养父母的最大压力在于代沟问题和收入不够。此外，还有因为父母作息时间与自己不同，同居会互相干扰、精力不足以及自己的生活模式和父母不同等回答。

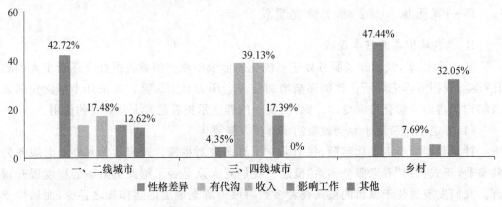

图 2　影响子女赡养父母的因素

如今中青年赡养父母比较注重生活质量和日常交流，认为父母的性格与自己不同会在交流中遇到障碍；或因为父母生活模式与自己不同住在一起会相互干扰。可见生活质量在后辈眼中比较重要。而当今老人的生活中比较注重子女的陪伴，部分老人生活中会有孤独感。也有老人对日后可能独居的生活有一定担忧。可见子女作为养老承担者的责任同样重大，老人生活不仅需要政府社会对相关制度的制定和完善，还需要子女的陪伴。

4

2. 养老群体的基本状况

(1)身体状况与心理健康状况

我们询问了老年人的身心状况。访谈结果显示，绝大多数的老年人身体状况比较好，有完好的自理能力，能参与轻体力劳动，能够打理家庭。身体状况与医疗水平的提高有一定关系。但是，慢性疾病带来的影响还是不可忽视的。如骨关节老化、心脑血管疾病、白内障、颈椎或腰椎疾病等。

老年人的心理健康与身体状况同样重要。情感关怀和精神慰藉是家庭成员在养老中所具有的不可替代的价值。能够给予情感关怀的主要角色为儿女、配偶和社会服务人员。我国城乡需养老者的心理状况总体较好，在儿女以及其他家人的陪伴下，孤独感不太强烈，且对于不能经常回家看望自己的子女，大多抱以理解和包容的态度。同时这也表明，我国"养儿防老"的传统思想正在随着时代逐渐淡化，当下的老年人能够尊重子女的独立性，侧面反映出老年群体心理健康状况在向好的趋势发展。另外，老人们有意识地保持心理的健康，能够主动参与娱乐休闲活动和公益活动。不可避免的，还是有一部分认为自己较为孤独的老年人，尽管这部分占比不高，但人数也并不少，因此，如何为老年人带去更多的关怀，还是一个需要引起家庭及社会足够重视的话题。

谈及是否觉得孤独时，大部分参与访谈的老年人不觉得孤独，"儿女时常回来看望"是主要原因。并且，随着科技发展，以城市居民为主的老年人大多愿意学习使用手机等工具，更加方便地与子女和家人进行交流。此外，积极参加业余活动，丰富生活，也是老年人减轻孤独感的重要途径。而个别受访者认为自己有些孤独，他们大多是子女回家较少，或者长期独居，或者居住在养老院，并且他们的身体状况大多也不乐观。老年人需要家庭归属感，被重视和被需要能够帮助他们减少孤独感的产生，而心理健康对身体健康也产生着重要的影响。

所查阅资料也显示出，我国老年群体的心理健康状况与上述访谈结果相符，绝大多数老年人孤独感并不强烈。有二到三成的老年人有不同程度的孤独感，其中 1.42% 的老年人经常感觉到无人陪伴、被忽略或被孤立，孤独感比较严重。[①]

(2)经济状况

我们首先了解了主要经济来源。48.6% 的受访者选择了退休工资，这是老年人最主要的经济来源；其次是养老保险，为 28%；依靠自己攒的积蓄占 20.6%，儿女赡养占 18.7%，政府或社会资助占 8.4%。

受访者的经济状况如图 3 所示。

综合以上两项结果来看，受访的老年群体经济状况较好，能够保证生活稳定。从经济来源上来

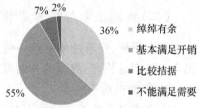

图 3　受访者的经济状况

———————————

① 中国人民大学中国调查与数据中心负责实施的中国老年社会追踪调查（CLASS）2014 年全国调查数据。

看,大约有半数及以上的老人依靠退休工资、养老保险和多年积蓄,这部分收入属于自给自足的部分,也就是说一半以上的老年人经济是独立的,能够自行满足养老的经济需要,可以不依赖于子女的赡养费。体现出来的是,一方面国家总体的经济水平在稳步提高,老年人工资水平也在不断提高;另一方面,社会养老保障制度也在不断完善,确实保障了老年人的经济需求。

(3)养老方式

居家养老是九成以上老年人的养老期望,约一半的老年人希望由子女承担主要照料责任。究其原因,主要还是由于我国以儒家思想为主导,长期以来形成了"家庭养老"的传统模式,赡养老年人已成为家人责无旁贷的义务。在传统文化影响之下,人们将家庭养老作为最首要的选择。我们还调查了老人们目前的养老方式,如图4,以及其所希望的养老方式,如图5。对于养老院老人们大多持否定态度。对比于二者结果,"希望在养老机构养老"也确实比"正在养老院养老"少了5个百分点。

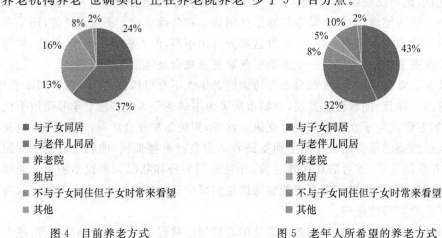

| 图4 目前养老方式 | 图5 老年人所希望的养老方式 |

目前养老方式中,家庭养老占到了85%以上。家庭养老不仅仅是当前最首选的养老方式,也是绝大多数老人们所希望的养老选择。我们还发现,希望"与子女同住"和"不与子女同住但子女常来看望"比现实养老方式中分别增加了19%和2%。

(二)我国城乡居民养老情况存在的问题分析

老有所依、安享晚年是每一位老年人的愿望。随着我国经济和医疗水平的发展,居民寿命逐渐延长,但我国的养老服务制度仍存在一些问题。

1.养老机构不完善

在家庭养老功能弱化的同时,养老机构显得尤为重要。我国的机构养老存在设施条件比较差、生活比较单调枯燥、服务对象不明确、发展缓慢等问题。而一些条件较好的养老院,则收费偏高。在访谈中,一些老年人表示养老院气味环境不好,同时入住的也有患精神疾病的老年人,认为不是理想中的养老环境。据统计,全国共有各类老年社会福利机构3.8万个,养老床位120.5万张,平均每千名老年人才占有床位8.6张,与发达国家平均每千名老人占有养老床位数 50～70 张的水平相差甚远①。资料显示,按照老年人口与护理人员配备比例 3：1 测算,全国有 2830 万老年人生活不能完全自理,共需要养老护理员约 1000 万人,而目前全国养老机构的职工只有 22 万人,其中取得职业资格的仅有 2 万多人,供需矛盾十分突出②。因此,机构养老资源严重短缺成为当前最急需解决的问题。

目前大多数社会养老机构面临的尴尬是,老人们只要在自己家里还能维持,就不愿意去养老机构;而低龄健康、自理型或者经济状况优越的老年人却往往找不到他们所需要或者合适的养老机构。

2. 职责不明确,缺乏人口老龄化应对经验

政府职责不明确,在政策的制定、出台、落实等方面出现缺位的现象。在建设养老院方面,没有考虑到最需要帮助养老的其实是一些经济能力不行、子女不在身边的老年人。养老服务是需要各个部门共同配合的一项工作量比较大的工作。养老服务体系建设虽然由民政部门主管,但也需要其他部门配合,加之民政部门人员有限,力量有限,往往力不从心。

认识不到位,观念需要创新。由于我国进入老龄化社会的时间不长,对未来老龄化挑战缺乏准备,人口老龄化问题的战略地位还没有得到足够重视。对人口老龄化社会发展方式的认识还不深入,应对老龄化问题的政策主要集中在老年人口养老问题上,缺乏对就业、抚养负担、代际公平等与劳动力供求和接续等政策的安排。缺乏鼓励老年人参与社会发展、推动老龄产业发展、促进健康老年群体收入、挖掘二次人口红利的政策。

3. 机构养老运行困难

首先,养老机构需要建成运行,还需要在医疗、环境、设施、心理健康等方面投入大笔资金,并且日常饮食看护都需要人、财、力的维持,这无疑加大了政府的财政负担。同时老年人的收入普遍较低,这也让大部分老年人面对高额的养老机构费用望而却步。其次,我国固有的传统思想,老年人都想与子女孙辈共享天伦之乐,大部分老年人还是希望居家养老,这些种种原因都导致了养老机构运行困难。

"全世界所有人都能够有保障、有尊严地步入老年,并作为享有充分权利的公民参与其社会。"这是 10 年前在西班牙马德里举行的第二次老龄问题世界大会确立的总目标,也是我国今后若干年的奋斗目标。

4. 公民对养老保险的意见及建议

我国如今已基本实现基本养老保险制度的全覆盖,但仍面临社会保障事业发展不平衡、不充分的问题。通过表 1 分析可以看出,除去"其他"中不了解养老保险制度的被调查者外,余下的被调查者中居住于城市者普遍认为我国多层次养老保险体系发展不成熟,缺乏待完善的管理体系。而居住于乡村的被调查者则多数认为养老保险覆盖率较低。可见我国养老保险制度如今存在的主要问题在于:养老保险体系未覆盖全国地

---

① 数据来源:全国老龄工作委员会办公室。

② 数据来源:中华人民共和国民政部。

区,覆盖率较低及多层次养老保险体系发展不成熟,管理体系待完善。此外,少数人认为我国养老保险缴费率过高有逃避缴费的现象。

表1　养老制度存在的缺陷

首要问题 被调查地区	养老保险体系 覆盖率较低	养老保险收费 率过高有逃避 缴费现象	多层次养老保险 体系发展不成熟, 管理体系有待完善	其他
一、二线城市	33.01%	6.80%	42.72%	17.48%
三、四线城市	21.74%	21.74%	47.83%	8.70%
乡村	38.46%	5.13%	11.54%	44.87%

三、我国城乡居民未来养老意愿分析

为更好地满足未来居民的养老需求,了解我国居民的未来养老意愿尤为重要,尽量实现大众养老诉求,对现阶段居民不满意的地方进行改善,对居民所提到的养老要求尽量实现,更好的整体提高我国民众的幸福感。

(一)民众期望的未来养老模式调查及主要考虑因素

我们调查了城乡居民的预期养老意愿,发现超过半数的人表示愿意独居或者与子女一起生活,进入养老机构与请家政人员的人只占了1/8左右,如图6。为此,我们进一步调查了人们的主要考虑因素,发现城乡居民考虑因素存在一定的共性与差异性。

共性表现在:第一,选择养老院时高昂的费用成为首要考虑的因素;第二,居住条件和配套设施;第三,对精神文化生活的追求。在新时代的背景下,老年人的观念也与20年前发生了翻天覆地的变化,即使是老年人也拥有掌控自己生活的权利,他们更愿意在未来的时间里享受生活。全国经济的普遍增长和养老保障制度的逐渐完善,使老年人的生活多了些保障,他们更愿意花钱在精神文化生活上,而不仅仅是眼前的物质生活。

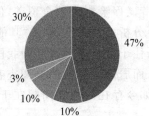

■独自生活　■和子女生活　■养老机构　■请家政人员　■其他

图6　居民对未来养老的预期

差异性主要体现在城乡居民养老的思维差异。城市人口相对来说经济水平和受教育程度较高，而在面对新形式养老模式时，接受程度也并未达到我们的预期。在城市人口中，除了上述因素之外，个体因素中，女性老年人比男性老年人选择养老机构的可能性更低，教育程度越低则对子女的依赖性越强；社会因素中，空巢老人比非空巢老人更倾向于自己在家养老，有配偶的老年人更倾向于在自己家养老而非住进子女家。乡村人口的子女数量较城市人口多，老年人在养老问题上对子女的依赖性较强，传统的

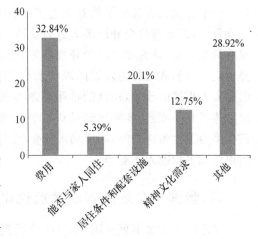

图 7　影响入住养老机构的因素

养儿防老观点仍旧存在。在是否入住养老机构的问题上，除了主观上乡村老年人对养老机构了解较少之外，客观上经济水平成了最显著的影响因素如图 7。

（二）民众对于养老院养老的态度分析

关于民众对于养老院的态度，31％的回答者给出明确答案不去，35％的回答者表示可以考虑接受，34％的则表示随意，如图 8。受访者拒绝在老了之后进入养老院，我们从这个方面入手，继续调查了大家对养老机构的期望，以期找出我国养老机构仍需进一步改进的地方。从图 9 我们可以看出，医疗设施完善是民众最为广泛关注的问题，其次是服务是否到位、养老机构是否为老人举办丰富的日常活动、环境是否美观舒适。由此得到结论，医疗卫生保障问题是我国养老问题的重中之重，身体健康是国民生活质量提高的基础。其次是养老机构的周到服务能否有效减少老年人的孤独感，能否拥有快乐的老年生活也是重要的考虑问题。

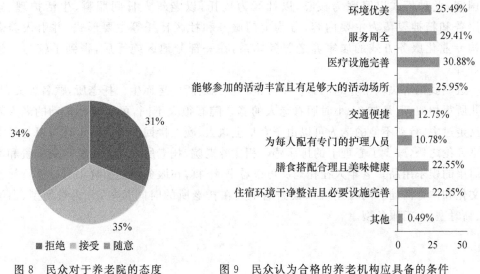

图 8　民众对于养老院的态度　　图 9　民众认为合格的养老机构应具备的条件

9

一部分受访者选择了愿意在老了以后进入养老院,原因总结为,一是为了可以减轻子女负担,二是有机会和同龄人进行交流。我们在分析问卷调查结果时发现,许多人仍保有传统思维,认为养老院的环境不好,表示如果环境问题能够得到改善,会愿意进入养老院。根据我国目前发展的现状来看,经济较为发达地区的养老机构环境较10年前已有较大程度的改善,民众的排斥心理得到了很大程度的舒缓。而偏远乡村地区养老保障体系并不成熟,能够达到民众心中预期环境的养老机构少之又少,这些地区的养老机构多为卫生条件中等,相应的医疗保障人员缺口较大,基础设施配备不齐全,费用与当地居民平均收入不对等。

四、我国城乡居民养老情况优化的对策建议

养老问题是家事更是国事,直接关系到国家社会的稳定与发展。应着眼不同群体养老服务需求,积极整合医养资源和实践,做到"老有所养,老有所为,老有所乐"。

(一)提供医养结合服务

医养结合服务是指一种医疗服务与养老服务结合的新型养老模式。突破了一般医疗和养老的分离状态,有机结合老年人的"医""养"双方面需求,为老年人提供综合全面、多层次、个性化的医养结合服务。医主要包括老年人医疗康复保健、健康咨询、日常体检等服务,养主要包括对老年人生活照顾及其他文娱体美活动等的服务。

目前我国各地有在医疗机构内开设养老机构、养老机构内增设医疗机构,医疗机构与社区居家养老合作等模式。但我国医养结合服务仍处于初级阶段,以后还得注重专业人才培养,借助社会力量完善基础设施和健全服务保障。

(二)探索养老新型方式

在居家养老与养老院之间,社区养老是一个良好的选择。社区养老更符合我国国情,此种模式以家庭为核心,以社区为依托,以老年人日间照料、生活护理、家政服务和精神慰藉为主要内容,分为上门服务和社区日托等主要形式,并引入养老机构专业化服务方式的居家养老服务体系,在一部分地区施行后,得到了较为一致的好评。

近期我国解决城市养老的另一个方案——托老所应运而生。托老所,顾名思义,与托儿所很相似,但是与24小时照看老人的养老院有很大不同,可以自己走动的老人就自己走过去,行动不便老人可以由子女早上送去、晚上接回。老人晚上还可以与子女共享天伦之乐,减少了心理上的排斥感。相比养老院,托老所只需要负责解决午餐和准备简单的娱乐用品。老年人在托老所可以看书、下棋,在服务员的引导下可以进行简单的文化和体育活动。同时还可以根据老年人在托老所的时间长短,分为长期型、白天型、临时型、上门服务型。

（三）鼓励多元主体参与

在养老参与主体方面，可以动员多方面人员参与养老服务当中去。发展民间组织性质的养老服务，不仅仅把养老的责任锁定在家庭与国家中，更应引导并鼓励社会各界关注并做出行动。进行多种慈善捐助，推动养老福利事业，培育民众对于养老的全民责任感，呼吁全民共同对老年人进行关怀。同时可以培训民间志愿者，在管理方面完善志愿者登记系统，对于志愿者的志愿熟悉领域作以标注，更好的全方位养护老人，同时，完善志愿者保障系统，让志愿者有着良好的责任感与荣誉感。为满足老年人对于心理上的需求，在培训志愿者时还要注重志愿者的共情能力，让老年人身心保持良好状态。再者，鼓励低龄养老者帮助生活不能自理的养老者。

（四）健全法律保障制度

明确各个养老组织的责任义务，建立养老纠纷时有指导性的法律严格划分权力的使用边界，避免部门之间缺位、错位和越位。对于资金善款一定要透明化，在部门与大众的监管之下运作，切莫发生令大众寒心的善款挪用或资金使用未到位的事件。加强养老保险法律保障，完善《中华人民共和国老年人权益保障法》，维护老年人合法权益，重拳整治拒绝赡养老人、虐待老人的行为，使老年人的福利、保健和护理上升到法律界面。

（五）借鉴国外成熟经验

英国的老年社区配套设施齐全。社区建筑规模大，俱乐部较多，各种课程和培训应有尽有，是集合了居住、商业服务、度假疗养为一体的大型综合社区。

日本养老社会保险保障体系完善。提供无障碍设施的老龄人住宅产品、具有看护性质的老龄人住宅产品、能和家人共同生活的住宅产品。老年人住宅产品与其他租售性质的住宅产品混合设计在一个生活社区内，突出自助自理。

美国社会非常发达，还是以家庭养老为主。真正进入机构养老院的只有 20％。很多美国老人都拿着退休金到风景优美、适宜养老的国度、地区安度晚年。芝加哥老龄化办公室在早些年就推出了"家园共享"计划：将 60 岁及以上，年龄段相仿，又有兴趣共享一个家的个人以合得来为前提进行甄选和配对。

参考文献

《当代中国》编委会，1994. 当代中国的民政（下）[M]. 北京：当代中国出版社.
王琼，2017. 我国养老服务综合配套改革实践与创新[M]. 成都：西南交通大学出版社.
曹丽，李雪莲，2019. 新形势下社区养老服务模式研究[J]. 领导科学论坛（09）：24-27.
刘露，2019. 山东省城乡老年人养老意愿差异分析[J]. 中国老年学杂志（15）.
孙鹃娟，沈定，2017. 中国老年人口的养老意愿及其城乡差异——基于中国老年社会追踪调查数据的分析[J]. 人口与经济,000(002):11-20.

严馨,2019. 基于养老保险待遇的充足性分析[J]. 现代商贸工业(26):157-160.

赵雅丹,孙铭鸿,郭成博,2019. 智慧养老服务产业发展路径研究[J]. 中国商论,000(015):220-221.

张梅,2019. 医养结合养老服务业发展路径研究——以南通市通州区为例[J]. 上海农村经济(4):42-46.

杜鹏,孙鹃娟,张文娟,等,2016. 中国老年人的养老需求及家庭和社会养老资源现状——基于2014年中国老年社会追踪调查的分析[J]. 人口研究(6).

王珊珊,王萍,玉钰,等,2019. 我国社区老年人医养结合服务现状[J]. 智库时代(36):164-165.

薛苏娅,2017. 我国养老承担能力的实证研究[D]. 南京:南京大学.

新中国成立以来房山区居民公共文化活动参与度与满意度调查研究①

江 燕 毛 玲

【摘　要】　新中国成立70年来,随着公共文化服务体系的建立与不断健全,我国居民的文化生活日益丰富,但是作为一个拥有上下五千年文明的文化大国,我们还并未真正成为一个文化强国。在公共文化服务体系下,人们对公共文化资源的利用并不充分,公共文化活动的参与度也不是很高,我们选择良乡大学城所在地房山区进行本次调查研究。经过实地考察与问卷调查,对居民参与度和满意度的分析,我们发现北京市房山区公共文化服务中存在着公共文化服务配套设施不完善、居民对公共文化活动期待值不高等一些问题,针对这些问题,我们借鉴以往经验,结合现实情况提出了一系列解决方案,希望能在建设中国特色社会主义文化强国的时代号召之下,为房山区公共文化服务体系的健全发展贡献自身力量,并为其他地区提供有效借鉴。

【关键词】　北京市房山区;公共文化服务;居民;参与度和满意度

　　党的十九大报告中提出:"要展示推进社会主义文化强国建设,不断提高文化建设的科学化水平。建设文化强国需要文化事业和文化产业'双业并举'。"从以人为本的理念出发,要建设文化强国、发展文化事业就需要加强建设基层文化服务体系,提高文化事业的"公共性""公益性"和"公平性"。同时,十九大报告还提出了,中国特色社会主义进入新时代,我国的主要社会矛盾转变为人民日益增长的美好生活需要和不平衡不充分的发展之间的矛盾。而对于文化生活的需求越来越成为当代人民追求美好生活的重要组成部分。

　　2005年中国首次提出了逐步形成覆盖全社会的公共文化服务体系。党的十七届五中全会进一步明确要基本建成公共文化服务体系。2013年党中央首次提出"构建现代公共文化服务体系"。2016年全国人大常委会正式通过《中华人民共和国公共文化服务保障法》,它的通过意味着对于公共文化服务体系有了法律制度的保障。习近平总书记在党的十九大报告中提出,完善公共文化服务体系,深入实施文化惠民工程。2005年以来党和国家高度重视公共文化服务事业的发展,各级政府对于文化事业的财政预算也逐年增长,我国公共文化服务体系的建设取得了长足进步,但不可否认的是我们在文化服务体系的建设中仍存在一些问题。通过人民对文化服务体系满意度的评价,我们可以及时了解,及时改进,从而让整个社会文化服务体系更加健全,更好地服务于人

---

　　① 本课题指导教师江燕(北京工商大学马克思主义学院);课题组组长毛玲(西语18);课题组成员:黄山珊(西语18)、吕佳琪(英语181)、洪玉滢(西语18)、李君(西语18)。

民的精神文化需求,更加有助于社会主义文化强国的建立。

在新时代全面建成小康社会的进程中,北京市以加快构筑全国重要文化高地为奋斗目标,近几年在公共文化服务建设方面取得了重大成效,财政投入稳步增加,文化队伍建设不断增强,群众文化生活日益丰富。然而,当下对于文化服务体系的研究更多的是从客观方面着手,从经济学角度或法学政策角度出发的,缺少对于群众满意度角度的研究。本文从群众满意度角度出发,希望能对文化服务体系的整体研究作出一些补充。另外,本文通过对于文化服务满意度的调查,总结房山区居民对于本地文化建设的看法,最终提出对于房山区文化服务体系建设的建议。这将有助于房山区政府更好地提供文化服务,提升广大人民群众的满意度。

一、房山区公共文化服务变迁

(一)改革开放前房山区历史文化变迁历程

房山区历史悠久,文化底蕴深厚,素来有"人之源""城之源""都之源"的美誉。举世闻名的房山周口店北京人遗址是人类文明的发祥地;有 3000 多年历史的琉璃河西周燕都遗址被史学界视为北京古代城市发展的起点;860 多年前的金代皇陵,印证了北京建都的沧桑。据普查结果显示:房山区共拥有 328 处文物古迹,225 项非物质文化遗产普查项目。灿若星河的文化古迹构成了房山从古至今的历史文化长廊。

改革开放前,房山区的公共文化服务体系发展滞后,1/3 乡镇街道无独立设置的综合文化中心,博物馆、活动中心等场馆规模较小,维护力度不足,设备技术老化,人流量小。始建于 1953 年的周口店遗址博物馆有史以来经历了一次建立与两次革新,1953 年 9 月 21 日正式开幕,让国内外人士直观地、形象地了解我国历史、认识祖先;1955 年,党和国家领导人邓小平、宋庆龄等先后视察了周口店遗址并参观了陈列馆,鼓励考古工作者为祖国和人民努力工作,取得更大成就;1971 年,在中国科学院院长郭沫若的关怀下,对陈列馆进行了扩建,新建 1000 平方米的展厅。建成后的新馆更名为"北京猿人展览馆";1978 年,对展览内容进行了全面调整。另外,位于房山区琉璃河镇西部的琉璃河遗址于 1979 年列为北京市文物保护单位,1988 年被国务院颁布为第三批国家重点文物保护单位,并被列入"20 世纪中国 100 项考古大发现"。

改革开放初,北京市各地区极力发展经济,集中精力解决温饱问题,市民的文化生活几乎没有,基层文化工作格局不完善,更谈不上礼堂、居民活动中心、图书馆等基础文化设施,没有充分发挥到文化主阵地的作用。

(二)改革开放后房山区文化服务体系建设情况

1. 公共文化服务体系建设逐步完善
为构建现代公共文化服务体系,房山区文化工作者围绕房山区整体发展规划,对标对表北京市推进全国文化中心建设,不断加大资源统筹和财政投入力度,公共文化体系建设蓬勃发展。曾经的房山区公共文化建设落后,为破解难题,2014年,房山区文化委员会与区教育委员会密切合作,以阎村镇、西潞街道成人教育学校为试点,开始对基层公共文化资源进行整合。目前,房山区建有多个博物馆、文化馆、美术馆,并已实现向社会公众全部免费开放。2014年,周口店北京人遗址博物馆新馆开业。新馆面积是老馆的8倍,8000余平方米,是世界文化遗产、国家AAAA级景区、全国重点文物保护单位、全国百家爱国主义教育示范基地。除此之外,还建有集文化馆、图书馆、电影放映三位一体的大型文化活动中心。据统计,房山区文化活动中心全年接待市民约94万人次,举办公益文化讲座100场,开设艺术培训班165个班次,受益3.2万人,有效发挥了文化活动中心的作用。文化活动中心宽敞热闹,但对于辖区面积2019平方千米的房山来说,基层文化设施如何布局以满足全区人民的文化需求更为紧要。面对挑战,房山区文化委员会通过资源整合、新建、改建等方式,实现了全区28个乡镇(街道)、457个行政村和145个社区公共文化设施的全覆盖。即便在偏远的蒲洼乡、南窖乡,农村文化活动室里也五脏俱全,电子阅览室、棋牌室、排练室等一样不少。2018年8月15日,房山区文化馆、图书馆总分馆制暨文化活动中心理事会正式启动,全区文化场所的互联互通更加紧密。从区级文化活动中心到乡镇(街道)文体中心,将其连接起来的是先进的公共文化数字管理平台、服务平台、大数据分析平台,实现区域内文化讲座、艺术培训、剧场演出等文化艺术活动网上预约,平台与全区28个乡镇(街道)综合文化中心互联互通,各乡镇有哪些文化活动、文艺团队、演出道具一目了然,方便在大型活动时及时调配资源。多年来,随着房山区对公共文化事业发展的高度重视和持续投入,初步建立了较为完善的三级文化设施网络,其中区级文化设施5处,文、图两馆均达到地(市)级一级馆标准,乡镇(街道)文体中心28个,总结出"房山模式"典型经验。

2. 文化队伍建设不断加强

(1)制定了文化人才队伍建设相关方案

为贯彻落实《北京市优秀人才培养资助实施办法》《房山区中长期人才发展规划纲要(2011—2020年)》和《房山区"十二五"时期人才事业发展规划》,加强房山区人才的战略性开发和储备,推进人才工作科学发展,结合"一区一城"新房山建设发展实际,制定了《房山区优秀人才培养资助实施办法》。本办法旨在通过项目资助的形式,支持一批具有较好专业基础和较大发展潜力的优秀青年人才成长,支持各乡镇(街道)、各部门和各类用人单位创新人才工作机制、完善人才工作体系,促进房山区高层次人才队伍建设。

(2)建立并实施了"四大文化示范工程""服务基层行动计划""文化人才全员培训工程"等一系列项目

"四大文化示范工程"分为文化示范基地、文化示范活动、文化示范团队、文化示范人才。通过基层推荐申报、乡镇街道初审、评审组集中评审和第三方公司独立调查四个评选步骤进行评选,该评选活动旨在进一步加强全区公共文化服务体系建设,挖掘基层典型,培育区域特色,发现优秀人才,推广先进经验,引领公共文化服务能力和水平整体提升。通过建机制、重投入、强培训等方式,大力加强各级各类文化人才队伍资源的整合,逐步形成了一体化管理、立体式培养的文化人才队伍发展格局。

3. 群众文化生活日益丰富、参与度加大

改革开放后,基层文化发展呈现出新的面貌:周口店北京人遗址、周口店镇综合文化活动中心、琉璃河西周燕都遗址、千年古刹云居寺、北京地区第一个皇陵金陵、房山区文化活动中心……随着文化建设的不断发展,群众文化生活日益丰富,经过几年建设,房山区已经形成中心城区文化活动亮点纷呈、周边地区遍地开花的态势。区级层面,春节百姓大联欢、文化周末大舞台、周末相声俱乐部、世界读书日、群众诵读等已成为知名文化品牌,参与度高、影响力大。在基层,房山区形成了公益图书、电影、活动、演出四大配送体系,以专业干部进基层与购买专业服务相结合的方式,组织文化志愿者及有关专家、文艺人才深入基层联系群众,提供"点单式"文化服务,这些活动的开展,切实丰富和满足了广大群众的文化生活和精神追求,激发了群众参与文化建设的热情,让老百姓能够更便利地享受文化生活,也满足了群众自我展示的需求。房山区还按照标准为全区村(社区)配备专(兼)职文化组织员,优化公共文化专业人才、文化志愿者、业余文化骨干三支队伍。目前,全区共有区级以上专业文艺表演团队24支、乡镇级文艺团队77支、村级文艺团队593支、基层文艺骨干近2万名。

4. 文化遗产保护、传承良好

房山区历史悠久,文化底蕴深厚。改革开放前,房山区的文物保护工作停滞不前,文化遗产残损破败;1978年12月,党的十一届三中全会召开,开启了我国改革开放的伟大征程。文物工作拨乱反正,坚守文物安全的红线、底线和生命线,坚决打击盗掘、盗窃、走私文物等违法犯罪活动,在服务经济社会发展,推进精神文明建设等方面开展了有益的探索;文物事业作为文化建设的重要组成部分,受到党和国家的高度重视,全国文物系统认真贯彻落实中央决策部署,各项工作稳步推进,在改革中不断创新发展。房山区领导给予文化遗产保护高度重视,区政协领导干部先后到弘恩寺修缮工地、琉璃河西周燕都遗址博物馆、非物质文化遗产京绣传承地进行实地视察,对房山区文化遗产保护与传承所取得的成绩给予充分肯定,并指出文化部门要加强文物保护,要创新发展思路,推进遗产保护与利用深度融合,提高服务水平,提升房山文化遗产的知名度。此外房山区也高度重视非物质文化遗产的保护;为贯彻落实《中华人民共和国非物质文化遗产法》《北京市非物质文化遗产条例》,加强对市级非物质文化遗产的保护,房山区组织召开了"2019年房山区市级非物质文化遗产代表性项目保护单位检查和调整评审会",经专家组审定:杨家将传说、北窑村狮子会、京绣、大石窝石作文化村落等入选了市级非物质文化遗产。种种举措都彰显了房山区对于文化遗产保护和传承的重视。

二、房山区公共文化服务现状分析

(一)房山区文化服务现状

1. 房山区文化事业概况

2018年底,全区各类艺术表演团队851个,演职人员2.4万人,其中经营性文艺表演团队59个,群众业余性文艺团队(含民间花会团队)792个。全区拥有影剧院12个。公共图书馆3个,建筑面积2.4万平方米,藏书141万册。在京正式注册的博物馆5个。全区共有文物保护单位341处(表1)。其中,全国重点文物保护单位9处,市级重点文物保护单位12处,区级重点文物保护单位73处,普查登记项目247处。非物质文化遗产普查项目240项。全区审批的文化经营单位共581家。

表1 房山区文化场所数量

场所	数量
影剧院	12个
图书馆	3个
博物馆	5个
文物保护单位	341处

2. 房山区公共文化服务主体和服务方式

房山区公共文化服务主体:第一,房山区政府是房山区公共文化服务的主要提供者,在房山区公共文化服务起到了决定性作用。2017年,房山区获得了第一批首都公共文化服务体系示范区创建的资格。为构建现代公共文化服务体系,房山区政府牢固树立以人民为中心的文化工作理念,深刻总结"公共文化资源整合的房山模式"的典型经验,围绕房山区整体发展规划,对标《首都公共文化服务示范区创建方案》和《首都公共文化服务示范区创建标准》,不断加大资源统筹和财政投入力度,深化全区各级各类文化资源融合发展,示范区创建成效明显。第二,房山区的各事业单位也提供了部分公共文化服务,如房山区文化活动中心、周口店综合文化中心、周口店北京人遗址博物馆、西周燕都遗址博物馆等。这些单位都有免费开放的文化服务和文化活动。第三,房山区的文化工作者们积极响应政府号召,积极参与政府举办的文化活动。如2018年"舞动北京祝福祖国"房山区迎国庆群众舞蹈展示活动,文化周末大舞台表演等。他们无偿地为房山区市民带来公益性的文化表演,让人民能在闲暇之余陶冶情操。

房山区公共文化服务方式主要是以政府为主各事业单位为辅的供给服务,政府出资,各事业单位及文化工作者出力,为人民带来丰富的文化活动。其主要措施有以下几点:第一,建设文化服务中心。房山区文化活动中心是基层文化服务机构直接面向广大市民群体,满足人民基础的文化需求如图书借阅、知识科普、青少年文化培养等。第二,房山区积极建设各博物馆、展览馆和旅游景点等文化场所,在满足本地人文化需求的同时吸引外地人到房山区进行文化旅游。第三,房山区积极开展各节日、周末的文化演出活动,加强与市民的文化互动,如房山区的春节联欢晚会,还有平时的周末大舞台活动。

（二）问卷调查情况

1. 问卷设计

本组选题为 1949 年以来乡镇公共文化服务体系变迁中居民参与度和满意度研究。为避免因选题范围过大导致研究不彻底,我们将研究范围缩小为房山区,有针对性地进行调研,以房山区为例,放眼全国。所以我们的问卷问题主要针对居民对于房山区的公共文化服务体系的参与度和满意度。

房山区公共文化服务体系变迁中居民参与度和满意度调查,不仅要从政府所提供的公共文化体系建设去看,还要从公众的参与度和满意度的角度来分析,即从需求侧评价 1949 年以来公共文化服务体系的变迁。

在明确调查目标、制订好调查计划后,本小组成员进行了实地调研考察,收集上来一定数量问卷来进行数据分析以保证数据的真实性、有效性。根据以往和前辈们的经验,我们的问卷主要划分为三个维度:居民对公共文化服务的整体参与度和满意度、对公共文化基础设施参与度和满意度以及对公共文化活动的参与度和满意度。在这个基础上,我们考虑到了政府公共文化部门工作人员的就职感受能够更加直观地反映出公共文化服务体系的变迁,于是我们增加了政府公共文化部门工作人员参与度和满意度的维度。并从问卷的实用性、有效性、优质性、专业性以及丰富性等方面设计问卷,保证此次研究的顺利进行。

居民问卷主要包括以下两部分:第一,主要是问卷的标题以及调研对象的基本信息,包括性别、年龄、职业和在房山区居住时长。第二,是问卷的主体部分,下设问题反映了居民对公共文化服务整体的参与度和满意度、对公共文化基础设施的参与度和满意度以及对公共文化活动的参与度和满意度。我们尽量多地设置选项,以便居民选出最符合自己心中所想的答案。问卷收集上来后,我们用 SPSS 方法分析数据。

2. 问卷发放情况

（1）数据来源

本次调研活动采取随机发放问卷形式,在发放地中随机抽取样本,当场填写问卷,实时回收,防止产生虚假填写、漏填、少填、无效问卷等情况。保证问卷所填写信息的可信度。问卷发放涉及房山区 28 个乡、镇。以房山区文化活动中心和房山区图书馆为中心辐射型发放问卷,由点到面、由近及远地进行详细调研。我们将问卷分为居民和工作人员两种问卷类型,分别设计,保证内容的独立性与丰富性,更加贴切地反映出填写问卷者的真实感受。

（2）问卷回收现状

本小组选取的问卷发放地均为人多且客流量大的地方,如文化活动中心、图书馆等地方。在上述地点共发放问卷 120 份,回收上来有效问卷数量为 119 份。

房山区共下辖 28 个乡镇,因部分乡镇过于偏远,我们未能到达发放问卷。大多数乡镇人口文化水平较一致,公共文化设施投放与文化体系建设水平较平均。我们选取的地点有从事各行各业的人,使得样本反映情况更多样属实;有从儿童到老年人各个年龄阶段的人,使得样本年龄结构更加全面。这样的数据更加准确和有针对性。

3. 房山区文化服务现状具体分析

(1)样本主体为公司职员和学生

本次调查对象的性别、年龄、职业和在房山区居住时长分布情况都比较均匀,符合研究调查要求。在职业方面有教师、公务员、公司职员、自由职业、学生、个体户和无业者等各行各业人员,人员分布情况合理。从图 1 中可以看出被调查者主要为公司职员和学生。

(2)居民认为现在参与的娱乐活动与十几年前相比有所变化,但政府对于

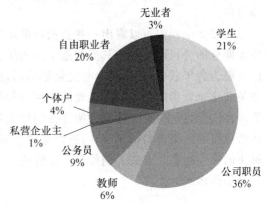

图 1 样本职业情况图

公共文化服务建设力度仍有欠缺在回收上来的 99 份居民调查问卷中(图 2),55％的被调查者认为现在人们参与的娱乐活动与十几年前相比变化比较大,这表明政府一直致力于促进公共文化服务设施与体系的建设。居民的娱乐活动越来越多姿多彩。与此同时,15％的被调查者表示变化一般,表明政府的建设力度仍有欠缺。娱乐活动作为参与性最广的公共文化活动,政府理应投入较多,服务人民群众。

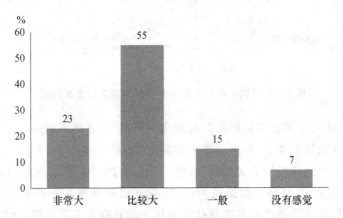

图 2 针对"现在居民参与的娱乐活动与十几年前相比变化大吗"问题的回答

(3)公司职员群体认为文体娱乐、竞赛等活动举办少成为当前地区文化服务存在的主要问题

公司职员收集上来的有效问卷为 35 份。其年龄段主要分布在 25～35 岁,约 37％的人居住房山区 5～10 年。他们最常去的公共文化服务地点主要为占比 71％的图书馆、57％的公园广场、22％的体育场。由此可以看出居民对图书馆需求较大。所有选项

中剧场仅占5％，表明居民较少选择剧场，政府对于剧场的建设、宣传与利用不到位。27％的公司职员选择看电影作为主要文化活动，显示出其倾向于较为放松的文化活动方式。34％的公司职员喜欢参与文体竞赛类社区活动。填写问卷的公司职员表示其所在地仅有5％的戏曲音乐团体类型的文化设施，表明此类文化设施极度匮乏，政府应加强建设。

从图3中我们可以看出一些公司职员认为房山区的文体服务仍存在一些问题。其中大部分的公司职员认为其所在地文体娱乐、竞赛等活动举办较少，而公司职员这一群体主要为青年或中年人，是参与文化娱乐活动的主体。这切实反映出政府文化部门或相关文化企业仍需提高举办活动的频率，同时增加活动的多样性。其次文体队伍、协会等团体较少也是目前文体服务所存在的较大问题。新闻报道力度不够导致大众对于文体活动得知的渠道与信息变少，进而导致活动资源浪费，群众无法参与其中，这是亟待解决的重大问题。而文艺创作水平不够则是文艺创作者所需要重视的问题，加强注重自身创作水平的提高。

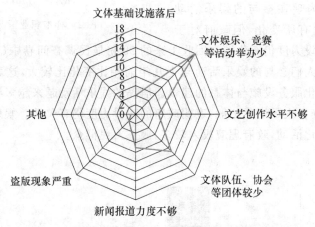

图3 公司职员认为所在地文体服务存在的主要问题

（4）学生群体对于部分文化场所群众知晓率低，政府宣传不到位

本次我们共收集上来21份来自学生的问卷，年龄大多在20岁以下。学生因为身份关系没有较多时间参与社会文化活动，所以他们去的最多的地方分别是占比76％的图书馆和57％的公园、广场。数据表明，政府应在这两处增加一些针对学生的文化活动和宣传。43％的学生最喜欢参加的社区文化活动是群众文艺表演。但参加技能培训的仅有10％。作为学生，应多参加此类活动来提高自身能力。有10％的学生对于所在地的文化设施和文化活动的开展不太满意，政府应引起注意。

从图4中可以看出，学生对于良乡影剧院、房山区图书馆和周口店北京人遗址博物馆了解较多。这也从侧面反映出了大众的了解程度。学生是参观文化场馆和使用文化设施最多的群体，他们的参与程度基本可以代表社会群众的参与程度。以此来看，溶洞博物馆的大众知晓率最低，可能是受地理位置影响，还有可能是其本身不是全年开放，其他就是政府宣传力度小与组织前往参观的次数少,溶洞本身特色也较少。其他文化场所的知晓度还是较高的,但政府仍需大力扶植文化产业,特别是房山科技活动中心,践行"科教兴国"理念。

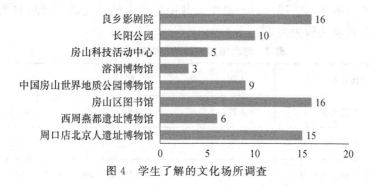

图 4　学生了解的文化场所调查

（5）工作人员认为公共文化场馆建设日益繁荣,群众参与度未达到预期,造成资源浪费

因为考虑到了公共文化场所工作人员的就职感受能够更加直观地反映出公共文化服务体系的变迁,于是我们增加了公共文化场所工作人员参与度和满意度的调查。

本次共回收上来 20 份问卷。多数工作人员均工作 2～5 年,有较直观的感受和丰富的经验。70％的工作人员认为其所在文化场馆提供的文化活动频率明显增加,还有30％的人表示有所变化,这是明显向好趋势,应该保持。工作人员认为其场馆提供文化活动种类均有变化,但是有 55％的工作人员认为群众的文化活动参与度有变化却未达到预期。这也导致了很大的文化资源浪费,场馆增设活动和宣传耗费大量人力物力财力,群众却没享受到应有的文化享受。有 50％的群众是因为没有时间或没有同伴而选择不去参与文化活动,还有 33％的群众是因为场馆所在地较远而放弃。这两者解决起来稍有难度。但政府可以解决的是群众因为对活动不感兴趣所造成的参与文化活动少的问题。

从图 5 中可以看出,工作人员认为文化场馆设备问题较大,众多设备亟待更新以便满足群众需求。而工作人员能力提升与场馆接纳能力问题也较大。

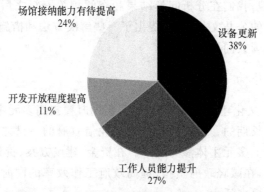

图 5　工作人员认为本馆哪些方面还有待改善

21

(6)文化服务种类增多,群众对于增加技能培训类文化建设呼声高

收集上来的 99 份问卷中,55％的群众希望加强技能培训类的文化建设(表 2),表明此类活动较少且不完善,群众需求较大。随着时间的推移、科技的发展,设备的更新也成为较为严重的问题。群众对于老年人与中青年人的文化活动开展较为满意,但认为儿童人群的活动还较为匮乏。

表 2 您希望加强哪些类型的文化建设

A. 文体竞赛	10 人次	10％
B. 群众文艺表演	25 人次	25％
C. 科普宣传	20 人次	20％
D. 技能培训(如书法、绘画等)	55 人次	55％
E. 其他活动的丰富性与趣味性	30 人次	30％
F. 文化服务基础设施有待完善	35 人次	35％
G. 工作人员的接待能力需要提高	10 人次	10％
H. 技术设备需要更新	40 人次	40％

总之,新中国成立以来乡镇公共文化服务体系变迁中居民参与度和满意度均大幅度提高,但存在的问题仍不可忽视,需要政府加大投入,尽快解决,为建成中国特色社会主义现代化社会添砖加瓦。

三、改善房山区居民公共文化服务参与度和满意度的对策

在进行房山区居民公共文化服务参与度和满意度调查研究分析问卷调查结果的过程中,我们发现了房山区公共文化服务存在的一些特殊性问题和普遍性问题,针对上面研究所提及的问题,为了良乡公共文化服务建设能够与时俱进、紧跟时代发展、彰显新中国成立 70 年的风貌,我们在分析问卷结果和查阅相关资料之后,结合居民提出的建议和期望与其他地区的公共文化建设,提出了一些解决方法和措施,希望房山区的文化建设能够与伟大的祖国共同发展。

(一)政府积极作为

1. 政府应加强在文化建设中的主导地位,但同时要提高多元主体的参与度

文化建设是一个长期的、复杂的过程,仅仅凭借政府的一己之力未免有些单薄,因此应当倡导呼吁社会上多元主体参与其中。在资金、建设方案、责任范畴三个方面与多元主体积极协调合作,在减轻政府负担、提高政府工作效率的同时,利用多元主体为公共文化服务体系增添更多活力。

2. 政府是公共文化服务体系建设的主导力量,公共文化服务活动数量和质量的保障需要强大的经济支持

从房山区目前存在的问题中我们可以看到,文化场地和资金投入问题较为严峻,因此政府要加大财政在文化建设中的支出,也可以发起社会募捐,鼓励社会多元主体参与。如今网络发展迅速,许多文化场馆都已经应用了更加现代化的设备,但是也有些场馆存在技术设备落后的情况。例如我们在房山文化活动中心发放调查问卷的过程中,遇见了一些居民因为自助机器只接受现金,而如今大多数人都已经习惯了出门不带现金,因而不能办理借阅卡。因此房山区文化场馆的技术设备需要资金投入来实现更新。

现代化设备的应用,一方面,能够节省人们等待的时间,从而提升场馆的接待能力,另一方面,能够更加提升场馆的硬实力,吸引人们前来参观。对文化设备进行检查也应当成为文化服务工作人员的日常工作,将每日的文化检查情况记录到工作日志中,保证老旧的文化设备能够及时得到替换,从而不会影响居民们的文化活动体验感。

而随着如今大众文化日益丰富多样,在建设社会主义精神文明与文化强国的大环境下,城市文化、社区文化等文化活动组织形式也日益成为展现城市、社区风貌的一部分。在文化氛围的塑造方面投入资金,也是提升居民公共文化活动参与度和满意度的一项重要举措。例如结合城市特色和民族传统文化特色的宣传画,不仅营造了具有城市特色的文化氛围,还能够吸引居民关注到城市中的文化历史和文化活动,提高居民公共文化活动参与度。

(二)合理利用文化资源

房山区相对而言文化资源还比较丰富,不仅有多处文化遗址,图书馆、博物馆、科技馆等也一应俱全,而且有多处较大的公园,但是在房山区1900多平方千米的占地面积上,文化资源的分配并不平衡,因此政府在文化资源的开发和利用上应该尽量统筹兼顾。

1. 加强对现有文化资源的合理开发利用

房山区有最著名的周口店遗址,其后还有燕都遗址、地质公园、森林公园,加强对这些文化资源的利用,加强场馆建设,深入挖掘文化底蕴,通过结合文化特色的展览或讲座,不仅为居民展现出更加丰富完整的文化资料,还为居民提供更有意义、更具吸引力的文化活动。

2. 合理规划图书馆、博物馆等周边的交通

在我们对居民的问卷调查中发现,有些居民是由于交通不便而不愿去到这些场馆参观,只有结合了便捷的交通条件,才能在提升场馆硬实力的同时吸引更多参观者,提高居民文化活动的参与度和满意度。

(三)加大宣传力度

如今的大众传媒日益多样,活动宣传的渠道也更加广泛,文化活动离不开多种方式

的宣传,宣传有助于人们了解活动的内容和形式,从而提高人们在活动中的参与度。

1. 通过多种渠道宣传

微信公众号、微博、网站可以说是当今人们获取信息最主要的三个渠道,因此注重官方公众号、官方微博、官方网站也是向人们传递活动相关信息最方便有效的三个渠道。同时,官方渠道的运营也需要得到合理有效的改善,不仅需要及时发布文化活动的宣传信息,还应为居民提供座位预约、路线查询等服务,减少居民参与文化活动的阻碍,提高积极性。

除了网络渠道的宣传,还需要对公共文化服务体系进行线下宣传。可以通过以社区为单位组织宣传活动,也可以通关专家学者的讲解普及,为居民讲解公共文化服务体系为大家带来的便利,并鼓励大家积极参与公共文化活动,为公共文化服务体系的进一步健全提供最真实的居民反馈。

2. 宣传内容要全面

对文化活动内容形式的宣传是必要的,但同时还需要对活动的意义,例如教育、传承等,做一定的宣传普及,吸引人们积极参与到活动中去,发挥文化活动的最大价值。

(四)提高公共文化服务从业人员的素质

公共文化服务从业人员一部分是文化场馆的工作人员,另一部分是文化行业的从业人员,我们从问卷调查的反馈结果可以看到,不仅居民认为文化场馆工作人员的工作能力有待提高,场馆工作人员也认为这是提高服务能力的一个方面。

1. 提高公共文化服务人员的素质和能力

纵观新中国成立 70 年以来的文化发展之路,文化服务工作人员发着必不可少的作用,为了使公共文化服务体系达到新高度,提高公共文化服务人员的素质是必不可少的一项措施。首先,公共文化服务工作人员应当具备丰富的职业素养,充分了解自己所在岗位的文化内涵,要善于学习,拥有广博的知识,对自己的工作要做到了然于心,并且要不断加强自身建设,牢牢把握时代精神,以自己的职位为平台,为新时代的文化建设添砖加瓦。其次,公共文化服务工作人员要拥有良好的个人性格修养,做到耐心待人,有自觉服务人民的意识。在我们日常生活中,或多或少遇到过有些公共文化服务人员的"冷眼相待",当时我们心里会有些"怨念",可见,公共文化服务人员的态度直接影响了居民的文化体验感,也就是说影响了居民对于文化活动的满意度。久而久之,居民可能就不愿意参与文化生活中,这就进一步影响了居民文化活动的参与度。为了更好地建设公共文化服务体系,不仅仅要从居民端做起,公共文化服务人员更是要首当其冲,携起手来,共同为文化服务体系的建设添砖加瓦。因此,公共文化服务人员培育好自己的品格、提高自己的内涵修养,在文化建设中是至关重要的一个措施。

2. 提升文化行业从业人员的创作水平

从我们问卷调查的反馈结果来看,居民和文化服务工作人员都提出文化活动形式匮乏有待更新的问题。在这一方面,文化创作者应当深入人民群众,了解群众兴趣,投其所好,提供人民大众所喜闻乐见的文化活动,丰富文化活动的种类,促进文化服务与经济社会协调发展。居民也可以自主组建小团体,在文化广场开展文化活动。如晚上的广场舞,还可以组织才艺比赛,激发居民的参与热情,也让观众能够欣赏更丰富的文化活动。在继承优秀传统文化的基础上进行创新性发展,结合时代精神与时代热点,提高文化作品的质量。文化作品质量的提升不仅是公共文化活动水平的上升,而且有助于充分发挥公共文化服务体系的功能,更充分地利用公共文化活动,丰富人们的精神生活。

参考文献

徐根,2019.安徽省繁昌县农村公共文化服务满意度研究[D].合肥:安徽大学.

陈亭,2019.公民参与公共文化服务体系建设[J].现代企业(04).

杨筱佳,2019.互联网时代南昌市公共文化服务发展评价[J].科教导刊,16(06).

马晓南,居占杰,2019.河南省农村公共文化服务体系建设研究——以滑县为例[J].农村经济与科技,30(08):196-198.

张莉莉,郑永平,杨国永,2019.农村公共文化服务供给的公众满意度分析——以泉州市岵山镇为例[J].台湾农业探索,000(02):23-28.

赵军义,李少惠,朱侃,2019.公共文化服务研究的主要视角及重点关切[J].图书馆(07):050-056,078.

岳晓芹,马爱聪,张丽光,2019.基层公共文化服务体系建设现状与对策研究——以廊坊市为例[J].创新创业理论研究与实践,000(008):162-163.

李掖平,2009.关于建设文化强国需要强力发展文化事业的提案[J].社会科学报(001).

新中国成立 70 年来北京市残疾人保障体系建设调研[①]

张宏伟　李镕杉

【摘　要】　残疾人作为特殊困难群体,需要人们的格外关心关注。习近平总书记指出:让广大残疾人安居乐业,过上幸福美满的生活,是我们党全心全意为人民服务宗旨的重要体现,是我国社会主义制度的必然要求。改革开放以来,特别是党的十八大以来,北京市残疾人事业蓬勃发展,在残疾人教育、就业、信息化等方面取得新突破。本文首先概述了新中国成立 70 年来北京市残疾人保障的发展历程及其所取得的成就,其次分析了北京市残疾人保障体系仍存在的问题以及部分问题存在的原因,最后结合问卷分析结论为北京市残疾人保障提出一些具体建议。

【关键词】　残疾人保障;新中国成立 70 周年;北京地区

本次调研采取问卷调查的方式,共收回调查问卷 337 份,其中共有残疾人填写者26 人。问卷涉及填写者的基本信息以及填写者对北京市残疾人保障方面的看法。发放与分析该问卷旨在彰显北京市残疾人保障体系方面已取得的成就,并分析残疾人保障方面仍存在的不足,为残疾人保障的发展和完善提出建议。

一、北京市残疾人保障事业发展历程

(一)新中国成立至改革开放:北京市残疾人保障事业初步发展

我国残疾人保障事业的起源可以追溯到新中国成立前,以残疾人社会工作的形式出现。早期残疾人社会工作是在教育和医疗卫生服务领域内开展的。20 世纪 40 年代,我国政府公布实施《革命残废军人优待抚恤暂行条例》等法规,对伤残军人、残疾孤儿、残疾老人、精神残疾人等给予特殊保障,并开展了诸如建设福利机构和精神病院、兴办特殊教育学校等工作。这些使得残疾人在政治上获得了和其他人一样的地位,享受应有的公民权利和义务,同时也确立了特殊教育在国民教育体系中的地位。1953 年我国成立了中国盲人福利会,1956 年成立了中国聋哑人福利会,1960 年在此基础上成立了中国盲人聋哑人协会。

随着中国残疾人事业的蓬勃发展,残疾人社会工作也得到了快速发展,并带动了北

---

①　本课题指导教师张宏伟(北京工商大学马克思主义学院);课题组组长李镕杉(注会 173);课题组成员:黄畅(注会 173)、朱玉赞(注会 173)、万梦(工商 17 全英)、刘思雨(工商 17 全英)、魏书筱(注会 171)、李秋艳(会计 173)。

京市残疾人保障事业的建设。

（二）改革开放至 2012 年：由单纯救济性保障向综合性保障转型，北京市残疾人保障事业进入迅速发展阶段

我国改革开放之初到 2012 年党的十八大，北京市残疾人保障事业发生了翻天覆地的变化，更实现了制度和发展方向的转型。

1985 年 3 月，在"残疾人与社会环境研讨会"上，中国残疾人福利基金会、北京市残疾人协会、北京市建筑设计院联合发出了"为残疾人创造便利的生活环境"的倡议。北京市政府决定将西单至西四等四条街道作为无障碍改造试点。1988 年北京市残疾人联合会的成立标志着北京市残疾人保障事业进入规范、高效及有政府条例办法支持的良性发展。北京市政府不断摸索，紧跟党中央指示，完成一系列残疾人基础设施建设及其保障制度的改革，使北京市残疾人保障事业覆盖人口持续增长，保障范围不断扩大。1989 年，北京电视台首播聋人手语节目；1990 年，北京市政府办公厅转发《北京市残疾人事业五年规划（1990—1994）》，北京市人大常委会通过了在全国率先制定的《北京市残疾人保护条例》，这为之后《中华人民共和国残疾人保障法》的出台提供了有力的借鉴参考；1992 年，北京市开始发放和使用《北京市残疾人证》；1994 年，北京市政府决定在方庄进行无障碍示范区改造，方庄成为北京市首个无障碍改造示范小区；在第六届远南运动会上，北京市残疾人运动员参赛，此后历届远南运动会均有北京市残疾人运动员参与；2001 年，水科院南院社区残疾人代表选举产生残协领导，水科院社区残协成为北京市的第一个社区残协；2003 年，北京市首次启动了"扶残助学春雨行动"，20 名贫困残疾儿童受到资助；2004 年，市政府首次启动"六大爱心助残工程"。

可见，北京市政府以制度创新为工作重心，加快完善社会保障体系，推进单纯救济性保障向综合性保障的转型，逐步形成社会保险、社会救助、社会福利和慈善事业相互衔接的覆盖城乡的社会保障体系。北京市残疾人保障事业不断积累救助、帮扶的经验，使得残疾人在社会保障、教育、就业方面的条件得到了明显改善。

（三）2012 年至今：残疾人不同层次需求得到重视，北京市残疾人保障事业整体发展水平迈上新台阶

党的十八大以来，以习近平同志为核心的党中央对残疾人事业高度重视，对残疾人事业作出了一系列重要部署。北京市政府深入贯彻党中央"2020 年全面建成小康社会，残疾人一个也不能少"的重要指示，大力推动新时代首都残疾人事业高质量发展，不断增强广大残疾人的获得感、幸福感和安全感。在中国残联的有力指导、北京市委市政府的正确领导、北京市残疾人联合会和社会各界的大力支持下，北京市残疾人工作取得长足发展。

1. 康复保障

近些年来，北京市相继出台了《北京市残疾预防行动计划（2017—2020 年）》《北京市残疾人辅助器具服务管理办法（试行）》《北京市残疾儿童少年康复服务办法》《北京市残疾人康复服务办法（试行）》，实现了制度化的兜底保障，在全国率先建立了覆盖所有

残疾类别人群、全生命周期的基本康复制度,全市残疾人预防和康复水平全面提升。截至 2017 年底,全市已有残疾人专门康复机构 130 个,173 806 名持证残疾人得到基本康复服务,残疾人精准康复比例达到 81.6％。

2. 教育保障

北京市大力推动融合教育,更多残疾孩子可以到普校就读,与健全孩子共享人生出彩的机会。截至 2017 年 12 月,全市在读残疾学生 7418 名,义务教育阶段残疾学生入学率达 99％以上,残疾学生高考录取率达到 95.5％。开展学前阶段和高等院校融合教育试点,覆盖全学段融合教育体系逐步建立。

3. 就业保障

随着国家社会经济的不断发展,残疾人的就业渠道也越来越多元化,目前已形成了以按比例就业和集中就业为主渠道,个体就业、自主创业、灵活就业为重要补充,公益性岗位就业为托底保障的多元化就业格局。北京市也在残疾人的精准就业和就业培训方面取得了重大突破。将农村低收入残疾人增收纳入全市的发展规划当中,率先将盲人医疗按摩人员职称评审入例,贯彻落实残疾人职业技能提升计划,残疾人就业能力得到提升。截至 2017 年 12 月,城乡持证残疾人就业人数为 107 020 人,规范盲人保健按摩机构 484 家,完成残疾人职业技能培训 5.03 万人次。

4. 社会保障

近年来,北京市扶贫助残工作成效显著。北京市将农村贫困残疾人作为打赢脱贫攻坚战的重点人群,精准施策、特别扶助,集中解决因残致贫问题;贯彻落实市委市政府关于扶持产业帮扶一批、促进就业帮扶一批、山区搬迁帮扶一批、生态建设帮扶一批、社会保障兜底一批、社会力量帮扶一批的总体要求,力争从全市层面解决好低保、低收入残疾人家庭帮扶任务。同时,北京市社会福利制度不断健全。在国家层面上建立起了覆盖几千万人口,包含生活补贴、护理补贴、儿童康复补贴等内容的残疾人专项福利制度,极大地改善了残疾人的生活水平。2016 年,北京市全面建立了困难残疾人生活补贴和重度残疾人护理补贴制度,生活补贴覆盖人数从 1998 年的 0.2 万人,增长到 2018 年的 12.06 万人,护理补贴覆盖人数从 2015 年的 16.67 万人,增长到 2018 年的 18.59 万人。

5. 服务保障

北京市政府大力加强残疾人基本公共服务体系建设,不断提升服务的均等化、标准化、效能化、精细化水平。残疾人服务设施建设实现历史性突破,市职业康复托养中心、康复医院和 13 个区级职业康复中心正在建设或建成使用,386 个示范残疾人温馨家园和市辅助器具资源中心、基层辅助器具服务指导站运转顺畅。无障碍建设全面推进——以残疾人居家环境和出行无障碍为重点,开展台阶无障碍改造,推动无障碍出租车上路运营,实施无障碍监督,极大地满足了残疾人的自主出行需求。推进残疾人服务体系智能化、专业化,构建残疾人服务管理系统,尤其是实施"残疾人服务一卡通"工程,变"群众跑腿"为"信息跑路",变"群众来回跑"为"部门协同办",提高了残疾人服务信息化、智能化水平。创新服务提供方式,培育残疾人社会服务组织 315 个,实施政府购买服务项目 90 个,在全国发挥了示范引领作用。

6. 文化生活保障

北京市政府和社会团体积极创造条件,鼓励残疾人参与文化、体育、娱乐活动,保障残疾人的基本公共文化权益。北京市政府大力实施"盲人数字阅读推广工程",开展残疾人专题广播节目、电视手语栏目,确保残疾人以无障碍方式获得文化产品和服务,欣赏电视、电影、戏剧等文化作品。"十三五"以来,北京残联在各地开展了以"共享芬芳"为主题、以特殊表演为核心的巡演展览活动,帮助更多的残疾人更加广泛地参与社会、融入社会。北京市残疾人在第九届全国残疾人艺术汇演中获得三个一等奖,打造"薪火相传"文化品牌,600 名残疾人参加非遗文化传承培训,3000 余名残疾人书画艺术爱好者走进基层,为广大市民送去艺术享受。摄影残疾人文化周、棋牌赛等群众性文化活动蓬勃开展,残疾人积极融入社会的热情高涨。残疾人健身体育、康复体育和竞技体育全面发展。

二、北京市残疾人保障调研数据分析

(一)问卷填写者基础信息

本次调研的问卷填写者中,年龄在 18 岁以下的占 2.09%,19～25 岁的占 35.22%,26～45 岁的占 32.54%,46～60 岁的占 25.67%,60 岁以上的占 4.48%。其中残疾人占 7.71%。数据显示,被调查者年龄、受教育程度以及职业与是否歧视、残疾人的接触意愿及对残疾人保障政策是否了解等大部分因素之间相关性较小,但残疾人群体与非残疾人群体在残疾人保障力度及存在的问题等方面的看法存在较为明显的差异。

在歧视现象方面,如图 1 所示,51.34% 的人认为北京市当前残疾人歧视现象不严重,大部分人很尊重残疾人,但是仍有 48.66% 的人认为歧视现象仍然存在,这说明对于北京市残联而言引导普通大众以平等正常的眼光去对待残疾人的工作仍任重道远。

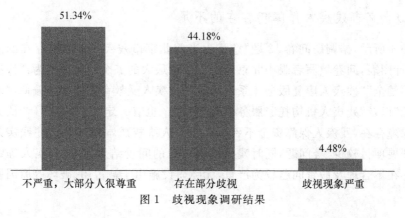

图 1　歧视现象调研结果

如图 2 所示,是否愿意接触残疾人方面,绝大部分的调查者表示愿意与残疾人进行接触,只有极少部分人不愿意与残疾人接触。这表明虽然歧视现象仍然存在,但与残疾人的接触能被普通大众所接受。同时揭示了社会大众对残疾人群体的基本态度和现状。

图 2　是否愿意与残疾人接触

如图 3 所示,残疾人保障政策了解方面,大约 80％的人对北京市残疾人保障政策了解较少或者完全不了解,这表明大多数调查对象对于残疾人保障制度及政策了解甚少,同时说明残疾人保障政策与是否为残疾人群体或残疾人亲属两个因素之间的相关性较大。

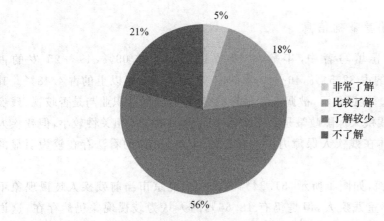

图 3　对北京市残疾人保障政策了解程度

(二)北京市残疾人保障仍存在的不足

如图 4 所示,据调研问卷 13 题"您认为当前北京市残疾人保障仍存在的问题有哪些"的统计图表,问卷填写者眼中北京残疾人保障最大的五个问题分别为:"残疾人无障碍设施不健全""残疾人康复服务体系不完善""残疾人受教育程度普遍偏低""残疾人就业率偏低"以及"残疾人机构托养服务不够普及"。也有一定比例的填写者认为北京市残疾人保障存在"残疾人保障资金不到位""残疾人维权成本较高"以及"残疾人文化体育活动开展项目较少"等问题,同时残疾人填写者的问卷结果显示,残疾人等级评定设置标准存在不合理及假冒问题较为严重,无障碍设施由于被占用、破坏等原因实际使用率较低。

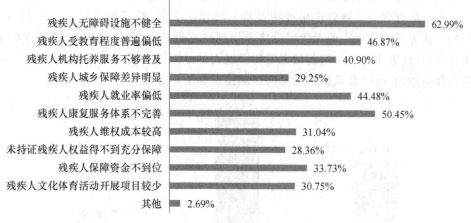

残疾人无障碍设施不健全 ████████████████ 62.99%
残疾人受教育程度普遍偏低 ████████████ 46.87%
残疾人机构托养服务不够普及 ███████████ 40.90%
残疾人城乡保障差异明显 ███████ 29.25%
残疾人就业率偏低 ███████████ 44.48%
残疾人康复服务体系不完善 █████████████ 50.45%
残疾人维权成本较高 ████████ 31.04%
未持证残疾人权益得不到充分保障 ███████ 28.36%
残疾人保障资金不到位 ████████ 33.73%
残疾人文化体育活动开展项目较少 ████████ 30.75%
其他 █ 2.69%

图 4　北京市残疾人保障存在的问题

1. 残疾人保障力度不够高

在问卷的第 7 题:"对于北京市近年来对残疾人的保障力度如何"中(表 1),约 56% 的人认为一般,35% 的人认为较高,9% 的人认为较低。这说明大部分人认为北京市目前在残疾人保障力度方面总体水平偏低,仍需要大力推进和完善。

表 1　北京市残疾人保障力度

保障力度	较高	一般	较低
所占比例	35%	56%	9%

2. 北京市无障碍设施数量较少

在北京市设置的无障碍设施数量方面,数据显示(图 5),约 60% 的人认为目前北京的无障碍设施数量一般,27% 的人认为数量很多,这表明北京市目前的无障碍设施虽存在一定数量,但并不是随处可见,很大程度上揭示了北京市相关部门在无障碍设施建设方面亟待提高和完善。

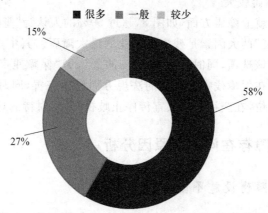

■ 很多　■ 一般　■ 较少

15%
58%
27%

图 5　北京市无障碍设施数量

3. 北京市已修建的无障碍设施未得到良好维护且部分设施未正常发挥作用

在北京市设置的无障碍设施维护及所发挥作用方面,统计发现(图6、图7),超过50%的人认为目前北京市的无障碍设施未得到良好维护,并且认为只有部分无障碍设施发挥作用,这表明北京市目前的无障碍设施大部分形同虚设,无法真正为残疾人提供较高的保障作用,所以北京市在无障碍设施建设和维护方面亟待提高和完善。

图6 北京市无障碍设施是否发挥作用

图7 北京市无障碍设施是否得到良好维护

4. 残疾人就业障碍较大

在北京市残疾人就业障碍方面,如图8,超过50%的人认为"身体原因择业受限"和"残疾人就业易遭歧视"两大因素是残疾人就业的最大障碍。其中,约81%的人选择了"身体原因择业受限"该选项,同时也有约44%的人认为"保障残疾人就业的法规不够完善",这说明北京市在保障残疾人就业的法规方面仍需完善,同时提供与残疾人身体条件相适应的工作岗位,在全社会加大宣传停止歧视、平等对待的意识形态。

三、残疾人保障存在问题的原因分析

(一)残疾人无障碍设施不健全

残疾人无障碍设施是指保障残疾人通行安全和使用便利,在建设工程中配套建设

身体原因择业受限
81.49%

保障残疾人就业的法规
不够完善
44.48%   1.19%   其他

22.39%   52.24%
残疾人本身就业意愿不强   残疾人就业易遭歧视

图8　残疾人就业最大障碍（多选）

的服务设施。问卷调查中，仅有少数受访者认为北京市无障碍设施较为健全。北京市目前存在着残疾人保障设施不健全的问题主要有以下原因：

1. 无障碍设施被占用或者设计不够合理导致无障碍设施不能充分发挥作用

北京市多数公共场合的无障碍设施都存在数量不足、维护不及时、设施被占用等问题。比如不少共享自行车横跨盲道，盲道基本被自行车堵死，共享自行车"占道"成了常态，而没有被"堵塞"的盲道，也存在地面凹凸不平等安全隐患。北京市多个地铁站的无障碍设施大多集中于一个进出站口，而且没有明显标识；很多站口都是多阶楼梯，没有直梯或手扶梯，对于残疾人而言没有发挥其作用反而使其出行更加困难。

2. 无障碍设施建设不到位，投入不够多，管理部门管理不健全

2012年我国颁布实施《无障碍环境建设条例》，改变了我国长期以来没有无障碍建设专门法规的情况，虽然有法可依，但是北京市很多的建筑和公共场所并没有严格按照法律法规进行无障碍改造，而且在无障碍设施上的投入还有待提高，例如，北京市不少地方没有为轮椅准备的残疾人无障碍坡道，所以还存在无障碍设施覆盖面不全、功能不完善，已建成设施配套性、系统性不够，管理维护不到位等问题。

3. 残疾人无障碍设施的具体设施和场所分布极不均衡

在北京，无障碍出入口和无障碍扶手的普及率比较高，而无障碍电梯和无障碍卫生间的普及率则相对较低。在场所方面，医疗卫生和交通运输方面无障碍设施的普及率比较高，而水电气暖和餐饮住宿的普及率就比较低，各个方面分配不均衡，无障碍设施不健全的问题就比较明显。

（二）残疾人康复服务体系不完善

康复是指综合的协调运用医学的、社会的、教育和职业的措施对患者进行训练，减轻致残因素造成的后果，使残疾人的能力达到尽可能高的水平。残疾人康复服务体系是以社区康复为基础，专业康复机构为骨干，残疾人家庭为依托的综合服务体系，北京市残疾人康复服务体系不完善有以下原因：

1. 康复机构的供需不平衡，很多残疾人的康复需求没有得到满足

北京市残疾人康复机构目前为止为100个左右，北京市残疾人康复服务指导中心是一所公立综合性的康复服务机构，其他的大部分是民办机构，数量有限，且价格昂贵，而且地区分布不均衡，因此很难满足北京市残疾人的康复需求。

2. 社区康复并没有与保健机构以及城市社区服务体系相融合

社区康复是残疾人康复体系的重要组成部分，但是目前北京市社区康复缺乏相关的政策引领，残疾人不能完全无障碍参与到社区活动中去，享受主流的医疗服务以及平等的各种机会。

3. 残疾人家庭不能为残疾人的康复提供一个良好的环境

大部分的残疾人家庭无法得到稳定的政府扶持和社会资助，家庭经济状况不是很好，因此在支付残疾人医疗康复费用上会遇到很多困难，无法为残疾人提供一个长期稳定的康复环境。残疾人家庭可能缺乏照顾残疾亲人的科学知识，对亲人的残疾不能理性地认知和接受。

4. 残疾人康复服务缺乏心理辅导

心理辅导可帮助残疾人认识自我，接受自我，更好地调整状态融入社会。北京市现阶段的心理康复较流于形式，难以做到以社区为单位，形成稳定的心理辅导团队，准确及时、一对一地提供服务，为残疾人疏解心理压力。

（三）残疾人受教育程度偏低

1. 教育资金投入不足，城乡、地区、学校之间存在着较大的差距

政府对特殊教育学校的投入严重不足，当前北京市特殊教育学校数量仅30个左右，不能满足残疾人的受教育需求，而且地区之间严重不平衡，例如东、西城区和延庆、平谷区的特殊学校数量就差距很大。

2. 残疾人的就学保障机制不健全

残疾人入学籍制度、课程制度不规范，残疾学生接受教育的形式没有统一标准，通常只是由相关医学机构做出鉴定，没有专门的入学评价机构做出入学建议，残疾人的健康状况可变性强，而残疾学生的升级、留级问题还存在着法律空白，迫切需要健全残疾人的就学保障机制。

3. 特殊教育教师严重不足，残疾学生自我放弃的比例大

现有师范类院校的特殊教育专业培养的教师数量有限，远远不能满足北京市残疾学生的需求，"随班就读"逐渐演变成"随班混读"，使得残疾学生自我放弃不思进取的情况很多。

（四）残疾人就业率普遍偏低

1. 残疾人就业社会条件障碍

社会歧视是导致残疾人就业率低的一个很重要原因，根据我们的问卷调查，有近52%的人认为就业歧视是残疾人就业的一个大障碍，许多单位认为残疾人的能力有限，因此造成残疾人的就业有很大的局限性。

2. 残疾人本身就业能力障碍

残疾人人力资本低下是造成残疾人就业率低的另一个原因，从上面可以看出残疾人受教育程度较低，文化素质较低，职业能力不能适应社会的竞争机制，因此在劳动力市场上缺乏竞争优势。

3. 残疾人就业信息障碍

残疾人就业服务体系不完善导致了残疾人的就业信息不及时不准确,当前还是存在着残疾人就业渠道单一,就业市场建设仍需加强。譬如面向特殊人群的招聘会,其举办的场次数、参加的企业数目都应有所增长,在事先对残疾人群的宣传告知也应更为到位。

(五)残疾人保障资金不到位

残疾人保障金是为残疾就业人员缴纳的专项资金,为残疾人后期生活提供一定的保障,而残疾人保障资金也包括残疾人最低生活保障,残疾人的最低生活保障金由管理审批机关以货币形式按月发放,必要时,也可以给付实物。基于以上分析残疾人保障资金不到位的原因如下:

1. 相关企业和机构没有履行自己的社会责任

用人单位出现没有及时按时缴纳残保金会对残疾人就业保障提出挑战,而相关机构不按时发放最低生活保障会影响残疾人的基本生活,因此需要各机构和单位切实履行自己的责任。

2. 残疾人维权意识薄弱,能力有限

残疾人保障资金不到位的情况发生后,很多残疾人知识和能力有限不能做到及时维权。

3. 办理流程的不便性

办理残疾人证、申请居家助残服务补贴或重度残疾人补贴等,都需准备各式的证件和书面材料,进行多层的审批,最后答复申请结果。此类审批流程虽有助于对资金到位的管控,防止冒领,但对于鳏寡孤独的残疾人群,尤其行动不便或受教育程度偏低者,可能造成其领取保障资金的困难,导致无法享受应得的权益。

四、关于进一步完善北京市残疾人保障体系的建议

为更好地推动北京市残疾人事业发展,我们小组结合问卷调查及对残疾人的采访调研,提出以下建议:

(一)加大残疾人无障碍设施建设

对残疾人群体来说,无障碍设施是便利其参与社会生活的重要保证。2017年北京市残疾人事业发展统计报告显示,北京市共推动235辆无障碍出租车上路运营,试点对10户残疾人家庭单元门内台阶以安装升降平台的方式进行无障碍改造,对44处大型交通枢纽、123条公交线路、173家市区社区三级医院及周边进行无障碍体验活动,协调解决了北京西站等6处的无障碍建设问题。但调查数据显示,北京市为残疾人设置的无障碍基础设施并不普及,且大多数已修建的残疾人无障碍设施未得到良好维护。为

此，在无障碍设施建设方面，我们小组提出以下具体建议：

1. 健全和完善公共场所无障碍基础设施建设，加大无障碍设施覆盖率

北京市在进行城市规划时应进一步贯彻人文主义精神，并将其在步行、公交、停车等无障碍道路交通保障系统中贯彻落实。大中型公共场所的公共停车场和居住区的停车场管理，应当按照无障碍设计标准规定设置无障碍停车位，保障有无障碍需求车辆专用。市政府要对无障碍设施建设和管理工作实行统一领导，例如，在居住建筑中的入口、通道、道路上开通设有轮椅位、可伸缩斜板等设施的无障碍公共汽车等。对需要进行无障碍设施改造的贫困家庭，政府应给予适当补助。

2. 科技助力无障碍建设，扩大残疾人证智能化应用范围

信息无障碍技术的发展，通过互联网为残障人士打开了一扇与世界更顺畅沟通的窗口，从而更有效保障他们平等参与社会生活。近年来，各大互联网企业如腾讯、阿里、百度等也都履行企业社会责任，积极投入信息无障碍建设。通过 AI、语音等技术，视障者能够无障碍通过手机看资讯、搜索信息以及使用多项互联网服务。北京市残疾人信息化体系尚不完善，因此，北京市政府相关部门应加快发展信息交流无障碍建设，创新残疾人证智能化使用，创造条件为北京市残疾人提供更多的语音和文字提示等信息交流服务平台。

3. 加强无障碍设施的监管、改造与维护

问卷调查显示，北京市很多已修建的残疾人无障碍设施被破坏或得不到正常维护。因此，笔者建议，北京市建设行政主管部门应科学制定城市道路和建筑物的无障碍设施改造计划，对现有城市道路、建筑物进行改造时，必须按规划要求建设无障碍设施。对于停车占用盲道的违规行为加强执法，明确要求所有权人或管理人对无障碍设施进行保护维修，确保无障碍设施的正常使用。对于不定期维修，尤其是造成残疾人士人身、财产安全损害的，严格按照有关法律规定进行处罚。同时，对破坏、占用盲道、残疾人专用停车位等无障碍设施的行为，依法进行相关处罚及纠正。

4. 提升无障碍设施的普及知晓率，营造全社会重视无障碍设施的氛围

搞好北京市城市无障碍设施的建设工作，首先要调动社会各方面的积极性，提高北京市民对无障碍设施建设意义的认识，号召社会各界都参与到无障碍设施的建设和维护中来。因此，笔者建议，可通过积极开展各类宣传活动使人们意识到无障碍设施的重要性和必要性，提高无障碍设施的普及知晓率，进而得到北京市各方面对无障碍设施建设的关心与支持，从而更好更有效地保障残疾人权益。

（二）完善和健全北京市残疾人救助体系建设，加大残疾人社会保障力度

1. 多组织残疾人进行康复训练

北京市政府应当补助一定的启动资金，进一步扩大残疾人康复训练机构的分布范围，加大残疾人康复训练培训力度，丰富康复训练内容与形式，对残疾人进行康复知识宣传教育并定期组织各类康复活动。例如，对交通与人员看护等条件成熟者，在现有条件下，安排固定时间到康复中心或社区进行训练，从而最大限度地利用中心的设备、人

员等资源;对于肢体功能障碍者定期进行家庭康复训练和护理指导。

2. 提高残疾人救助补贴

问卷调查中,多数残疾人受访者表示其医疗费用太高,补贴收入低,且家政保姆费用高,无法担负高额的费用。因此,北京市应当制定更为精确的分档补贴标准,加大残疾人补贴力度,对于低保家庭外的无固定收入智力、肢体等重度残疾人发放100%生活补贴,并按月定时发放,进而确保残疾人群体尤其是重度残疾、一户多残、老残一体等特殊家庭基本生活、医疗康复等基本需求得到稳定保障。

3. 加强残疾人保障金发放监管力度

针对目前北京市存在的相关企业机构未履行社会责任而使得残疾人保障金不到位的问题,政府要加强政策法规建设,将残疾人的权益、企业机构履行的责任义务及违反时应承担的责任后果以法律形式固定下来并实时修改,同时加强执法检查监督,并为残疾人免费提供法律援助,切实维护残疾人合法权益。

(三)切实有效丰富残疾人精神文化生活

1. 公共文化场所免费对残障人士及其相关陪护人员开放

问卷调查中,部分残疾人士表示当前北京市仍有一些公园禁止电动轮椅或残疾车进入,并且残疾人陪护人员进入公园仍需购买全票,这些都严重阻碍了残疾人参与社会文化活动的积极性。因此,笔者认为,北京市公园等公众文化场所应当全面开放残疾人专用通道,并允许具有陪护卡的残疾人陪护人员免费进入,从而提高残疾人士参与社会文化活动的积极性。例如,大连森林动物园已经实行残疾人免票,盲人、双下肢残疾人、重度智力和精神残疾人的一名陪护人员免票政策,此类政策的出台大大提高了残疾人的入园率,进而丰富残疾人的精神文化生活。

2. 加大推广公共图书馆盲文读物阅览室

截至2017年底,北京市、区两级公共图书馆共设立盲文及盲文有声读物阅览室7个,笔者认为,这尚不能满足北京市1万多名视力残疾人的读书需求,因此相关部门应加快推进盲人阅览室设备的研发与推广,建成融多种功能于一体的中国盲文图书馆,组织实施盲人数字阅读推广工程,为视力残疾人提供更加方便的读书软件与试听设备。例如,北京市可加大其城市社区"残疾人文化进社区"和农村地区"农家书屋"工程项目的实施和管理力度,进而切实丰富视力残疾人的精神文化生活。

(四)营造全社会尊重、关爱残疾人的良好氛围

在对北京市残疾人歧视现象的调查中,44.08%的受访者表示当前北京市仍存在歧视残疾人现象。可见,即便在首都北京这样经济发达的文明城市,残疾人目前仍然遭受着来自社会各方面一定程度的歧视。李克强总理在国务院会议上曾说:"对残疾人的保障和关爱,是社会文明进步的标志。"因此,培育全社会扶残助残意识刻不容缓。

为此,北京市政府机关和主流媒体都应肩负起社会责任,各级政府要进一步加强残

疾人保障法的宣传教育,提高对残疾人工作重要意义的认识,通过主流媒体、网站、微信公众号等平台以及助残日等重大节日的宣传形式,呼吁社会关心关爱残疾人,组织系列体验活动,并号召更多公众人物投身于公益事业。

要在全社会普及"平等、参与、共享"的理念,尊重残疾人,消除对残疾人一切形式的歧视,使我们每个人可以真正意识到残疾人的不便之处,在全社会培育关爱和尊重残疾人的良好风气,为残疾人更好地融入社会创造条件。

环保民间组织参与大气污染防治的研究[①]

——以北京地区为例

袁 雷 董金诚

【摘 要】 随着我国对生态文明建设的日益重视,越来越多的力量参与到了大气污染防治工作中。环保民间组织在大气污染防治工作中正扮演着越来越重要的角色。北京地区由于其特殊的城市地位,对于研究民间环保组织是如何参与大气污染防治有着很好的代表性。本小组通过多种形式,收集北京地区大气污染问题和环保民间组织的参与、发展情况等方面的数据,调查北京当地居民和志愿组织负责人的观点看法,从大气污染防治工作的角度揭示当前环保民间组织所面临的问题,具有一定的借鉴意义。

【关键词】 环保民间组织;大气污染防治;北京地区

　　随着城市化和工业化的快速发展,能源消耗不断增加,城市人口迅速膨胀,沙尘天气频发,直接导致许多城市的大气污染问题日益严重,这严重影响了市民正常生产生活和身体健康以及城市形象。大气污染的防治是一个庞大的系统工程,需要各界力量的共同努力。随着我国社会主义民主政治的改革和发展,各界民间组织蓬勃兴起、快速发展,已成为能联系政府与企业的重要第三方力量。而其中环保民间组织已成为推动中国和全球环境保护事业发展与进步的重要力量,主要集中在北京、天津、上海、重庆及东部沿海地区。因此以首都北京为例,来探究环保民间组织在大气污染防治中的参与情况,就具有较强的普适性和借鉴意义。

　　本次调查采取网络问卷和个别公益环保者采访,以及网络搜索、知网文献的形式。小组成员通过朋友圈、微博等网络社交方式发布问卷链接,并联系北京相关公益环保人士,同一些志愿组织负责人、北京地区的居民了解一线信息。本次调查共有 594 人填写问卷,其中有效问卷 348 份,有效率约为 58.6%。我们采访了北京市绿萝服务队相关负责人,北京工商大学理学院青年志愿者协会相关负责人,北京市朝阳区华鼎世家小区、海淀区北太平庄小区居民,志愿北京工作人员。

一、北京地区主要大气污染问题及产生原因

　　由于近年植树种草,北京市相关部门对自然界沙尘的治理效果很好,北京风沙等大气问题已渐渐退出市民的视线。而人类活动如工业生产、供暖燃煤等造成的以雾-霾为

---

① 本课题指导教师袁雷;课题组组长董金诚(数学 171);课题组成员:梁钰林、任雅秋(数学 172),夏红霞、邱少君(数学 171)。

首的大气污染问题成为北京市民的焦点。北京污染物有明显的季节变化,二氧化硫出现 3 级以上只有冬半年,夏半年几乎不出现,但可吸入颗粒物随着季节变化,没有太大的变化。大气污染物约 60% 以上来自机动车排放。据卫星图像显示,北京市城区氮氧化物的 47% 来自汽车尾气,以及在采暖季节的燃煤。

这些污染源排放量大,特别是在冬季,由于低温导致燃煤采暖排放量相应增加,且北京地区被低压控制,地面风速减少,湿度加大,逐渐形成了进风逆温和大雾极端天气,造成污染物持续积累,扩散条件不利。大范围、大区域内污染物的输送和北京本地排放污染物相叠加,使 $PM_{2.5}$ 污染物浓度水平进一步升高,也客观上加重了北京地区的污染水平。另外,受到地形影响,北京东、西、北三面环山,仅南面是平原,所以只有在冷空气带来的北风吹拂下,污染物向南面扩散,空气质量才能转好。而如果是其他的风向,遇到了大山的阻拦,污染物则会"窝"在城区,难以扩散。扩散条件的不利也使空气污染随之加重。

二、北京市环保民间组织的发展及现状

(一)环保民间组织的发展

中国环保民间组织主要经历了 3 个阶段:自 1978 年起至 20 世纪 90 年代初,中国环保民间组织走过了诞生和兴起阶段;1995 年至 21 世纪初,环保工作向社区和基层延伸,进入了发展阶段;21 世纪初,环保工作的活动领域逐步发展到组织公众参与环保、为国家环保事业建言献策、开展社会监督、维护公众环境权益等,进入了成熟阶段。从 2016 年起,我国慈善事业进入转型期,环保组织作为其重要组成部分,也更加民间化、大众化。

如今国际上和中国本土的环保民间组织逐渐发展壮大,我国现有各类环保民间组织 2768 家,从业人员总数为 22.4 万人。在这些环保民间组织中,除了由政府发起的环保民间组织,如中华环保基金会、中国环境文化促进会、中华环保联合会等外,还有民间自发的环保民间组织,如自然之友、CYCAN、地球村等以及学校内部的公益环保类社团。这些环保民间组织通过各种方式参与到祖国大气污染防治的战斗中。如中华环保联合会为各级政府及其有关行政主管部门提供决策建议,组织开展维护环境权益活动和环境法律援助,开展环境领域公众参与、社会监督,开展相关的环境政策、法律、法规和技术咨询服务,普及环境保护和维护环境权益知识组织,参加国际民间环境交流与合作。自然之友通过环境教育、家庭节能、生态社区、法律维权以及政策倡导等方式参与环境保护。

(二)环保民间组织的优势

1. 公众认可度高
改革开放以来,中国开始向组织社会化的方向迈进,社会公益组织有了广阔的发展

空间。首都作为全国各大城市的先行者,公益组织在这里大力发展并且得到了北京市民的普遍认可。根据我们的问卷第 8 题"您知道哪些环保民间组织?"的统计,有 80% 以上的受访者都或多或少地知道一些环保民间组织,其中占比最大为 35.34% 的是学校的环保民间组织,这与首都教育中对青少年公益意识的培养和首都密集如云的高校数量分不开。根据第 7 题"在空气污染防治中,您认为谁的作用最大?"的统计,在空气污染防治中,作用最大的是政府,其次是公民本身的环保意识,再者便是环保民间组织。环保民间组织是联系公众和政府的重要桥梁,同时也通过公益讲座等宣传方式为提高公民环保意识不懈努力。在所有有效答卷中,共有 298 份表明偶尔参与或经常参与公益活动(以下称之为 A 类答卷),有 31 人表示未参与但希望以后参与。在第 9 题"您一般通过什么方式参与到公益环保中去?"中(图 1),298 份 A 类答卷中有 90% 以上的人会通过互联网参与到公益环保中去。随着网络的普及,近 10 年网络公益快速发展,成了一个新兴的公益领域。网络公益以其成本低、参与便捷得到公众的青睐。其余为参与社会民间的公益环保组织的人数占 43.62% 和参与学校公益环保类社团占 37.92%,以及参与政府发起的公益环保活动占 12.08%。当然,虽然这些选项存在一定的交叉概念,各选项分界并不明显,但足以看出北京群众对环保民间组织以及公益环保活动的认可较高。

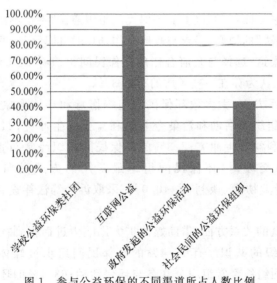

图 1 参与公益环保的不同渠道所占人数比例

2. 参与方式多样化

环保民间组织活动内容多样,从教育、法律、政策、技术、社区各个领域为环保做贡献。如青年应对气候变化行动网络 2007 年在北京开展"绿色校园"培训,2008 年编辑《中国青年应对气候变化行动指导手册》;自然之友通过环境教育、家庭节能、生态社区、法律维权以及政策倡导等方式。在我们问卷第 12 题"您所在的环保民间组织举办过哪些方面的活动?"中(图 2),298 份答卷中有 12.082% 选择垃圾分类,有 10.74% 选择学术分析,有 46.98% 选择募集捐款,有 26.846% 选择社会监督,有 81.55% 选择公众宣传,有 3.02% 选择政策倡导以及 30.21% 选择其他。这些多种多样的组织内容从大气污染前的宣传和预警、污染发生时的社会动员以及污染发生后的修复、反馈以及宣传教育三方面发挥着各自作用,为大气污染防治上起到了不可或缺的作用。

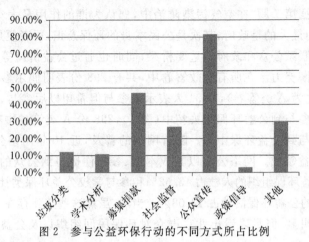

图 2　参与公益环保行动的不同方式所占比例

3. 公共关系良好

在与政府的关系方面,95% 以上的环保民间组织遵循"帮忙不添乱、参与不干预、监督不替代、办事不违法"的原则,寻求与政府合作;61.9% 的环保民间组织认为拥有与政府直接沟通的正常渠道;选择与政府合作的环保民间组织有 64.6%,选择既非合作亦非对抗的有 32.1%,认为存在一些矛盾的有 3.3%。

在与企业的关系方面,大多数环保民间组织愿意和环境形象较好的企业开展合作。一些环保民间组织的活动和污染企业的利益会发生冲突;24.4% 的环保民间组织认为偶尔与企业利益发生冲突;2.3% 的环保民间组织经常与企业利益发生冲突。在和污染企业进行交涉时,环保民间组织最常用的方式是向政府部门反映,占 68.6%;其次是与企业协商、谈判,占 40.0%;采取诉讼等法律途径或集会、抗议等方式的很少。

在与媒体和公众的关系方面,借助媒体扩大影响力进而得到社会公众的支持已成为我国环保民间组织的共识。有 79.4% 的环保民间组织被媒体正面报道宣传过。90% 以上的环保民间组织经常组织公众参与环保活动;63.4% 的环保民间组织与学校有合作关系;41.7% 的与研究机构有合作。

4. 治理效果显著

生态环境部发布的《中国空气质量改善报告(2013—2018 年)》显示,2018 年,全国GDP 较 2013 年大幅增长,同时大气污染物浓度大幅下降。生活在北京的人明显感到近年来北京雾-霾越来越少,蓝天白云成了北京的常客。在我们第 4 题"您对当前北京空气质量的满意程度?"中,有 31.9% 的人认为当前北京空气质量一般,有 61.5% 的人认为好,只有不到 10% 的人选择了差,而在下一道题"您认为近 10 年北京空气质量的改善情况?"中(图3),有超过70％的人认为北京空气质量有所改善。当然,北京空气质量的改善很大程度上取决于政府的关注和各界人士的配合,国家财政环境保护支出从2013年的3435.15亿元到2018年的6352.75亿元[①]。但正如前面分析,北京众多民间环保组织的努力在这一卓越成果上也有着显著的作用。以2005年自然之友发起的"26℃空调"行动为例,这一环保号召已经成为如今人们的共识。在15题"您对环保民间组织所做工作的满意度如何?"中,有超过60％的人对环保民间组织的满意度是较高或高,其中包括62.42％的人参与过环境类公益环保。在我们对北京市朝阳区华鼎世家小区的一位居民的采访中,她说:"感觉几年前空气质量一直不太好,当时雾-霾天气闹得沸沸扬扬的,走哪都得戴着口罩。最近这两年空气不错,看手机每天的空气质量都是良或优。"另一位海淀区北太平庄小区的居民说:"记得孩子以前上初中那会儿雾-霾特别严重,家里买了很多防雾-霾的口罩,听说还有人戴防毒面罩,挺夸张的啊。等到孩子上高中本来学业挺繁重的,但还因为雾-霾天气停课。现在孩子快大四了,头两天还在朋友圈发家旁边公园的蓝天绿草,可好看了。"

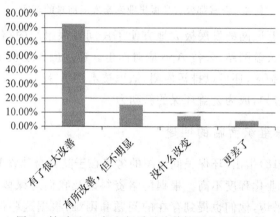

图3　针对近10年空气质量改善情况的回答比例

5. 良好的发展基础

环保民间组织有着较好的发展基础,包括经济基础、社会基础和科学技术基础。

经济基础:政府的强力支持,企业的社会责任感,个人对环保事业的重视。这些使得环保民间组织有政府的公益创投、企业和个人的捐赠的资金来源。随着国家经济的发展,企业个人的经济能力的提升,社会的环保意识增强,这些经济力量将更有可能推动环保民间组织的发展。

社会基础:习近平总书记说:"绿水青山就是金山银山",国家政府高度重视环境问题,党的十九大报告全面阐述了加快生态文明体制改革、推进绿色发展、建设美丽中国的战略部署。解决大气污染等环保问题体现公众共同的利益,随着国民生活水平的提高,人民对生态环境也愈加重视。公益环保自然也受到社会各界人士的响应和政府的

_____

① 数据来源:国家统计局、生态环境部。

高度重视。在我们问卷第13题"对首都公益环保事业未来发展前景的态度"中(图4),有超过30%的人表示对首都公益环保事业未来发展非常有信心,有超过40%的人表示比较有信心。

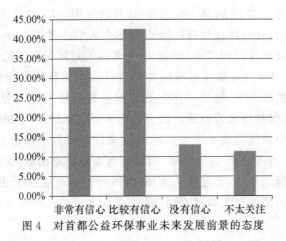

图4 对首都公益环保事业未来发展前景的态度

科学技术基础:互联网的发展极大地方便了民间环保组织的招募、宣传、沟通等一系列日常活动,各种公益网站、公益App应时而生。通过操作手机就可以实现公益、植树造林、建立自然保护区,还可以排污检测、知识技术共享等。

科学技术日新月异,成为公益环保的新动力。

(三)民间环保组织面临的问题

刘宁和萧谦(2018)指出,环保民间组织的劣势在于其自身建设问题,组织制度不完善和分布不均匀,专业化程度不高。根据网络资料以及我们对绿萝志愿队负责人和志愿北京工作人员的采访,他们也提到存在的问题和困难,根据这些信息,我们将环保民间组织可能存在的问题总结归纳成以下几点。

1. 许多环保民间组织无合法注册身份

我国现行《社会团体登记管理条例》中规定:民间组织"应当经其业务主管单位审查同意"和"有50个以上的个人会员或者30个以上的单位会员"方可在民政部门注册登记。限于上述条件,我国环保民间组织在各级民政部门正式注册登记率较低,仅为23.3%;有63.9%的在单位内部登记(学生环保社团在学校登记)或在工商注册为民办非企业;仍有部分环保民间组织未办理任何注册登记手续。

总体而言,我国环保民间组织起步晚,成长迅速,发挥作用明显,但发展不均衡,骨干人才偏少。由政府发起成立的环保民间组织数量多、管理规范、能力强,但独立性不够;一些省级以下的组织开展活动不经常;学生环保社团数量大、热情高,但组织不稳定,负责人变动频繁;由民间自发成立的环保民间组织数量少、组织松散、较活跃,但存在内部机构建设不完善、工作随意性大的问题;国际环保组织驻华机构数量少、工作条件好,但普遍存在没有合法注册身份等问题。

2. 资金来源单一,缺乏经费

从我们的调查中可以看到,费用问题是困扰北京环保民间组织生存和发展的主要问题之一。我国 76.1% 的环保民间组织没有固定经费来源。经费问题没有任何行政权力、一切费用自筹解决,这是各类民间组织最基本的特征。因此,经费不足是民间组织共同面临的压力和挑战。环保民间组织资金最普遍的来源是会费,其次是组织成员和企业捐赠、政府及主管单位拨款。有 45.5% 的国际环保组织驻华机构、32.9% 的政府部门发起成立的环保民间组织拥有相对固定的经费来源,而民间自发组织和学生环保社团中拥有固定经费来源的仅为 20% 左右。2005 年,全国 2768 家环保民间组织共筹集资金 29.77 亿元,有 22.5% 的环保民间组织基本没有筹到经费,81.5% 筹集的经费在 5 万元以下。

各地政府的公益创投和政府购买也如“雨后春笋”般蓬勃发展,但遗憾的是这部分政府经费也大都规定公益人员以及公关成本是不能列支的,这就导致了申报项目的主体大都是政府下设组织,或者医院、学校、养老机构等一些民非(慈善法称社会服务机构)组织将自己的日常业务作为项目申报资金。企业捐赠也是公益成本的来源途径,但这些资金大部分会流入国字头基金会、政府的红十字协会和慈善协会,民间的环保组织得到的并不多。

3. 环保组织对政府和公众的联系都有待加强

政府方面,我国环保民间组织事业心强、参与热情高,致力于环境保护的目标明确,但限于一些体制、机制和自身能力等方面的原因,对政府部门相关环境信息了解不够或不及时,对政策制定的背景不清,没有介入前期工作的机制和渠道,导致大多数公众和环保民间组织参与制定环境政策十分困难。一些政府部门对环保民间组织的发展也缺乏热情和支持。而且目前保障我国环保民间组织发展的法律与政策环境还不大健全,环保民间组织也因此在开展活动、吸引人才、筹集资金等方面遇到很多困难和阻碍。

公众方面,由我们的问卷第 16 题中,在 50 份有效答卷①中,有 27 人选择了门槛高和 35 人选择了不知道参与渠道。另外,一些环保组织过于依赖政府,独立活动能力弱,与社会公众沟通少,缺乏广泛的群众基础,公众不能或不愿参与环保民间组织。

4. 参与者专业化程度普遍不高

在民间草根公益组织中,不管是核心成员还是普通参与者都是由各行各业热爱公益事业的人组成,其中文化水平、能力参差不齐。环保组织中缺乏涉及自然科学、社会科学等多方面问题的相关领域专家。由此环保民间组织很难做出专业的项目,且其参与环境政策制定和实施社会监督的能力不足、成效不高。这也将直接影响环保民间组织的公信力。

三、对环保组织参与大气污染防治的建议

通过第 14 题“您认为您所在的民间环保组织还存在哪些不足之处?”,在 298 份 A

---

① 50 份答卷在 11 题“您是否参与过公益环保活动”中选择了否定答案。

类问卷中,有 72.49％认为其所参与过的组织存在专业化程度不高,42.95％选择组织制度不完善,21.15％选择经费来源匮乏。这充分表明了虽然改革开放以来环保民间组织蓬勃发展,如今相较于 20 世纪 90 年代已取得了很大进步,但是问题依然存在。对此我们小组成员共同探讨,询问环保民间组织参与者,得出以下建议:

1. 完善法律法规,为环保民间组织的健康发展提供有利的法律和政策环境

优化配置环境公共资源①,为环保民间组织创造有利的物质条件和发展空间。降低环保民间组织的登记注册门槛,对取得合法资格的民间组织予以政策支持和引导,加强对其行为的监管。

2. 拓展经费来源渠道,科学管理活动资金

政府或爱心企业通过考评的方式对环保民间组织的活动进行考评,根据环保民间组织的贡献大小给予下一期的经费补助。每个组织设置相关部门对经费去向进行详细记录备查,定期公示,全民监督。同时通过设立基金会募集公众捐款,捐款方式以网络为主,与时代接轨,便于广大群众捐款。公益组织可由专业人士将一部分较多的资金进行理性投资,实现更多的公益用途。

3. 加强环保民间组织与其他社会组织、国家机构和企业的合作关系

环保民间组织可以与学校组织、企业、国家机构联系起来,互相支撑,以达目标。加强与相关专业人士的对接,寻求解决大气污染问题最有效的办法。

推动形成多渠道、多层面环保民间组织的合作模式,加强政企统筹,鼓励学生参与环保民间组织,学校应提供平台或进行宣传,使学生可以了解如何参与环保民间组织,形成和学校的长期合作关系。企业也应该响应国家号召,注重生态环保问题,可以定期与环保民间组织举行讲座,进行募捐,在支持公益环保的同时企业也可获得一定的社会影响力,以实现企业自身的利益和价值。国家机构应给予一定的补贴,以此来支撑此类环保民间组织的运行问题。环保民间组织也应该实时关注、深入贯彻国家发布的关于环保的政策,实时配合政府部门。

4. 加强环保民间组织成员的培训

对所有志愿者和工作人员进行岗前培训,若人数较多可进行网络培训,如有必要可进行培训考核,以保证所有人员能更高效地完成工作。当然,为了不影响公众的参与率,如果只是最基本的成员考核门槛会相应较低。所以,对基本成员的考核,可以只涉及一些最基本的环保知识(若情况特殊,也可以考虑开卷作答)。若工作内容更专业更复杂,考核所涉及的内容也会越宽泛,难度也会越深,尤其是管理、组织、财务方面的工作,经过一些专业培训是考核通过的重要因素之一。同时,由于现在我们专业环保人员稀少,而上述考核又必须有这些专业人员参与,所以可以考虑在大学设一些相关专业,通过这样的途径来培养环保方面的专业人才。为祖国环保事业提供高水平人才的同时也为公益环保事业添砖加瓦。

---

① 环境公共资源包括国家有关环境的法规、政策、标准和服务设施,政府和全社会对环境事业有形和无形的各类投入,社会各界(尤其是企业)在生产、生活和消费领域对环境所承担的社会责任等。

5. 环保民间组织应与时俱进

环保民间组织要与时俱进,利用互联网所提供的广阔平台和先进技术,促进互联网公益的发展,营造门槛低、贴近群众生活、互动性和开放性强的良性互联网公益平台;利用大数据分析技术、VR 和 AI 等智能技术来发展创新,提高其科技含量,给予公益活动更大的想象空间,吸引群众参与;以先进的科技和精准的数据做支撑,加强自我管理,构建透明且高效的互联网公益平台,打造良好的公信力。

综上所述,要为环保民间组织的健康发展提供有利的法律和政策环境;优化配置环境公共资源,为环保民间组织创造有利的物质条件和发展空间;环保民间组织应注意建立自身的社会诚信度、公信度和认知度,维护和保持环保民间组织的良好社会形象;加强监督管理与引导服务,促进我国环保民间组织的全面健康发展。

四、小结

新中国成立 70 年来,中国人民经历了站起来到富起来再到如今的强起来的历程,经济腾飞,科技发展,首都的街道车水马龙,工厂的机器轰轰作响,但随之而来的正是本文讨论的日益显现的环境问题,特别是大气污染问题。中国人民曾经用生命捍卫这片土地、天空,如今更需要用劳动、智慧守卫祖国锦绣山河的洁净。参与和发展环保民间组织,是保卫蓝天、解决环境问题的有力手段。新中国成立 70 年来北京地区开展了多次城市总体规划编制工作,城市建设目标的不断变化在一定程度上造成了人们对资源的不合理利用,导致了环境问题的产生,其中大气污染问题尤为严峻。在北京市大气污染治理之初,党和政府发挥了决定性的作用,取得了良好的发展趋势。而改革开放之后,在北京经济快速发展、城市不断扩张以及全球气温变暖等因素的影响下,旧问题尚未解决,新问题不断涌现,这时候社会环保民间组织开始发展起来,且在之后的大气污染治理之中占据了重要地位。环保民间组织连接起人民和政府,通过各式各样的途径去参与到大气污染的防治工作中,将环保理念通过多种方式渗透到社会各个领域,人民群众对环保民间组织的接受度和认可度也相当高,环保民间组织在将来也会成为大多群众参与环境保护的选择对象。但是环保性公益组织自身还有许多问题尚待解决,环保民间组织还应当加强自身的建设,建立公信度、认知度,打造积极良好的社会风貌。总的来说,环保民间组织在北京市大气污染治理的历程中发挥了积极的作用,且成为推动大气污染防治事业发展的重要力量,环保民间组织在未来将迅速发展,凝聚社会力量,带领广大人民群众更有效地参与大气污染防治工作,取得更显著的成就。

参考文献

林尚立,2007. 两种社会构建:中国共产党与非政府组织[J]. 中国非营利评论,1.
刘宁,萧谦,2018. 环境伦理学视野下环保民间组织在雾霾防治中的作用研究[J]. 环境与发展,2.

新中国成立 70 年来北京家庭结构的变迁研究[①]

陈美灵　　郭宣灵

【摘　要】　新中国成立 70 年来,我国家庭结构经历了传统型—过渡型—现代型的转变。这是我国现代化进程的一部分,也是我国经济发展、国力增强、人民生活水平不断提升以及对外开放程度不断提高的真实写照,与现代化进程中家庭观念、生育观念、婚恋观念的转变息息相关。这种变迁既在家庭关系、人口素质、家庭观念方面有积极影响,也在养老、家庭稳定性、家庭隔代教育方面提出了新的挑战。应对这些挑战的方式:制定促进计划生育发展政策;健全社会养老机制,建立关爱服务体系;更新教育观念,加强家庭教育;增强家庭责任感,提升婚姻观念。

【关键字】　家庭结构变迁;北京地区;中华人民共和国成立 70 年

本次调研,我们主要通过调查问卷、采访市民、查找参考文献等方式进行。调查问卷主要由小组成员在朋友圈发送链接的方式让网友们填写并收回。在我们所收集到的 284 份样本中,有效调查数据为 231 份,占比 81.34%,数据的科学性较高。在有效数据中来自北京市区的受访者较多,为 52.81%。来自北京城镇和农村的受访者占比分别为 29% 和 18.18%。由于受访者中的学生较多,因此 90 后和 00 后所占比重较大,为 62.34%。60 后和 70 后其次,分别为 13.85% 和 11.26%。50 后和 80 后数据较少,分别为 7.79% 和 4.33%。

本次调研通过网上问卷调查、实地调研以及参考前人文献和最新媒体资料的方式进行。实地调研方面,小组成员亲自与相关人员进行交流访谈。在线问卷调查方面,团队成员通过微信朋友圈等途径让网友填写并回收问卷。我们通过逐一分析调研新中国成立 70 年以来主要是三个年龄层的家庭情况,即 00 后、90 后、80 后、70 后、60 后、50 后,见证中华人民共和国成立以来我国社会生活的变迁和改革。家庭是社会的细胞,社会的变迁历程体现在家庭的变迁历程上。这既是我们研究的入手点,也是研究背后要探讨的主题。

一、新中国成立以来北京家庭结构的变迁

新中国成立 70 年来,北京的家庭结构发生了显著变化。简而言之是家庭规模小微化、家庭类型多样化、家庭成员的组成多元化,这深刻反映了我国社会发展的变迁。我们根据相关资料,将家庭结构划为了"传统型""过渡型""现代型",方便人们了解变迁的历程及原因。

---

①　本课题指导教师陈美灵(北京工商大学马克思主义学院);课题组组长郭宣灵(新闻 172);课题组成员:王紫暄(新闻 172)、谢梦琦(新闻 171)、王芹(新闻 172)、陈妙林(新闻 171)。

(一)"传统型"家庭结构①——二十世纪五六十年代

随着新中国的成立,政治环境的安定,经济的恢复与发展,二十世纪五十年代北京出现生育高峰,年均出生人口近 14 万人,60 年代升至 20 万人。这一时期出生率在 0.3% 以上,约有 94% 的妇女生育 3 个及以上更多孩子,近半数的妇女生育 6 个及以上更多孩子。结合我们的调查结果,独生子女的比例在参加调查的 50 后和 60 后群体中很少,多口之家是主要趋势(图 1)。

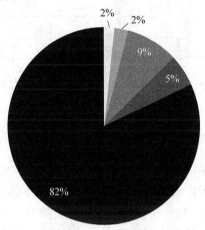

2%
2%
9%
5%
82%

■50后 ■60后 ■70后 ■80后 ■90后、00后

图 1   独生子女人数在本次调查中按年龄段分布情况

由于生育率较高,家庭规模也比较大。在 1949 年以前,家庭户平均人数基本保持在 5.3 人的水平上,1949 年以后家庭规模虽然有所降低,但家庭户平均人数仍在 4.33 左右,远高于现在的 2.17 人/户的水平。可见当时受限于社会的经济发展水平,人们的生育观念,家庭户平均人数较多,家庭规模较大。

至于家庭类型,根据我们的调查显示,50 后、60 后基本选择了当前是核心家庭②、主干家庭③,少部分人选择了目前是空巢家庭④(图 2)。相较于其他年龄段,该时段的家庭类型较单一。

总之,二十世纪五六十年代是新中国的初建时期,相较于 1949 年以前,这一时期在生育率上有了明显进步,但受限于社会的经济发展水平、人们的生育观念和地区的开放程度,家庭结构还处于传统阶段。

---

①   "传统型"家庭结构即出于高生育水平,家庭户平均人数 4~5 人,家庭类型以联合家庭、主干家庭、核心家庭等几种家庭类型为主。

②   核心家庭指两代人组成的家庭,夫妻两人及未婚的孩子。

③   主干家庭又称直系家庭,指由父母和一对已婚子女组成的家庭。

④   空巢家庭:家庭中因子女外出学习,老人独居的现象。

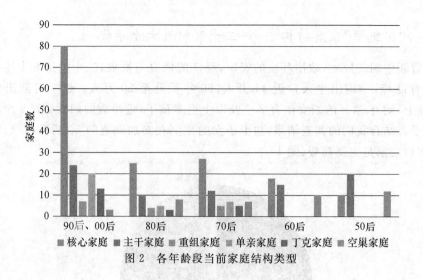

图 2　各年龄段当前家庭结构类型

(二)"过渡型"家庭结构①——二十世纪七八十年代

相较于新中国成立初期,七八十年代的社会拥有更加发达的经济水平和更加稳健长足的国家政策。家庭的变化也在这种悄然更迭的背景下体现出不同的变化趋势。

1. 家庭规模逐步小型化、独生子女家庭渐成主要趋势

在二十世纪七八十年代,计划生育政策被确定为基本国策,该政策规定一对夫妇只生育一个孩子。这一政策直接导致了人口出生率的降低。根据国家统计局数据统计,二十世纪七十年代初期北京生育率还比较高,随着计划生育的施行,二十世纪八十年代,北京的出生人口递减至平均每年 7 万人,出生率 2.4%,属于过渡时期人口增长模式。

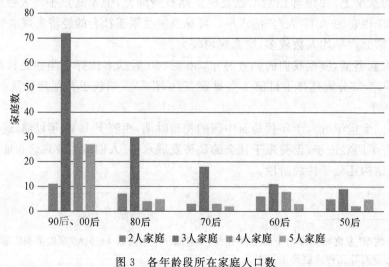

图 3　各年龄段所在家庭人口数

---

① 过渡型家庭结构即传统家庭结构向现代家庭结构过渡,这段时间出生率出现下降,家庭规模缩小,家庭类型趋向多元。

与此同时,家庭人口数量也在减少,家庭规模缩小。在家庭人口数量的调查中70后、80后普遍选择了所在家庭是三口之家,该比例远远高于50后、60后(图3)。除此之外,根据我们的调查问卷可看出,70后中有11人选择了不是独生子女,占70后总人数的42%,而80后基本为独生子女,只有1人不是,这一时期独生子女的比例远高于五六十年代。独生子女开始成为主要趋势。

新中国成立以来,家庭规模在经历了几次升降起伏的变化后,从全国来看,1973年开始进入较长时间的持续缩小过程。1973年,全国家庭户平均人数为4.81人。按人数划分,三人户和四人户最为常见。从表1可看出全国家庭户平均人数到1982缩小为4.41人,到1990缩减为3.96人。家庭规模的小型化已成不可逆转的潮流。

表1 六次全国人口普查人口基本情况

指标	1953年	1964年	1982年	1990年
总人口(万人)	58260	69458	100818	113368
男(万人)	30190	35652	51944	58495
女(万人)	28070	33806	48874	54873
性别比(以女性为100)	107.56	105.46	106.30	106.60
家庭户规模(人/户)	4.33	4.43	4.41	3.96

2. 家庭类型逐步多元化家庭不稳定性开始增强

相比于五六十年代,二十世纪七八十年代北京的家庭结构类型趋向于多元化。除了主干家庭、核心家庭以外,重组家庭、单亲家庭、丁克家庭和空巢家庭越来越多。其中值得注意的是,通过调查问卷我们可看出,这一时期单亲家庭、重组家庭的比例相较于二十世纪五六十年代有所上升(图4)。从表2中我们也看出,1982年复合家庭的比例高于年2000年、2010年,残缺家庭的比例也高于1990年和2000年,这说明婚姻、家庭的不稳定性开始加剧。

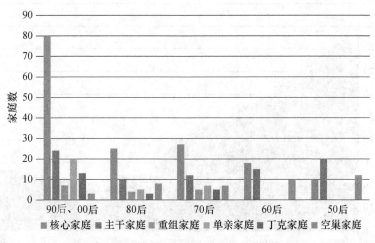

图4 各年龄段当前家庭结构类型

51

表2　四次人口普查不同家庭结构类型情况

家庭结构类型		1982 年(%)	1990 年(%)	2000 年(%)	2010 年(%)
核心家庭	标准核心家庭	48.16	53.53	46.75	33.14
	夫妇核心家庭	4.79	6.49	12.93	18.46
	其他核心家庭	15.35	10.59	8.50	9.29
	小计	68.30	70.61	68.18	60.89
直系家庭	隔代直系家庭	0.95	0.91	2.11	2.78
	其他直系家庭	20.79	20.42	19.61	20.21
	小计	21.74	21.33	21.72	22.99
复合家庭		0.93	1.08	0.56	0.58
单人家庭		7.98	6.34	8.57	13.67
残缺家庭及其他		1.06	0.65	0.97	1.86
合计(约)		100.00	100.00	100.00	100.00

3. 家庭人口流动性增强

随着我国改革开放的进行,城市化进程开始加快,地区间的联系交流更紧密,地域开放程度自然随之提高,除此之外,我国经济的进一步发展也掀起了"下海潮"和"出国潮",这些都使得北京家庭人口的流动性提高。根据我们的调查问卷的题目"是否有外出本市工作求学的家庭成员"也显示,虽然大多数人的家庭成员还是留在了本市工作、留学,可从 70 后开始,有外出本市工作或求学的家庭成员人数在不断提高(图 5)。

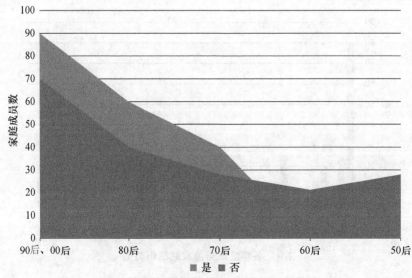

图 5　各年龄段家庭成员迁到非京地区情况

二十世纪七八十年代是我国的经济改革时期,与此同时,我国的家庭结构也在向规模小型化、类型多样化的现代家庭结构转型,可是在这个过程中也产生了一系列诸如家庭不稳定性开始增强等问题,这值得我们反思与改进。

(三)"现代型"家庭结构[①]——二十世纪九十年代至今

经济基础决定上层建筑,步入现代的人们普遍有着先进的观念。家庭观念也是其中之一。经历了上述几个时代的演变,我国的家庭结构变迁方向开始明确地向着核心化、微型化的方向前进。同时,随之而来的老龄化问题日益凸显,成为当代社会的一大难题。

1. 家庭规模微型化、结构扁平化

随着计划生育的实施以及人们婚姻观念的转变,北京出生率持续下降,2017年生育率达到9.76‰,2018年出生率更是低至8.01‰。这说明如今北京乃至全国已经进入了低生育率、低死亡率、低自然增长率的现代型人口增长模式。

同时,较低的生育率导致家庭规模开始由小型化向微型化转变,自1990年以后,北京家庭户平均人数降到4人以下(3.96人),2000年又进一步下降3.44人,比1990年下降了0.52人,而2010年北京家庭户平均人数仅为3.10人,到2018年家庭户平均人数已经降为2.98人了。与此同时,由1人或2人构成的超微家庭比例由2000年的25.34%上升到2010年的38.90%。而我们的调查问卷也同样显示,90后、00后的现阶段家庭人数虽以3人为主,但是2人之家的比例明显高于其他年龄段。由此可见,由2人组成的微型家庭正成为新的趋势。

导致家庭规模微型化、结构扁平化的背后原因我们认为主要是:一方面经济发展引起的生存竞争压力增大,这促使了人们的生活方式和思想观念的改变;另一方面从二十世纪八十年代确立起来的计划生育政策的严格执行,直接导致了家庭规模的缩减。

2. 离婚率上升,家庭不稳定性加剧

除此之外,值得关注的还有,相比于二十世纪七八十年代,单亲家庭、重组家庭的数量也在继续上升。这与结婚率和离婚率的变动不无关系。随着高等教育的普及,人们在校时间延长以及经济发展,生活成本上升,我国的初婚年龄开始推迟,结婚率从2014年开始呈现下降趋势,从2014年9.6%一直降到2017年的7.7%。尤其是北京的结婚率低到0.68%(图6)。

与之相反的则是离婚率,由于人们经济水平不断提高,婚恋观念的变化,人们普遍更注重婚姻的品质,更关心个人的感觉与自由。从2010年到2017年离婚率逐年攀升,从2010年的2.0%一直上升到2017年的3.2%。据我们的调查也不难看出,90后、00后中选择家庭类型为单亲家庭、重组家庭的比例明显高于80后、70后,这说明婚姻、家庭的不稳定性加剧。

---

① "现代型"家庭结构即进入到低生育率水平,家庭规模以2~3人为主,新的家庭模式产生,家庭成员组成多元化。

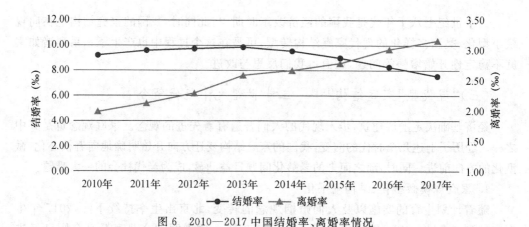

图6 2010—2017中国结婚率、离婚率情况

3. 老龄化速度加快，空巢危机显著

如今，中国已经进入人口老龄化的社会。特别是北京市，2010年65岁及以上户籍老年人口170.9万，占总人口的8.7％。到2017年65岁及以上老人237.6万人，占总人口的10％，而60岁以上老年人口也从2012年的262.9万，增长到2017年的333.3万，是中国老龄人口增长最快的城市之一。

"空巢"老人数量日渐庞大，成为一个不可忽视的群体。从全国来看，近四次人口普查的结果表明，65岁以上的老年夫妇独自居住的比例逐次升高（分别为13.7％、17.1％、23.9％、29.2％），这反映出我国传统的家庭养老功能正逐渐弱化。可以预见，伴随我国低生育率及家庭结构小型化的态势，家庭的传统养老功能将进一步弱化，依靠社会保障养老的人群将逐渐增加。

4. 家庭流动性不明显，家庭成员组成多元化

根据我们的调查（图7）不难看出，90后、00后认为"家庭成员流动性越来越强的人数"较少，只有39％，而认为"家庭成员流动性没有变强"的人较多，达到61％。考虑到我们这回实践地点是在北京，我们认为这是由于作为中国的首都，政治、文化中心，北京的经济较为发达，有着良好的教育资源与众多就业机会，所以人口流出较少。

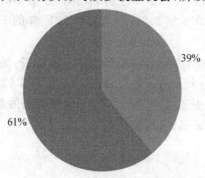

■是 ■否
图7 00后、90后认为家庭人口流动性是否增强的情况分布

至于人口流入，北京市人口规模调控政策实施以来，近两年常住外来人口无论在增量上还是增速上均出现了双下降。与全国其他城市的常住人口年均增长率相比，近年来北京市的常住人口年均增长率并不高，甚至低于同期全国城镇的人口增长率。综上所述，近几年来北京的家庭人口流动性并不大。

虽然近几年人口流动性不是太明显，但是90后、00后家庭成员的组成却越来越多元化。相比于其他年龄段，90后、00后的家庭成员不但有来自外省份的，还有来自港澳台地区、国外的(图8)。这主要得益于改革开放的深入进行，我国的开放水平、国际化程度不断提高，另外"一国两制"政策的确立与执行也密切了我们与港澳台同胞的交往和联系，这些都促使我们真正地成为一家人，生活在同一屋檐下。

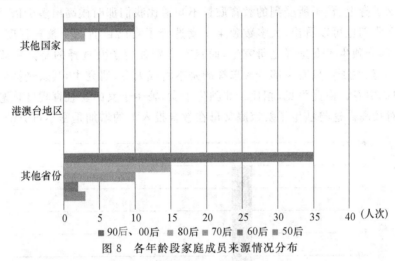

图 8　各年龄段家庭成员来源情况分布

二、家庭结构变迁对社会影响

家庭结构变迁是社会变迁的一个缩影。总体上看，我国家庭结构经历了规模小微化、类型多样化、家庭成员组成多元化的历程。这样的家庭结构一方面有助于维持代际关系和谐，促进人口素质提高，转变人们的家庭观念，促进不同思想观念的交流融合；另一方面也带来了家庭养老负担增重、家庭不稳定性增强等问题，对家庭的发展、社会治理能力提出了新的挑战。

(一)积极影响

1. 有助于形成"分而不离"的代际关系，维持代际关系和谐

现如今，老年人独立居住的现象较为普遍。而独立居住的老年人与其子女居住在同一个居委会或同一个区的比例也很高。在我们的采访中就有很多老人表示自己和子女虽然不住在一起，但同住在一个小区。这样代际之间"分而不离"的好处主要是互相独立，生活自由，可以避免两代人由于生活观念、生活方式不同而产生的代际冲突与矛盾，平衡代际间的利益，是消除代沟的有效途径。在采访中有老人表示："自己和儿子分

开住可以少一些口角,争吵,减少矛盾。"同时两代人住得不远又可以经常来往,这为两代人互相帮助提供了空间上的便利条件,使两代人可以以亲情为契机,架起理解的桥梁,通过物质的互济、频繁的接触、精神的慰藉来维系代际关系的双优局面,保持和谐的代际关系。

2. 促进了人口素质的提高

独生子女家庭是如今的一大趋势。据我们的调查研究,相比于非独生子女的父母,独生子女的父母不仅给予子女更多的情感温暖和理解,还可以把更多的金钱、精力投入在子女的教育上,从而有利于孩子受教育水平的提升,人口素质的提高。在采访中就有采访者表示"小时候父母要供多个子女上学,难免力不从心,我们现在则把所有精力都放在一个孩子身上,孩子所受到的教育质量不知道比我们那时候高出多少倍。"

从图9我们也可以看出,大多数独生子女选择了自己目前的受教育程度是本科或大专,也有部分独生子女选择是研究生,而只有个别独生子女选择的是高中或中专、初中。相反,非独生子女只有少部分人选择的是本科或大专、研究生,其余选择的是小学、初中、高中或中专。由此可见,相比于非独生子女,独生子女的受教育程度普遍更高,人口素质相对较高。这与独生子女家庭父母在教育投入上的增加是密不可分的。

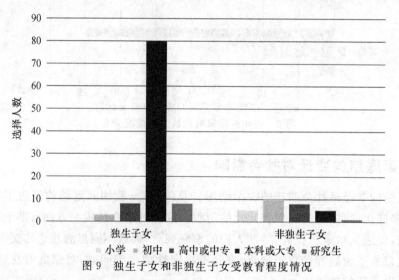

图 9 独生子女和非独生子女受教育程度情况

3. 有利于促进人们家庭观念的转变

如今,传统的"三世""四世"大家庭已经极其少见,家庭的核心化、小型化成为主要趋势而且已经深入人心。据我们的调查结果显示,各年龄段普遍期望自己的家庭结构是核心家庭,这个比例远远大于主干家庭(图10)。

即便是二十世纪五六十年代的长辈们他们对于家庭核心化的趋势也大体呈认同理解的状态。50后全部选择了自己期望的家庭类型是核心家庭,60后也大部分选择了自己期望的家庭类型是核心家庭,可见传统的大家庭观念正在被现代的小家庭观念所取代。

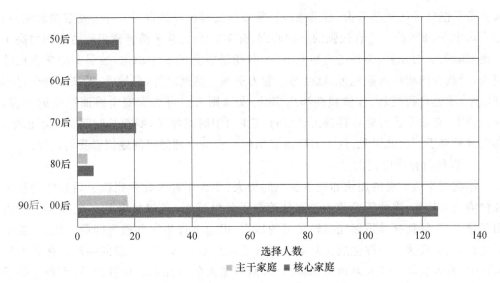

图 10　各年龄段所期望的家庭人口结构

4. 家庭成员的组成多元化有助于不同思想观念的交流、融合

现在北京地区家庭成员的来源地越来越多样化,除了是本地人以外,还有不少人来自港澳台地区以及其他国家,来自外省的比例也显著上升。来自不同地区的人有着不同的生活背景、思想观念,大家生活在一个家庭,可以为所在城市带来新的生活方式、生活观念,注入多元的文化、新鲜的血液,从而提高家庭文化的异质性。更可以提升所在城市开放程度、国际化水平。采访时就有被采访者提到:"我老公来自外省,女婿来自国外,一家人生活在一起虽然由于文化观念的不同,有时会有争吵,但是最后也会试着相互包容,彼此尝试一下新的生活方式,和睦地生活在一起。"

（二）问题

1. 家庭养老负担变重

如今,独生子女不仅使父母早早步入空巢阶段,更长的经历空巢期,同时也将他们置于一种更加脆弱的家庭养老的基础之上,无论是经济来源,还是亲子交往、精神慰藉,他们能从这唯一的孩子身上得到的都是非常有限的。可以说独生子女的实施,一个重要的影响就是最大限度地削弱了传统社会"家文化"的基础,使得众多家庭养老的对应措施黯然失色。在我们的采访中,有被采访者这样提出:"不像我们那时候,10 个子女可以轮流照顾父母,我现在全指着唯一一个儿子,他们要照顾 4 位老人,特别累。"

2. 家庭不稳定性上升对儿童造成巨大心理压力

近年来,离婚率持续上升。婚姻变故对未成年子女在身心上无疑是一次剧烈的震荡。父母的离异容易让儿童形成冷漠、孤僻的性格。一方面,再婚家庭的子女先后经历了家庭的瓦解和重组两次家庭结构的变动,在情感上他们难以接受新家庭成员,容易对继父母持逃避甚至敌视的态度。另外,对于再婚家庭的教育者来说,他们容易心存愧疚或芥蒂于继父母的敏感身份,常常难以正常履行父母教养的责任。有研究数据表明:再婚家庭中 56.8％的儿童有较强的压抑心理,有 18.9％的儿童精神紧张所占比例均高于其他家庭类型的儿童,国外还有研究显示,与初婚家庭的孩子相比,继子女的学业成绩更差,受教育的程度普遍偏低,社会适应能力更弱。除此之外,离异后,男孩容易变得不守秩序、缺乏自我控制、有依赖性和焦虑性,女孩则有一种丧失安全感而产生的恐慌。在采访中,有被采访者曾这样提到:"父母在我初中时离婚了,我很长时间都走不出来,感觉被抛弃了。"由此可见,这一特殊家庭结构子女的心理健康问题值得我们重视。

3. 隔代教育难度较大

伴随着生活节奏的加快和竞争压力的加大,不少年轻人在生完孩子后选择把孩子托付给老人抚养,因此抚养孩子的重任落在了父母身上,目前我国 70％的独生子女由祖父辈养育,隔代抚养虽然能减轻父母的压力,但也会产生一些教育问题。比如:长辈溺爱孩子、忽视孩子个性化成长甚至会因育儿观念不一致产生家庭的隔阂。在我们的采访中,有人表示:"老人对孩子比较娇惯,而且老人的育儿观念比较落后,不利于孩子的成长。"

三、建议

结合相关文献以及我们小组调研采访的发现,对于如何解决家庭养老负担重、独生子女家庭风险大、家庭不稳定性上升等问题,我们提出的建议如下:

(一)制定促进计划生育发展的政策

1. 完善"单独二孩"政策的配套措施

虽然北京早已实施二胎政策,但适龄夫妇生育的意愿普遍不强。已经孕育二胎的更是不足 15％。究其原因主要是政策宣传力度不强、年轻家庭的经济压力较大、大龄产妇面临的生育风险高。我们建议采取如下措施:

(1)加大宣传、解读相关政策的力度

向广大群众进行精准宣传、解读引导,正确认识调整完善生育政策与坚持计划生育基本国策的关系,强调实施全面二孩政策不是全面开放生育限制,更不意味着取消计划生育的基本国策,向群众做好解释和沟通,传递正确信息。

(2)加大对妇幼产科医院的投入

不断提高妇儿医院技术水平,不断优化就医环境,改善服务条件,扩大服务能力;高度关注高龄产妇的生育风险;加强对胎儿出生缺陷的防范,做好孕期保健工作,确保母婴安全。

(3)有针对性地完善社保相关措施

建议企业对生育职工安排合理的产假、伴产假时间;对符合条件生育二孩的家庭给予奖励。对符合政策、特殊困难的生育家庭给予精准帮扶,妥善解决他们的生活照料、大病治疗和情绪疏导等问题。

2. 要建立从幼儿园、小学、初中到高中的安全保障体系

不断改安全环境,提高独生子女医疗保障体系。例如:幼儿园与小学的布局要考虑学生安全需要,尽可能缩短家到学校的距离。减少独生子女家庭"失独"的风险。

(二)健全社会养老机制,建立关爱服务体系

社会养老服务体系是针对家庭养老功能减弱所采取的必要措施。现在大多为独生子女家庭,一对夫妻往往要赡养 4 位老人,养老负担的沉重可想而知。在我们的采访中就有老人表示:"儿子要照顾 4 位老人,医院家里来回跑,非常累。"

1. 引导民间资本参与养老服务

要不断完善养老服务社会化政策,减少审批环节,取消资金限制,鼓励个人举办小型化、家庭化的养老服务机构;要鼓励养老机构按自主经营、自负盈亏、自我发展、自我约束的原则为老年人提供无偿、抵偿和有偿服务,形成居家、社区、机构多种力量社会养老服务事业新格局。

2. 增加养老设施网点,增强社区养老服务能力

结合社区养老基础设施建设,打造居家养老服务平台。倡议、引导多种形式的志愿服务以及老人互助服务,动员各类人群参与社区养老活动。除此之外,我们一方面可以以养老院为基础建设日间照料和短期托养的床位,另一方面可以向空巢老人提供日间照料、短期托养、配餐等服务。

3. 对于计划生育家庭,政府提供支持

政府要兑现计划生育时的养老承诺,在制定政策时,充分考虑家庭养老的现实需求。如:设立"养老假"制度,为子女照顾父母提供方便,允许父母和子女间因为居住原因迁移户口,为子女和父母就近居住提供方便。在我们的采访中就有老人表示:"想和儿子住得近一些,相互间有个照应。"

4. 加强医疗保障

通过表 3 我们不难看出,占比 44.4% 北京父母非常担心自己生病没钱治疗,比例最高;其次占比 31.3% 的父母非常担心生活无人照料。由此可见我们需要转变大城市老人有医疗保险、不需太多投入这一想法,还要在降低药费、送医上门、就近看病、提高医疗服务质量上下功夫。

表 3 北京父母年老后对一些问题的担心程度

	完全不担心 (%)	不太担心 (%)	一般 (%)	比较担心 (%)	非常担心 (%)	没想过 (%)	合计 (%)
1. 没有生活来源	19.4	39.8	20.8	14.8	4.2	1.1	100
2. 收入养不活自己	14.4	32.4	21.1	14.1	17.6	0.4	100
3. 生病没钱治疗	6.3	10.6	14.4	23.6	44.4	0.4	100
4. 生活无人照料	8.5	15.5	22.5	20.4	31.3	1.8	100
5. 子女不孝	23.2	39.4	18.7	6.3	3.2	9.2	100

（三）更新教育观念，加强家庭教育

如今许多年轻人需要外出打拼事业，隔代抚养成了很多家庭的选择。但老人带娃容易有教育观念落后，娇惯、溺爱孩子等问题，不利于孩子的成长。在采访中就有采访者表示："自己对孙子是捧在手里怕碎了，含在嘴里怕化了。"由此可见一斑。我认为人们应当改进自己的教育观念，这样才能让孩子有所成长。

1. 父辈转变观念，与祖辈各司其职、优势互补，共促幼儿发展

祖辈和父辈各自明晰自己的职责，相互之间互相配合。父辈在尊重祖辈经验的同时还应该结合父辈适应当今社会发展的育儿理论知识，协调并达成一致的科学育儿观，将祖辈的实践经验与父辈的理论知识有机地结合起来，共同促进幼儿的发展。

2. 父辈应承担起父母的责任，不能当"甩手掌柜"

大多数独生子女父母由于长期处在长辈的关爱下，当祖辈提出替自己抚养子女时都乐于当"甩手掌柜"，但是育儿不是哪一个人的责任，而是需要整个家庭共同努力。父辈需要发挥他们在育儿观念上符合当今社会发展趋势的理论知识的优势，促进幼儿健康科学发展。

3. 与孩子平等对话，减少亲子冲突

当孩子与自己的想法不一致时，家长不应该专断独行将自己的想法强加于孩子身上，应将自己的姿态放平，把孩子当作朋友一样进行平等的交流，相互之间建立一个平等的关系，进行良好有效的沟通，从而建立一个相互信任的关系，减少亲子之间的冲突。

（四）增强家庭责任感，提升婚姻观念

随着社会的发展，人们的婚姻观念变得有些淡薄。离婚率的逐年上升，家庭的不稳定性在加剧。离婚不但对彼此伤害很大，对孩子也会留下难以磨灭的阴影。在采访中就有人表示："生活在单亲家庭里，很没有安全感，随时有被抛弃的感觉。"由此，我们认为人们还是应当增强自己对家庭的责任感，尽量不要因冲动而离婚，以免给彼此留下悔恨。

参考文献

林婷，黄俊山，姜小鹰，2006. 关注空巢老人身心健康建立多层面关怀体系[J]. 护理研究，20(009)：2441-2442.

王跃生，2014. 中国城乡家庭结构变动分析[J]. 当代中国史研究(2)：117-117.

刘青丽，2013. 北京市空巢老人家庭代际支持状况研究[D]. 北京：首都经济贸易大学.

童辉杰，黄成毅，2015. 当代中国家庭结构的变迁及其社会影响[J]. 西北人口，000(006)：81-84，88.

国家统计局，1990.1982—2000 四次人口普查不同家庭结构类型的构成[R].

光明网,2019-03-21.2018 年各地出生率普降:北京上海不到 9‰[N].

中国社会科学网,2019-6-19.北京社会治理发展报告(2018—2019)[R].

张一,2010.再婚家庭孩子心理问题多[EB/OL].http://news. xinhuanet. com/health/2010－06/29/
c_12276896.htm.

新中国成立 70 年来北京地铁
发展情况调研[①]

田建华　白雨薇

【摘　要】　本文以北京及北京的发展作为背景,以北京地铁的运营需求、存在问题及解决方案为分析重点,从线路的建造分布、客运量增长等方面对北京地铁的发展演进过程进行了回顾与梳理。在研究方法上尝试将所做的问卷调查数据结果与现代人的工作学习生活需求叠加进行分析,剖析北京地铁的发展与人类需求之间的耦合关系,从中可以发现,北京地铁的发展演进对城市空间和市民生活产生了巨大的影响。

【关键词】　北京地铁的发展;存在问题;解决方法

一、北京地铁发展历程的描述

北京地铁是服务于中国北京市的城市轨道交通系统,也是国际地铁联盟(CoMET)的 14 个成员之一,其第一条线路于 1971 年 1 月 15 日正式开通运营,使北京成为中国第一个开通地铁的城市。

40 多年来,北京地铁从最初的"一线一圈"逐步编织成一张四通八达的网络。1981年,经常出现事故的北京地铁一期经国家批准正式验收,试运营 10 年后北京地铁正式对外开放。2000 年 6 月 28 日,北京地铁 1 号线全线贯通运营。2001 年 7 月 13 日,北京获得了第 29 届夏季奥林匹克运动会主办权,推动了北京地铁事业的发展。2002—2008 年,北京投入 638 亿元建设地铁。为实现 2015 年建成总长 554 千米的 17 条线路的目标,北京投入总计达 2700 亿元的资金。2002 年 9 月 28 日,北京地铁 13 号线西段通车运营。2003 年 1 月 28 日,北京地铁 13 号线东段通车运营,12 月 27 日,北京地铁八通线通车运营。2007 年 10 月 7 日,北京地铁 5 号线通车运营。2008 年 6 月 9 日,北京地铁启用自动售票系统,人工售出的纸质车票停用,取而代之的是非接触式 IC 卡车票。乘客只需在地铁出入口的自动检票机上刷一下车票或是"一卡通"即可完成进出站。7 月 19 日,北京地铁 10 号线一期(巴沟站至劲松站)、8 号线一期(奥运支线,北土城站至森林公园南门站)、机场线同时开通试运营以迎接奥运会。8 月 8 日,北京地铁奥运支线的开通,标志着地铁全路网开始了有史以来第一次的 45 小时不间断运营。截至 2008 年 8 月 10 日凌晨 2 点 12 分,当地铁八通线最后一班列车到达土桥站时,北京地铁全路网 8 月 8 日至 8 月 9 日已不间断运营了 45 小时,创造了北京地铁投入运营以

① 本课题指导教师田建华(北京工商大学马克思主义学院);课题组组长白雨薇(环境 171);课题组成员:崔若琪、关禹禾(环境 171),刘佳琦(生物 172)。

来连续运营时间最长的纪录。

2009 年 9 月 28 日,北京地铁 4 号线试运营,成为继 5 号线之后第二条南北大动脉,连接菜市口、宣武门、西单、新街口、西直门等众多商圈,颐和园、圆明园、陶然亭等众多历史文化景点。2010 年 12 月 30 日,15 号线一期一段(望京西站至后沙峪站,望京东站暂缓开通)、昌平线一期(西二旗站至南邵站)、大兴线、房山线大部分线路(大葆台站至苏庄站)、亦庄线(亦庄火车站暂缓开通)5 条通向郊区新城的线路开通试运营,北京地铁里程一次增加了 108 千米。北京地铁运营里程从 228 千米增加到 336 千米。这几条线路均是在 2008 年 11 月中国政府宣布经济刺激计划后,提前开工的造价较低的以地上高架为主通往郊区的。2011 年 12 月 31 日,北京地铁 8 号线二期北段、北京地铁 9 号线南段(含房山线剩余段)、北京地铁 15 号线一期东段开通试运营。2012 年 12 月 30 日,6 号线一期(海淀五路居站至草房站,二里沟站将随 16 号线开通)、8 号线二期南段大部分(北土城站至鼓楼大街站,安德里北街站于 2015 年 12 月 26 日开通)、9 号线北段(北京西站至国家图书馆站,军事博物馆站于 2013 年 12 月 21 日开通)和 10 号线二期大部分线路(巴沟站至西局站、首经贸站至劲松站,角门东站随二期剩余段开通)开通试运营,北京地铁网络大规模扩展,同时结束了房山线和 9 号线这两条线路与其他地铁的脱网局面。

2013 年 5 月 5 日,10 号线二期剩余段(西局站至首经贸站)、14 号线西段(张郭庄站至西局站,七里庄站于 2014 年 2 月 15 日开通)开通运营,10 号线成环运营。2013 年 12 月 28 日,8 号线二期南段剩余段(鼓楼大街站至中国美术馆站,中国美术馆站将随三期北段开通)以及昌平线与 8 号线联络线(8 号线北延联络线,回龙观东大街站至朱辛庄站)投入试运营。8 号线运营里程达到 26.6 千米,北京轨道交通运营总里程达到 465 千米。2014 年 12 月 28 日,6 号线二期(草房站至潞城站,通运门站、北运河东站暂缓开通)、7 号线(双井站、垡头站暂缓开通)、14 号线东段(金台路站至善各庄站,朝阳公园站、高家园站暂缓开通)、15 号线一期三段(清华东路西口站至望京西站,大屯路东站于 2015 年 12 月 26 日开通)开通运营。2015 年 4 月 21 日,北京地铁建设动员大会上透露,除了在建的 8 条地铁线路外,还将开工建设新机场线、3 号线一期、17 号线、19 号线一期、12 号线和 7 号线东延共计 6 条地铁新线,总里程 183 千米。此外,昌平线二期和 14 号线中段大部分将在年内开通运营。2015 年 12 月 26 日,北京地铁 14 号线中段和昌平线二期 2 条轨道新线投入试运营。2016 年 12 月 31 日,16 号线北段(农大南路站暂缓开通)开通试运营。该线建设历时 4 年,而 16 号线南段因丽泽商务区建设、丰台站未进场施工等原因推迟。在同一天,14 号线东段的朝阳公园站和 15 号线的望京东站同步开通。线网运营车站达到 345 座(换乘车站重复计算,不重复计算换乘车站则为 288 座车站)。2017 年 12 月 23 日起,北京轨道交通全路网实现线上购票、车站取票。即乘客通过北京轨道交通单程票互联网票务服务平台 App 进行线上购票,可在全路网各车站 FAM(网络取票机)上进行取票、进站乘车。2017 年 12 月 30 日,北京磁悬浮轨道 S1 线、地铁燕房线和现代有轨电车西郊线开通运营。2018 年 2 月 1 日,北京地铁新添"科技岗",乘客出门前就可用手机查询附近地铁站拥挤度,选择舒适度最高的车站上车。2018 年 4 月 29 日起,北京市轨道交通全网(不含西郊线)实现刷二维码乘车。2018 年 12 月 30 日,北京地铁 6 号线西延,8 号线三期、四期开通运营。北京地铁路网总里程达到 637 千米,车站 391 座,其中换乘车站 58 座。2019 年 1 月 20 日起,北京轨道交通试行推出电子定期票,为乘客地铁出行增添新选择。2019 年 7 月 12 日,北京出台繁荣夜间经济促进消费增长的十三条措施,将优化夜间公共交通服务,方便市民夜间出行。每年 5—10 月,每逢周五、周六,部分地铁线路将延长运营时间。

2008 年 6 月 29 日,为力保北京奥运会的安全进行,北京所有地铁口开始执行统一安检入站方案,北京因此成为全球首个实行地铁全线安检的城市。奥运过后,地铁安检作为一种长效机制保留了下来。无论是查堵违禁品、危险品进站,还是震慑违法犯罪,安检都发挥了相当大的作用。如今,作为地铁安全运营的基础性保障,安检也成了地铁必不可少的环节。

从 1965 年北京地铁一期工程动工至 2019 年,北京地铁已经走过了 50 个年头。当初凭单位介绍信才能乘坐的地铁早已成为大众交通工具,商家以广告形式进驻地铁的同时,地铁沿线地区也随之发展,房地产迅速升值,商圈兴起。平民化的地铁以更亲和的方式,与每个人的生活交织着。

没有哪种交通工具像地铁一样和外部世界隔绝开,地铁是跟外部世界隔绝的平行世界。在这里,不同阶层的人紧密聚集到一起,三教九流的人物云集,但被抹去一切阶级地位。不管你是谁,反正都挤。你以为这只是地铁,其实它就是北京。

二、调查数据及分析

(一)调查数据

本次调查,共收集到有效数据 113 份,其中男性占 21.2%,女性占 78.8%。数据的收集 18~50 岁年龄段的人数占大部分。

选择地铁出行,它的方便、快捷、准时、价格等方面占了大多数原因,从而深受大众青睐(表 1)。

表 1 民众选择地铁出行的原因

选项	比例
方便	92.04%
快捷	65.49%
准时	44.25%
价格实惠	48.67%
其他	4.42%

由表 2 得到,超过 3/4 的人认为地铁平稳、准时、凉快、迅速,这就是地铁的舒适之处。

表 2 乘坐地铁的舒适度

选项	比例
平稳	76.19%
准时	77.38%
凉快	73.81%
迅速	75%
其他	4.76%

（二）数据分析

在本次调查的所以人群中,近 70% 的市民日常选择地铁出行,原因是他们认为地铁方便、快捷、准时、价格实惠、舒适、等待时间短。地铁的平稳停车、准时准点、冬暖夏凉、快速直达都成了北京地铁深受广大人民喜爱的原因。越来越多的上班族放弃了白驾,而选择了绿色出行的地铁。这是为什么呢?众所周知,北京的交通压力尽管在各个部门协调管理的情况下还是很大的,早高峰晚高峰依旧可见。那么上班族就会选择准时的地铁。所以由此可见,地铁的准时、准点绝对是它的一大特色,同时也是人们信赖的原因。越来越多的人选择地铁出行,地铁为当代人们的生活提供了方便,同时北京地铁也成了城市中的一道靓丽的风景线。

地铁的等待时间越来越短也为它加分,因为地铁运行会根据人们的需求随时调整时间。比如,在春运期间,北京地铁会延迟运营时间,保证人们可以早早地和家人团聚;在暑假期间,人们外出游玩的比率大大增加,因此北京地铁为保障北京西站夜间抵京乘客出行,提升北京地铁服务水平,每周五、周日延长末班车运营时间 60 分钟;北京地铁积极响应国家政策,为落实繁荣的夜间经济促消费政策,更好地满足乘客晚归出行需求,每逢周五、周六分别延长 1 号线的运营时间 61 分钟,延长 2 号线运行时间 95 分钟;平日早晚高峰的运行时间也有调整,比如北京地铁为缓解早晚高峰时段的客流压力,昌平线 8:00 前列车最小运行间隔由 4 分钟缩至 3 分 40 秒,运力提高 9.1%,晚高峰时段由 20:00 延长至 20:30,最大上线车组数由 21 组增至 22 组。地铁延时运营给乘客提供了大大的便利,背后也是"地铁人"默默付出的汗水和努力,缩短的不仅仅是时间,更是心与心的距离。

北京地铁的高速发展,为民服务,使得它成为众多人民信赖的出行方式。北京地铁,还在发展!

三、北京地铁存在的问题

（一）建设问题

城市交通问题,已经成为现代人无法面对的通病。经济发展,汽车数量增长速度远远快于城市道路的扩张速度。地铁交通的特点就是到达的快捷性和可靠性,运载能力强,能够在很短的时间内运送大量旅客。但北京地铁的建设在缓解了交通压力的同时也存在着些许小小的问题。

1. 地铁线路分布不均匀

如今的北京地铁四通八达,从 1969 年开始北京建设地铁以来,北京地铁从一开始的中轴线、靠近中心的二环到如今的远郊线是发展迅速,而地铁分布则是以天安门为中心呈现出众星拱月的形式,对于郊区来说北京轨道交通的建设模式是让传统的地铁深入郊区,又由于郊区城镇集中在行政中心,采用了传统地铁线路,这就使北京地铁的模式非常简单,但这样简单有它的好处也就有它的坏处,这就造成了城区的地铁线路密集,郊区的地铁线路稀少,这对于北京市民来说是足够的,但是北京作为中国的首都,外来人口众多,这就使房价便宜的郊区成了外来人口的首选租房之地,而这样简单的地铁就满足不了需求了,早晚高峰的拥挤不再是单单缩短发车时间间隔就能解决的了。从我们的问卷调研结果表 3 中也可以看出,广大市民对于北京地铁的建议就是增加郊区的地铁发车和线数,从根本上解决人多的问题。

表3 民众对地铁分布线路的意见和建议

多几条线
多几班车
车次再多点儿
可以再开通几条地铁线
应该再往延线发展
郊区修的较少,乘坐不是很方便,人太多了
火车站附近的人拥挤
间隔短点
增加车辆,太拥挤
增加远郊区县线路
13号线这种压力很大的线路希望可以改善一下

解决方法:发展郊区经济,带动一系列的建设,加快地铁的建成。

2. 地铁的效率问题

现在已有部分郊区开通地铁,但是往往从郊区到市区的时间会过于长,而研究国外资料显示,有些城市无论是地铁,还是郊区线,其敷设几乎都遵从 1 小时的时间距离原则。如巴黎地铁的旅行速度为 27 千米/时,巴黎地铁线路长度最长不超过 22.5 千米,最长行驶不超过 50 分钟,这样加上两端衔接时间,在 1 小时左右;郊区线站间距 1.5~5.0 千米,以 A 线为例,旅行速度 49 千米/时,最远端到达市中心保证在 1 小时之内;巴黎郊区铁路行车时速 140 千米/时,他们提出的指标是巴黎之外 100 千米的乘客 1 小时到达市区内。柏林大区也将在不久实现 70 千米范围内的乘客可以 1 小时以内到达柏林市中心。东京地铁除采用直线电机的大江户线(为环形加一叉)长度为 40 千米外,其余各线长度均不超过 30 千米,以地铁的旅行速度计算,所覆盖为 1 小时以内区域;东京的郊区线站间距离较近,为 1~3 千米,是以加大覆盖为原则的,这给提高旅行速度带来了麻烦,因此提高速度、缩短出行时间的有效手段是开行快车,甚至一条线开行方案多达 6 种,不惜给管理带来麻烦,最高旅行速度可达 70 千米/时,最大限度地满足乘客的各种需要,保证任何一地乘客 1 小时到达市中心。

解决方法:通过对国外城市范例的研究,结合北京的城市特点,郊区线应具有五大特性。

第一,快速性——缩短乘车时间,提高旅行速度。为克服郊区新城距离中心城远的区位劣势,郊区线首先要达到快速连接的目的;建议采用以下标准:中心区(中心大团)穿越性快速出行,乘车时间在 40 分钟内,旅行速度不低于 50 千米/时;近郊新城与城市中心交通目标实现 40 千米范围乘车时间 50 分钟以内、旅行速度不低于 50 千米/时;远郊新城 75 千米范围乘车时间 1 小时以内,旅行速度不低于 70 千米/时。

第二,连接性。区分主次,分别对待,实行差别化供给——网线供给 3、2、1:加大对重点新城建设的支持力度,安排 3 条轨道交通到达,其中至少有两条郊区线——快线(提供 4 个大方向上的交通可达性);其他新城及重点地区原则以一条郊区线——快线连接。

第三,城市穿越性。郊区线应从根本上放弃铁路进城模式,即半径线放射加外围联络线(疏解货车)模式,采取穿越,避免客流集于一点,带动多点的有效集散,带动中心城的快速出行。

第四,相对互通性——交路、行车间隔。为灵活地组织运营,实现更多方向的可达性,利用地面工程易于实施的特点,适当增加配线,方便大站快车的越行和不同交路的过轨运营。为提高服务水平和公交的吸引力,刺激各个郊区新城发展,必须保证适当的行车间隔。

第五,平峰座位率——增加安全性、舒适性。出于保障乘客安全和舒适的考虑,在提高车辆座席比例的同时,从运营的角度提出平峰时段座位率要求,辅助控制发车间隔,提高郊区线的服务水平,扩大其对乘客的吸引力。

（二）安全问题

地铁运营确实缓解了地面交通压力，并且以更加准时、快捷、方便等优点成为越来越多的人选择出行的方式，同时地铁的运行安全问题更加成为人们广泛关注的热点问题。有数据表明，近年来国内外地铁事故统计的分析表明：人、车辆、轨道、供电、信号及社会灾害等是地铁事故的主要因素。

1. 人员因素

工作人员：1992 年 5 月 30 日，北京地铁复兴门站，古城车辆段救援列车 701 次（306 和 304 车）与复兴门站折返的 43 次列车造成侧面冲突，中断运行 30 小时 26 分，造成行车重大事故，经济损失达 4 万元。

乘客：2007 年 9 月 24 日，地铁 2 号线雍和宫站，一名男子看到一辆列车驶来突然跳进铁轨线躺下，司机紧急刹车，随后该站值班室采取断电措施，当事人平安无事，后造成 2 号线停运 8 分钟。2012 年 4 月 26 日，地铁 8 号线奥林匹克公园站，一名乘客在乘坐正常的电梯出站时不慎摔倒，造成后面多名乘客摔倒并发生踩踏，部分乘客受轻伤。2012 年 11 月 30 日，地铁 2 号线鼓楼大街站，一名男乘客被另一名男乘客推下站台，推人男子随后逃跑，掉下站台的乘客头部受轻伤。

2. 车辆因素

2010 年 9 月 20 日，地铁 5 号线立水桥站，一辆列车在立水桥站发生车门故障，导致大量列车晚点，大量乘客滞留。由于事故发生时是上班高峰期间，立水桥站是换乘车站，列车清人难度大，立水桥站采取关闭换乘通道、广播通告和限流等措施处理。

3. 信号因素

2014 年 2 月 19 日，地铁 1 号线八角游乐园站，因信号问题，影响古城至八宝山区段改为降级模式行车，列车间隔加大，部分列车晚点。

由图 1 可以看出，造成北京地铁事故的主要原因是乘客原因及设备故障，其中乘客原因造成的事故占 28％，设备故障占 23％。次要原因是信号故障、工作人员、电路故障及其他原因。

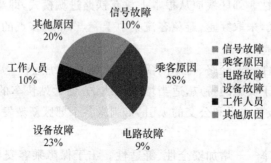

图 1　地铁事故原因分布

由图 2 可知,近年来的地铁事故发生次数总体呈上升趋势,尤其在 2007 年事故发生次数最多,主要是由于设备故障导致的。

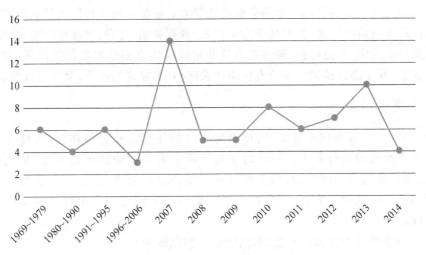

图 2   地铁事故不同时段发生次数

解决措施:

第一,要加强乘客和工作人员的安全意识教育。乘客是地铁运行的最重要的组成部分,地铁运行安全最重要的就是保证乘客的生命和财产安全,所以,加强乘客的安全和自我保护意识是非常必要的。大力宣传一些应急自救知识和逃生本领,可以防止很多不必要的事故和伤害。更重要的是要教育乘客禁止在地铁站内相互拥挤、推搡、打闹,防止踩踏事故发生,同时防止卧轨事件发生。

地铁工作人员是地铁运行安全的重要保障,错误的操作可能会导致地铁发生重大人员伤亡和财产损失的事故,所以,一定要加强对工作人员操作的监督和检查,加强对员工的法制教育、技术教育、安全教育和职业道德教育。

第二,对使用时间较长的地铁线路进行维修。有些地铁线路由于建成年代较早,导致许多设备处于比较落后的状态,例如地铁 1 号线苹果园站的站台没有设置安全屏蔽门,极有可能导致乘客意外掉入站台,导致事故发生。所以有必要进行及时整改和维修。

第三,自动监视及报警系统。为保证地铁安全运行,每个地铁系统都应具备自动监测及报警系统(Fire Alarm System,简称 FAS)。FAS 对于确保地铁安全以及正常运营具有极其重要的作用,是地铁各系统中不可缺少的重要组成部分。受 FAS 系统保护的具体对象是全线车站、主变电所、车辆段及通信信号楼。地铁 FAS 系统必须是一个高度可靠的系统,接线简单,组网灵活,容易维修和扩展,控制中心。

第四,采用先进的设备及其检测体系。地铁的运营涉及众多的人员和先进设备。车辆、线路、信号等设备性能直接关系到列车的安全运行。北京地铁设有双组变电站供电、紧急照明和应急通风设施,即使在出现两个主变电站同时停电、列车失去牵引力最终停车时,也不会导致出现地铁"失控"现象。地铁的指挥系统,如调度电话、通信系统等,在失电情况下仍能正常使用,它们全部由蓄电池供电。

第五,建立应急救援体系,增强应急处置能力。根据国内外地铁突发事件发生的特点和运营救援抢险的经验,针对地铁发生火灾、列车脱轨、冲突、大面积停电、爆炸、自然灾害以及设备故障、客流冲击、恐怖袭击等非常情况建立健全应急预案体系,制定相应的应急预案,其中部分预案需经政府组织相关部门、专家进行评审,报政府批准。

(三)发展问题

近年来,北京地铁高速发展,同样高速发展的还有地铁的多样化、人性化的服务更加满足了市民的出行需求。初建时的地铁存在着不能快速疏通人流、早晚高峰客流量大、支付方式单一等问题,但是经过近几年的科技进步与发展,目前地铁已经推行了更加人性化的运行方式,以期在方便人们出行的同时提高出行的舒适度和群众的满意度。

1. 应对假期叠加客流——精细化管理,人性化服务

由于假期客流叠加,部分车站乘客排队聚集现象更加明显,特别是临近火车站、长途汽车站周边的北京西站、北京站、四惠、六里桥等车站多为外埠客流,乘客携带行李多、单程票使用比例高,自助购票能力低,不熟悉地铁环境,极易在售补票室、自动售票机、闸机群前排队聚集、滞留,造成通行不畅。

解决措施:北京市地铁运营有限公司结合近期推出的二维码票务服务等,逐站完善"一站一方案";增加售票窗口,合理使用移动检票、补票设备,充分发挥自助购票区作用,在售票室、TVM 及闸机群前安排引导人员,提前预制单程票,做好票价咨询解答、问题车票处理等服务,减少乘客排队聚集。

2. 缓解高峰时段大客流压力——科学规划,提升地铁运力

由于地铁出行的快捷、准时等优点,乘坐北京地铁出行的客流日益增长,尤其是对于上班族来说,选择乘坐地铁出行是最优的方式,于是就造成了早晚出行高峰,对地铁造成了一定的运行压力。

解决措施:北京市地铁运营有限公司重点结合网络客流需求和时空变化规律,按照各线(段)各时段运力与运量相匹配的原则,缩短列车发车间隔。近年来在路网线路运力饱和的条件下,采用大小交路套跑等方式缓解高峰时段大客流压力。

2019 年上半年以来,北京市地铁运营有限公司先后提升 6 号线、9 号线、房山线高峰时段最小发车间隔。6 号线早高峰时段车公庄西站—潞城站(小交路)的最小列车运行间隔为 2 分 30 秒,金安桥站—车公庄西站(大交路)的平均列车运行间隔缩至 3 分 20 秒,运力提高 12.5%。9 号线早高峰时段最小列车运行间隔缩至 2 分 29 秒,运力提高 12.1%。房山线早高峰篱笆房站—郭公庄站(小交路)最小列车运行间隔缩至 3 分钟,运力提高 16.7%,晚高峰最小列车运行间隔由 4 分 05 秒缩至 3 分 43 秒,运力提高 9.8%。考虑到进入暑期以来线路客流量持续增长的情况,近日昌平线、房山线、S1 线运力也得到了进一步提升。

3. 多重购票方式——立足乘客完善功能服务

前几年在只有窗口排队买车票时，人们常常是早晨赶时间时还得排队购买车票，这大大浪费了人们的时间，增加了地铁工作的负担。

解决措施：自从地铁建设以来，购票方式经历了大大小小的改变，由最初的纸质车票到一卡通通行卡，再到如今的电子票、二维码购票，这大大使广大乘客减少了排队购票的时间，同样也方便了出行。为了优化产品体验、提升服务质量，自从"亿通行"上线服务以来，基本保持着每月升级迭代一次的频率，这也符合互联网产品的特征。另外，特别关注乘客的使用体验，根据乘客使用中遇到的问题，及时推出完善措施。例如，2018 年 9 月起，在北京轨道交通全部车站都配备了充电宝，避免乘客因手机没电而无法使用"亿通行"App 进出站。2018 年 12 月推出"应急码"服务，当网络环境不好时可以提供一定数量的应急二维码，支撑乘客完成进出站。2019 年 1 月上线的电子发票服务，也是一项非常重要的便民举措。

4. 结合不同线路条件、时段、乘客需求等因素适时推广——地铁运营公司研究通过车辆改造等方式细化车厢温度控制

进入暑期，乘客对于车厢温度的话题比较集中。同样的车厢温度，有的乘客反映冷，有的乘客反映热。

解决措施：北京市地铁运营有限公司以乘客反映集中的线路为试点，推出强冷、弱冷车厢。考虑客流影响，车厢温度按照高峰和平峰分别设置不同制冷通风模式。由于不同线路车型功能不同，北京市地铁运营有限公司在进一步研究，通过车辆改造等方式细化车厢温度控制，结合不同线路条件、时段、乘客需求等内容，适时推广。

新中国成立 70 年来北京地铁从无到有、由少到多，通过我们的问卷调研以及周边人的反馈都可以得出北京地铁的建设是很成功的，方便了成千上万的市民出行，缓解了北京的巨大交通压力，而我们现在所提出的一系列问题都只是为了让北京地铁能够锦上添花。

新中国成立 70 年来城乡学龄前儿童英语超前教育的调查研究^①

——以北京地区为例

赵慧杰　林雨竹

【摘　要】 新中国成立 70 年来,中国教育发生了翻天覆地的巨变,英语作为外语教学在中国的发展已经有半个多世纪。调研以新中国成立 70 年来学龄前儿童英语超前教育现状为导向,针对北京城乡两地区人口分别进行深度访谈与全面剖析,通过查阅文献、分析调查问卷、总结现状、发现问题,提出未来改革建议。本文首先回顾了英语教育的几个重要发展阶段,然后针对当前学龄前儿童英语超前教育现状和问题进行分析并提出解决方案,助力人才培养发展,深化新中国成立 70 年来改革发展成果,延续大国教育"跨越式"发展的奇迹,为世界教育发展贡献更多的中国经验与智慧。

【关键词】 学龄前儿童;英语教育;超前教育;城乡差异

一、调研背景

新中国成立 70 年来,中国英语教育取得了突飞猛进的发展。由新中国成立初期的"俄语热"到英语的全面复兴,从"文化大革命"的衰败到迎来"改革开放"的春天,从 2001 年将英语纳入九年义务教育的必修课程到 2014 年发布《北京市中小学英语学科教学改进意见》的持续改革。历经风雨 70 载的发展,我国国民教育体系不断完善,教育事业全面发展,英语教育不断巩固加强。

英语教育得到普及且呈现越来越低龄化的趋势。如今随着经济水平的不断提高,百姓对于教育的支付能力也逐渐增强。尤其是在受独生子女政策影响较大的城市地区,一个家庭一般只有一个孩子,家长"望子成龙,望女成凤"的愿望十分强烈,"不能让孩子输在起跑线上"成了普遍认同的观念。

因此学龄前儿童英语教育成为值得关注的社会问题。具体表现为民办英语早教机构林立、幼儿英语课程大热、英语外教供不应求等,为了迎合市场需要,将幼儿教育"小学化"。同时由于城乡经济水平和教育水平差异,教育资源分配不均衡,教育资源优劣区别明显,进一步加大了教育差距。本调研针对北京地区现状,力求提供优化方案,深化新中国成立 70 年来英语教育发展成果。

二、调研目的

着眼于英语超前教育的现象,通过问卷调查法、实地考察法、深度访谈法、对比法等

---

① 本课题指导教师赵慧杰(北京工商大学马克思主义学院);课题组组长林雨竹(英语 17);课题组成员:郑新宇(英语 17)、吴晨(英语 17)、刘花荣(英语 17)。

方法研究出英语超前教育兴盛的原因,分析利弊,并且提出优化方案。

通过调查数据结果进行城乡对比,并且分析城乡英语超前教育的差距和原因,就如何缩小城乡教育差异、缓解教育不公平焦虑提出建设性建议。

三、研究方法、对象及结果

本次调查主要采取非定向问卷调查,兼有对北京市民进行相关问题的街访、参考媒体报道的形式。此次共发放网络问卷 200 份,收回 200 份,回收率达 100%;有效问卷 200 份,有效率达 100%。街访工作由调研小组成员于北京工商大学校内及学校周边人群交谈,了解学龄前儿童英语超前教育现状。

本次调查报告填写人群以 18~26 岁的学生群体为主,占 77.5%;26~50 岁的家长人群占 22.5%;对于调查群体的户口,城市居民占很大比例,为 55.5%,农民户口为 44.5%(图 1)。调查群体的教育水平大多受过高等教育,大学本(专)科及以上学历占 76%,初、高中学历占 21%(图 2)。

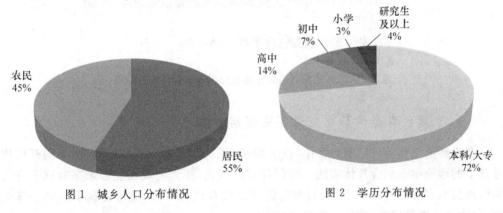

图 1　城乡人口分布情况　　　　　图 2　学历分布情况

四、问卷分析

(一)人们普遍赞同学龄前儿童英语超前教育

在大家对于"学龄前儿童英语超前教育"态度的问题上,我们根据前面调查的居住地不同,针对两类人群(北京城市居民,北京乡镇农民)分别进行了调查,这样收获的信息更有针对性。问卷结果表明,城乡两类人群普遍认为学龄前儿童英语超前教育利大于弊,其中北京城乡居民认为利大于弊的占 70%,30% 的人群不支持学龄前儿童英语超前教育。由此我们可以得出,大家普遍是赞同学龄前儿童英语超前教育的。

(二)学龄前儿童英语超前教育是新时代发展的需求

20 世纪 90 年代以来,学龄前儿童英语教育在中国日益流行,不管是家庭还是教育机构对学龄前儿童英语教育投入了更多关注和心血。基于这个背景,我们调查了大众在孩子的学龄前英语教育中最看重的是什么,结果显示 83% 的人群希望通过学龄前儿童英语教育让自己的孩子学会独立思考,并且培养丰富的想象力和创造力;当然,也有很大一部分人群更看重孩子的品格培养;此外,希望培养孩子人际交往能力的占 68%;相比之下,想通过学龄前儿童英语教育学习英语、识字的人群只占少部分(图3)。由此我们可以得出,0~6 岁的儿童经过了从不知到知、从不会到会、从盲目到有目的的过程中,教育起到了至关重要的作用,重视学龄前儿童的教育是孩子以及新时代发展的需要。

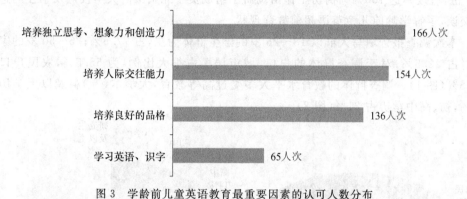

图3　学龄前儿童英语教育最重要因素的认可人数分布

(三)家庭教育是学龄前儿童英语超前教育的首选方式

在学龄前儿童英语超前教育中,孩子的听、说、读、写能力均备受重视,人们开始注重孩子的理论学习结合具体实践。根据我们的调查,在人们现在或者未来对孩子进行英语超前教育的方式选择中,人们普遍将家庭教育放在首位,父母是孩子的第一任老师,其次才会选择网课、辅导班等形式(图4)。

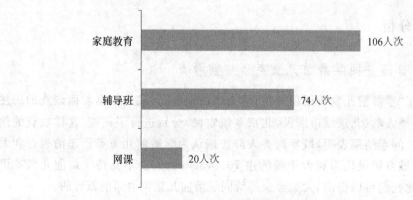

图4　超前教育方式选择

五、学龄前儿童英语超前教育优势

在走访的过程中,我们发现人们普遍认为让自己的孩子接受学龄前英语超前教育会让孩子受益匪浅(图 5),原因有如下几点:

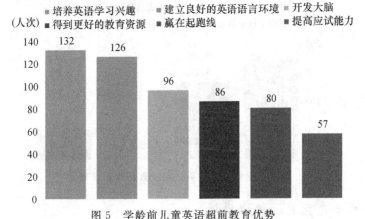

图 5　学龄前儿童英语超前教育优势

其一,幼儿的语言发展能力强。有相关专家表明,幼儿在语言发展方面,6 岁以前是最佳时期,在这期间内,幼儿存在形成两种以上语言中枢可能性。在这一点上,泰勒也表示如果儿童在 6 岁以前进行第二种语言学习,在水平程度上能够达到母语一样数量的可能性非常大。对于青少年或者成人来讲,进行第二语言学习,能够很好地实现与母语一样的熟练程度。这是因为幼儿在年龄方面较小,这样获取第二语言在有利因素方面会更多一些,可是这种情况伴随年龄的增加会变弱,第二语言在学习过程中就会越来越依赖正规教学环境。

其二,培养孩子的英语学习兴趣,让孩子"赢在起跑线上"。兴趣是最好的老师,通过家庭教育和利用网课、辅导班等不同的教育资源给孩子建立良好的英语语言环境,培养孩子的第二语言学习兴趣,为孩子上小学做准备。

其三,培养孩子的人文素养。第二种语言的学习,有利于帮助学习者了解另外一种文化,在很大程度上,语言文化就能体现出一个国家的文化,基于这一点,幼儿在视野上会更加开阔,而且还能有效帮助幼儿增加知识,培养其交往能力以及语言表达能力,这样就能够促进幼儿全方面发展。

值得注意的是,在学龄前儿童的英语超前教育中,需要注意以下几点:

①发挥幼儿视觉、听觉、嗅觉、味觉、触觉等多种感官的综合作用;

②语言与思维是同步的,要将语言与思维相结合;

③语言离不开交流,尤其是口语更是人们用来直接交流的工具。因此,幼儿英语口语的教与学都要重视其交流习惯。

六、学龄前儿童英语超前教育弊端

在问卷调查以及街访的过程中,我们小组发现虽然学龄前儿童英语超前教育有让孩子赢在起跑线、得到更好的教育资源、培养孩子的英语学习兴趣、开发大脑、提高应试能力、建立良好的英语语言环境等优势；但同时也存在许多问题，这些问题不但会影响孩子的教育与成长，甚至会引发社会整体教育风气的走偏（图6）。我们对学龄前儿童英语超前教育的问题展开了如下分析：

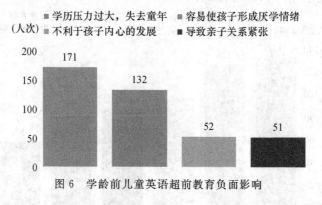

图6　学龄前儿童英语超前教育负面影响

（一）不利于儿童身心健康发展

学龄前儿童英语超前教育，这种"拔苗助长"式的教育，可能会忽略孩子价值观的培养、人际交往能力的培养、良好习惯的养成。现在的孩子基本上都是3岁就被送到幼儿园，有的父母希望孩子在幼儿园可以开心地成长，而且还希望孩子可以尽快地学习汉字，学习另一种语言（英语），甚至以此作为标准看看孩子到底在幼儿园学没学到真本事。但其实如果让孩子过早学习英语并不是好事，因为学习一门语言需要大脑、手以及嘴的共同配合才可以完成。因此，过早让孩子学习一门语言会给孩子的身心带来很多压力。此外，很多家长喜欢拿别人家的孩子与自己的孩子作对比，忽略自己孩子的优点容易让孩子产生自卑心理，不利于孩子健康性格的养成。

（二）容易使儿童形成厌学情绪

近年来，在"不能让孩子输在起跑线上"的观念引导下，家长们将孩子的成长看作是一场赛跑，对孩子的期望值很高，往往只注重理论知识的灌输，忽视孩子成长的快乐和特点，很容易造成孩子对学习失去兴趣，视学习为负担，把学习作为一件痛苦的事情，从而产生厌学情绪。

（三）亲子之间容易产生隔阂

很多父母喜欢拿别人家的孩子与自己的孩子做对比，很注重孩子的名次，看到别人家的孩子报了英语补习班，不考虑自家孩子的需求和优缺点，就盲目跟风，也给自己的孩子报英语补习班；更有甚者，直接忽略孩子的主观意愿，强制参与。一味地让孩子读书学习，沟通较少，注重考学和升级，而忽视孩子的心理教育和关爱，其实这是错误的，这种做法反而会给孩子带来更多逆反心理，造成父母与孩子心灵的隔阂。

七、城乡学龄前儿童英语超前教育差异因素

(一)原生家庭方面差异

受家庭经济条件的限制,农村家庭用于教育的支出占家庭收入的比例很低。许多农村家庭的家长由于在农村收入增长缓慢,选择常年在外打工,只有爷爷奶奶在家照顾孩子,而爷爷奶奶年纪大了,农活家务还有一大堆,自己已经很忙了,对于孩子的教育根本难以顾及。相反,城镇家庭更有经济基础支持孩子的学前教育资金。

父母受教育水平低,不重视孩子的学龄前教育(图7)。一些农村家庭对于孩子接受教育的态度往往不如城市家庭,他们只注重孩子的文化成绩,而忽视孩子的兴趣爱好和课外素质拓展,缺乏作为孩子的启蒙者应该重视孩子的全面发展的观念。而城市家庭的父母一般文化水平较高,对孩子的教育观念比较全新。

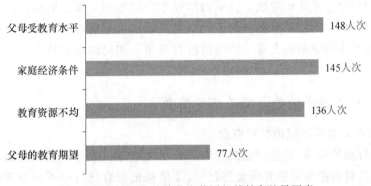

图 7　影响城乡学龄前儿童英语超前教育差异因素

此外,父母对子女的教育期望不同。很多农村家庭的家长对孩子的要求比较低,对孩子之后考高中及大学的期望很低。有些农村家庭家长表示,与上高中及大学高额的学费相比,他们更愿意让孩子学习一些专业技能,以便为之后的工作做好准备。

(二)文化教育资源不均

农村教师队伍整体存在着教育观念落后、年龄偏大、知识面窄等问题。对于学龄前儿童的英语教育往往力不从心,教育方式要么太枯燥,要么功利性太强。由于农村经济水平低,很多新的教师队伍不愿意来到条件艰苦的农村任教,造成农村年轻教师紧缺,孩子的英语听说读写能力的发展大大受到限制。目前,由于农村教师的工资待遇比城镇教师的差,许多优秀的年轻教师都选择去城镇任教,造成农村优秀青年教师资源的稀缺,农村孩子的综合素质提高明显是理论知识弥补不了的。

从对当地村民的采访中我们得知,学龄前儿童英语教育的发展受限于学校的教学条件。不少农村学校甚至没有电脑、语音教室等教学设备,他们对于学龄前儿童英语教育也毫无概念,只希望孩子的童年是快快乐乐地度过的,并没有想过让孩子们参与学龄

前英语超前教育。

家庭经济条件、教育条件的限制，城乡教育资源的分布不均，均对学龄前儿童的英语超前教育起着阻碍作用：农村父母学龄前英语超前教育意识的薄弱，让孩子失去学习第二外语的最佳时期，影响孩子的长远发展；教育资源的分布不均也正让部分农村孩子的综合素质落后于城市里的孩子。

八、建议

从 1949 年新中国成立至今 70 年，人民大众教育观念不断变化发展。从新中国成立之初的"学苏联"到 1966 年"文化大革命"、1978 年的"改革开放"再到如今"百年大计，教育为本"，国家越来越重视教育，社会需要大批高素质人才，家长们渴望孩子能靠知识改变命运。近年来，由于学习英语的重要性，家长们对英语学习教育也达到了空前的重视程度。一方面，学龄前超前英语教育虽然在很大程度上提升了孩子们的英语水平，但不当的教育方式却也导致了孩子们学业压力过重等一系列问题；另一方面，农村城镇教育观念仍存在差异，资源分配不均也是影响英语超前教育的关键。通过调查研究，现针对改善不当学龄前儿童英语超前教育现象和如何缩小城镇农村差异分别提出以下建议。

（一）针对不当学龄前儿童英语超前教育

1. 培养正确的英语超前教育概念

思想是行动的指南，要进行正确的英语超前教育，首先要明确进行英语超前教育的概念和目的。只有把握好教育的最终目的，才能保证教育过程中不会出现偏差。通过调查研究和数据统计，"培养独立思考能力、丰富的想象力与创造力""培育良好品格"和"人际交往能力"成为当前学龄前英语超前教育最重要的三个目的，而以学习英语知识为主要原因的仅占 32.5%。这组数据充分说明在新时代背景下，人们已经对英语超前教育有了较为明晰的认识，不再以单纯的知识性学习作为主要任务，而是更加注重内在性格品质的培养；反观也有部分家长存在"望子成龙"的迫切期待，这就需要及时纠正这种扭曲心态，以免对孩子造成厌学、性格缺失等不良后果。学龄前是孩子们语言学习的关键时期，家长应当遵循儿童学习发育的规律，依据孩子本身的性格和特点，营造良好的英语学习氛围，培养英语学习兴趣，培育国际化视野，进行启发性教育，为后续的学习奠定基础。

2. 发展正确的英语超前教育模式

如今，新中国成立 70 年了，70 年间，中国教育大发展，国民教育思想大转变，人们学习英语更加注重实用性，掌握英语渐渐成为"必须"，学习英语"从娃娃抓起"越发盛行。双语幼儿园、英语辅导班遍地开花，随着互联网时代的发展，学龄前英语网上课程愈加流行，如何选择和进行更为恰当的学龄前英语超前教育成为家长们面临的问题。

（1）充分考虑学龄前儿童天性特点

进行英语超前教育并不等于逼迫着孩子学不符合当前应承受的知识,部分家长和幼儿园出于迫切心理,导致社会上出现了幼儿园知识小学化的现象,使得孩子们看起来比同龄人"聪明",殊不知这样的超前教育会使得孩子们失去童年应有的天真烂漫,从小就被学习的重担压着,长大后极易形成"厌学""暴躁"等不良情绪。因此,家长和学校都应尊重孩子们的成长规律,循循善诱,注重引导。

（2）营造良好的英语语言环境

考虑到学龄前儿童正处于语言学习最快速的阶段,在进行英语教学中,应当充分发挥习得性学习的优势。我们可以汲取科技的力量,在如今语言资源极其丰富的情况下,英文原版儿歌、动画片、绘本都是儿童接触地道英语的最佳方式,对应情景,兼顾听说读三大方面。随着"外教课"的兴起,和英语母语者直接对话交流,也是培养语感和提高口语水平的很好途径。

（3）不断创新英语教学方式

无论是选择家庭教育,还是选择报名线上线下的英语补课班,都要摒弃过去单纯知识性学习的老办法,注重英语的实用性教学,避免"哑巴"英语,采用视频、游戏、情景对话等多种方式调动学习积极性,培养对英语的兴趣。

（4）注重欧美文化背景的学习

英语学习的最终目的是为了各个文化相互之间的交流,对文化背景知识的掌握也尤为重要,仅仅学习语言是不够的,还要有一定的文化背景素质。应当培养国际化思维,尊重其他文化,培养和平友爱的思想。

3. 引领社会英语超前教育新风尚

造成当前不当英语超前教育的主要原因有两个:家长之间的攀比之风与社会上层出不穷的"入园难"事件。家长还是要根据孩子自身情况,寄予更加理性的期待,避免盲目和急功近利。教育部门也可统一教育体制与教学评价,不认可超前教育中的知识性学习内容,对不同孩子对智力和学习能力进行客观评价,引导注重健康性。面对"入园难"等社会问题,亟须出台相应的制度规定,明确统一的入园标准,加大透明化。这也暴露出我国教育制度仍然存在缺陷,比如幼儿园之间师资力量差距大、教育资源不均等诸多问题,需要不断深化改革,营造统一公正透明、风清气正的教育氛围。

（二）针对城镇农村学龄前儿童英语超前教育差异

1. 着力缩小城乡教育观念差异

缩小城镇农村差异,就要提高农民对超前教育的意识,引导正确教育观念。根据调查研究,恰当正确的英语超前教育对于孩子的学习生活都有着十分积极的影响,甚至影响一生。我们发现,城镇地区家长普遍学历较高,在英语超前教育中处于更为积极的态度;反之,农村地区家长学历较低,更倾向于让孩子跟着课堂学,很少有进行超前教育的意识。在访谈的所有家长中,都认同"知识改变命运",可以通过各种宣传手段,例如举行集体讲座、典型回乡宣讲,让农村的家长们认识到恰当的超前教育的好处,树立概念意识,从而渐渐缩小差异。

　　2. 优化城乡文化教育资源配置

　　缩小城镇农村差异,还要从政府合理配置城乡文化资源入手(图8)。城市偏向的教育经费投入政策是导致城乡教育不平等的主要原因,所以农村想要发展好英语超前教育,政府部门要加大资金支持,保障硬件设施,创造良好的教学环境,保证教育事业的稳定发展。而且政府部门城市偏向的教育经费投入政策也导致了城乡教育部门教育质量的差异,因此,一方面可提高教师待遇,吸引大批优秀人才;另一方面城乡要统一教学标准,教育部门定期对教学质量进行考评。

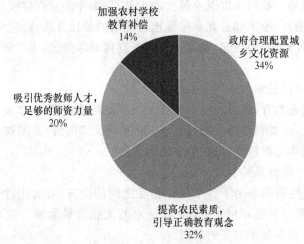

加强农村学校
教育补偿
14%

政府合理配置城
乡文化资源
34%

吸引优秀教师人才,
足够的师资力量
20%

提高农民素质,
引导正确教育观念
32%

图8　缩小城乡学龄前儿童英语超前教育差异的关键问题

九、结论

　　新中国成立70年,英语教育沉浮70年。国际化需求、时代进步催生了学龄前儿童英语教育的蓬勃发展。随着人们英语教育观念的不断更正,当前学龄前儿童英语教育偏差逐步得到解决,朝着更加人性化、趣味化发展;国家和地区政府的鼓励资助政策逐渐普及落实,城乡差异缩小,文化资源配置更加公平。70年教育硕果累累,但仍需不断深化改革,从而为中国未来英语人才培养储备奠定基础,为世界教育发展注入强大动力和新鲜血液。

参考文献

禹海君,2012-05-31.“超前教育”与“起跑线焦虑”[N]. 兰州日报(005).
杨仑,2018-05-17. 比秘考更可怕的,是超前教育扩大化[N]. 科技日报(008).
刘晓东,2001. 反对超前教育——关于儿童教育的几点断想[J]. 江苏教育(16):12-13.
石淇萌,张建英,2019. 近二十年我国幼儿英语教育研究现状与趋势分析[J]. 国际公关(03):62-63.
胡赛莹,杨恣,2014. 美国超前教育模式研究[J]. 创新人才教育(01):82-85.

程平源,2017-09-25. 培训机构超前教学冲击基本教育秩序[N]. 法制日报(005).

晁霞,2014. 小议幼儿的可持续发展[J]. 学周刊(02):240.

赵隽华,樊华,1998. 新形势下学龄前儿童教育浅探[J]. 中华女子学院学报(01):65-67.

刘贵珍,2019. 幼儿园英语教育存在的问题及对策研究[J]. 课程教育研究(15):103-104.

张蓉芳,2018. 语境理论视角下的幼儿英语教育[J]. 南昌教育学院学报,33(04):23-25.

新中国成立 70 年来北京市垃圾处理及
居民垃圾分类意识的调研①

陈凤芝　赵　旭

【摘　要】 新中国成立 70 年来,北京在经济、文化、社会发展取得不断进步的同时,城市垃圾的总量也在随之增长。北京市对垃圾处理方式主要以填埋、焚烧和堆肥为主,但是要从根本上解决城市垃圾带来的问题,应该从垃圾源头进行分类收集,这样不仅可以促进资源的循环利用,也可以在后期垃圾处理时减少填埋、焚烧对于环境的污染。因此,提高居民垃圾分类意识是垃圾处理的重中之重。本文在调研的基础上分析了新中国成立 70 年来北京市垃圾处理及居民垃圾分类意识的状况、问题并提出了相应的建议。

【关键词】 北京市;垃圾处理方式;垃圾分类意识;问题;建议

新中国成立 70 年间,北京城市垃圾处理方式的科学性和居民垃圾分类意识随着经济发展、社会进步和居民素质的提高而不断提升。因此,为了探究新中国成立 70 年来北京城市居民垃圾处理和垃圾分类意识的变化、影响因素,本文对出生在 1949—1969 年、1970—1979 年、1980—1989 年、1990—1999 年、2000—2019 年这 5 个年龄段的人们进行了垃圾分类意识的调研。总结了各个年龄段垃圾分类意识存在的问题、影响因素、主要原因并提出了相应的意见建议。

本次问卷采取定向调查,主要针对北京市市民进行定向调查。调查问卷是由我们小组成员在网上发布电子版问卷和在各自居住社区进行访问调查组成。本次问卷发放 342 份,回收 342 份,本次问卷有效率 100%。本次调研工作主要针对北京市居民垃圾分类意识和当地垃圾处理情况等的提问,根据采访内容分析新中国成立 70 年来,不同年龄对于垃圾分类的看法、自身垃圾分类情况和对于垃圾分类的建议。

本次报告填写人群主要以年轻的 90 后大学生为主,共占比 40.06%;00 后的中小学生共 35 人,占比 10.23%;30~50 岁青年共 140 人,占比 40.93%;50 岁以上共 30 人,占比 8.77%。本次问卷通过网络问卷形式发放,调查范围比较广,已经覆盖北京市的各个区县。

---

① 本课题指导教师陈凤芝(北京工商大学法学院);课题组组长赵旭(生物工程 172);课题组成员:任天妮(生物工程 172)、朱智超(生物工程 172)、张芸琳(生物工程 172)。

一、新中国成立 70 年来北京市居民垃圾处理情况及居民垃圾分类意识的变化

（一）1949—1969 年北京市垃圾处理及居民垃圾分类意识的发展变化

1949 年以前，北京市垃圾堆积现象非常严重。政府一直在想办法解决北京市垃圾堆积问题。从 1949 年起，在北京市城区建立了"摇铃收运垃圾"制度进行垃圾清运，即每天清洁队员挨家挨户摇铃收运垃圾，再运送到附近的垃圾待运场。在此期间"摇铃收运垃圾"制度也在不断完善。1951 年，取消了垃圾代运场，推行汽车直接收运垃圾的做法。1953 年，市卫生工程局研究决定取消垃圾集中站，改为"先摇铃后收垃圾"。

通过调研我们了解到，1949—1969 年，北京市居民将可以回收的垃圾和二手家电卖给垃圾处理站，其他不可回收垃圾则通过"摇铃收运垃圾"的方式清运。在垃圾买卖中，北京市居民也就自发产生了垃圾分类意识。

在对 1949—1969 年出生的北京市居民调研时，我们发现接近半数的调查者对于垃圾分类不是很了解，只能进行简单的垃圾分类，将可回收垃圾收集起来卖给垃圾处理站，将不可回收垃圾扔进垃圾箱。通过调查，这个阶段的调查者对于垃圾分类的知识了解不是很清楚，垃圾分类意识比较局限。

（二）1970—1989 年北京市居民垃圾处理情况及分类意识的变化

到了二十世纪七十年代，垃圾清运开始执行"灯亮倒，车走停"的制度。即垃圾车停在固定的垃圾倾倒处，居民们可以将垃圾倒进垃圾车里，在垃圾车走后就不能倒了。1978 年本市开始使用由市环卫局技术革新组设计的封闭垃圾桶和桶式自动装卸垃圾车。到 1980 年，已有 545 条街巷用上了 8100 多个封闭垃圾桶。封闭垃圾桶的使用大大减少了城市垃圾溃洒现象。1986 年推出了北京城市垃圾无害化处理及其综合利用，取得了高温堆肥、垃圾填埋和粪便高温厌氧处理研究成果。北京也建立了自己的垃圾处理站。

二十世纪七八十年代的人们身边的垃圾主要为生活垃圾。在提问垃圾分类知识调查中，17.14%的调查者对于垃圾分类问题非常了解，可以正确分辨出干垃圾、湿垃圾、厨余垃圾和有害垃圾等；42.14%的调查者基本了解垃圾分类知识，基本了解可回收和不可回收之分，也了解一些干垃圾、湿垃圾、厨余垃圾和有害垃圾的分类；30%的调查者了解一点垃圾分类知识，只能做到可回收垃圾和不可回收垃圾的分类；10.71%的调查者完全不知道垃圾分类知识。通过调查发现在了解垃圾分类的调查者中，有 98.79%的调查者在日常生活中愿意进行垃圾分类，其中，44.07%的调查者每次扔垃圾都会进行垃圾分类，44.04%的调查者大多数会进行垃圾分类，9.52%的调查者偶尔会进行垃圾分类。

（三）1990—1999年北京市居民垃圾处理情况及分类意识的变化

在1991年之前，北京市垃圾基本是采用简易堆放的方式进行处理。直到1991年世行贷款建成的大屯转运站和阿苏卫填埋场的投入使用，北京市垃圾处理才进入了"无害化"阶段。在接下来的10年里北京各个区县也建立了无害化垃圾处理站，通过填埋焚烧等方式处理垃圾。截至1999年以前，北京已经建成了11个垃圾处理站点，其中有4个垃圾转运站（大屯转运站、马家楼转运站、小武基转运站、五路居转运站）、1个垃圾焚烧厂（昌平焚烧厂）、4个垃圾填埋场（阿苏卫填埋场、安定填埋场、北神树填埋场、六里屯填埋场）、1个垃圾堆肥厂（南宫堆肥厂）和1个垃圾综合处理厂（顺义综合处理厂）。

随着生活水平的不断提高，人们身边的垃圾种类也越来越多，相比七八十年代除了日常生活中的生活垃圾、厨余垃圾等，还多了一些塑料包装袋等不可回收垃圾。在我们调研采访中，大多数90后了解垃圾分类的相关知识，在小区扔垃圾时也可以进行简单的垃圾分类投放。51.82%的调查者表示愿意按照标准严格进行垃圾分类，即使会消耗一些时间；44.53%的调查者目前只愿意进行简单的垃圾分类，把有害垃圾分离开。

（四）2000年至今北京市居民垃圾处理情况及分类意识的变化

2000年至今，北京各个区县已经陆续建成22座无害化垃圾处理设施，日处理能力8750吨，全市垃圾总量1.15万吨/天。垃圾无害化处理率达到91%，焚烧处理量达2%，综合处理量占7%。不仅如此，国家对于垃圾焚烧、填埋处理也有了相关的标准。在2005年后，有机量大于5%的垃圾不能进入填埋场。为了减少环境污染使资源合理利用，在垃圾处理站，垃圾通过筛选，将有机物含量高的垃圾送往堆肥厂，可燃成分含量高的垃圾送往焚烧场，剩余筛下物多为沙土送往填埋场。

除混合垃圾外，居民的部分可回收垃圾也会卖给当地废品回收站，再由废品回收站回收给市场中专项回收业者，专项回收业者再专卖给专门的二次资源回收处理厂。

近年来，随着城市化的不断加速，北京作为一个国际性大都市所具有的人口规模不断扩大，生活垃圾产量大幅度增加。现在北京市每天会产生将近2.6万吨的生活垃圾，人均每天1.1千克。

城市垃圾基本上分为生产（工业）垃圾和生活垃圾。现在越来越巨大的生活垃圾已经成为新的城市病。据不完全统计，北京生活垃圾占城市垃圾的半数以上，生活垃圾基数很大，被人遗忘或者"知其然不知其所以然"的垃圾分类问题，重重地摆在了每一个家庭每一个人的面前。垃圾分类的推行一直不顺畅，遭遇"肠梗阻"，"梗"在我们没有相应的法律法规，没有自觉意识，没有相应知识。据北京市的相关统计，现在垃圾增长速度基本是每年10%，和GDP的增速差不多。人的生活水平提高了，水涨船高，自然生活垃圾就跟着多起来，复杂起来。

根据我们的调查显示，现在北京有将近过半的小区有简单的垃圾分类，有38%的小区有详细的垃圾分类，但是仍然有12.87%的小区并没有垃圾分类，这是一个很可怕的数据。

在这个 49.12％有简单垃圾分类的小区里,一般设置有两个垃圾分类桶,分为可回收和不可回收。所谓"可回收"是指纸类、塑料、金属、布类,"不可回收"是指除可回收物和有害垃圾以外的各种生活废弃物,但是真正做到了物尽其用的屈指可数,所谓可回收与不可回收基本成了"作秀"桶。在北京,倡导垃圾分类的理念有 20 年了,但是至今实施现状却让人大失所望。

我们小组调研了 35 位 2000—2019 年年龄段的学生,调查显示他们从小就开始进行可回收和不可回收垃圾分类的教育,对于垃圾分类知识了解得比较深入。在采访调研中,他们表示很愿意进行简单的垃圾分类,一多半的调查者表示未来愿意像上海一样实施更加严格的垃圾分类,也愿意严格按照垃圾分类手册进行。

二、新中国成立 70 年来,北京市居民垃圾分类意识变化的影响因素

（一）1949—1980 年北京市垃圾处理及居民垃圾分类意识变化的影响因素

1949—1980 年是新中国成立以来垃圾分类历史的第一个阶段。

这一阶段垃圾分类的实现主要由政府(供销社系统)回收废旧物资主导。1957 年《北京日报》头版头条发表了文章《垃圾要分类回收》,这是全球第一次提出"垃圾分类"这个概念,同时也标志着新中国垃圾分类进程的开端。新中国最开始的 20 年,是一个物资匮乏的时代。政府提出垃圾分类回收,主要目的在于资源的重复利用,而非刻意地进行环境保护。在这一阶段,我国尚处在计划经济时期,供销社系统主导的废旧物资回收在一定程度上起到了垃圾分类的作用。该阶段的垃圾分类以"俭省节约,重复利用"为目标导向,只广泛地将垃圾分为两大类,即可回收垃圾和不可回收垃圾。可回收利用的垃圾,由供销社系统统一回收,称为废旧资源;不可回收利用的垃圾由市政环卫部门统一回收处理,称为生活垃圾。而供销社系统在回收废旧物资时会支付一定的费用。因此,在首次提出垃圾分类回收后,居民开始有了一定的垃圾分类意识,并且对垃圾分类产生了空前的热情。在此阶段,废旧物资回收体系和生活垃圾收运体系形成了一个有机的整体。此阶段对北京市居民垃圾处理及分类意识变化的主要影响因素是大环境下居民对解决物资匮乏现状的迫切需求、政府部门的合理引导和市民的逐利性。

（二）1980—2000 年北京市垃圾处理及居民垃圾分类意识变化的影响因素

1980—2000 年是新中国成立以来垃圾分类历史的第二个阶段。

第二个阶段是以市场调节为主的垃圾分类阶段。20 世纪 80 年代我国从计划经济向市场经济转型,到 21 世纪初国家开始建设垃圾分类试点城市结束。在此阶段,随着经济体制改革的加深,以及物质条件的改善和自由市场的兴起,供销社退出废旧资源回收市场。在此社会背景下,一大批个体小商小贩和拾荒者逐渐取代了政府体系,成了废

旧物资回收的主体。

在此阶段,垃圾分类出现了一个严重问题——过分依赖市场自由调节,缺乏政府管控。首先,由于小商小贩和拾荒者的逐利性,他们将废旧物资进行了二次挑选,将可以卖出获利的留下来,没有什么卖出价值的直接丢弃,这不仅没有真正实现垃圾分类,甚至造成了废旧资源的浪费。其次,随着科技的发展,人民生活水平的逐步提高,产生的生活垃圾种类逐步增多,生活垃圾总量也在不断增加,小商小贩和拾荒者形成的垃圾分类回收体系无法与日益增长的垃圾种类和垃圾总量相适应。

此阶段对居民垃圾分类及垃圾分类意识的主要影响因素是经济体制的转型,对市场经济的过度依赖和居民对垃圾分类浅薄的认识。

(三)2000 年至今北京市垃圾处理及居民垃圾分类意识变化的影响因素

2000 年至今是新中国成立以来垃圾分类历史的第三个阶段。

第三个阶段是将生活垃圾从源头分类已达到末端将垃圾分类处理的目的的阶段。在 21 世纪初,北京成为第一批垃圾分类处理试点城市。十几年来,垃圾分类工作虽然取得了一定的成就,但是效果不佳。居民的环保意识不够,特别是垃圾分类意识不够是原因之一。垃圾分类意识对垃圾分类行为具有重大的指导意义,环境意识的高低直接影响人们的日常行为。北京市这些年来一直致力于生活垃圾源头分类,近年来不断扩大垃圾分类试点小区的范围,并加大支持和监督力度,但仍存在着很多问题,垃圾分类投放并未达到理想水平。

在垃圾分类问题上,有 77.49% 的人认为北京有必要进行垃圾分类,有 22.51% 的人认为北京没有必要进行垃圾分类,说明绝大部分居民对于垃圾分类还是很赞成的。而在实际垃圾分类中,只有 26.61% 的居民表示每次投放垃圾都进行垃圾分类,选择"偶尔,极少"的居民占到 33.34%,这种现象说明居民在投放垃圾时存在知行分离的情况。这种情况在问题"您认为北京居民在垃圾分类意识上存在的主要问题是什么"的结果中也可看出,有 47.95% 的居民认为"居民有垃圾分类意识,不愿意付出行动"。

居民对生活垃圾从源头分类的态度直接影响了居民垃圾分类的意愿。我们通过"您认为北京居民对垃圾分类参与度不高的原因是什么"这一问题来衡量居民对生活垃圾源头分类的态度。统计结果显示:有 43.27% 的居民认为"居民对垃圾分类知识知之甚少";有 46.2% 的居民认为"垃圾分类回收设施不完善";有 38.01% 的居民选择"别人不分,自己就不分了";有 27.19% 的居民认为"浪费时间,太麻烦了";有 18.71% 的居民认为"垃圾分类不是强制性要求"。这表明,一方面,垃圾分类知识的普及和完善垃圾分类设施对提高居民参与生活垃圾源头分类积极性有很大的帮助;另一方面,政府及相关部门监管不力和工作形式化也是居民不愿参与垃圾分类的一个主要原因。

居民对自身在垃圾分类整体过程中扮演怎样的角色的认知也影响到垃圾分类整体工作。我们通过"您认为垃圾分类回收过程中,哪个群体应发挥最大作用"这个问题调查居民对自身角色的定位。统计结果显示:有 42.4% 的居民认为是"垃圾排放者";有 53.8% 的居民认为是"垃圾回收部门";有 39.77% 的居民认为是"垃圾处理部门";有

20.18％的居民认为是"宣传媒体"。结果表明,只有不到半数的居民认为自己在垃圾分类工作中扮演重要角色,因此如前文所说,部分居民在垃圾分类工作中存在知行分离的情况。

居民在没有涉及经济利益的垃圾分类方面往往是先知后行。我们通过问题"您认为以下哪些措施更有利于垃圾分类工作"调查提高居民参与垃圾分类的方法。调查结果显示:有48.83％的居民认为应该"实行垃圾分类奖惩制度"。这表明,有部分居民是将自己放在"获利者"的角度。从新中国成立以来垃圾分类工作在2000年之前的两个阶段也可看出,在废品回收中,居民会自然而然地参与到垃圾分类工作中。

我们经过查找资料和与居民的访谈中了解到,参与过奥运志愿活动的人群通常更能自觉进行垃圾分类。这表明,一方面,刻意养成的垃圾分类习惯也有助于提高居民的垃圾分类意识;另一方面,更多地接触外界信息,对垃圾分类的意义有更深的了解,能客观上提高居民参与垃圾分类的积极性。

综上,随着居民整体素质的提高,国家政策的倡导和垃圾处理方式的改善,北京市居民越来越关注自己生活的环境,但是居民环境意识基本处于浅层阶段。大多数居民在政策驱动下愿意参与垃圾分类,处于被动状态。我们需要更多的居民将垃圾分类由被动行为转向主动行为,在态度上主动愿意参与垃圾分类。

三、新中国成立 70 年来北京市垃圾处理及居民垃圾分类意识存在的主要问题

虽然新中国成立 70 年来北京市垃圾处理及居民垃圾分类意识有了很大进步,但仍存一些问题。

(一)垃圾处理成本高

纵观世界上各个国家,中国的垃圾处理成本是最高的。生活垃圾的运输过程大致分为垃圾箱-垃圾房-清运车-填埋处理场 4 个环节,垃圾经过了各个环节分拣处理,具体体现为:在垃圾箱中的垃圾经过保洁人员的分拣,不做特殊的处理;被运到垃圾房的垃圾,部分实现压缩,并加入某些化学药剂,达到除臭和加速分解的目的,最后实现均匀混合;在垃圾房中未被压缩的垃圾大多会在装车的过程中进行压缩和除臭处理,确保在运输过程中垃圾良好的密闭性,以避免垃圾的二次污染;到处理场的垃圾大部分以卫生填埋的方式进行处理,少量以厨余垃圾为主的垃圾进行堆肥处理,焚烧法则主要处理一些有机成分多、热值高的垃圾。只要到垃圾处理场看看,就知道这个环节的烦琐。先是分类,可处理的,不能处理的,需要人力和机器进行分类。这需要投入大量的成本。在北京一般的垃圾处理场会按"吨"来收费,1 吨垃圾的处理成本费用最低为 200 元,最高可达到 700 元。从现有生活垃圾焚烧发电厂实际数据看,吨垃圾处理成本费用大多在 200~280 元/吨,总体上看,目前我国生活垃圾焚烧发电的成本费用与物价水平是相适应的,但这仍然是一笔不菲的开销。

而且存在一些有害垃圾是不能够进行填埋和焚烧的,只能对其进行回收。像纸、铁、铜等垃圾目前还有专门的回收机构进行处理,但像电子产品,比如电路板、内存条等配件可能包含多种稀有金属,社区处理起来需要更多专业的技术支持,然而目前能够承担回收作业成本的机构又太少。究其原因还是资金的因素,就现有的技术来看,回收成本很高,机构运营的效益不能继续支撑回收业务的存续。因此,相当一部分危险废弃物不得不走上填埋处理的老路。

(二)垃圾处理体系不完善

北京城市生活垃圾处理工艺大概分为三种方式,卫生填埋、焚烧、堆化肥,其中最主要的方式就是卫生填埋和焚烧。

但这样的处理方式也对环境造成了很大的影响。由于填埋垃圾的特性,封场后的填埋场仍然对周围环境造成危害,形成二次污染。在自然状态下,这种污染是长期的。填埋垃圾对环境造成的污染是多方面,主要表现在以下几方面:

1. 垃圾填埋污染空气

垃圾填埋会产生大量的填埋气体,其主要成分为甲烷和二氧化碳及少量的氢气、氮气、硫化氢等气体,这些气体会引发诸多的环境问题。比如:

(1)产生温室效应。沼气比空气轻还是重,取决于二氧化碳和甲烷所占的比率。当沼气比空气轻时,就会快速消散,形成损耗臭氧层和加剧全球温室效应的烟雾。

(2)存在爆炸隐患。当甲烷产生很多的情况下,一旦遇到明火,就会发生爆炸,引发火灾事故。

(3)填埋气体含有令人讨厌的臭气,污染空气,对人体健康造成危害,其中含有多种致癌致畸的有机挥发物。这些气体如不采取适当的措施加以回收处理,而直接向外排放,会对周围环境和人员造成伤害。

2. 垃圾填埋污染水

垃圾填埋对水产生的污染,主要来自垃圾渗滤液。渗滤液是垃圾在堆放和填埋过程中,由于发酵、雨水淋刷和地表水、地下水浸泡而渗出的污水。渗滤液对地面水的影响会长期存在,即使填埋场封闭后很长一段时间也仍然有影响。渗滤液对地下水也会造成很严重的污染。地表和地下水体的污染,势必会对周边环境、经济发展和人民生活造成十分严重的影响。

3. 垃圾填埋污染土壤

城市生活垃圾中含有大量的玻璃、电池、塑料制品。他们直接进入土壤,会对土壤环境和农作物生长构成严重威胁。大量不可降解的塑料袋、塑料餐盒被埋入地下百年之后也难以降解,使垃圾填埋场占用后的土地几乎成为废弃地。

焚烧垃圾虽然能减少垃圾的占地面积,能产生热能、消灭细菌等,但是焚烧垃圾对环境也是有影响的。垃圾的成分极其复杂,焚烧时会生成一种多环芳香烃化物,这类化合物会污染空气,另外不少垃圾中有塑料制品和其他一些有害物质,一旦焚烧会产生大量烟雾、灰尘,甚至有毒物质,如一氧化碳、二氧化碳、苯的化合物等有害气体,还有不少致癌物质。

许多物质是不能或不宜用焚烧方式处理的,比如废旧电池等。塑料、人造棉等垃圾焚烧后会产生氯化物等有毒气体,会严重污染空气。并且落叶等垃圾是不能焚烧的,因为许多树叶能分泌油脂和黏液,这种分泌物能吸附滞留空气中的灰尘以及有毒有害的物质。而在燃烧时,还会产生大量的一氧化碳和致癌物苯并芘,影响空气质量,进而危害人体健康。环卫部门明确要求,落叶应与生活垃圾一起集中进行无害化处理。

低温焚烧垃圾很难分解有害物质,如二噁英,只有将焚烧炉的温度提升到800℃以上才能减少二噁英的产生。二噁英属于持久性有机污染物,在环境中不易降解、存留时间较长,严重污染大气,引起大气污染和地下水污染。

另外,燃烧后灰烬的存放会对土地和地下水造成污染,即使为了符合空气排放标准,安装过滤装置来收集排放物,同样也需要处理固体废物,增加了环境的负担或危害。

(三)居民垃圾分类意识薄弱

在本次调查中我们发现有25%的居民认为根本没必要进行垃圾分类,这是一个很可怕的现象,这就表明在北京有大概1000万的居民没有垃圾分类的意识,这就给北京的环境造成了很大的影响,也侧面证明政府对于垃圾分类的普及还有待提高。

虽然大部分居民还是有垃圾分类的意识,但实际行动中却不会去做,调查发现,有超过30%的居民不会自觉地遵守垃圾分类,而究其原因是虽然他们有垃圾分类的意识,但却不知道垃圾如何分类,哪种垃圾放在哪种垃圾桶里。

这就意味着政府对于居民的垃圾分类知识没有普及到位,造成了居民虽然有垃圾分类意识,却没有垃圾分类知识。近些年北京的经济飞速发展,随之而来的生活垃圾也是越来越多,越来越复杂。但是垃圾分类回收体系依然没有跟着互动,还是放任自流,一切全凭居民自觉的状态。就我们家庭日常所接触到的,做得好的家庭只是把家里的垃圾分为可卖钱的、不可卖钱的两类。也就是说我们目前主动的垃圾分类还只是为了买卖。对于家庭来说,目前做得最好的废品回收是报纸、杂志、硬纸板、塑料瓶、旧家具和废铜烂铁。之所以做得好,是因为有利可图,市民把这些废物卖给回收人员,他们可以转卖,赚得差价。有这样的利益引导过程,买卖双方都能坚持做下去,基本不需要政府的推动和扶持。最难的就是厨余垃圾,现在每一个新建小区,垃圾桶上都有生活垃圾和厨余垃圾的分类,但是,当一个家庭把垃圾袋从家里拎出来的时候,往往都是垃圾混装,没有习惯在家庭里进行细致分类,厨余垃圾袋内,却不全是厨余垃圾,菜叶、鱼骨头、剩饭剩菜当中,还夹杂着塑料袋、纸巾、包装盒、易拉罐等东西。厨余垃圾和其他垃圾混装,甚至完全不分类的现象,在家庭里占了大多数。

四、提高北京市垃圾处理效率和居民垃圾分类意识的建议

（一）对政府的建议

1. 以新媒体为载体大力宣传垃圾分类的相关知识

据新京报报道：新版《北京市生活垃圾分类指导手册》于 2019 年底前编制完成，并对垃圾分类标准、投放要求、收运及处理过程进行系统介绍。目前，北京市一些垃圾处理设施及科普基地都可以团体预约参观，市民可以提前预约。我们建议，相关部门在此基础上通过手机媒体，数字电视和互联网新媒体这些方式将新版《北京市生活垃圾分类指导手册》的内容科普传播，让更多居民了解到垃圾分类的相关知识，明白其重要性，从而提高垃圾必分类的意识，从源头为北京市可持续发展打下基础。

2. 建立垃圾分类的奖罚制度并健全监督机制

经我们查阅，我国今年起，全国地级及以上城市全面启动生活垃圾分类的工作，到 2020 年底前，先行先试的 46 个重点城市颁布的有关垃圾分类的管理条例中，以上海、杭州、海口等地为例，都明确规定了个人不进行垃圾分类的处罚办法。据北京青年报报道，2019 年至 2021 年，深圳拟每年拿出 6250 万元作为生活垃圾分类激励补助资金，奖励垃圾分类先进家庭、个人、小区及单位。我们认为这是十分必要的。奖励和惩罚都是促进垃圾分类政策落实的手段，奖励能激励引导大众将垃圾分类融入日常生活，惩罚可以惩戒和倒逼市民重视垃圾的规范投放，只有把握好奖惩尺度，完善相关法律法规，政策才能落到实处。

奖罚制度中可能涉及资金的流动，就必须要健全监督机制，不妨建立城市垃圾分类专项基金，确保专款专用，做到公开透明，使市民放心、信任。

3. 改造或增设垃圾分类回收设施

调查中发现，只有 38.01％用户所居住的小区有详细分类的垃圾桶，49.12％用户所居住的小区有分类垃圾桶，但只是简单的分类，剩余的 12.87％的小区则没有分类垃圾桶。希望可以引起政府有关部门的重视，垃圾分类基础设施的完善才能最大限度地提高市民规范分类的积极性。比如，可将一个垃圾桶分割成几个隔段或建立几个独立的分类垃圾桶。可以用不同颜色的垃圾桶分别回收玻璃、纸、塑料和金属类包装垃圾、植物垃圾、生活垃圾、电池灯泡等特殊垃圾等。

4. 对垃圾进行无害化处理

经查阅，中国城市垃圾处理的技术对策是：以卫生填埋和高温堆肥技术为主，提倡有条件的城市特别是沿海经济发达地区发展焚烧技术。但是，焚烧处理也会产生对环境污染和浅表性漫长性侵害，主要包括垃圾燃烧后的空气污染，卫生填埋和高温堆肥依然存在微量有害物质的长期排放和积淀，仍然可对地球生物造成慢性的病理伤害。面对这些问题，《上海市生活垃圾管理条例》第三十二、第三十三条明确规定，不同类型的垃圾应由不同的无害化方式处理。这无疑是垃圾处理方式的一步升级，最大程度上减

小了单一处理方式对城市环境的综合性污染。我们希望其他地区也可以将无害化的垃圾分类处理方法学习起来,为治理城市化发展过程中存在的地质环境以及空气污染贡献力量。

5. 对垃圾进行资源化利用

未来城市垃圾处理的重要方向——垃圾资源化,是将垃圾分选为不同的类别,并按照不同类别进行循环再利用,使其成为再生资源。以《上海市生活垃圾管理条例》为例,其中明确规定了多种类型垃圾的再利用。如,可回收物回收经营者应当按照国家和本市有关要求,将可回收物交由可回收物利用企业进行资源化利用。市绿化市容、农业农村部门应当会同市场监管部门研究制定本市湿垃圾资源化利用标准,鼓励和支持开展湿垃圾资源化利用团体标准、企业标准的研究制定和推广实施工作。干垃圾焚烧产生的热能应当通过发电、供热等方式进行利用。在符合环保要求的情况下,鼓励对炉渣、飞灰等进行综合利用,鼓励具备条件的企业协同处置干垃圾。

(二)对社区的建议

1. 定期组织社区单位学习《北京市生活垃圾管理条例》并开展垃圾分类活动

一项政策的落实,很大程度上取决于社区居委会的态度和积极性。在社区内部定期组织居民学习《北京市生活垃圾管理条例》,让垃圾分类成为日常生活的一部分。在社区内部了解学习的过程中,大家互相交流,互相帮助,将文本内容转化为具体的形象,垃圾的规范分类将不再是枯燥的规定,而是日常随手就能做到的小事。学习之余,不妨再开展一些垃圾分类相关的小活动,以日用品为奖励,鼓励社区居民积极参加,可以将了解到的知识更好地运用。

2. 对分类不规范的行为进行监督管理

社区是国家结构最基层的社会单元,在政策的落地实施的过程中,社区不仅要完成科普宣传工作,还要做好监督管制的工作。要以管理条例为基准,坚决实施奖罚制度,对优秀的家庭、个人提出表扬,适当予以奖励,对违反条例的也要作出处罚。只有双管齐下,监督到位,垃圾分类所颁布的指导办法才能成为加速推广的有力"武器"。

(三)对居民的建议

1. 垃圾分类从源头减量

源头,指的就是每个人,只要我们在日常生活中减少一次性物品的使用,减少一次性物品的丢弃次数,都是在为环保做出贡献。

2. 积极响应政策号召

尽管政府和社区出台并积极宣传垃圾分类的政策,但是民众的理解参与才是垃圾分类实施推广的关键。从调查的数据中可以看到,77.49%的北京市居民认为垃圾分类很有必要,52.63%居民愿意按照垃圾分类手册中的说明严格进行垃圾分类,即使多花费一些时间、精力、成本也不要紧。我们需要做的就是尽可能减少生活垃圾的制造,把每一次垃圾分类都做到完美。每个人、每个家庭做到垃圾分类,就是在这场与垃圾的

"战斗"中,将敌人变为了朋友,为国家的社会、经济、生态三方面做出了贡献。

参考文献

张农科,2017. 关于中国垃圾分类模式的反思与再造[J]. 城市问题,05(v.19):6-10.

蒋妍,张肖阳,郝明月,等,2008. 北京居民垃圾分类行为及其环境意识研究[J]. 中国青年政治学院学报,27(6):114-114.

黄哲程,2019-08-22. 新版《北京市生活垃圾分类指导手册》年底前编制完成[N]. 新京报网.

张倩,2019-07-08. 城市垃圾分类奖罚皆有学问[N]. 北京青年报.

新中国成立70年来
北京市居民对于多样化养老模式认可度调研[①]

余金城　欧阳芷萱

【摘　要】 经过多年的发展,北京市养老模式逐步形成了家庭养老、机构养老、社区养老三种基本养老模式。调研发现,家庭养老模式存在老人生活不便利、子女陪伴时间不足的缺点;机构养老模式存在养老环境不甚良好、服务水平参差不齐的缺点;社区养老模式则有宣传推广力度不够、发展缓慢等众多问题。上述问题的解决方法是:通过媒体媒介增强子女养老意识;各区政府继续推进签约"家庭医生",完善"医养结合"模式;提高机构养老人员专业水平、服务态度;组织社会志愿团体定点帮扶社区老人生活起居等。

【关键词】 多样化;养老模式;养老认知

一、调研背景介绍

我国已经进入老龄化社会,北京也已进入老龄化城市行列。老龄社会的健康可持续发展既是我国面临的重大问题,也是世界性的难题。特别是我国实行独生子女政策后带来的人口总量和结构变化所引发的矛盾,已在近几年内集中表现出来,再加上受到传统文化的影响,我国老龄社会面临着区别于其他国家的更加复杂的问题。

由于中国养老服务业需求缺口较大,单纯的家庭养老已经不能满足市民需求。新中国成立70年来,为响应国家号召,北京市政府也出台了相关的地方性政策:鼓励民间资本参与养老机构的建设,并且大力开展以居家养老为主体的社区养老模式。

养老模式虽然逐渐趋于多样化,但是不同养老模式产生的问题却不见减少。近年来,因养老问题而走进电视台的矛盾调解栏目(如:第三调解室、东方直播间等)的家庭数量越来越多,有的儿女和老人甚至因养老问题而对簿公堂。

因此,本课题组认为,有必要对北京市居民对于多样化养老模式的认知度进行调研,以促进养老问题的解决和养老措施的长足进步。

本课题组以北京市居民作为调研对象,共发放调查问卷364份,有效回收329份,男女比例为3:7,青年、中年、老年比例接近1:1:1。本次发放的问卷范围主要位于北京市的郊区,为使调研结果接近实际结果,我们也参考了最新的权威数据和文献资料。

---

① 本课题指导教师余金城(北京工商大学法学院/马克思主义学院);课题组组长欧阳芷萱(食品182);课题组成员:揣清新(食品182)、吕启欣(食品182)、张文徽(食品182)、李子阳(食品182)。

二、北京市的多样化养老进程

中国自古代至近代,一直都是以农业为主体的社会。家庭是作为社会的一个单位,也是一个生产单位。新中国成立之前至新中国成立初期,中国也以家庭养老为主。

自 20 世纪 70 年代开始,政府实行计划生育政策。社会的劳动核心以青壮年为主,家族的决定权和经济核心逐渐转移。改革开放后,中国的公办养老机构得到一定发展。随着中国老龄化程度的加深以及政府的倡导补助,一系列民办养老机构成立并得到发展。

对于北京市而言,老年人口比重远高于全国,仅次于上海。严峻的老龄化现象迫使北京市政府不断重视养老问题。2000 年和 2008 年中共中央、国务院出台两部关于养老服务的政策,提出了要"建立以家庭养老为基础、社区服务为依托、社会养老为补充的养老机制"。在这些文件的推动下,北京市政府加快建设社区养老机构,北京市中心城区之一的朝阳区则作为国家级医养结合试点单位全面构建区级养老服务指导中心、街乡养老服务平台、社区养老服务驿站的三级养老服务网络。

2017 年,国务院发布《"十三五"国家老龄事业发展和养老体系建设规划》,提出至2020 年的发展目标,其中"以居家为基础、社区为依托、机构为补充、医养相结合的养老服务体系全面化建设"作为重要规划被列入其中。

同样,北京市政府发布的 2019 年的 1—8 月财政收支情况也体现出对养老方面的重视。养老服务所属的社会保障与就业方面的支出较多(648.1 亿元,仅次于城乡社区支出 792.6 亿元),且与其他方面相比最高(增长 10.5%)。北京市政府对于民生、养老等方面的资金投入力度逐步加强,北京市社区养老等新型养老方式与其他养老方式一样也在步入正轨。

三、养老问题初探

我们通过文献检索、问卷调研和实地探访发现,虽然养老模式在逐步变迁,但是 70年来,中国的主体养老方式依然没有较大的改变,家庭养老方式的地位也依然很难被其他养老方式代替。造成这种现象的原因究竟是什么?通过问卷设计的与各养老方式的相关问题及主观问答和相关区街道及民政局的电话问询、养老院的实地访谈,以及北京市政府网站的相关信息、政策和媒体报道的查询,我们发现连同家庭养老在内的三种养老方式都存在不少问题。

(一)家庭养老所存在的问题

现阶段的中年人正面临着严峻的养老问题。调查结果显示,现在 90% 以上的中年人选择对他们的父母实施家庭养老的方式。而从他们对于希望子女赡养自己的方式的选择来看,依旧有 60% 以上是选择家庭养老。通过调查我们发现,他们选择家庭养老的主要原因是:一部分人希望家人的陪伴,另一部分人认为这是传统。

家庭养老一直是人们养老方式的主要选择这一事实没有改变,人们对于家人陪伴的重视也恰好体现了中国传统孝道的深入人心。然而,随着时代的变迁,现代中年人能够真的恪守孝道,让家庭养老的优点发挥到极致吗?

1. 生活上不方便

在老年组针对家庭养老的"您为什么觉得不满意"这个问题上,我们发现:91.3%的人认为"生活上不便利",另有 82.61%的人认为"子女照顾不周"。

这就反映出了家庭养老的第一个问题:子女照顾不周导致的生活上不便利。在家养老的老年人其实本意也是想获得更好的照料,但许多情况下是老人们的孩子只是一味地提供经济帮助,致使老年人本来做饭、就医不方便的情况未得到有效改善。

2. 子女陪伴时间不足

在中年组的调查中,如图1,从人们一年陪伴父母的时间就可以看出:能够每天陪伴父母的人不到 50%,而不足三个月的超过 30%。

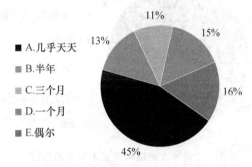

图1　中年人一年陪伴父母的频率

人们选择家庭养老的主要原因就是希望家人的陪伴,可见陪伴时间的多少与人们对于养老方式的选择是不一致的,这就说明了家庭养老的第二个问题:老人赡养在家却得不到足够时间的陪伴和照顾。随着社会的发展,工作距离变大、人口流动逐渐加快,导致子女经常不在父母身边,选择这种方式无疑会加剧自己的压力。而纵观现在社会的变化趋势,各行各业的竞争力逐渐增大,"朝九晚五"的工作时间已经成为人们的常态,并且随着退休时间的延后,人们陪伴父母的时间会不断压缩,家庭养老的问题也会随之扩大。

（二）机构养老所存在的问题

我们深入养老院与老人展开访谈,了解到大部分养老院的老年人认为养老院环境不是很好、资源分配不到位、照看也没有像家中空闲时间比较多的子女那样细致,如果不是因为家庭经济条件不好不会选择去住养老院。而在中年组的调查中,只有 30%左右的人认为社会机构和政府对养老方面的投入到位,如图2。

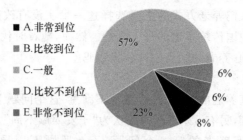

图 2　中年人对"社会机构和政府对养老的投入是否到位"调查结果

由此可见,人们对于养老机构的资源并不满意。

1. 养老机构服务水平参差不齐

在前面提到过的老年组针对机构养老的"您为什么觉得不满意"这一问题上,如图 3,排名靠前的有三点:经济问题、子女强求和孤独问题。

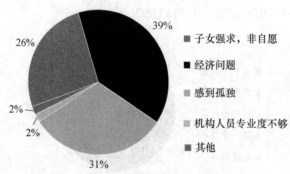

图 3　老年人对机构养老不满意的原因

对于经济问题我们广义地解读为:大部分养老院的养老成本相对于家庭养老并不高,所以家庭条件不理想的老年人自己会选择机构养老或者被子女送去机构养老。但据调查,北京市养老机构的月照料金弹性很大。要想进入一些公办养老机构必须要达到一定的条件,而像太申祥和山庄这样的民办养老机构虽然照料效果好但价格昂贵。所以普遍的养老机构低廉而服务不佳。而且选择机构养老的老年人普遍缺少儿女的关心,所以会感到孤独。

根据有关机构数据显示,北京养老院的机构数量在 638 家左右,平均每个区有 50家的养老院,最少的密云区也有 15 家。如此充沛的机构养老资源,本应该缓解北京市的养老压力,可是北京养老院的价格区间是 1500～20000 元/月,弹性较大。价格比较低廉的民办养老机构也会普遍出现机构人员专业度不够,养老机构周围环境不适宜养老等一系列问题。以至于出现"公办养老机构进不去,民营养老机构不愿去"的尴尬现状。

2. 养老机构生活环境不甚良好

由于许多民办养老院运营成本高,承办人经济实力并不雄厚,于是为了减轻经济负担,许多郊区的民办养老院的选址不太适宜老年人居住。以密云区医院新址旁的敬老院为例,虽然离医院较近方便就医,但是门口和院内的绿化几乎很少;再者敬老院是让老人安度晚年的场所,本应安静舒适,可这所敬老院却紧邻城市主干道,每天从早到晚来医院就医的汽车产生的噪声很大,会使老人无法正常休息。在暑假中,我们组的同学也曾去平谷区的某家镇民办养老院进行调研。那里价格较低廉,照料不算细致,老年人在那里生活也就是得过且过,并且生活的环境也明显绿化不足、空间狭小。设想在这样的养老机构生活,有几位老人是真正快乐地度过了晚年。

(三)社区养老所存在的问题

社区养老是一种新型的养老方式,它既可以满足老人与家人共同居住的愿望,同时又能使他们享受到家庭养老所不能提供的生活照料与丰富的精神文化生活,因此在老人的心理上社区养老服务比机构养老更有优势。但是,从人们对于养老方式的选择来看,却并没有太多人选择社区养老。究其原因,我们总结出以下两点:

1. 宣传推广力度不够

如图 4 所示,在中年组的"您了解哪种养老方式"这一问题上,有 70%左右的人不了解社区养老。

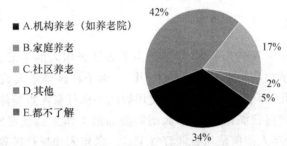

图 4　中年人对于养老方式的了解程度

社区养老作为一种新型的养老方式,北京市近郊和远郊区的居民了解度都不高。通过政府网站和民政局,各调查街道的电话邮件核实,我们虽然得到了"存在社区养老"的回答,但是在小区老年人走访询问时却发现他们并不了解这一养老方式。而且许多老年驿站建设的位置要么并不显眼(常常是在小胡同里),要么根本就找不到(密云区的一些养老驿站经过 114 和网络查实没有联系方式)。各调查街道小区的所谓老年活动室也是活动内容贫乏。可见社区养老的宣传推广力度不够。

2. 发展缓慢,问题众多

在北京市中心城区,社区养老宣传度较高,但是老年餐桌太过智能化以及社区服务人员专业度不够这种问题也屡见不鲜。总体来看,我国的社区养老政策在实施过程中还存在着许多问题,如:政府购买力度不够,人力、物力、财力投入不足;社区养老服务设施及养老服务资源利用率偏低;政策落实不到位;社区养老建设忽视社会群体及个人力量;大部分社区的精神文化养老服务发展缓慢;北京市不同区的社区养老服务水平差异较大、发展不均衡等。

四、养老问题的解决措施分析

由以上的分析看出三种基本养老方式问题均颇多,故而滞后了北京市乃至中国养老方式多样化的进程。多年的中国传统文化使得大部分老人始终坚持家庭养老,哪怕家庭养老不适合自己;但由于政策和宣传等问题,社区养老推广不充分,机构养老人们又不接受,为了加速扭转这种现状,我们调研小组拟想出了一些关于三种养老方式的改善措施。

(一)家庭养老

希望儿女多陪伴老人,哪怕不能经常见面,电话关心也是很有必要的。如果家人感到孤独,那么子女应该咨询老人,让他们找到喜欢做且有能做的事情,丰富精神世界。在就医方面,希望各区的街道社区医院、区医院,甚至是北京市三甲医院积极开展医生与特别家庭的一对一或一对多帮扶活动,为居家养老但身体不便的独居老人、失独老人签约家庭医生,以方便其就医。在生活用餐方面,政府可在居住社区设立老年餐桌。老年餐桌智能化不应过强,适合大部分老年人使用即可。

(二)社区养老

社区养老是以居家养老为主体,主要是为了方便老年人的生活。所以社会养老的智能订餐系统若想增加利用率有两种办法:其一,由于社区老年人数基数不大,故我们可以减弱仪器智能化,即老年人可以不用使用智能手机订餐而重新使用电话订餐,现金支付;其二,若不能进行智能化降低,那么则需要加派工作人员或定期招募志愿者科技助老,手把手教授老年人如何使用智能订餐工具。老年人选择社区养老还有一种目的:为了丰富精神世界,所以社区文化中心应该积极开展适合老年人参加的活动。

(三)机构养老

政府应该继续增加对民办养老机构的补助,以便其养老院负责人可以拿出更多的钱去改善养老院环境、雇佣专业性更好的护理人员、改善老年人的伙食。政府对于公办养老机构应适当放开招收对象范围,使更多有需求的老人享受天伦之乐。

五、对未来养老模式发展的展望

在十三届全国人大第二次会议上,国务院总理李克强在政府工作报告中提出,要大力发展养老特别是社区养老服务业,对在社区提供日间照料、康复护理、助餐助行等服务的机构给予税费减免、资金支持、水电气热价格优惠等扶持,新建居住区应配套建设社区养老服务设施,改革完善医养结合政策,扩大长期护理保险制度试点,让老年人拥有幸福的晚年。今年国务院办公厅印发《关于推进养老服务发展的意见》更提出:持续完善居家为基础、社区为依托、机构为补充、医养相结合的养老服务体系。可见,我国未来的养老模式将更倾向于居家和社区养老,并通过拓展养老服务投融资渠道等多种手段,支持养老机构规模化、连锁化发展。我们相信,未来几年,随着国家对经济社会发展中不平衡不充分短板问题的日益解决,基本养老模式中存在的各种问题将在人们不断的实践与探索中得到改善。

另外,年轻人今天对养老问题的观念,也许会改变未来养老模式的发展。调研的青年组问卷中,最后一道题目是:"当你老的那一天,你希望拥有什么样的生活?(展开天马行空般的想象)",相比较传统老年生活希望与亲人陪伴,年轻人更多是倾向于自我的享受与发展。有人明确回答自己的老年生活"不想牺牲自己的时间带孙子辈",至少有50%的受访者希望自己的老年生活能够继续旅游各地,甚至环游世界。对于这种老年生活方式的愿望,目前来说,北京甚至全国并没有与之相匹配的养老方式。不可置否的是,青年人初步走入社会,理想主义占主导地位,但这也同样说明,新一代人的养老观念已经发生改变。青年人没有太多传统思想的束缚,未来与他们相适应的养老方式,或许是无国界的国际性养老方式,抑或是以人工智能为主力军的高科技型养老模式。我们需要密切关注青年人的心理动态,未雨绸缪防止发生更大的养老危机。

参考文献

姜向群,2001. 北京市人口老龄化问题前瞻[J]. 人口学刊(2):25-30.
方凯,2015. 超大型综合性养老院规划设计研究[D]. 苏州:苏州科技学院.
刘淼,2017. 北京市民办养老机构自身发展研究[D]. 北京:北京交通大学.
管智超,米蕾,孙明霞,2018. 北京市社区养老现状及发展分析[J]. 中国集体经济,25.

关于北京食品安全问题的调研报告^①

姚洪越　　王丽灵

【摘　要】 国以民为本,民以食为天,食以安为先,食品安全问题关系到国计民生,责任重于泰山。然而,近年来,食品安全问题的频繁发生,让消费者陷入了不安。为了更好地推广国家食品安全法,提高广大民众的食品安全知识,增强食品安全责任,预防食品安全事件的发生,保护自身健康安全,我们必须要对此给予关心和重视。

【关键词】 食品安全;消费者;食品安全法律;认知程度

随着我国社会主义市场经济的不断发展,食品安全逐渐成为备受社会关注的焦点,食品的种类越来越丰富,新的食品安全问题不断涌现,严重危害了人民的身体健康、生命安全以及财产经济,所以人民了解食品安全及其相关知识越发的重要。

一、调研基本情况

(一)调查形式

网络问卷调查。

(二)问卷设计

共14道题,8道单选题,5道多选题和1道开放简答题。

(三)调查目的

随着我国社会主义市场经济的不断发展,食品安全逐渐成为备受社会关注的焦点,食品的种类越来越丰富,新的食品安全问题不断涌现,严重危害了人民的身体健康、生命安全以及财产经济,所以人民了解食品安全及其相关知识越发的重要。故本次调研的目的是调查消费者对于食品安全法的了解及重视程度和对食品安全信息的获取。

(四)调查数据分析

1. 在日常生活中,约有88.2%的消费者会关注与食品安全问题相关的新闻和知识,占11.8%的消费者也会偶尔关注(图1)。表明大众平时都下意识地去关注食品相

---

① 本课题指导教师姚洪越(北京工商大学马克思主义学院);课题组组长王丽灵(工商173);课题组成员姚新宇(工商173)。

关信息。

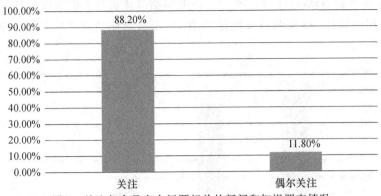

图 1　关注与食品安全问题相关的新闻和知识调查情况

2. 了解国家食品安全法的被调查者占 29.41%,听说过但不了解的却占 70.59%(图 2)。表明虽然我们有一定的食品安全意识,但对其了解还是停留在表层,没有去更深层次地挖掘和探索,缺乏法律知识。可以看出,对于消费者的普法宣传和消费教育工作任重道远。

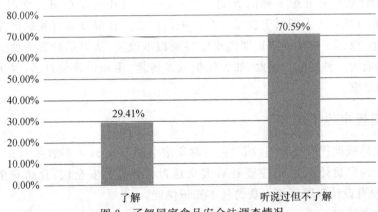

图 2　了解国家食品安全法调查情况

3. 消费者日常采购食品的途径和挑选食品优劣的方法:消费者在平常选购食品时,大多数人会选择大型超市和中小型超市、便利店等较为大型正规的门店进行食品的采购,而路边摊和夜市等卫生环境较差的门店选择的消费者只有非常少的一部分。由此可见,消费者在日常选购食品时会选择信誉口碑好、食品质量有保障的门店,自身对于食品质量要求也比较高,食品安全意识强。

4. 关于购物消费时,会注意到包装上的信息有:生产日期和保质期占 82.35%,外观、品牌、产品成分、生产厂家及厂址占 58.82%,食品安全标识占 50.94%。然而,约有 2/3 的消费者只是偶尔会关注相关的营业执照、食品卫生许可证等有效证件。数据表明,绝大多数人会关注食物基本信息,具有安全隐患意识,却对那些经过国家监管发放的安全标识不太上心。

5. 获取食品安全信息的途径:网络 88.24%,电视和广播 82.35%,杂志报纸 41.18%,现场咨询活动 23.53%(图3)。表明网络媒体仍是人们获取信息的重要渠道。因此,充分利用媒体,加大网络宣传传播力度,相信能使消费者的信息储备系统更加完善。

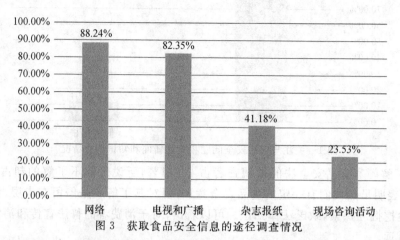

图3　获取食品安全信息的途径调查情况

6. 关于食品安全最想了解的方面,食品安全常识和法律知识分别占 82.35% 和 70.59%。充分反映了人们对于食品安全知识的渴望。我国食品行业的产业基础仍然薄弱,"多、小、散、乱"的格局在短期内难以得到根本改变,所以消费者高度关注食品安全问题也就成为一种必然。因此,加大知识教育传播,用知识武装自己,保护好自身健康仍是重中之重。

(五)调研中的不足

1. 收集的数据代表性较差,填写主要对象集中于 20~34 岁的青年人。

2. 问卷内容设计不全面,主要针对大众是否了解食品安全法、食品安全常识等方面做调查,没有设计问题了解大众的基本知识储能。

3. 调查方法过于单一,网络问卷调查简单快捷的同时增加了数据真实性、客观性等方面的风险。

二、引发食品安全问题的原因

(一)公众对于食品安全缺乏足够的科学认知

公众需要掌握相关的食品安全科学知识,建立在食品安全方面独立的、科学的判断能力。

(二)消费者缺乏购买安全食品的常识

中国众多的消费者由于收入水平低下,没有足够的消费能力,加上缺乏相应的常识,所以在购买食品时安全意识淡漠,往往只图便宜,不顾及食品的质量、卫生问题。

（三）消费者侥幸心理的影响

消费者在购买低价食品、无质量保证食品时,总是抱着侥幸心理,认为大家都在买,并且别人过去多年吃这些便宜食品,没吃出什么问题,现在再吃也不会有事。在消费者这种心理的支持下,就为问题食品的销售打开了门路。

（四）很多消费者缺乏科学食用食物的常识

由于许多消费者缺乏科学合理使用食物的常识,由此可能会引发一些疾病的产生,甚至导致食物中毒事件的发生。

（五）利益驱动及庞大的市场诱导所致

部分商人缺乏公德心和责任意识,往往为了一己经济私利,不惜昧着良心去伤害广大消费者的身体,因为即使这样,只要不是客观原因导致的"东窗事发",商人们就不愁巨大的获利空间,而中国的人口众多,食品市场空间大,盲从心理重,任何一种食品只要包装、宣传、处理得当,一定会有巨大的市场存在。

（六）安全管理不规范,公共监管体系缺失

公共监管体系在各基层、各部门的监管力度上打了折扣,如果按照相关法律条例及职责赋予加以日常监管,各尽其责,而非等待事态大规模扩散并爆发后才匆忙行动,将会有效遏制危害人民健康的事件发生。

三、消费者对食品安全的关注度与对食品安全法律熟悉程度之间的差异分析

在过去几年发生的许多食品安全事件,引起了市民们对政府有关部门和食品生产企业的强烈不满。市民们在为自己和他人生命健康担忧的同时,心中也充满了对中国食品安全现状的担忧。通过本次调查,我们发现消费者在选购食品以及食品消费的过程中十分重视食品安全问题,可以说已经达到了一个前所未有的高度。但是无论是对关系到每个消费者切身利益的重要法律——《食品安全法》的认知程度,还是食品安全常识却远没有达到其应有的高度。面对这两种现象的背离,究其原因我们认为有以下两点:

（一）目前绝大多数消费者认为加大政府监管力度是解决食品安全问题的主要途径,对消费者自身的作用认识不足

从理论上来看,食品安全问题,归根结底是因为制度的缺失或者不作为,比如法规体系不健全,监管制度不完善,生产和流通过程中生产者、管理者和消费者之间的信息

不对称等都有可能触及技术和道德底线。处于食品供应链终端的消费者,不仅仅是食品安全事件中被同情与保护的弱势群体,同时也是一支不容忽视的市场力量,因为他们可以通过支付意愿等信号直接对生产者的安全食品供给形成内在激励。因此,食品安全问题的治理是一项十分庞大的系统工程,为了更有效地实现这一目标,包括政府、企业和消费者在内的相关者的共同努力是非常必要的。在食品安全问题频发的今天,食品安全问题解决的途径从政府监管走向社会共治还有很长的一段路要走,消费者首先应该树立相应的责任意识。

（二）消费者在利用相关法律来为自己的食品安全维权的过程中,产生的交易费用过高,从而导致消费者主动参与消费者维权的动力显得不足

首先,消费者对具体侵权行为的解读能力不够,消费者面对纷繁复杂的食品消费过程中被侵权的现象,首先需要明确的是消费者的何种权利受到了侵犯,从哪些相应的法律、法规或者条例中可以找到维权的依据,接下来就要知道面对这种侵权行为,国家机关的哪个部门才是执法机构,消费者投诉到这个部门之后才会得到相应的受理和解决,而这种对法律实际应用能力的掌握不是简单地对消费者发放一些宣传手册就可以做到的。其次,激励消费者主动参与维权的制度设计不健全。以内部员工举报制度为例,企业员工既是生产者又是消费者,他们对于食品生产过程中的生产流程、生产规格无疑是最清楚的,如果有企业的内部员工站出来对企业的违法生产情况进行举报,无论从证据的可获得性还是从举报的针对性而言,在消除食品安全隐患方面都是最有效率的;但是在现实中我国在行业中推行内部员工举报制度还有不少障碍。

四、关于加大消费者对食品安全认识的对策

1. 国家层面、地方层面与社会层面定时开展食品安全宣传周活动。

2. 引导食品行业市场主体增强责任意识,对从业人员大力开展道德诚信宣传,树立遵法重信正面典型,推进食品行业诚信体系建设,弘扬尚德守法的行业风气。

3. 深入开展食品安全法制宣传教育,普及食品安全科学知识,引导群众自觉遵法守法,提高维权能力和科学素养,营造浓厚的食品安全社会共治氛围,传播尚德守法正能量。

4. 加强食品安全监管力度,对于查出的食品安全问题应该严格按照《食品安全法(修订草案)》的相关条例进行惩处,让消费者感觉到这部法律是维护自身权益的,让法规的作用真正体现在食品质量的显著改善方面,让消费者真正受益。

5. 一方面,需要严字当头,坚持源头严防、过程严管、风险严控,改革创新深化市场监管,以良法善治维护公平竞争。另一方面,需要强化企业主体责任和市场自律机制,发动社会各界共同参与食品安全治理,共享食品安全成果,营造人人参与、社会共治的良好氛围,不断增强人民群众的获得感、幸福感、安全感。

6. 不断提高消费者利用法律积极参与维护自身权益的便利性,降低消费者在举

报、维权、投诉等方面的交易成本,从立法层面加强消费者权益的保护是促进消费者发挥更大监督作用的最根本的办法。

五、总结

随着食品安全问题事件的频发,关注食品安全、增强法律意识、保护自身健康是我们每个人应践行的社会责任和义务。尤其是作为大学生的我们,应当树立榜样,在平时多学习、多了解食品安全方面的有关知识。通过书籍、网络等了解国家有关政策法规,积极主动地向身边人说明讲解,让更多的人了解食品安全方面的知识,也让更多人投入到保障食品安全社会活动中来,为建设中国法制社会贡献一份力量。

参考文献

傅进,殷志扬,2015. 消费者对《食品安全法》的认知现状、原因及对策——来自江苏省苏州市的调查数据[J]. 江苏农业科学,43(03):438-441.

夕阳红灿，老有所乐——
北京市老年人文娱生活现状及问题研究①

朱　倩　杨亿慧

【摘　要】　新中国成立 70 年来,我国人口老龄化趋势日益严峻,养老问题受到社会各界的广泛关注,随着经济的高速发展,老年人从追求物质富足逐渐转变为精神富足,文娱生活愈发被老年人所重视。但是,目前老年人的文娱活动建设存在很多问题。为了了解老年人的文娱生活现状及问题,本文从"老有所乐"的角度切入,研究老年人文娱需求的转变及所面对的各种阻力。本调查通过多阶段和不等概率 pps 抽样来获取数据,以线下问卷调查为主、线下街访和深度调查为辅的方式来发放和收集问卷。利用单变量描述对老年人文娱活动的现状及满意度进行分析,采用 BP 神经网络设计了文娱项目的精准推荐模型,这对不同老年群体的文娱项目选择具有一定的指导意义。我们在社交媒体爬取数据,根据词频来绘制词云,同时分别对老年人在社区、养老机构、老年大学的文娱情况进行分析,以此来了解老年人文娱生活的社会关注和阻力;我们采用交叉分析对目标人群进行定位,在此基础上提出了建设标准化老年活动中心的设想,统筹社会资源,来改善老年人参差不齐的文娱环境。

【关键词】　老年人;文娱生活;BP 神经网络;社会阻力

一、调研背景与方案实施

（一）调研背景

近 10 年我国老年人（60 岁以上）的数量持续增加,人口老龄化现象加剧。2018 年,全国人口中 60 周岁及以上人口 24 949 万人,占总人口的 17.9%,比上年增加了 0.5 个百分点。预计到 2050 年我国老年人将达到全国总人口的 1/3。随着我国人口老龄化趋势的日益严峻,政府制定并出台了大量的方针政策来缓冲老龄化的冲击,党的十九大报告中指出:"积极应对人口老龄化,构建养老、孝老、敬老政治体系和社会环境。"社会媒体也广泛呼吁敬老爱老,以期实现老年人"老有所养,老有所依"。

新中国成立 70 年来,我国经济高速发展,老年人从追求物质富足逐渐转变为精神富足,文娱活动越来越被老年人所青睐,同时,70 年来老年人的文娱观念和文娱生活也在不断变化。在中国老龄事业的发展纲要中,已经明确将"丰富老年人闲暇生活,提高老年人精神文化生活质量"作为丰富老年人精神文化生活的任务之一,以达到"老有所

---

①　本课题指导教师朱倩（北京工商大学马克思主义学院）;课题组组长杨亿慧（会计 171）;课题组成员:汪启韬（金融工程 17）、刘亦炫（金融 172）、方威道（金融工程 17）。

乐"。但现阶段,老年人的文娱活动建设仍然存在着问题,精神需求和文娱生活被长时间忽略。关注和满足老年人的文娱生活,不仅可以提高其生活质量,更将加速构建社会主义和谐社会。

(二)方案实施

本次调研采用线下的非定向问卷调查、个别深度访谈和街访相结合的方法来采集数据,问卷是针对老年人的基本情况和文娱生活设计,共发出问卷 427 份,收回 427 份,有效份数为 421 份,有效率达 98.59%。其中,我们调研了 10 条街道、4 个社区、6 个养老院和 3 个老年大学,以期深入了解老年人文娱活动的社会关注、支持和阻力情况。

二、老年人基本状况及文娱生活的基本情况

(一)基本状况

1. 年龄

在我们的调查中(图 1),受访老年人中 60～64 岁老年人占 16.32%,65～69 岁老年人占 21.64%,70～74 岁老年人占 32.04%,75～79 岁老年人占 18%,80 岁以上老年人占 12%。

2. 性别

在我们的调查中,女性受访者占比达 54%,男性受访者达 46%(图 2)。

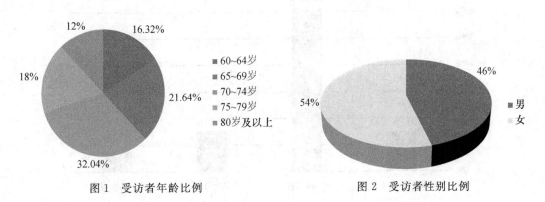

图 1 受访者年龄比例   图 2 受访者性别比例

(二)文娱生活的时间安排

1. 参与文娱活动的时间段

对于文娱活动的时间安排,我们设置了老年人参加文娱活动的时间段一题,根据我们的调查结果显示:老年人参加文娱活动的时间最多集中在晚上,这一比例占到了40.62%,其次是下午,占到了 19.48%,上午进行文娱活动的老年人占到了 17.1%,清晨进行文娱活动的老年人占到了 19%,中午进行文娱活动的老年人占比最少,仅为3.8%(图 3)。

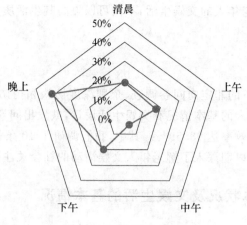

图 3　文娱活动的时间段

2. 参与文娱活动的频率

对于老年人平均文娱活动参与频率,有 61.49％的老年人参与文娱活动的频率为每周 4~7 次,15.39％的老年人参与文娱活动的频率为每周 8~10 次,15％的老年人参与文娱活动的频率为一周 3 次及以下,而每周文娱活动参与频率超过 10 次的老年人仅占 8.12％(图 4)。

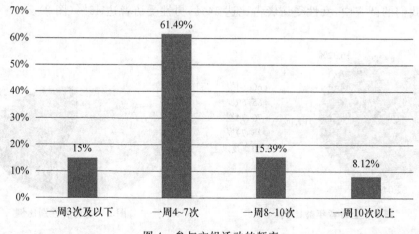

图 4　参与文娱活动的频率

3. 参与文娱活动的平均时长

在我们的调查中,平均每天参与文娱活动时长为 1 小时以下的老年人占 23％,平均每天参加 1~2 小时文娱活动的老年人占 37.26％,平均每天参加 2~3 小时文娱活动的老年人占 26.70％,而平均每天参与文娱活动 3 小时以上的老年人占 13.48％(图 5)。

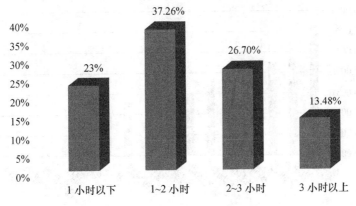

图 5　参与文娱活动的平均时长

（三）文娱生活的地点安排

在参加文娱活动的地点一题中，有 33.54％的老年人在家里进行文娱活动，有 28.43％的老年人在小区空地进行文娱活动，有 22.57％的老年人在附近的公园进行文娱活动，有 7.62％的老年人选择在社区活动中心进行文娱活动，选择在老年大学和其他选项的老年人分别占 5.13％和 2.71％（图 6）。

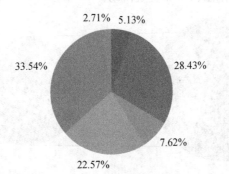

■ 老年大学 ■ 小区空地 ■ 社区活动中心 ■ 附近的公园 ■ 家中 ■ 其他

图 6　老年人文娱活动的地点

（四）文娱生活的形式分析

根据我们对老年人参加文娱活动的内容显示，选择影视的有 64％，选择旅游的有 51.36％，选择曲艺的有 45.17％，选择棋牌的有 44％，选择看书读报的有 39.76％，选择广场舞的有 34.31％，选择球类运动的有 29.89％，选择养宠物的有 28.15％，选择烹饪的有 26.66％，选择刷短视频的有 26.04％，选择书画的有 21.23％，选择打太极、戏曲、品酒品茶、垂钓和其他选项的较少，占比分别为 9.30％、8.88％、4.53％、1.77％和 0.73％（图 7）。

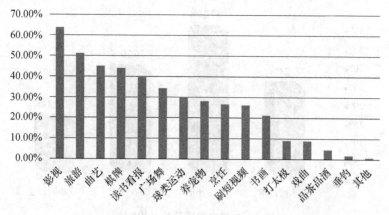

图 7　文娱活动的形式

（五）老年人文娱生活的参与意愿分析

参与文娱活动的老年人占 71.77%，未参与文娱活动的老年人占 29.23%，其中在未参与文娱活动的老年人中有 18.84% 的老年人愿意参与文娱活动，有 10.39% 的老年人不愿意参与（图 8）。这说明了如果我们可以解决老年人的一些疑难，超过半数的未参与文娱活动的老年人将愿意参加文娱活动。

图 8　参与比例及未参与者的意愿分析

（六）老年人文娱生活的满意度分析

为了解北京市老年人对自己文娱生活的主观评价，我们进行了老年人文娱生活满意度分析。经过调查我们发现老年人对其自己的文娱生活的满意度评分普遍不高，平均分为 2.78 分（表 1），仅仅达到了满分 5 分的一半，还未达到及格标准（3 分），其中参与文娱活动的老年人文娱活动满意度评分均为 3.38 分，未参与文娱活动的老年人满意度评分为 2.23 分。统计结果表示，老年人的满意度打分众数为 2，表示大多数老年人对自己的文娱活动满意度打分不高。老年人文娱生活满意度的方差为 1.79，由此我们可以得出老年人对自己的文娱生活的满意度不高且满意度差异不大的结论，老年人文娱生活的满意度仍待提高。

表 1　老年人文娱生活满意度

平均数（Average）	2.78
标准差（Standard Deviation）	1.47
方差（Square Deviation）	1.79
众数（Mode）	2
中位数（Median）	3
最小值（Minimum）	1
最大值（Maximum）	5
置信度（95%）	0.33169552

另外,我们针对参加了文娱活动的老年人设计构建了以下公式来计算包含了文娱活动参与偏差的文娱活动满意度,新的文娱生活满意度指数值越高代表老年人对其文娱生活满意度越高,且其参与的文娱活动与爱好更一致。公式如下:

$$S = C + 14 \times \frac{\prod\limits_{i=1}^{16} A_i}{\log_2 \prod\limits_{i=1}^{16} B_i} \tag{1}$$

$$A_i = \begin{cases} 1 & \text{其他} \\ 2 & \text{爱好并参与的活动} \end{cases} \tag{2}$$

$$B_i = \begin{cases} 1 & \text{爱好的活动} \\ 2 & \text{其他} \end{cases} \tag{3}$$

其中 C 为文娱活动满意度评分,S 为包含了文娱活动参与偏差值的文娱活动满意度指数,A_i 为已参加的活动,B_i 为参加的活动。根据我们的调查显示,受访老年人的 S 值均值仅为 4.77 分,并未达到我们的期待值 7 分(以 C 为 3 分,有两项爱好并参与的活动为准),说明了老年人的文娱活动参与存在偏差,老年人可能参与着他们并不爱好的活动或者是不知道自己适合什么文娱活动。

（七）老年人未参加文娱活动的原因及阻力分析

对于老年人未参与文娱活动的原因,占比最大的为健康状况不允许(占 76.89%),其次为兴趣不明(占 72.65%),闲暇时间少占 63.87%,社区条件差占 31.52%,活动场地小占 28.44%,经济条件差占 14.42%,交通状况不便占 11.13%,设施不完备占 6.17%(图 9)。

在以上老年人未参与文娱活动的众多原因中,我们尝试解决"我能干什么"即兴趣不明的突出问题,在后面建立了老年人文娱活动精准推荐模型。

三、老年人文娱生活的社会关注与阻力分析

在此部分,我们基于宏观大数据对老年人有关的社会热点进行挖掘,以评估老年人

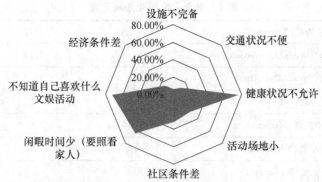
图 9　未参加文娱活动的原因

文娱活动的社会关注情况,同时从社区、养老院、老年大学、街道等微观角度剖析文娱活动的社会支持情况,进而了解了老年人文娱活动的社会阻力。在此基础上,我们进行模拟建设,以期解决发现的较为突出的社会阻力问题。

(一)基于大数据的老年人文娱生活社会关注度调查

我们通过对知乎网站进行文本采集,打开网站,输入关键词"老年人",获取与老年人有关的网页新闻,之后进行文本挖掘工作——分词、词频统计、绘制词云。

分词,我们将爬取的新闻词条分成单个的词语,收集整理转换为 UTF-8 编码,使用 Python 的 jieba 库,进行中文词频统计,得到出现频率高的词以及其频数。

在得到词频后,我们运用 ywordle 绘制完成词云。

根据我们绘制的词云(图 10)可以发现,社会对老年人的关注主要为高血压等老年人常见疾病、诈骗、碰瓷、老龄化、失眠等问题。同时"文娱生活"一词在其中出现说明了老年人文娱生活已经成了社会关注的热点。

图 10　词云绘制

(二)老年人文娱生活社会支持情况

老年人文娱生活的参与度和满意度不仅受主观因素影响,而且与其养老方式密不可分。因此,为了了解居家养老、社区养老、机构养老等不同方式下老年人的文娱生活状况,我们走访了北京地区的部分社区、养老院、老年大学,采访了包括老年人、管理人员、负责人等有关人士。

在对社区的走访中发现(表2),不同档次的社区对老年人文娱生活的重视和支持程度相差很大。对于一些部委事业单位社区和高档社区,针对老年人的保障和支持力度更大,开设了各式球类、棋牌类、戏曲类、书画类文娱活动场所。对于一些散居及其他社区,老年人文娱场所局限,各种活动都靠自发组织协调。

表 2 调查框图

调查地点	名称
社区	金隅万科城社区
	润洁经典社区
	紫竹院南路社区
	青云社区
老年大学	北京东方妇女老年大学
	万寿路街道老年大学
	太平桥街道老年大学
养老院	北京市丰台养老服务驿站(北大地)
	养老服务驿站(东大街)
	养老服务驿站(卢沟桥)
	普乐园养老院
	翠林敬老院
	爱侬养老院

相对于社区而言,老年大学是老年人更加集中的场所,故养老助老设施配置更加完善和齐全,从生理、精神各方面满足老年人对美好生活的追求。但据反映在实际中并不是所有老年人都能报上名参加自己喜爱的活动,有效需求未充分满足,普遍存在"僧多粥少"现象,表明随着人口老龄化形势日益严峻,相关社会资源依然供给不足且未妥善合理配置。

养老院主要是为老年人提供集体居住,并设有生活起居、文化娱乐、康复训练、医疗保健等多项服务设施。在调查过程中发现,养老院都具备一些基础的休闲设施和活动场所,但形式单一、设备老旧,鉴于养老院里的部分老年人体质较弱、行动不便,整体上老年人对文娱活动热情不高,孤单感和焦虑感较为明显,缺乏来自家庭及社会各界的关心与陪伴。

(三)老年人文娱生活社会阻力

经过实际的走访调查,我们发现在老年人日常的文娱生活中,存在着一系列有待改善的问题,这些问题减弱了老年人文娱活动的参与度和满意度。针对目前重点突出方

面我们进行了归纳,总结出以下几个方面:

1. 缺乏专属户内外场所

在所有被调查的对象中,只有少数老年人所在的生活区域附近拥有专业化的文娱活动场所。尤其是户外场所,普遍意义上,老年人通常开展文娱活动的场地,例如公园、广场等都不是只针对老年人,不仅缺乏应有的防护设施,而且无法保证专职人员的管理和维护,使老年人的安全得不到保障。

2. 缺乏人性化、智能化环境设计

在对已有文娱活动区域的实地调查过程中,大多数场地环境简单,没有切实关注到老年人群体的需求。在光、热、声环境方面没有给予特殊的照顾,长期不利于老年人增强免疫力、加快新陈代谢和舒缓神经。尤其是在无障碍环境设施方面,应充分考虑出入口、通道、楼梯、扶手、卫生间等地方对老年使用者是否方便。

3. 缺乏专业师资指导

对于唱歌、跳舞等集体型文娱活动,调查对象普遍反映希望有专业且稳定的老师进行系统化的指导建议,而不仅仅是流动的社区志愿者。但实际中因许多老师缺乏老年人教学经验和耐心以及工资薪酬较低等原因,难以满足众多老年人的文娱需求。同时,缺少进步与鼓励也会使部分老年人丧失对文娱活动的兴趣和热情。

4. 缺乏组织人员协调

随着社会经济发展和文化繁荣,外出旅游的老年人日益增多,他们对陶冶情操的旅途充满期待。但无论是社区、老年大学、养老院在组织老年人外出活动方面都有所欠缺,多数老年人的该需求没有得到有效满足,主要由于老年人接收信息渠道和组织活动能力有限,同时缺少人员协调负责,长期需求抑制不利于身心愉悦。

5. 活动出行不便捷安全

许多老年人的住所与开展文娱活动的地点相距一定距离,他们需要利用自行车、电动车等交通工具驱车前往,来回奔波不仅要花费一定时间,而且在天气、光线状况不佳时路途安全问题值得担忧。一些老年人表示该问题的存在会使他们放弃部分文娱活动,而选择居家看电视节目或刷短视频等。

（四）社区标准化老年活动中心建设

1. 构想与设计

(1)构想。调研数据显示,老年人文娱活动的社会阻力主要包括场地、设施、交通和师资指导,结合对老年人文娱现状的分析,为了使老年人更加方便地开展丰富的文娱活动、拥有展示自我的空间,我们提出了在老年人居住场所附近建设标准化老年活动中心的构想,活动中心里包括文娱活动的各种要素,即设施、场所、管理、师资、活动等,以此来解决"在哪儿"的问题,老年人在活动中心可以根据自己的喜好,自由选择活动,拥有多彩的文娱生活。

(2)设计定位。"标准化老年活动中心"是根据我们调研的结果以及目前的社区活动中心存在的问题,为老年人量身定做的文娱中心,涵盖了场地、设施、管理、活动、师资等多个方面,同时结合了北京市老年大学和养老机构的优势,以实现社会资源最大化的利用。针对带孙儿的老人,我们设计了儿童娱乐区,并有幼师照看;针对残疾老人,我们设置了障碍人士专用活动室并安排护理人员照看;同时我们引入"智能＋"嵌入科技,增强老年人的体验感。

2. 建设需求与目标人群

(1)建设需求。调研数据显示,75.06％的老年人认为标准化老年活动中心的建设有必要,14.96％的老年人认为没有必要,9.98％的老年人则表示无所谓(图11),由此可见老年人比较支持标准化活动中心的建设。

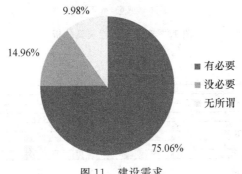

图 11　建设需求

(2)目标人群。根据调研数据,我们进行了老年人参与意愿和目标人群的分析:87.65％的老年人都愿意参加标准化社区文娱活动中心,仅有12.35％的老年人因为身体状况等原因不愿意参加(图12),以上结果表明,老年人的参与意愿较强烈。

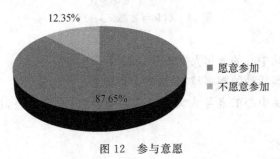

图 12　参与意愿

通过参与意愿与老年人的基本情况的交叉分析,我们可以得到标准化老年活动中心的目标人群特征:

分别将老年人的收入水平、退休前职业、文娱状况等基本情况与参与意愿进行交叉分析,用 SPSS 统计软件作图,结果如图13、图14。

结论如下:

1)愿意参与活动中心的老人平均月收入在中等及以上水平,2000 元以上的参与率较高。

2)退休前在国家机关、企事业单位工作或者技术人员、商业服务业人员、操作人员

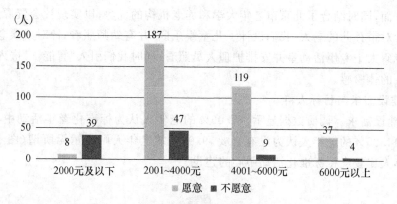

图 13　收入与意愿交叉分析

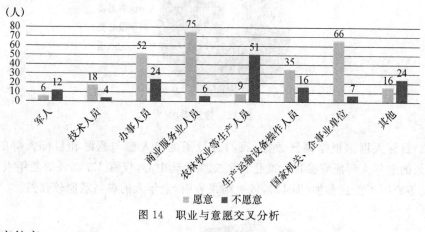

图 14　职业与意愿交叉分析

的参与率较高。

3)愿意参与活动中心的老年人文娱爱好相对广泛。

4)平时参加文娱活动的频率越高,活动中心的参与意愿越强。

5)愿意参与活动中心的老年人大多身心状态良好,心态积极,愿意接触并尝试新事物。

3. 建设要素量化

为了更好地建设标准化老年活动中心,我们在预调查时设置了"如果要建设老年活动中心,您希望其中有哪些要素?"的问题,提取所收集数据的关键词,汇总得到 6 个主要建设因素,分别为:

1)温馨而舒适的环境。

2)宽阔的场地及齐全的设施。

3)智能化防护和安全保障。

4)多样的服务。

5)丰富的文娱活动。

6)精细的管理。

正式调查中,我们在问卷最后设置了相关因素排序,以此来获取老年人对各种因素的重视程度。在数据处理阶段,我们采用独立性权系数法来得到各因素的权重系数。

(1)模型理论。独立性权系数法是由各个指标与其他指标的共线性强弱的原理进行建模。设指标$X^1, X^2, X^3, \cdots, X^i$,若指标$X^i$与其他指标的复相关系数$R$越大,表明$X^i$越容易由其他指标的线性组合所表示,则其权重越小。其中:

$$R = \frac{\sum(y - \bar{y})(\hat{y} - \bar{y})}{\sqrt{\sum(y - \bar{y})^2 \sum(\hat{y} - \bar{y})^2}} \tag{4}$$

然后取R的倒数经归一化处理即得权重系数。

(2)量化分析。量化数据即将问卷中的排序转化为各项得分,针对每一份收集的有效问卷,排第一的因素得5分,排第二的因素得4分,以此类推。

令$T = \{$环境,场地,智能化保障,服务,活动,管理$\} = \{X^1, X^2, X^3, X^4, X^5, X^6\}$,$R$即为负相关系数,表示$X^i$与其他指标多元回归的拟合优度。

用SPSS进行数据分析,得到表3。

表3　拟合优度

R^1	R^2	R^3	R^4	R^5	R^6
0.973	0.957	0.967	0.978	0.962	0.981

对R求倒数,进行归一化处理得到各因素的权重系数(表4)。

表4　权重系数

R^1	R^2	R^3	R^4	R^5	R^6
0.12	0.22	0.17	0.16	0.19	0.14

(3)结论。在以上6个因素中,场地、活动、智能化保障分别位于前三位,表明老年人最希望在标准化活动中心拥有宽阔的场地及齐全的设施、丰富的文娱活动及智能化防护和安全保障,因此在设计时,要加大这三个因素的占比。

丰富的文娱活动可根据调查数据中老年人喜爱的活动来规划,据调研数据,影视、旅游、曲艺、棋牌、读书看报、广场舞、球类运动是最受老年人青睐的活动,分别占64.00%、51.36%、45.17%、44.00%、39.76%、34.31%、29.89%,因此可设计影视厅、旅游咨询室、曲艺现场展示厅或播放厅、棋牌室、阅览室、广场舞专用室、音乐室、球类竞技室等。

智能化防护和安全保障可通过"互联网＋"嵌入技术,实现"娱乐"智能化。针对活动中心开发协同的线上App,以及时输送老年人的安全情况;结合区块链技术,登记老年人的信息,同时区块链数字证书可以永久保存老年人的获奖情况;对于走路不灵便的老年人进行防摔倒防护,模仿国外可穿戴气囊的设计,当老年人跌倒时,气囊会马上充气来保护老人们的头部和臀部;室内产品可参考德国Future shape的感应地面,即在普通家用地毯的基础上加入防摔倒和报警功能……此类产品的引入将科学地避免很多不必要的事故频发。

同时,标准化活动中心还配备了儿童欢乐区、礼堂、医务室、厕所、办公室、休息室、综合教室等来满足老年人的各种需求,活动中心不仅配备了管理人员,更是加强了师资力量,以便给予老年人各方面的指导。

4. 模拟建设

　　根据以上分析,采用 AI 软件,绘制模拟建设图,如图 15。

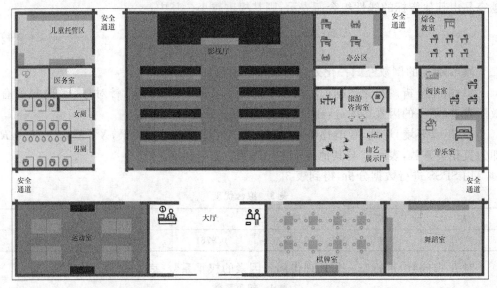

图 15　模拟建设图

四、老年人文娱活动精准推荐模型

　　为了解决我们所发现的老年人参与的文娱活动与其喜爱的文娱活动之间存在差异的问题,并且为了帮助更多没有参加文娱活动的老年人选择并推荐一个适宜他们参与的文娱活动,以此来提升老年人的文娱生活满意度,解决"我能干什么"的问题,我们运用已收集的参加文娱活动的老年人的个人信息以及文娱活动的选择构建数据库,将每一个能够影响到老年人文娱活动选择的因素进行划分整理,运用了 BP 神经网络算法为老年人构建了老年人文娱活动精准推荐模型。在模型的运用中,只需得到老年人的基本情况(如年龄、月收入、家庭结构、健康状况、性格……),就可以直接获取到为老年人推荐的文娱活动。模型构建如图 16 所示。

(一)BP 神经网络介绍

　　BP 神经网络是一个堪称万金油的模型并附带误差修正函数,每次根据训练得到的结果与预想结果进行误差分析,进而修改权值和阈值,一步一步得到能输出和预想结果一致的模型。

　　BP 神经网络模型具有大于等于三层的神经元,其中包括着输入层、隐含层和输出

118

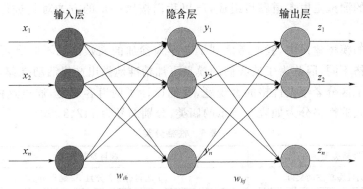

图 16 BP 神经网络

层。输入层的神经元与隐含层的神经元之间的 W_{ih} 是连接权值调节各个输入量的占重比,输入到隐含层神经元的值为输入层各神经元值的加权求和,权重即为 W_{ih}。

隐含层神经元的输出值为:

$$y_i = f(\sum_{i=1}^{n} x_i \times \omega_i - \theta_i) \tag{5}$$

从而我们可以类比得到输出层的神经元的输出值为:

$$z_i = f(\sum_{j=1}^{m} y_j \times \omega_j - \theta_j) \tag{6}$$

因此我们可以用最小二乘法表示真实值与输出值的偏差:

$$E_k = \frac{1}{2} \sum_{j=1}^{m} (y_j^{k'} - y_j^k)^2 \tag{7}$$

当神经元学习完成一个学习样本时,就会进行反馈式调整,朝着减小真实值与输出值偏差的方向修正各个神经元输入的权重值和各个神经元的阈值。三层 BP 神经网络的权重值和阈值的修正公式为:

$$\omega_{ij}(t+1) = -\eta \frac{\partial E}{\partial \omega_{ij}} + \omega_{ij}(t) \tag{8}$$

$$\omega_{jk}(t+1) = -\eta \frac{\partial E}{\partial \omega_{jk}} + \omega_{jk}(t) \tag{9}$$

$$B_{ij}(t+1) = -\eta \frac{\partial E}{\partial B_{ij}} + B_{ij}(t) \tag{10}$$

$$B_{jk}(t+1) = -\eta \frac{\partial E}{\partial B_{jk}} + B_{jk}(t) \tag{11}$$

(二)数据预处理

1. 数据处理

考虑到我们建模的难易度与方便程度,我们针对老年人文娱爱好以及所参加的文娱活动所设计的题目所能选择的答案均为是或否,这样我们所收集的数据均为 0—1 型变量。

对性格的测试是由 4 道题目组成,所以我们按照一定的方式对其进行了处理——性格分类。

在我们的模型建设中,我们考虑到了老年人参加的文娱活动不同有可能原因来自老年人的性格不同,因此为了使我们的模型更加精准地做出文娱活动推荐,我们在问卷中特意增设了区分老年人性格的客观题,我们设计了两道客观题,通过这两道客观题,我们将老年人的性格分为如表 5 所示的四类,分别编号为 1、2、3、4。

表 5　性格分类

性格类型	题目及其编码
敢于尝试且愿意主动交际	B1 题得分≥3 分且 B2 题得分≥3 分
敢于尝试不愿主动交际	B1 题得分≥3 分且 B2 题得分<3 分
不敢于尝试愿意主动交际	B1 题得分<3 分且 B2 题得分≥3 分
不敢于尝试不愿意主动交际	B1 题得分<3 分且 B2 题得分<3 分

2. 影响因素的整合与检验

由于我们在问卷中设置了较多的与文娱活动相关的问题,因此对这些变量进行整合,将相关的变量进行合并归纳,如年龄与身体健康状况、学历与职业,整合的结果如表 6 所示。

表 6　影响因素整合结果

新变量	原始变量	编号方法
空闲时间	空闲时间	按选项得分
经济状况	月收入经济来源	两者均按照原选项得分,得分相加即为经济状况的得分
性别	性别	按照原选项得分
身体状况	年龄身体健康	两者均按选项得分,得分相加即为经济状况的得分
学历	学历	按选项得分
职业	职业	按选项得分
爱好	爱好	按选项得分
性格	性格	按选项得分
社区状况	社区状况	按选项得分

我们对整合后的影响因素进行了相关性检验,发现只有职业和学历之间的相关性较强,其余变量之间的相关性并不是很强,说明了我们所做的影响因素整合效果很好。相关性检验公式如下:

$$r = \frac{\sum\limits_{i=1}^{n}(X_i - \bar{X})(Y_i - \bar{Y})}{\sqrt{\sum\limits_{i=1}^{n}(X_i - \bar{X})^2}\sqrt{\sum\limits_{i=1}^{n}(Y_i - \bar{Y})^2}} \tag{12}$$

将变量整合后我们再次对其进行相关性检验,发现除了学历和曾经的职业相关性很强之外,其他变量的相关性并不是很强(表 7)。由此说明我们的变量划分是合理的。

表 7 　影响因素相关性检验

	空闲时间	经济状况	性别	身体状况	学历	职业	爱好	性格	社区状况
空闲时间	1.00	0.01	−0.02	0.33	0.29	−0.17	0.43	−0.14	0.00
经济状况	0.01	1.00	−0.06	0.09	0.44	0.43	−0.22	0.27	0.11
性别	−0.02	−0.06	1.00	−0.15	0.03	−0.08	−0.38	0.26	0.00
身体状况	0.33	0.09	−0.15	1.00	0.02	0.05	−0.41	0.24	−0.33
学历	0.29	0.44	0.03	0.02	1.00	0.54	0.23	−0.41	0.17
职业	−0.17	0.43	−0.08	0.05	0.54	1.00	0.18	0.05	0.11
爱好	0.43	−0.22	−0.38	−0.41	0.23	0.18	1.00	−0.28	0.36
性格	−0.14	0.27	0.26	0.24	−0.41	0.05	−0.28	1.00	−0.08
社区状况	0.00	0.11	0.00	−0.03	0.17	0.11	0.36	−0.08	1.00

(三)模型的构建与使用

通过使用 MATLAB,我们编设 MATLAB 代码,构造实现 BP 神经网络模型,实现为老年人精准推荐文娱活动的目标。为了验证模型的精确性与拟合优度,我们运用代码做出了测试集的拟合图,从图 17 可知我们的模型拟合程度很好。

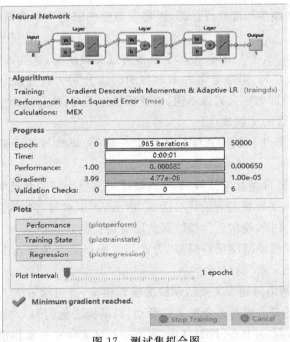

图 17 　测试集拟合图

通过我们所建立的 BP 神经网络模型,我们只需得到并输入老年人的基本信息就可以为他们推荐一个最适合的文娱活动。例如:家庭结构为 3 代、与儿女同居、月收入在 4000～6000 元、经济来源是养老金发放、80 岁以上、身体状况一般、学历为初中、职业为生产运输设备操作、性别女、爱好看电视、性格为不敢于尝试愿意主动交际型的老年人,我们为其推荐影视、看书读报文娱活动。

五、结论与建议

(一)结论

1. 新中国成立 70 年来,老年人的文娱观念在逐渐转变,由理性认知渐变为感性认知,影视、旅游、曲艺是目前最受老年人欢迎的文娱活动。

几十年前,老年人在选择文娱活动时,经济会是限制因素,而在近年,我国经济高速发展,老年人在文娱时更加注重自身的愉悦感,旅游、刷抖音、曲艺等顺应时代的文娱活动越来越被老年人所青睐,老年人文娱爱好的前三位是影视、旅游和曲艺,分别占比 64%、51.36% 和 45.17%

2. 在受访的老年人中,大部分在家中、小区和附近公园进行活动,分别占 33.54%、28.43% 和 22.57%,主要在晚上进行文娱活动的占 40.62%,在中午进行文娱活动的仅占 3.8%;61.49% 的老人一周进行 4～7 次文娱活动,平均每日 1～2 小时的老人最多,占 37.26%。

3. 老年人的文娱参与度有待提高,影响参与度的阻力主要有两问:"我能干什么?""哪有地方?"

调研数据显示,29.23% 的老人几乎未参与过文娱活动,这些人中绝大多数愿意参加文娱活动,占 64.45%,影响老年人未参与的因素分别为自身阻力和社会阻力,自身阻力为"我能干啥",即老年人兴趣不明,以致积极性不高;社会阻力主要是"哪有地方",即老年人找不到适合的文娱地点。

4. 老年人对文娱生活的满意度整体评价一般,文娱参与者的满意度中等偏高,整体有待改善。

根据调研数据进行满意度分析,老年人整体对文娱生活的满意度评分仅为 2.77 分(满分为 5 分),其中文娱参与者的评分为 3.38 分,而未参与者的满意度评分仅为 2.23 分,可见老年人"越文娱,越快乐",整体满意度有待提高。

5. "老年人文娱活动精准推荐模型"为老年人选择适合的活动提供了参考,将在一定程度上解决"我能干啥"的疑问。

利用 BP 神经网络构建了文娱活动精准推荐模型,通过输入老人的基本信息,反复运算,为兴趣不明的老人推荐适合的文娱活动,以期提高他们的文娱参与度。

6. "标准化老年活动中心"规划合理,为改进社区老年中心提供借鉴意义,可有效解决"哪有地方"的问题。

7.65％的老人支持"标准化老年活动中心"的建设并愿意参与其中,标准化老年活动中心是基于社区老年中心和老年人的需求进行的改进和创新,可以有效缓解老年人"哪有地方"的窘境,提高老年人参与度。

（二）建议

1. 加大文娱宣传工作,统筹社会资源

通过前面的分析,参与文娱活动的老年人满意度要高于未参与的老年人,可见参与文娱活动对老年人的生活质量有显著的提高,所以要加大文娱宣传力度,宣传"全民文娱",统筹社会资源,提高老年人的生活质量。

2. 多方共同努力,提高文娱生活满意度

改善老年人的文娱现状需要社会多方共同的努力,政府可出台相关的政策法规来保障老年人的生活,合理规划资金,社会老年机构和子女应时刻关注老年人的生活需求。

3. 推广标准化老年中心,促进"区块链"嵌入技术

标准化老年活动中心可有效解决老年人找不到合适的活动场所的问题,加大力度推广标准化老年中心,同时在其中嵌入区块链技术来保障老年人的安全,利用数字证书记录老年人的基本信息等。

4. 精准配置老年文娱生活,提高享乐性体验价值

老年人都是独立的个体,拥有着差异化需求,我们应该为老年人精准配置文娱生活,提高文娱资源利用率,为老年人推荐适合个体的文娱活动,提高享乐性体验价值,BP 神经网络所构建的精准推荐模型可以合理推荐,加大推广。

5. 开发文娱线上 App,注重文娱习惯的养成

线上与线下协同发展,可推动老年人文娱产业的快速发展,线上 App 可记录世界各地的文娱资源,将有利于老年人选择文娱项目,同时老年人应注重养成文娱习惯,让快乐成为习惯。

6. 五大机制相互配合,让文娱生活遍地生根

在大力发展文娱生活的同时,要注重老年人安全、健康等的全面保障,即医养结合、教养结合、安养结合、情养结合、照养结合五大机制（图18）相互配合,促进"智能＋"发展,让文娱生活在高速发展的今天遍地生根。

参考文献

杨春榕,2004. 现状与出路——我国城市社区居家养老模式探悉[D]. 长春:吉林大学.

陈强,2004. 人口系统模型及人口状况分析[J]. 中国优秀硕士学位论文,3:5-6.

孙文灿,2015."互联网＋"养老未来空间无限[J]. 社会福利,5:19-21.

齐琳,2017. 供给侧结构性改革视角下"智能＋"嵌入式养老服务模式研究——以上海市为例[J]. 改革与开放(19):41-42.

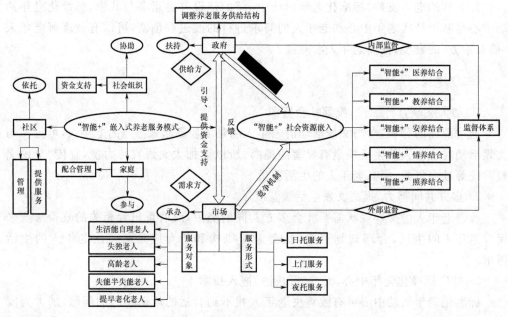

图 18　五大机制

王兆鑫,李小雨,晏玉洁,2018."互联网＋"在创新社区养老方式中的探索研究[J]. 西部经济管理论坛(02):33-39＋61.

SianZelbo,2019. The recreational mathematics activities of ordinary nineteenth century Americans:A case study of two mathematics puzzle columns and their contributors[J]. British Journal for the History of Mathematics,34(3).

Heredia NI, Lee M J, Reininger B M, 2017 . Correction to:Exposure to a community—wide campaign is associated with physical activity and sedentary behavior among Hispanic adults on the Texas—Mexico border[J]. Bmc Public Health, 17(1):922.

Arevalo M, Heredia N I, Krasny S, et al, 2016. Mexican—American perspectives on participation in clinical trials:A qualitative study[J]. Contemporary Clinical Trials Communications, 4.

Heredia NI, Krasny S, Strong L L, et al,2016. Community Perceptions of Biobanking Participation: A Qualitative Study among Mexican—Americans in Three Texas Cities[J]. Public Health Genomics, 20(1):46-57.

壮丽 70 年,养老模式大变迁[①]

——北京地区从传统养老到"智慧养老"模式变化的调查研究

李永梅　宁卓越

【摘　要】　新中国成立 70 年来,养老模式发生了巨大变化。特别是随着互联网飞速发展,信息资源通过互联网逐渐渗透到整个养老产业,把中国养老业由传统模式推向信息化跨越式发展的新阶段。"智慧养老"的诞生是对居家老人、社区及养老机构的传感网系统与信息平台提供低成本、互联化、智能化的养老效力,提高养老效力的准确性与便捷性。作为国家首都地区,养老业发展水平的变化具有某种代表性。本小组通过问卷调查、实地走访与参考文献媒体资料等形式,并结合国家政策支持与政府推广,收集各个年龄层面的使用者和从事人员对网络及相关智能设备存在的需求和意见,发现智能养老模式在运用、结合过程所面临的问题。本文的论述对当前智能养老的建设具备一定的借鉴意义,同时为实现我国智能养老的科技化、信息化、现代化、人性化和建设与发展提供相应的材料支撑。

【关键词】　北京地区;网络;智慧养老;科技化;信息化;现代化;人性化;智能设备

　　本次调查主要采取的是非定向问卷调查,形式包括个别与老年家庭交谈、参考文献与媒体报道信息等,调研小组成员在位于北京市各区县各类家庭发卷填写,并当场收回,同时与之交谈,了解现状。共发出调查问卷 326 份,收回 326 份,回收率达 100%,有效问卷 307 份,有效率约为 94%。主要调查了家庭中老年人与中年人的基本情况、对"智慧养老"服务终端或相关智能设备的使用现状与认知、"智慧养老"对老年人日常生活的影响以及对"智慧养老"的顾虑与改进意见或建议。问卷共向被调查者提出了 28 个问题。被调查者包括各类家庭中的中年成员与老年成员、社区相关工作人员、养老院工作人员、医院专业医师及医护人员、小诊所负责人、网络健康养老平台等,大致涉及知道"智慧养老"并已使用相关人工智能设备、不了解"智慧养老"但想接触并试用相关智能设备和不知道"智慧养老"且抗拒网络或相关智能设备三类人群,覆盖北京各大区县、社区、街道、医院、养老院(东城区东华门街道智德社区、海淀区中关村大街 15 号中关村广场、朝阳区东三环路 55 号富力城小区、房山区拱辰街道良乡镇梨村、朝阳区王四营乡五方桥北京民众护理院、颐慈园养老照料中心、福港老年公寓良乡社会福利中心养老院等),掌握在北京市各区县、社区中网络及相关智能设备对拥有老年人的家庭、社区、专业医护场所的影响程度与对网络及相关智能设备的使用情况,分析其根本原因,

---

　　① 本课题指导教师李永梅(北京工商大学马克思主义学院);课题组组长宁卓越(产设 181);课题组成员:郭洋(产设 181)、秦钰(产设 181)、陈思琦(产设 181)、徐渶譕(产设 182)。

剖析现象背后的内在问题，从而提出相关的观点与建议，为养老科技化、信息化、现代化、人性化在老年人日常生活中的建立和"智慧养老"建设提供相应的材料支撑。

一、新中国成立 70 年来，养老模式的变化

（一）新中国成立初期的养老政策

新中国成立初期，公务人员全部实行"供给制"，除了配发衣服、伙食、简单的生活用品外，每月发 6 元钱津贴。当时的农村，养老虽有集体之名，但核心其实仍在家庭。集体经济时代，一方面，国家设立了教养院、敬老院，初步建立了"五保"（保吃、保穿、保医、保住、保葬）供养的福利制度；另一方面，面对整个社会庞大的养老需求，这些举措仍是杯水车薪。已被世人淡忘的是，早在那时中央就在"考虑"如何将两个群体包括养老在内的保障体系"并轨"的问题。

中国自 1958 年起便实行干部和工人统一的退休、退职制度，事业单位和企业的退休制度并无本质差异。两者均实行单位统筹下的现收现付制，由单位直接支付退休人员的退休费用，退休后的待遇差别也微乎其微。变化发生在 20 世纪 90 年代初，此后机关事业单位和企业职工养老制度渐行渐远，如今已经几起几落。1986 年，国务院下发多个文件，改革劳动制度，这也是中国改革开放的一个里程碑事件，在民间被叫作"打破铁饭碗"。借此，在新中国历史上，个人首次成了养老保险的缴费者之一，养老制度开始朝由个人、企业和国家共同承担的方向前进。

中国养老保障政策的变迁历史十分清晰地展现了国家在改革的不同阶段所扮演的不同角色。计划经济时期，国家扮演了一个全能的、父爱式的社会保护角色；改革开放以后，国家开始收缩，个人和社会的责任开始凸显；进入新世纪后，国家开始重新回归，积极干预社会福利。

（二）进入 21 世纪以来，我国养老面临的问题

进入 21 世纪以来，我国正在加速步入老龄化社会。社会经济发展越来越快，人民生活水平不断进步，而人口老龄化问题也越来越突出。预计到 2030 年，我国 60 岁及以上人口老龄化率将上升至 25%。从 1949 年到 1976 年，我国的人口政策是鼓励多生育，一对夫妻可以有 3～5 个子女，甚至更多，这些在高生育时期出生的人群，当他们在进入青壮年开始结婚生育后，我国的人口政策发生了变化，基于庞大的人口压力，我国自 1976 年后开始全面实施计划生育，城市人群一对夫妻只能生育一个孩子，农村地区虽然对于计划生育的政策执行不够严格，但大多数家庭也只有 2～3 个孩子。由于上述两个人口政策的截然不同，导致了人口结构的差异，这种差异带来了今日我国的养老问题和庞大的市场需求。在新中国成立初期人口生育高峰时代出生的人逐渐步入老年，此时全社会才发现，我国传统的养老模式难以为继。

我国社会传统的养老模式是居家养老，由多名子女轮流负担年老父母的居家照顾

需求,家庭经济条件允许的可以辅以招募保姆,由子女和保姆共同承担居家老人的日常生活,因此,对于入驻养老院,无论是子女还是老人都存在心理上的不认同,子女将父母送养老院被认为缺乏孝心,老人入驻养老院被看作是遭儿女遗弃,过去几十年我国社会的家庭人口结构决定了居家养老的模式,并且间接地抑制了养老市场的发展,使国内的养老院不仅数量稀少,而且品质低下,缺乏高品质服务的养老院品牌,也缺乏对于高品质养老院的品质管理和人员储备。特别是当这些子女们自身成为老人时,他们的居家养老模式将难以为继。

（三）"智慧养老"新模式的出现

传统养老模式在经历了现今科学技术的熏陶后,在转向现代信息技术的基础上,面对老龄化带来各种各样的问题时,"智慧养老"概念应时而生,不但在某种程度上弥补了传统养老缺陷,而且进一步化解了老年人与年轻人共处时所出现的交流壁垒,为新一代的中老年未来养老提供了便捷的服务且满足多方面需求,更为养老业开辟了新的可行道路,提供了新的可能性。随着养老产业和科学技术的快速发展,养老模式正从狭义的服务型向新型模式的现代信息技术转变,各路资本也开始迅速向养老产业进军。而"智慧养老"作为时代与科技的融合品,仿佛在预示着未来的发展。过去几十年,不论是政府还是民间,在养老市场上的投入都是严重不足的,现有的养老院基本上只有两类,一是由各级政府的民政部门投资建设的公立养老院,基本延续国内医院病房的格局,设施简单,不适于长期居住;二是由一部分社会资本投资建设的养老院,尽管设施比普通公立养老院有了改善,但高昂的价格和严重不足的数量,无法满足大多数中高收入阶层的需求,而设施简单的公立养老院的品质低下抑制了这个阶层的人群入驻养老院的意愿。

正是基于全社会意识到了养老市场的庞大需求,近期,我国政府出台了鼓励投资养老市场的一系列政策。包括鼓励社区建立养老中心,鼓励社会资本投资建设养老院。社保是从 1999 年出台的《社会保险费征缴暂行条例》,不过各省、市和行业的缴纳时间都不一致,最早的是 1992 年,国企基本上是 1994 年就开始缴纳。社会保险是国家强制性要求购买的一种保险,国家发展社会保险事业,建立社会保险制度,建立社会保险基金,目的是使劳动者在年老、患病工伤、失业、生育等情况下,获得帮助,享受保险待遇。我国《中华人民共和国劳动法》《中华人民共和国社会保险法》都明文规定,用人单位为劳动者缴纳社会保险是用人单位的法定义务,明显具有国家强制性的特点,用人单位不得以任何借口和理由拒绝承担该项法定义务。因此对于改善我国养老状态,利用现代信息资源共享和社会机构体制的便利,把过去的养老体制加以充实和完善。"智慧养老"这个概念起源于 1987 年的英国,最早由英国生命信托基金提出,当时他们就把老年和技术这两个词结合在一起,开发出一个新的学科叫 Geron Technology,用中文来翻译就是老人福祉科技,也被称为"全智能老年系统",即利用先进的互联网与信息平台,面向居家老人提供快捷、实时、高效的养老服务,又基于居家养老的低成本的互联化、物联化、智能化。我国官方最早提出"智慧养老"是在 2012 年,全国老龄办提出"智能化养老"的理念,鼓励支持社会资本开展对智慧养老的实践探索。在 2018 年的全国两会上,政府报告就提出了要深化我国居家养老、社区养老等多种养老方式并行的政策。而智慧养老作为一种新型的养老方式逐渐受到了人们的关注。从"智慧养老"的时长来看，它貌似只是近几年的产物，但早在 20 世纪末就已出现相关保健养生类智能产品（健康手环），在微博上也有相关的讨论。新中国成立 70 年来，日新月异的科技发展、经济蓬勃、人文兴旺，无一不为这一新事物打下坚实基础、埋下根基，让它在焕发着无限生机的同时散发着深厚底蕴。

作为首都，北京地区"智慧养老"的发展已经成为全国该发展过程的重要组成部分，北京地区不管是养老产业还是科学技术都得到了良好发展，具有一定的领头效果。但与此同时，北京地区"智慧养老"的发展进程中也不可避免地出现了许多问题，比如地区发展不平衡、中老年人抵触智能设备、相关综合性人才缺失等。这些问题对于"智慧养老"发展的整体提高起到制约作用，不利于新时代下养老业的进一步发展。

二、北京地区"智慧养老"发展的现状

通过对问卷调查结果剖析、背景剖析以及原因剖析等，总结出了"智慧养老"推广过程中涉及的若干特征。

（一）调查的主体——互联网及其配套人工智能设备

1. 互联网及其配套智能设备的在使用者中影响力逐渐增加，但使用及实用程度尚且显低

通过问卷的统计数据可知，整体上，随着国家政府的推广与政策支持加上科技的不断进步，在老年人群中，互联网及其配套智能设备正在逐步走进他们的生活，但其使用、实用性、渗透度仍旧较低（图 1）。

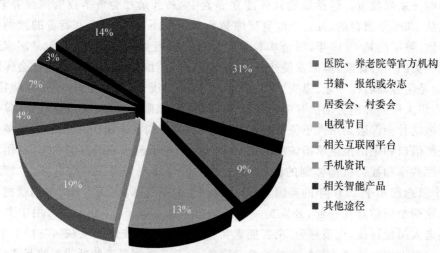

图 1　老年人获取健康、生活信息的来源

在日常生活方面,由图1可知大多数老年人仍是通过传统的方式,从医院、养老院等官方机构获取相关信息。通过电视节目途径获得生活信息的老年人占整体的19%,相关保健养生的电视节目的主流观众群就是老年人。其次是通过其他途径("其他"途径包括家庭传授、居民交流或经验总结等),以口口相传的形式科学性、正确性较低,多为偏方。相对来说,居委会、村委会下达的通知、信息影响效果更大。对于手机、互联网及相关人工智能设备,老年人接纳新鲜事物能力有限,加上缺乏相关工作人员的沟通与引导,影响度仍有待提高。

在健康方面,31%的老年人并没有在手机、互联网等身边近距离的平台上进行询问,而使用传统的方式外出,宁愿花费更多的时间与精力到医院等官方机构,获得自认为专业性、科学性更高的治疗与建议。但也有一小部分老人走在时代的前沿,他们具有一定的文化素养,能够正常使用手机、互联网或相关人工智能设备,在满足需求的情况下,节省了一定的时间、精力、物力,说明在手机、互联网或相关人工智能设备的应用正在兴起,多数老年人处于尝试阶段。

在精神方面,由于老年人的身体、精力、文化程度等一系列问题,所以多数选择看电视作为消遣方式,内容多为保健养生、情感问询节目与电视剧。部分老年人仍具有读书看报的阅读习惯,但随着年龄的增加、精力的下降、老花眼等眼疾问题的出现,他们以聊天、互相探讨倾诉作为另一种消遣方式,内容多为家长里短、养生保健。少部分老年人能使用相关人工智能设备,相互交流、陪伴。以上能看出手机、互联网及相关人工智能设备是可以得到老年人的认可的,但宣传力度、使用方法的传授还有待加强。

综上所述,老年人使用传统方式进行生活、保健、娱乐的仍占大多数,但网络等新方式已经开始走进他们的生活当中了。

2. 互联网及其人工智能设备在一定程度上改变了老年人的生活、保健、娱乐方式

使用过手机、互联网及其人工智能设备的老年人认为,其使用在一定程度上给自家的生活、健康、精神带来了好的改变,但大部分观念较保守、接纳新鲜事物能力有限,且认为这种改变的作用一般,程度不深,付出较大。

在生活方面,使用互联网后,84%的老年人认为自身生活状况、生活常识得到了改善。78%的老年人生活品质得到了提高,说明主动接纳互联网并进一步了解自身生活状况、获取生活常识可以直接影响到生活品质,而互联网则提供了信息资源传播、共享的渠道。对于是否通过互联网得到需要的老年人员信息的调查中发现:45%的老年人并不清楚网络可以获取所需信息,这也说明老年人使用网络查询所需方面信息存在局限性。大部分老年人并没有能够独自熟练使用互联网的能力,但23%的老年人愿意尝试但苦于缺乏相关人员悉心引导。在能够独立熟练使用互联网的老年人中,64%的老年人通过网络获知国家当年的政策调整、医生等专业人员的建议而调整自己的生活方式、出行策略。对于那些认为网络没有起作用的老年人来说,他们在获取信息的能力和方式上存在着一定困难,所以无法找到对自己有利的信息从而使自己的生活品质提高。简言之,通过网络技术和信息技术,是可以在一定程度上实时满足老年人的生活照护服务需求,提高养老服务的效益和质量。

在健康方面，相比于传统的医院出行，网络上进行医疗远程会诊并没有得到老年人足够的了解和认可，原因在于老年人有固有的思维观念，认为面对面会诊才能治得好病，且对在网络上获取医疗保健相关信息的认知很少。在调查统计中，仅有14％的老年人进行过医疗远程会诊。而进行过这方面会诊的老年人大都认为在网络上更能及时得知病情病因，再决策是否有必要花费时间和精力外出到医院面诊。网络信息的便捷性使得大部分进行网络查询的老年人降低了整体的生活成本，减少了不必要的未知、惧怕等负面心情，也一定程度上提高了儿女的生活品质。但仍有20％的老年人，由于担心网络远程医疗会诊可能会出现误诊的原因，拒绝试用互联网等相关人工智能设备。总的来说，使用互联网后的确提高了老年人的健康生活品质。

在精神方面，79％的在互联网及其人工智能设备上获得娱乐、陪伴需求满足的老年人认为其确实填补了自己大部分精神缺失，并且部分老年人十分享受人工智能设备（语音讲解功能）的陪伴，并赋予其亲人或宠物的身份。82％的老年人由于能够熟练运用其各项功能，不仅获得了别样的乐趣，还形成了新的交友圈。但仍有32％的老年人因在网络使用方面的宣传不力，而恐惧使用其相关设备。整体来说，互联网及其人工智能设备给老年人带来了陪伴、娱乐、交友等多方面的积极效应。

综上所述，互联网及其人工智能设备在老年人之间的兴起将会带领老年人更加积极地生活，促进"智慧养老"的进一步建设。

（二）调查的客体——中老年人

1. 中老年人对网络的需求呈现多样化
中老年人对互联网有一定的需求，且呈现多样化趋势（图2）。

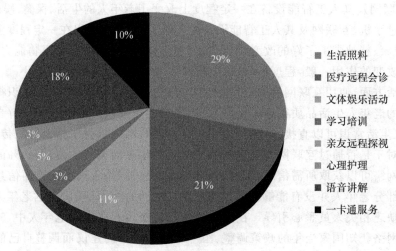

图2　中老年人养老所需功能

在生活方面，中老年人最想通过网络获取的是一定程度上的生活照料的便利（例如定位、洗衣做饭、打扫卫生、买菜购物、陪同外出、天气预报等），通过网络，可以更加直观、系统、迅速、简便地生活,享受照料与陪伴。其中最重要的就是定位功能和天气预报功能。定位功能一方面能及时获取老年人位置信息,保证老年人的安全情况并防止其走失,另一方面老年人也能及时查找到出行路线,以防转向或迷路。而天气情况的及时更新直接影响着老人的外出计划。即时一卡通服务功能,"一卡通"的主要功能是为提供从老年人接待、订房、入住、护理、医疗、休闲、收费、结算、财务、档案、库房、餐饮等的全方位管理功能。管理模式适用于养老院、老年公寓、护理院等社会保障机构,它是集身份认证、刷卡消费、门禁管理、人员定位等功能为一体,为养老院提供了更全面的管理模式,提升了其服务质量,同时也为老年人提供了更舒适安全的养老体验。最不可或缺的就是语音讲解功能了,随着年龄的逐渐增加,身体机能的不断衰退,语音讲解更能够有效地帮助老年人理解生活。这些都是为老年人的生活品质提供更好的服务。

在健康方面,医疗远程会诊功能需求率占整体的21%,可见能够享受足不出户的寻医问诊是非常受老年人欢迎的。影响这一问题的主要原因有:交通不便、行动不便、没有人陪同、就诊不便(如挂号、缴费、取药等)、不知道看什么医生、出行就医成本高、较近的诊所医疗水平低等。而在已经能够独立熟练使用互联网及其人工智能设备的中老年人群中,他们最希望能从网上获取的讯息就是医疗健康与保健养生技巧。老年人们显然更想从一些官方渠道和专家医师处获得更加科学、严谨的健康信息与养生技巧。所获取的这些官方保健养生技法将直接影响中老年人们日后的生活习惯。此类现象的出现,说明了中老年人正在逐步减少身边或社区内上当受骗的概率,他们的防范意识以及尊崇权威的个性不断增强。同时网络上相关监管人员也应加强监督不法人员或不具有相当资格的"专家"传播不良信息,保证官方网络平台、渠道的畅通与安全。尽管如此,仍有大部分中老年人不选择在网上获取相关方面的信息,主要原因在于文化程度受限和对网络安全的不信任。

在精神方面,虽然有相关的文体娱乐活动功能,但中老年人更愿意在社区内或场馆内共同锻炼身体或进行其他娱乐活动,因年龄与经历的相近,他们会分享彼此的见闻、爱好,毕竟真实、温暖的陪伴交流会更让人能接受,互联网与机器上的便利也只是作为提高养老生活品质的工具存在而已。同时,他们中12%的中老年人愿意花费较多的时间和精力去了解相关名胜古迹和旅游景点,其中大多数有结伴出行旅游的意愿。除此之外,少数有相亲、炒股等更多需求的中老年人也能获得满足,部分中老年人因有这样的功能存在,也愿意主动了解并学习相关知识与技术,进一步满足自己的需求,填补精神上的缺失并重新实现新的自我价值。

综上所述,互联网及其人工智能设备可以带给中老年人更科学、便捷、及时、有效的信息与服务。网络的针对性、可操作性和其资源共享的特点,更加激发了中老年人对其多样性的需求与学习的欲望。

2. 中老年人对网络信息安全性与信息质量等的信赖度不够,多重担忧、顾虑较严重

通过问卷的统计结果可以看出,中老年人对现行的网络信息安全性、信息质量信赖度不够,多重担忧、顾虑较严重(图3)。

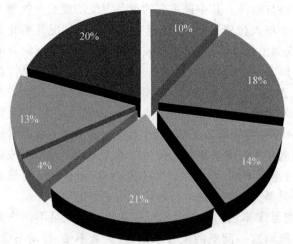

の右側凡例:

- 没有宽带覆盖或网速较慢
- 习惯于传统方式，无互联网意识
- 认为花费过高或设备投入成本过高
- 不会操作
- 认为网络消息时效性差更新慢
- 网络信息繁杂且分布烦琐无法从中获取有效信息
- 网络信息可信度差曾被欺骗或收到过无效信息
- 其他

图3　中老年人对于网络数据信息的担忧和顾虑

超过63％的中老年人从不在网络上获取生活、保健、娱乐等信息，这反映出了互联网在中老年人群中发展的局限性、滞缓性。现阶段网络发展已经深入到各家各户，大多数中老年人是知道有网络这个工具，但是因为各种各样原因没有条件使用。网络在中老年范围普及得不完善，客观原因有：部分专业信息，由于专业人员的缺失，更新速度较慢；网络上医疗保健信息多种多样，信息太繁杂，分布过于广，无法及时找到自己所需要的内容；网络上养生信息质量不高，虚假、夸张信息太多；大多数中老年人无法找到正确的官方平台，双方互寻机制不健全。主观原因有：联网、相关人工智能设备、服务终端设备投入花销超过中老年人的接受范围，出于节俭和省事儿的多年习惯，拒绝选择使用网络；逐渐下降的身体机能以及精神活力，让他们在短时间内无法学会或适应节奏较快、意识新潮的网络及其他设备；长久封闭的思想以及保守的传统观念，让他们潜意识下抵制新鲜事物；繁杂忙碌的家庭生活让部分中老年人自顾不暇，习惯为儿女操心忙碌，忘了自己的生活。导致的现象便是网络在中老年人群众中普及缓慢，使用者少，网上可利用资源也相对繁杂，而网络的发展是伴随着网络用户一同发展的，可谓是共生体的关系。

综上所述，任何事物的发展都具有两面性，网络信息在给部分中老年人带来积极效应的同时，也附带了一些不利因素，从而引起了他们的担忧顾虑。绝大部分中老年人因为各种主客观原因，还未能尝试使用互联网。

（三）外界客观环境——互联网及其智能设备发展环境

根据国际经验，当65岁以上的人口数超过总人口数的12％时，养老行业将会面临快速上升的拐点，而目前我国65岁以上人口占比已达到总人口的11.43％，"智慧养老"产业作为我国的一个初生产业虽存在许多问题，但发展潜力很大。我国的"智慧养老"产业开始于2012年，全国老龄办最先提出"智能化养老"的理念，支持并激励开展"智慧养老"的探究与实践。2015年，国务院印发《积极推进"互联网＋"行动的指导意见》,明确提出要"促进智慧健康养老产业发展"。2017年,国家民政部、工信局、卫计委联合,先后公布《智慧健康养老产业开展的行动计划(2017—2020年)》和《开展智慧健康养老应用试点示范的通知》,在政策层面宣告中国养老产业已进入"智能＋"时代,计划在5年内建立500个智慧健康养老示范社区,这意味着"智慧养老"驶入发展快车道。2018年8月,面对新的发展实际,民政部、工信部、国家卫生健康委员会联合公布了《智慧健康养老设备及服务推广目录(2018年)》的"智慧养老"新政策,该政策的出台适应了当下"智慧养老"产业发展的新需要。7年来一直在摸索中前行,虽然有政策的鼓励和技术进步的支撑,但目前发展仍存在诸多瓶颈问题。预测到2020年,我国养老产业的市场规模将达到7.7亿元,而"智慧养老"将会促进消费升级。

三、"智慧养老"现阶段发展存在的问题

从整个问卷调查结果结合客观实际来看,现阶段,互联网在与养老业结合的道路上具有相当困难的障碍,需要决策者、执行者、生产者等各界相关人士的共同努力,可以说是"道阻且长"。

1. 老年人经济条件制约了服务终端设备的普及

根据调查中老年人的经济收入(年收入、退休金)水平来看,老年人是否使用网络跟自身的经济状况有较强的联系。经济是发展一切的基础。经济条件相对较弱的老年人考虑到投入的各项服务终端设备成本过高,更不会选择网络方式来提高生活品质。如何让不同阶层的老年人都能使用上网络,这在硬件设施上提出了要求。同时也可以看出一部分有条件的老年人已经开始了网络的探索,但由于他们的能力、精力有限,在没有专业人员帮助的情况下,同样在使用上是有困难的,这也的确制约了"智慧养老"的发展。

2. 老年人容易造成医疗资源、护理资源、服务资源的浪费

老年人由于身体原因、智力原因、观念原因,对于各项智能硬件设备的使用和适应都有一定困难,容易造成医疗资源、护理资源、服务资源的浪费。

根据被调查者年龄来看(图4),主要年龄集中在45岁以上,传统的生活、养老观念在此类人群之间已经根深蒂固,并且这些传统方式已经很好地与现实生活相结合,这致使全新的生活方式在这类人群中的施行将面临其意识不清和心理障碍的现实。根据被调查者文化结构来看,大部分中老年人的文化程度不高,信息意识低,其中很多连计算机都没有接触过,接受信息服务的基础较差,对互联网这类新鲜事物的接受、消化能力较低。因此,如何建立交流、服务模式,使网络信息能浅显易懂地传授给老年人也面临挑战。

年龄、受文化教育程度、婚姻状况、居住情况、退休前职业及身体状况均是影响认知的明显因素。经调查表明,年龄越低及受教育程度越高,对智慧养老的认知程度就越高;未婚、再婚状态的老人相对高于离异、分居老人,与配偶子女同住的老人普遍认知度高于独居、与亲友同住的老人;退休前职业越稳定、待遇越好的老人认知度越高;身体状况越好,认知度也越高。

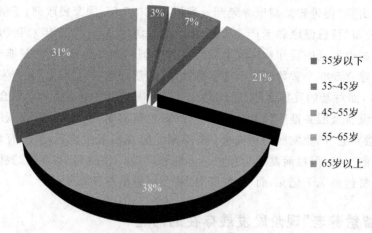

图 4 被调查者的年龄结构

3. 相关信息服务手段不完善,信息网络体制不健全,降低了老年人获助的效率

这几年北京的信息网络基础服务建设尽管有了较大发展,但仍不具备为养老业提供及时和全面服务的能力;计算机网络信息模式尚有不足,不能全面迎合中老年人的使用习惯与需求,亟待优化与整合。在某些乡镇老年服务中心,经费不足,难以开展相关活动;同时,网络信息质量参差不齐,信息传播、共享渠道较不顺畅,这也为网络信息服务养老业造成了障碍。

4. "智慧养老"产业人才缺乏、发展进程缓慢

"智慧养老"产业集合了信息、硬件、医疗、服务、金融、教育等多个领域,但全面了解各项领域的复合型人才少之又少,整个"智慧养老"产业人才缺乏、发展进程慢。

从申请办理到初试运营,再到逐渐摸出门道,期间会走不少弯路。比如在与养老办事机构打交道的时候,他们发现基层专业工作人员很紧缺,对于来申请建立和已运营的不同类型民营养老机构,很难抽出人手进行政策介绍和辅导。对于很多相关政策的了解学习需要花费大量时间。从一窍不通的养老"门外汉"到熟悉各种相关养老机构及养老政策,养老机构运营者主要靠自己钻研学习领会才可能逐渐运用到实际工作中去。

5. 相关法律政策尚不健全,有关"智慧养老"的内容急需完善

尽管我国出台了针对老年人的相关法律法规,如《老年人权益保障法》,但比较普遍和抽象,更能体现老年人利益需求的《老年人保健法》《国民养老保险法》等却没有详细的制定。此外,近几年来国家还相继出台了开展社区服务业和民营养老机构扶持的政策,但在具体落实时相关职能部门之间却没有与之配套的实施细则,甚至财政政策只惠及公立养老机构建设与发展,对养老产业发展激励支持力度不够。同时,养老产业监管机制也不健全,行业标准和市场标准尚未建设起来,养老服务机构资质认证标准空缺,审批管理制度存在缺陷,严格的行业进入许可缺失,导致养老产业发展处于无序状态,影响其健康可持续发展。

6. "智慧养老"产业投入实验与研发的成本巨大回收周期漫长,经营收入起伏波动大

建设"智慧养老"体系是一个整体工程,缺少统一的标准会带来服务质量参差不齐、基础设施重复建设、资源利用率低下等问题。由于我国"智慧养老"行业尚处于一个起步阶段,缺少专业团队和专业人员进行技术和管理支持,难以解决项目推进过程中遇到的专业技术问题,降低了"智慧养老"行业的专业化水平。目前我国老年人一方面认可智慧养老产品,但另一方面对产品的价格预期和承受能力较低。一些"智慧养老"科技产品脱离老人实际需求,功能繁杂;很多项目没有形成清晰的商业模式或盈利模式,仍需不断探索。

综上所述,"智慧养老"的推广,面临的各个方面的难题亟待解决。

四、关于"智慧养老"进一步发展的思考建议

在人口老龄化形势严峻、养老产业的发展急需指导之时,我国政府出台了多项政策来加快智慧健康养老产业的发展,并给予"智慧养老"产业以政策支持。目前北京、上海、广州"智慧养老"在构建多元化、多层次服务供给体系同时,也初步形成"智慧养老"产业链。人口老龄化直接使得国家在养老金、医疗保险和养老服务等方面不断提高。

从图 5 数据可以看到,在中老年人群中网络使用的发展前景很广阔。现阶段,为了促进"智慧养老"的进一步发展,加快平台信息化的健全与传播,切实有效地将互联网的资源优势引入到老年人生活中,本小组对北京"智慧养老"业发展提出以下几点思考建议:

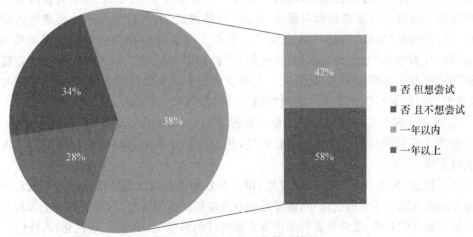

图 5　中老年人的网络使用情况

1. 国家应进一步优化财政扶持、创新金融扶持、完善土地支持政策

统筹养老服务、数字经济、科技创新、制造强省、三重一创等政策资金,推动资金集约化整合和精准投放。合理实施全市养老服务数据资源中心及应用服务平台建设,发挥北京健康养老产业发展基金作用,对"智慧养老"类项目优先投放,适当降低基金投资回报率。创新金融产品,对符合条件的从事"智慧养老"服务的个人和小微企业给予创业担保贷款支持。探索政府和社会资本合作(PPP)模式,鼓励社会资本方,通过输出"智慧养老"技术和品牌等形式,参与"智慧养老"项目建设。

有效落实养老服务、数字经济、科技创新、制造强省等领域土地支持政策,对"智慧养老"建设类项目可在土地供应等环节给予优先倾斜。

2. 社会应进一步搭建标准体系、做好政策衔接、加强组织实施、强化人才支撑

从"智慧养老"设施建设、运营服务、产品研发等方面,加快研制本市"智慧养老"服务地方标准,积极申报国家标准、行业标准。并将已发布实施的"智慧养老"标准列入各级养老服务培训内容。同时促进"智慧养老"事业和产业发展领导小组要发挥统筹协调指导作用。各市区相应建立"智慧养老"发展协调推进机制并进一步完善考核体系。

持续开展养老人才培养培训,选取高等院校专业培养"智慧养老"复合型人才;将"智慧养老"领域从业人员纳入万人培训计划,按规定享受岗前培训和在职提升培训补贴。

3. 企业应降低网络、智能设备使用成本,提高互联网在老年人群中的普及率

针对老年人群消费水平和消费习惯,以更实用的配置、更实惠的价格,满足其对手机、电脑等智能设备的需求。通过本小组调查数据来看,手机在老年人群中普及率较高,但智能手机的普及率并不高,其中原因包括智能手机的使用成本相对较高。老年人对价格较为敏感,降低智能设备的价格与网络通信资费,从而提高使用率,对于深化"智慧养老"有着重要的意义。

4. 社区、居委会、村委会应进一步加强相关宣传教育,深入基层做好服务

定期邀请专业人员前来普及、开办宣讲介绍会,积极引导提高老年人对信息获取、设备应用、观念更新的相关能力,深入了解每一户老年人家庭、生活状况,并及时有效地提供物质与精神上的多重帮助与服务,推动"智慧养老"的可持续发展。而老年人普遍希望社区能够在"电脑、智能手机培训""为老年人享受服务提供优惠""加强免费 wifi 覆盖"和"代为缴费"方面加以改善,其他的如"提高服务质量""为老年人购买设备提供优惠"及"专业人员帮助操作"也是老年人的主要诉求。突破传统的"助老"范畴,同时兼顾"孝老"和"用老",让老年人摆脱被"监控"、被"服务"的束缚感。

5. 老年人解放思想,尝试接纳、学习新鲜事物,主动配合专业机构、人员的帮助

老年人应利用自己几十年的经验智慧,使自身发挥余热,做到"老有所为",实现自我实现需求。

为了促进"智慧养老"的进一步发展,切实有效地将互联网的资源优势与智能设备的服务方法引入到老年人的生活中,需要社会各个层面的人员参与,只有这样才能实现养老生活品质提高的目的,最终推进养老产业在新时代的科技化、信息化、现代化、人性化。

综上所述,我国已经进入老龄化时代,且老龄化日趋严重,养老不仅是一个家庭问题,更是一个社会问题。前几年大多数老年人仍是通过传统的方式,从医院、养老院等官方机构获取相关信息,其生活方式和保健方式也比较传统。但通过近几年的改革与创新,养老产业与互联网初步融合与发展,让互联网融入老年人的生活之中,互联网及其人工智能设备可以带给老年人更科学、便捷、及时、有效的信息与服务。我国"智慧养老"的服务和产品与模式也将更趋向于人性化及个性化,来推动养老事业更加积极有效地发展。我们相信在国家、社会、企业和社区的共同努力下,必将为老年人营造出一个更好的养老环境,我们期待着!

新中国成立 70 年来首都基础教育发展现状调研①

【摘　要】　随着中国经济与教育的发展,首都幼儿基础教育也被越来越多的人重视,但要看到,由于每个家庭的经济情况存在着很大的差异,使得学龄前儿童所接受的基础教育程度及其所参加兴趣班的情况存在着巨大的差距。并且,由于每个基础教育机构的设施状况参差不齐,基础教育机构里的师资力量良莠不齐等,使得幼儿所接受到的教育程度有着很大的差别。为了解新中国建立 70 年来首都基础教育发展的成绩与问题,本文采取了网上发放问卷调查的方法,对收集到的信息进行了总结和分析,不但对新中国成立 70 年来首都基础教育发展的基本现状有了基本的了解,并且通过分析调查结果,深度剖析,对此得出了基本结论,并对首都基础教育发展中存在的问题提出改进建议。

【关键词】　学龄前儿童;基础教育;程度差异

新中国成立 70 年来,随着经济水平的不断提高,人们教育观念出现了很大的变化,首都市民对于教育的支付能力也逐渐增强,意识也逐渐改善,尤其是在受独生子女政策影响较大的城市地区,一个家庭一般只有一个孩子,家长"望子成龙,望女成凤"的愿望十分强烈,这些都促使人们对孩子基础教育的状况有愈益增多的认识。在此背景下,由于家长的教育观念和经济情况的不同、教育设施的完善程度、教育资源的分配、师资力量的良莠不齐等因素使得学龄前儿童所接受到的基础教育程度各有不同。本文针对首都学龄前教育现状和存在的问题,从对学龄前儿童的品德教育和知识内容教育两个方面对此问题进行了论述。

本次调查主要采取非定向问卷调查,兼有对一些北京市民进行了相关问题的街访、参考媒体报道的形式。调查问卷通过网络发放问卷的方式进行,共发出调查问卷 150 份,收回 150 份,回收率达 100%;采访工作由调研小组成员对北京工商大学周边不同地区、不同年龄段的人群进行随机采访,以此来了解学龄前儿童基础教育的现状。总体来看,本次调研对象的地区基本包括首都各个地区,年龄分布和学历分布也十分广泛。本次调查报告填写人群以 20~30 岁的学生群体为主,占 56%(图 1)。调查群体的教育水平大多受过高等教育,专科及以下学历仅占到 27.33%(图 2)。

---

①　本课题指导教师魏海香(北京工商大学马克思主义学院);课题组组长刘花荣(英语 17);课题组成员:田雪玲(工设 17)、祝兰(工设 17)。

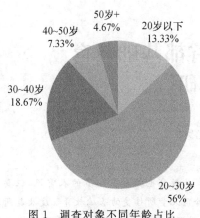
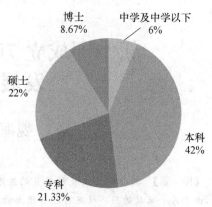

图 1　调查对象不同年龄占比　　　　图 2　调查对象不同学历占比

一、新中国成立 70 年来首都基础教育发展现状

新中国成立 70 年来,随着经济文化的飞速发展,大众对于幼儿基础教育的重视程度与日俱增。根据我们的统计(图 3),在大家对于教育各个阶段的了解中,有接近 1/3 的人认为学前教育阶段对人生的影响是最大的,而认为其他阶段重要的人平分秋色,都是 17％上下。通过不同年龄段的对比,我们发现年龄大的人更倾向于大学高中这样的选择,而当代年轻人更看重学前阶段和小学阶段。

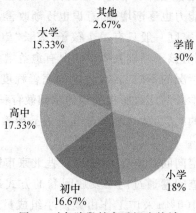

图 3　对各阶段教育重视度统计

(一)幼儿基础教育的方式更加丰富

随着时代的发展,人们接受教育的方式也随之丰富起来了,接受幼儿园教育的高达95％,兴趣班和网上教育分别占 60％和 53％,只有 10％未能接受过学前教育,其中经济原因是主要原因,占 60％。现在的家长重视孩子兴趣的发展,已经和将要让孩子接受兴趣班学习的家长约占 2/3,一半左右的孩子会选择 2～3 个兴趣班,并且参考了孩子自己的意愿。可以发现,现在的学习已经不仅仅限于书本上的知识,不只是义务教育,人们对于社会交流技能、行为习惯上的培养和个性发展也十分注重。

(二)家长对于幼儿基础教育的要求提高

现如今的家长选择学前教育的原因主要是为了孩子的学习进度、身心发展、兴趣培养和快乐的学习,并且对幼师有高度的重视,认为其可以培养孩子兴趣、传授孩子知识的占 60% 以上。从幼儿园的发展状况来说,已经比较普及了,每个家庭附近基本上都会有幼儿园。但是有些家长表示,现在的幼儿园发展还并不平衡,其中的老师学历、能力并不能完全统一(图 4),可以发现北京中心地区的幼儿园老师相对水平会高一些。对于家长来说,在幼儿园的学习应该在社会、语言、健康、音乐、科学、美术等方向上全面发展,并且着重培养孩子的社交能力和行为习惯(图 5)。

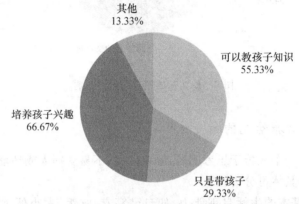

图 4　家长对幼儿基础教育中教师的看法

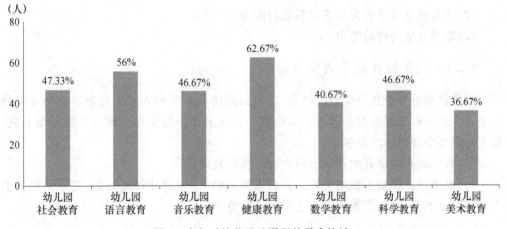

图 5　家长对幼儿基础课程的需求统计

二、新中国成立 70 年来首都基础教育发挥的作用

在现代社会中,人们受教育的程度及其经过教育获得的知识和才能,已经成为生产力发展的决定因素。幼儿基础教育是人生教育的起点,是每个人出生后接受教育之始,

是基础教育之基础(图6)。这一时期的教育不仅会在每个人一生中留下深深的痕迹，且对社会的发展与进步也起着至关重要的作用。

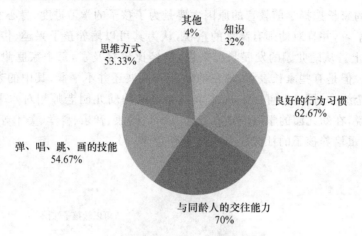

图 6　幼儿基础教育的积极影响

（一）有利于培养幼儿的独立性

独立性表现在一个人善于思考问题、解决问题，不易受别人或环境的影响。在幼儿阶段独立性的培养具体可分为：

（1）培养幼儿基本的生活自理能力，如自己穿衣、吃饭、大小便、收拾玩具、打扫卫生等。

（2）培养独立思考和勇于提出问题的能力。

（3）培养解决问题的能力。

（二）有利于培养幼儿的竞争意识

现代社会是一个竞争激烈的社会，它包括经济的竞争和人才的竞争。学会竞争是一个人今后生存发展的基本素质。从小培养儿童的竞争意识可以促使儿童不断上进。幼儿时期竞争意识的培养包括：

（1）鼓励幼儿在原有的基础上得到进一步的发展。

（2）鼓励幼儿比别人做得更好。在教育中，教师一定要让幼儿知道，竞争是在公平合理基础上的竞争，而不能采取不正当的手段竞争。

（三）有利于培养幼儿的合作能力

现在的社会是一个既竞争又合作的社会，而合作是主要的。所以在鼓励儿童竞争同时，培养儿童合作意识和合作技能也非常重要。幼儿阶段的合作教育包括：鼓励幼儿与小朋友一起玩；培养合作技能，如分享玩具、用礼貌语言借东西等；遵守游戏活动的规则；学会解决游戏活动中的纷争。

（四）有利于培养幼儿坚强的意志力

由于生活条件的日益改善，现在城市中独生子女很少经历生活的磨难，同时又受到长辈的细心呵护，他们的意志力很薄弱，稍微遇到一点困难就发火、退缩，缺乏克服困难的勇气。但是今后的社会是发展变化迅速的社会，人生路途上不知要遇到多少困难，所以培养幼儿具有坚强的意志力对他们今后学习生活和事业的发展大有好处。

三、首都幼儿基础教育存在的弊端及成因分析

虽然新中国成立 70 年来首都幼儿基础教育取得了较大的发展，但是也要看到，由于种种原因，首都幼儿基础教育也存在一定的问题，总结这些问题，深入分析成因，对于促进首都幼儿基础教育的进一步发展具有重要意义。

（一）首都农村地区优质教育资源短缺

从对首都农村教师的采访中我们得知，学龄前儿童基础教育的发展受限于学校的教学条件。不少农村学校甚至没有电脑、语音教室等教学设备：其一，在信息化教学应用方面，一部分教师使用计算机备课的时间不长，会使用信息技术辅助课堂教学评价；其二，在信息化教研和培训方面，他们每个月参加 1 次信息化教研，大部分教师参加过信息化技术相关培训，在参加信息化相关培训覆盖的内容中，培训内容为计算机、多媒体等硬件设备的基础操作，其次是信息化教学资源的制作（如微课、电子备课）；其三，在信息化活动参与方面，只有极少数的教师参加过信息化相关活动，如信息化教学技能大赛、微课大赛、参与信息化教研课题等。通过分析，首都农村教师信息化教学应用覆盖面不广，对于信息化技术应用多停留在辅助教学层面，而对于信息化技术如何深入与教育教学的融合层面缺乏认知，孩子的科技创造力和综合素质的发展大大受到限制。

（二）部分学校特色缺失

传统上，我国学校隶属于政府，由于政府统得过死、管得过细，导致学校陷入了千校一面的窘境。近年来，通过学校法律主体地位的确立、政府向学校的放权，各个学校逐渐具有了自主办学的权利。一些学校通过自主管理，获得了明显的办学特色，但由于受"等、靠、要"传统习惯的影响，许多学校依然把自己当成政府的附属，主动性发挥不够。

（三）"就近入学"政策带来一定的问题

教育公平是政府的职责，但眼下各个区域学校之间的教育确实存在着不公平，而且一些学校的教育质量差别较大。但在一些地方，依然不顾这样的现实，强制进行单一划片，导致了以房择校的不公平现象。

（四）学校幼师质量良莠不齐

从某种程度上说，一个好幼师、好园长就是一所好的幼儿园，但由于准入门槛低，加

之一部分人单纯抱着赚钱的目的,把办幼儿园当作办产业,从本质上难以提升幼儿园的教学质量。此外,一些幼师对于孩子的态度十分恶劣,此前媒体爆出来的幼儿园老师对孩子实行暴力等事件也有很多。

四、对首都幼儿基础教育优化的建议

通过如上对新中国成立70年来首都幼儿基础教育发展现状的调研和现存问题的深入分析,特提出如下进一步改善性建议。

(一)扩展优质教育资源

解决首都基础教育供给的问题,一是要扩展优质教育资源。优质教育资源是一种稀缺资源。由于优质教育资源缺乏,许多地方都出现了"择校热"。一些家长为了让孩子接受优质教育,即便是在义务教育阶段,也不惜付出高额代价,努力让孩子到私立学校就读,而且,有这样的意愿并付诸行动的家长几乎占到了一半,只不过由于当地私立学校学位有限,才没有出现大量学生就读于私立学校的现象。这种趋向严重地破坏了教育生态,也损害了教育公平。因此,扩展当地的优质教育资源成为当务之急。一些地方探索和引导了一些扩展优质教育资源的方法,如名校办民校、名校集团化办学、联盟校办学、中心校等,成效显著。

(二)加强学校特色建设

今后,应当进一步落实"管""办""评"分离的原则,给予学校切实的办学自主权,并通过校长任用制度、学校经费划拨制度、学校招生制度、学校章程建设等,促进学校的特色建设。

(三)完善幼儿教育政策

办高质量的教育是政府或学校的职责,通过老百姓的选择,促使各类性质的学校竞争并提升教育质量。政府应保障老百姓教育选择权的实现,但现有的一些制度阻碍了教育选择权的实现。建议当地政府:一方面,加强薄弱学校建设,尽快缩小各个学校之间的教育质量差距;另一方面,基于各个学校教育质量差别的现状,实施"大学区制"入学政策,即"大学区划片及志愿优先与电脑派位相结合"的"就近入学"政策。此外,完善私立学校招生范围政策,"公办不择校,择校到民办"是我国一段时期的择校政策,但一些地方政府为了防止私立学校对公立学校优质生源的争夺,不是努力提高公立学校的教育质量与特色,而是利用行政权力限制私立学校的招生范围,这不仅侵犯了私立学校的招生自主权,也侵犯了学生家长正当的教育选择权。

(四)强化监管与服务

目前,首都基础教育质量监管采用的主要是政府主导的模式,远未形成政府、社会、学校等方面的多元监管与服务格局。

一是加强政府监管。政府是教育质量最重要的监管主体,不仅要对公办学校进行监管,也要依法对民办学校及其他类型的教育机构进行监管。政府对学校质量监管的前提是制定完善的教育质量标准。教育质量是一个多层面、多维度的复合概念,其标准应是适切性、多样性和发展性的统一。目前,我国政府的教育质量监管主要集中于学校条件质量、教师教学质量、学生学业质量等方面,远未形成一个完整的体系。另外,政府也需要对各类学校的不正当竞争及违法违规行为进行监督。

二是加强学校监管。学校是办学的主体,应当全面与全程管理学校的质量并进行特色创建。虽然许多学校也建立起了相应的内部质量保障制度,但尚未健全,并且多数并不是学校的自觉之举,而是应付政府评估之急,还处于"要我评"而不是"我要评"的阶段。现阶段,首都一些学校的质量标准不是很明确,质量保障措施也不太具体,办学效果不是特别令人民群众满意。通过落实学校办学的主体地位、独立经费核算与使用制度、实施以学校为主的教师招聘制度、绩效工资制度,尤其是学生择校制度,能够更好地激发学校的自主活力,自觉监管与履行提升学校教育质量的核心任务。

三是加强社会中介组织的监管与服务。国家虽然允许社会中介组织参与教育质量评估,而且这些组织也逐渐开展了教育质量评价工作,但评估的指标颇受争议、评估的范围有限,社会影响也不是很大,远没有达到专业化、科学化、规范化的要求,也不能满足国家、社会、学校、家长、学生对教育质量相关方面信息的需要。鼓励成立民间非营利性的评估机构,赋予其在法律上的权威地位,促使其成为独立于政府的第三方专业的评估与认证力量已成为迫切需要。

(五)提高幼儿教师的综合能力

由于学前教育内容与方法的不断改革,对教师的要求也越来越高。作为一名幼儿教师必须要有较高的综合素质,其中包括:

1. 敬业精神

热爱自己的工作,能够真正地关爱孩子。

2. 分析综合能力

要求幼师掌握一定的心理学知识,能够根据孩子的心理活动和心理变化选择适当的教育方式,因材施教。

3. 教学组织能力

幼儿教师不仅应有较强的绘画、唱歌、舞蹈方面的能力,而且更应该看重教师教学能力的培养。通过一日生活、环境的创设使幼儿全面发展,这需要教师有组织游戏和教学活动的能力。

4. 社会交往能力

现代教育提倡幼儿园、家庭和社会几方面结合起来对幼儿进行教育,幼儿园要向社会开发,这就需要教师、园长与社区内各种职业的人联系,如幼儿要参观商店、邮局,教师事先要与商店的售货员、邮局的职员协商。另外,教师要与家长交流对一些教育问题的看法,联络家长配合幼儿园的教育,这都需要一定的社会交往能力。

5. 科研能力

在不断强调教学改革的今天,幼儿园教师和园长必须有科研意识,并懂得如何操作。通过科研,教师可以进一步深入理解幼儿心理特点和教育理论,同时也提高了教学的科学性。

6. 掌握先进教育技术的能力

在幼儿园教学活动中,幻灯片、电视、录音机、摄像机、电脑的运用,要求教师经过教育技术的培训,掌握各种教学仪器的使用和维护,以充分发挥它们的作用。

7. 善于学习的能力

活到老,学到老。现代社会中,信息的更替速度很快,如果教师不经常学习,就不知道国内、国外幼儿教育发展的信息,自己的知识观念就会老化,跟不上现代幼教发展的需要,所以幼儿教师还需不断学习,并要学会学习。不光要学习先进的幼儿教育理论和方法,更要了解现代科技发展动态,使自己成为一名知识渊博的人。

五、小 结

重视学龄前儿童的教育是新时代发展的需要。当前世界各国的竞争不是飞机、大炮的竞争,而是综合国力的竞争,而科学技术的水平是影响综合国力的主要因素。科学技术是否过硬决定着一个国家的穷富以及竞争力的强弱。我国已明确提出科技兴国的战略,这就要求全民都要学科学,要培养懂技术的专业人才。从娃娃抓起是实现科教兴国的重要措施。要培养世界拔尖的科技人才,必须从学龄前儿童开始。

参考文献

姜凤云,2019."互联网+"时代下基础教育的挑战与变革[J]. 教育现代化,49:90-91.

沈若宇,2019. 基础教育设施布局规划发展研究[J]. 规划·园林,06:118-121.

薛继红,张俊友,2019. 基础教育质量观的哲学转向——价值论的视角[J]. 教育理论与实践,39(16):8-11.

程晋宽,2019. 全球基础教育学校标准化建设的现代化进程[J]. 江苏教育,24:52-56.

乔湘平,万信,杜宏任,2019. 我国农村基础教育振兴发展的困境及出路[J]. 教学与管理,06:36-38.

倪娟,2019. 新高考方案背景下对基础教育改革实践的再思考[J]. 江苏教育,24:13-16.

张晴,2019. 信息化缩小基础教育发展差距的作用及探索[J]. 教育探索,3:19-21.

饶爱京,万昆,任友群,2019. 优质均衡视角下县域基础教育信息化发展策略[J]. 中国电化教育,391:37-42.

赵隽华,类华,1998. 新形势下学龄前儿童教育浅探[J]. 中华女子学院学报,1:65-67.

党春肖,2016. 中大班幼儿学前教育方法及理念培养[J]. 西部素质教育,2(11):119-120.

新中国成立 70 年来青年职业观的变化发展研究①

陆丽琼　田茂敏

【摘　要】　青年是国家民族发展的主力军,青年的职业观关乎国家民族的未来。新中国成立70年来,中国青年的职业观随时代的发展变化而变迁。青年的职业观深受时代的政治、经济、文化、社会等因素的影响。青年对职业的理解与包容度趋向更广、更深,择业要求趋向更高、考虑的维度更多,择业中平等、公平竞争等观念已经渐渐深入人心。

【关键词】　中国青年职业观变迁

新中国成立 70 年来,我国在各方面都发生了翻天覆地的变化,人们的就业观念也发生了巨大变迁。由于我国人口基数大,就业问题是民生问题中的重中之重。据统计,到 2018 年我国劳动年龄人口总量近 9 亿人,就业人口总量达 7.8 亿人,就业形势仍然十分严峻。清晰把握中国人职业观的变化,有助于提高我国就业水平与现代教育的发展,解决青年就业难、结构性劳动力短缺等问题。

本次调研实践,共发放问卷 400 份,回收有效问卷 370 份。受访者分别有 50 后及以前、60 后、70 后、80 后、90 后和 00 后。据调查,新中国成立初期出生的 50 后及以前的人们更担心温饱问题,更多从事农业活动来谋求生计。这一时期,青年们更期望到政府等国家公职机关工作,或从事具有稳定收入以及具有社会地位的工作。大多数人从业的途径是依靠国家统一分配,不喜欢工作变动。60 后一代,其特征与 50后一代有很多相似,对职业的理解也暂时停留在生存需要上,同样也向往从事体制内、工作环境稳定的国家公职的工作。被标签为"务实"的一代——70 后,在改革开放的时代背景下生长,受到新思潮的影响,70 后认为职业发展中的主要影响因素是学历。同时,他们中有一部分人开始关注了职业发展在满足人的心理需求层面,随着经济条件不断优化,有不少人选择了自主创业或自主寻找工作。当然,他们也见证了"统包统配"的尾端,是接受国家统一分配的最后一代人。受传统观念影响,70 后仍旧青睐在国家机关、政府部门、国企任职,倾向于选择拥有良好报酬和社会地位的工作,不喜欢工作上有太大变动。随着不断深化改革,戏称"在电视机的陪伴中长大的一代"——80 后对于职业的理解和观念与前人不太相同:80 后对职业观的理解更加丰富多元。此时的中国经济高速增长,许多 80 后认为金融保险业是未来发展的朝阳行业。许多人从选择国家公职的工作中分流出来,进入服务业。还有不同于往常的

---

①　本课题指导教师陆丽琼(北京工商大学法学院/马克思主义学院);课题组组长田茂敏(经济171);课题组成员:杨雪(贸经 172)、柴靖(经济 171)。

是,大多数 80 后认为人际交往因素是职业发展中最重要的因素,因为人际交往能力好可以更好地协调团队工作等。率性洒脱的 90 后一代,他们对职业的理解大都是在要满足心理和精神需求上,认为工作不仅仅是要维持生活,更要发展自身爱好、展示个性。90 后里已经就业的人中有一定比例选择了自主创业。90 后更容易接受工作的变动,喜欢挑战,不喜欢一成不变、按部就班的工作与生活。延续 80 后的观念,90 后也普遍认为人际交往因素是职业发展中的重要因素。值得一提的是,抗压能力这个因素也在职业发展中得到了 90 后的重点关注。伴随科技的不断创新,互联网进入鼎盛时代,自媒体应运而生,受到了 90 后新青年们的追捧和喜爱。独立自信的 00后,追求自由成为这一代人的关键词。他们中的大多数身份还是学生,他们认为择业时最重要的考虑因素是兴趣因素。他们接受工作变动,更期望能够自主创业或是自主寻找工作。他们与 90 后对职业发展因素和具有前景行业看法基本一致。除此之外,他们更能接受一些新兴行业的出现,电子竞技的兴起和发展,使不少 00 后从中获得了乐趣和休闲。他们对电子竞技的认可度是很高的。

一、新中国成立 70 年来中国青年职业观的变迁史

70 年的变迁是一个漫长的过程,但是青年职业观的变化具有阶段性特征。为了更加直观、系统地展现变迁过程,我们根据社会大背景与社会政策的发展变化把这70 年划分为 6 个阶段,其中,经济发展状况、文化教育水平、社会舆论环境、国家颁布的大政方针、重大历史事件的发生等都是我们划分时间段时考虑的因素。比如 20 世纪 70 年代末的恢复高考,90 年代末的大学扩招这些对青年职业观具有直接影响的重要教育方针是我们在划分阶段时非常重视的点。下面我们将对这 6 个阶段进行具体的阐述。

(一)初期(1949—1965 年)

新中国成立之初,我国经济落后、资源匮乏,百姓挣扎在温饱线上。这个时期如何就业成为国家和民众面临的首要问题,此时的青年就业观极具特点,因此我们对 21 名70 岁左右的民众的职业观进行了调查,发现以下几个特点:

1. 工作稳定是职业选择的首要条件

新中国成立初期,百废待兴,工作种类少,就业渠道单一,就业问题显得迫在眉睫。1949 年中国人口就已经有 5.4 亿,人均 GDP 却仅为 23 美元,据统计,1949 年末全国城镇失业的人数为 472.2 万人,城镇失业率高达 23.6%。当时政府实行高度统一的计划经济体制,个体经营以及与国家无关的经营都受到限制,因此工作种类只有机关单位、企业职员、农民、学生等;此外,就业途径大多为“包分配”,包分配仅适用于大学生。通过调研我们发现,在 21 位 70 岁以上的受访者中,有 17 位认为职业是维持生活、谋求生计的手段,从业的原因也是维持家庭生计。并且,有 18 位喜欢铁饭碗,不希望工作变动。这个阶段的人民吃饭都成了问题,有稳定体面的职业的确是他们的渴

望。由此可见,这一辈人对职业的要求就是:有工作并且稳定。

2. 农民、工人是就业主选,职业流动性差

我们在走访中发现,超过一半的人青年时期为农民。1949 年,我国的城镇化水平仅有 10.64%,大多数家庭还是处于农村。新中国成立初期,在交租、交税、交粮后,农民实际平均每人每年口粮只有 100 千克左右。经济基础决定上层建筑,对于当时的大多数青年来说,根本没有时间去谋划自己的未来、选择自己理想的职业,而是每天想着如何填饱肚子,解决温饱问题。在当时想要从农村走出来,去谋求自己喜爱职业的唯一途径是:上大学然后享受国家"包分配"。新中国成立初期,我国教育水平低下,人口文化素质差,学龄儿童入学率只有 20% 左右,全国 80% 以上人口是文盲。农民没有钱供孩子上学,国家也还没有助学贷款和补贴的政策,没有社会地位的人的后代也几乎是没有能力改变现状;受教育的程度低使得很多人自身能力与自己理想的职业差距甚远,在艰苦的环境下,不得不摒弃对理想职业的憧憬,放低对职业的要求。

3. "服从组织安排"是人们就业的主流

1953 年,"一五"计划成为社会主义工业化的开端,集中力量发展重工业,为有技能的人员提供了工作机会。1958 年开始"大跃进",持续数年动员城镇家庭妇女走出家门就业和从农村大量吸收劳动力进城就业。这个特殊时期,国家大力发展重工业,仅1958 年一年,全国重工业行业的就业人数增加高达 5000 万。由于"大跃进"时期城镇劳动力超额,因此到 3 年恢复时期,部分多余劳动力被分配到农村,再到 1962 年,部分城市青年有计划上山下乡。服从组织分配是人们的唯一选择,没有机会去思考自己的职业观。在我们调查中,76% 的人获取职业的途径是国家分配,并且在工作中一致选择"服从组织安排"。

综上所述,在二十世纪五六十年代,中国经济从一开始的"烂摊子"到社会主义工业化初步开展,这个阶段人们的职业观更多的是服从国家分配,人就是国家的一块砖,哪里需要往哪里搬。个人兴趣以及对职业的个人要求在此期间几乎是没有条件思考与选择的。

(二)"文化大革命"时期(1966—1977 年)

这一时期,国家为缩小城乡差距,开展"上山下乡"运动,城镇毕业学生大规模上山下乡,而后大量返城。

1. 知识青年重政工轻农商

在我们采集的数据中,一共有 44 名 50 后和 60 后,参加过上山下乡的有 23 名,其中有 69% 表明他们在青年时更期望到国家机关或国企等单位工作,对自主创业、个体户、农业并不青睐;在择业中,他们对职业的社会地位更加看重。上山下乡的城镇青年大多逐步返城。1975 年以后,下乡青年通过招工、招生、征兵、提干、病退和困退等原因而大量调离农村,每年达到 100 多万人,1975 年和 1976 年调离农村的人数均达到 130 多万人的水平。

2. 体制内稳定且具有社会地位,国家公职为最理想职业

"文革"期间,集体所有制企业与全民所有制企业按计划数量招收劳动力,而个体经济无立锥之地;就业几乎就是"计划分配"一条途径。在我们的调查中,44 位 50 后和 60 后受访者中有 73% 的人认为国家公职待遇较好、工作稳定,并且具有一定的社会地位,是当时最受欢迎和最有前景的工作。

(三)改革开放初期(1978—1988 年)

20 世纪 70 年代末,数百万下乡知青回城形成了就业高峰,而在计划经济体制下的"统包统配"就业制度难以解决不断加大的城市就业需求,改革势在必行。1980 年,根据党中央搞活经济的方针,明确提出了"三结合"的就业方针:在国家统筹规划和指导下,实行劳动部门介绍就业、自愿组织起来就业和自谋职业相结合的方针,打破了改革开放前国家分配的局面,所有制经济和个体经济共同发展,拓宽了就业渠道、种类。

1. 行业种类渐多,青年人择业开始看重薪酬和个人兴趣

根据我们的调研发现(图 1),50 后群体中的大多数人从事的职业是国家机关和政府部门工作人员、农民、学生、军人等,从事服务业的比例仅仅为 9%。60 后群体尽管很多人期望的工作单位还是国家机关,但相较于 50 后这一代,他们有更大的空间去谋求生计,工作环境没有那么单一,就业渠道更加广泛(图 2)。他们中有 56% 的人从事的是服务业和个体户。50 后从业原因 76% 是政策和家庭因素,然而 60 后对自己的职业可以提出更多的要求。43% 的 60 后从事目前工作的原因是工作薪酬高,26% 的人是因为兴趣从事当前行业,由此可见,薪酬和兴趣开始成为影响人们就业的因素。

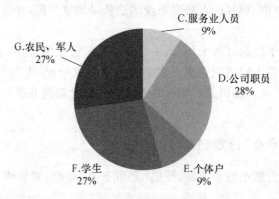

图 1　50 后职业分布情况

2. 农村青壮年开始流入城镇,就业观念逐渐开放

改革开放以后,城镇建设对劳动力有很大的需求。而家庭联产承包责任制的执行使农村拥有大量的剩余劳动力。国家出台了一系列就业政策,允许鼓励农村劳动力地区交流、城乡交流和贫困地区的劳务输出。大规模的农村剩余劳动力得以顺利走出农村,投身于城市建设中,造成了"民工潮"现象的出现。就业政策不断深化,使得农村青壮年的就业选择愈加丰富了起来,对职业的理解也不再单薄,观念趋向开放。

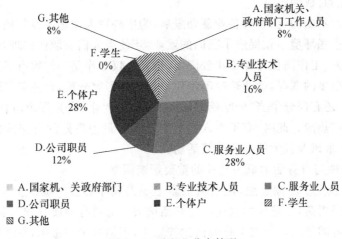

图 2　60 后职业分布情况

（四）深化改革时期（1988—1999 年）

由于不断深化改革，我国经济发展突飞猛进。根据调查结果显示，在 81 位受访的 70 后中，尽管约有 37.5％的 70 后更青睐于铁饭碗，有 50％左右的人对职业的理解停留在职业是维持生活、谋求生计这一观念上，但在新思潮的影响下，也有不少人认为职业除了满足生存需求更要满足心理需求。但相较于 50 后、60 后来讲，70 后可以接受工作适当变动的人数比例更多了。由于服务业的兴起，各种公司的大量兴起，不少年轻人选择从事服务业及相关工作或去企业上班。由于国家体制内的工作稳定，薪酬有保障，政府、机关、国企仍是大家的首选。

1. 学历成为影响人们就业的重要因素

70 后群体认为在学历、人际交往、抗压能力与积极价值观等几个因素中，60％的人认为学历是影响职业的首要因素。择业中注重教育与学历，这源于这个时期的农民已经基本上解决了温饱问题，对于职业的要求有了更大的诉求。

改革开放后，人们的思想观念不断开放，更加重视文化教育。从 1978 年，十一届三中全会重启了关于农村教育改革问题，农村教育被提上日程，此后，1985 年颁布的《关于教育体制改革的决定》，使农村中等教育结构得到了优化（图 3）。根据学生切实需求，大力发展职业技术教育、设置职业高中等。同时，国家针对高等学校毕业生的就业制度开始分步骤、分层次地逐步进行改革。并且此时，高等教育的发展进入稳定阶段，并随着经济社会的发展和社会需求的改变趋于大众化。

2. 受"统包统配"思想影响，国家统一分配仍为首要选择

这一时期，新旧政策处于交替阶段，新政策的运行需要一定的反应与适应期。受前一阶段"统包统配"观念的影响，大多数人仍会选择或接受国家分配工作、服从组织的安排。有部分城市建设仍对劳动力有一定的需求，还较大依赖于国家分配劳动力进行生产建设活动。不过，70 后是见证"国家统一分配工作"的最后一代人。

3.“下海经商”成为热潮

随着改革的不断深化,各行各业蓬勃发展,为中外商人创造了良好的经济条件与营商环境。新的市场环境不仅促进了我国的就业,还使得人们对职业的理解发生了变化。相对于前几代人,工作岗位与性质比较固定,选择心仪工作是一件很有难度的事情。70后择业拥有了更多的选择,就业途径不仅仅只是依靠国家分配,自主寻找工作也成为主要的就业途径,还有部分争当“先吃螃蟹的人”,“自主创业”成为那个时代的新名词,兴起了“下海经商”热潮。此时,有不少人放弃前几代人最为看好的有保障的稳定的公职工作,转而去从事风险较大的商业经营活动。

4.物质条件与自身能力成为择业的重要影响因素

70后虽然接受了新潮思想,但性格根本上还是属于务实一派。大学扩招,人们的受教育程度不断提高,毕业生的就业压力开始增大。对自身物质基础与能力的衡量,会充分反映到择业的倾向。寻找工作偏向比较现实,不是过于理想化,在考虑自身未来的职业生涯时,会先审视结合自身的能力和条件,做出最具性价比的选择。

(五)新世纪初期(2000—2010年)

进入2000年时,改革开放已经走过20多个年头,这个时候的中国如同一架飞机进入蓄力阶段,准备着全力的冲刺。加入WTO融入世界竞争具有划时代意义,2000年到2010年被称为新中国成立以来的黄金10年。这个时期的就业市场上的主力军是80后,他们的年龄在这个时期也正处于20岁到30岁的阶段,他们从初入职场到进入职业定型阶段,80后青年的职业观念在这个时期是最具有代表性的。

1. 职业观念中保守和开放并存

中国进行的改革开放后随着市场经济体制的确立,各行各业蓬勃发展,对劳动力的需求也更多元化。人们的就业选择更加多样化,此时年轻人的职业观念是相对于前人更加开放,年轻人愿意接受和选择新型的职业。80后很多人愿意去从事风险较大的商业经营活动。当然,他们中也还有相当一部分认为国家分配是获得工作的最好途径,认为新兴的行业具有不稳定性、不确定性,而体制内工作更加稳定。

2. 物质条件成为择业最重要的影响因素

这一时期,大学扩招政策带来的结果已经非常明显,人才市场中大学生供过于求,文凭在青年求职过程中不再是主要的优势,用人单位更加看重求职者的综合素质。此外,80后面临更大的生存压力:福利分房政策取消,对后代的教育投入大、赡养老人成本提高等,因此,80后在择业中非常现实地把物质报酬看成最重要的因素。

3. 人际交往是职业发展的重要条件

职业选择与发展中,除了受教育程度和学历,80后更关注人际交往能力、更看重人脉这一因素。在我们调查的64个80后个体中,有43人认为人际交往能力是职业发展中最重要的因素。他们认为拥有良好的人际交往,有助于更好地开展工作或者开展团队合作,而且认为人脉就意味着机遇与机会,是职业发展中必不可少的资源。

4. 职业流动自由化程度变强

关于对工作变动的看法,我们的调查数据显示,80后以前的人更倾向于铁饭碗,80后这代人对于职业的流动并不那么介意,反而认为适当跳槽可以确认自身的能力,同时,兴趣和工作是否匹配也是职业发展中的考虑因素。

(六)2010年以后

最年轻的90后也即将离开校园,进入人才市场,90后是劳动力市场的主力军。此时的中国,可以用天翻地覆来形容,移动支付、人工智能、共享经济、网络经济等应用到生产与生活的方方面面,除了物联网、云计算、大数据、电子商务、规模经营的家庭农场、农村产业融合等新兴产业和业态的兴起,衍生出了的各种闻所未闻的新型岗位。90后面临的就业格局跟以往完全不同,具有更加突出的特点。

1. 90后更能接受新事物与新职业

据人社部关于《新职业——电子竞技员就业景气现状分析报告》显示:未来5年电子竞技员的需求量近200万人,收入高、前景好成为电子竞技的标签。除了电子竞技,新兴的职业还有试睡师、侍酒师、健身教练、网络主播、家政从业者、从电子商务衍生的快递从业人员等。每一个新职业的出现虽然伴随着争议,但是90后勇于尝试、敢于改变,接受能力强,接受速度也快。除了传统的行业选择,这些新兴的职业也将成为90后就业的选择。

2. 竞争与平等观念逐渐确立

多年前,北京大学毕业生卖猪肉上了社会新闻头条,人们唏嘘不已,因为卖猪肉不入流,与名牌大学毕业生的身份不相符,人们批判,人们不理解。似乎职业被分成了三六九等。与之相反的是,90后群体更加包容这样的现象,甚至予以肯定:研究生卖油条,大学生当农民、当村干部等,他们不会认为这是不务正业,他们认为这是新型知识与传统行业的融合,推动传统行业的发展,也是一种奉献精神的体现。与此同时,因为就业难、就业压力大等因素,他们更加专注提升自我,他们全面发展不断学习,为了让自己在竞争中占据优势,他们在受挫时会选择越挫越勇,更加充实自己,而不是安于现状。

3. 职业选择标准多样,其中兴趣爱好是突出因素

这个时候的年轻人在就业时不仅关心自己职业的薪资待遇,而且更加重视兴趣爱好与职业的结合。他们对于就业地点也会有要求,有的趋向于北上广深等大城市,有的也会认为小城市也有独特的美丽。社会地位、行业前景、自身能力等也是他们考虑的因素。职业与兴趣爱好相结合是他们最理想的职业状态,也是他们努力追求的最佳状态。

二、新中国成立70年来中国青年职业观变迁的总体特点

纵观新中国成立70年来中国青年职业观的变化历程,我们总结了几个特点:

（一）选择职业的标准从低到高

在职业要求上，从新中国成立之初的为了养家糊口只要有工作就行的"低配"，逐渐变到如今以兴趣爱好为标准、以实现自我价值为目的的"高配"。择业的条件与标准更高。用马斯洛的需求层次理论来理解，在职业方面的追求已经从最基本的生理需求上升到社交需求、尊重需求甚至是自我实现的需求。

（二）选择职业的途径由单一到多元

从新中国成立初期到80年代中期，高校按指令招生，学生就业按计划分配，实行"统包统分"模式，青年的就业途径单一，知识青年等着分配，一般青年成为工人或者农民。后来随着我国经济体制的不断改革，国家对就业政策进行调整，变成用人单位和求职者双向选择，扩大了两者的自主权，也提高了大学生的竞争意识。如今，随着改革开放的深入，出现了更多就业机会和获取工作的渠道，并且国家大力支持青年自主创业，提出"大众创业，万众创新"的方针，就业途径更加多元化。

（三）接受职业变动的程度由低到高

职业变动包括就业单位地点变动、就业岗位变动，甚至是就业行业的变动，变动的原因也各不相同。通过调研我们发现（如图4），对铁饭碗的选择是呈显著下降趋势，而适当变动这一选择则呈上升趋势。

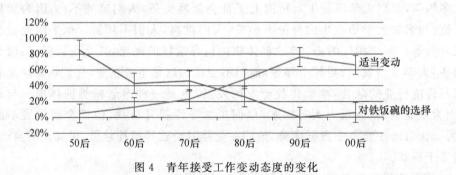

图4　青年接受工作变动态度的变化

（四）对职业环境的要求由封闭到开放

随着我国经济体制的改革，社会主义市场经济的发展，我国就业环境的格局发生巨大变化，创造了更多的就业岗位，与此同时，我国就业市场与国际接轨，形成了逐渐开放的就业环境。

（五）职业选择的偏好由单一的公职到越来越能接受新兴职业

人们对工作有了更多的选择空间，观念不再简单地拘泥于传统行业，青年群体对新兴事物和新兴职业的包容性、对职业社会地位高低的包容性等都变得更强。根据调研数据显示(如图 5),人们对公职的偏好逐渐减弱,对不同性质的职业偏好逐渐趋于平等。其中,如文化传媒、自媒体、IT 等创新型以知识为主导的新经济职业开始受到当代青年的热捧,原因在于这些职业在这个互联网时代应运而生,工作性质充满活力和趣味,符合当代青年人的兴趣,工作中的挑战也让青年人的知识有了用武之地;而公职人员的固定收入、固定工作环境显然已经不再是当代青年热衷的择业标准。同时,这也意味着我国第三产业是当代新青年工作的主要产业,如此看来,我国第三产业还有很大的发展空间。

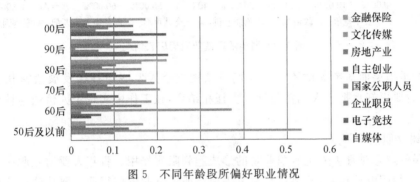

图 5　不同年龄段所偏好职业情况

三、关于中国青年职业观的未来发展与建议

每一个时期人们的职业观都与该时期的现实环境紧密相关,未来人们的职业观依然需要与时俱进、需要正确引导与改进。

(一)青年人要自觉树立正确的职业观

1. 立足于自身能力,降低就业期望值

随着高等教育的普及,越来越多的青年接受了高等教育、拥有大学甚至研究生学历,大学生对职业的选择与发展也有了更高的要求,因此,我国的就业形势面临严峻的挑战。当代青年在择业中应以自身潜力、技能、学业水平为基础,选择符合自身能力的职位,形成先就业、后择业的就业观念。

2. 提升自身能力与素质、不断完善自己

自身能力与职业需求不匹配成为青年择业时所遇到的最大阻碍因素。除了国家的就业支持政策外,青年人自身也应不断拓宽知识面,丰富自己的知识储备,提升自身能力与综合素质,以应对职业发展中的挑战。青年人还应树立良好心态,积极面对不确定因素的挑战,积极参与各项有益的社会活动,提升社会交往、团体协作能力等。通过逐步完善自我,成为更好的自己,让自己在职场中变得更具竞争力(图 6)。

3. 在职业选择与发展中追求个人价值与社会价值的统一

目前,多数人对职业的认识停留在实现个人理想的层面上,而对职业发展中有关社

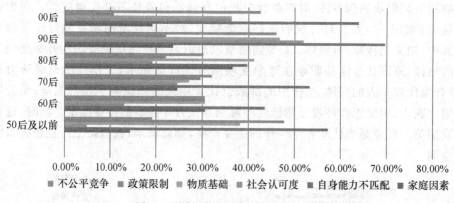

不公平竞争 ■ 政策限制 ■ 物质基础 ■ 社会认可度 ■ 自身能力不匹配 ■ 家庭因素

图 6 不同年龄段就业阻碍因素情况

会责任的承担层面却考虑的不多。我们应该树立个人发展与社会发展紧密相连的理念,择业时要更好地把个人利益与社会责任相结合,在工作中实现个人价值与社会价值的统一。

4. 树立职业平等观

错误的观念对青年人正确职业观的形成起到阻碍作用。青年人要树立职业平等的观念,在进行职业选择时,不要盲目跟风去追捧或看不起哪些行业。要清楚地认识到职业无高低贵贱之分,只要是合理合法、为人民服务的职业都是光荣的,都是值得尊重的。

(二)国家引导青年人树立正确职业观的相关举措

1. 建立健全市场机制,加大职业供给,为青年人提供职业发展的保障

首先,从宏观角度来说,促进经济的良性发展,为就业创造良好的基础。如鼓励创业和持续支持民营企业的经营,加大职位的供给,为青年人创造更多的就业机会与就业渠道,为青年人提供职业发展的保障与信心。其次,从公司或产业作为职业供给一方来说,进行科学的入职前培训,创造良好的企业文化氛围,提升员工职业素养,帮助青年人树立正确的职业精神。最后,国家应加大对基层就业的支持力度与福利,使青年人在平凡岗位上感受到职业幸福感。鼓励青年人从基层做起、到基层就业,根据我们对 248 名 80 后、90 后和 00 后的调查发现,在"是否愿意接受基层工作"的选择中,有 69% 的人选择愿意接受基层工作。因此,社会各界可以采取拓宽基层晋升渠道、增加福利待遇等措施鼓励青年人去基层就业,让青年人在平凡的岗位上有尊严与获得幸福。

2. 完善相关法律法规,创造公平的职业竞争环境

工作压力大、工作时间长、职场歧视、性别歧视等问题都是阻碍青年人正确职业观形成的因素。整治职场乱象、树立公开公正的就业程序,有助于青年人树立正确的职业竞争观。至于如何优化就业环境,除了靠单位、企业本身的自觉规范,还需要国家出台相关的法律法规去规范就业秩序。比如,引发广泛讨论的富士康、996 事件,归结一下都属于就业环境方面的问题。由此可见,完善有关人才及劳动法规,使用人单位、高校、择业青年人都能在人力资本交易中得到有效的法律保障,青年人在职业选择与发展中

感受到被公正对待,有助于他们形成敬畏职业的观念。

3. 教育部门应加强对青年人职业观的教育

职业观教育是高等教育的重要组成部分,也是青年人树立正确职业观的必然要求,是帮助青年人做出正确职业判断和职业选择的有效途径。大学是青年人职业生涯的充电桩,所以高校要非常重视青年人的职业观教育。学校促进学生成长成才的同时,还要鼓励学生养成勤勤恳恳的敬业精神与脚踏实地的务实精神。积极开设关于"职业观与就业"的相关课程,把职业观教育纳入学生的考核机制;开展与课程相应的活动竞赛,对于参与度高、表现好的同学给予一定鼓励和支持,使同学们更好地理解职业概念。同时,国家也应建立健全相关制度,并严格执行,为优化就业环境提供有力保障。

总之,我们按时间脉络阐述了过去 70 年来青年职业观的变迁,探讨了每个阶段职业观的形成原因、总结其规律,希望帮助青年人了解社会、树立正确的职业观。

参考文献

国家统计局社会统计司,1987. 中国劳动工资统计资料(1949—1985)[M]. 北京:中国统计出版社.

马洪,1982. 现代中国经济事典[M]. 北京:中国社会科学出版社.

姚裕群,2005. 走向市场的中国就业[M]. 北京:中国人民大学出版社.

顾洪章,胡梦洲,2009. 中国知识青年上山下乡始末[M]. 北京:人民日报出版社.

孙佳宁,2015. 关于建国以来我国教育发展历程的思考[J]. 现代交际(11).

刘永丽,2017. 77 号调查|70 后务实、80 后独立、90 后个性,真的是这样吗? 不同年代大学生就业观为何大不同[N]. 青年时报.

卡尔·海因里希·马克思,1986. 青年在选择职业时的考虑[M].//马克思恩格斯论教育. 北京:人民教育出版社.

新中国城市轨道交通购票方式演进的调查研究①

——以北京地铁为例

杨小燕　周靖昀

【摘　要】　城市轨道交通是当下许多大中城市为适应自身的发展需要而建设的一项惠及市民的基础性设施服务。它作为我国道路交通建设的重要组成部分,不断发挥自身价值来推动社会的成长和进步。本调查小组以北京地铁为调研对象,通过北京地铁线路的购票方式变化,透视我国道路交通建设的发展历程,见证新中国70年的辉煌成就。调查报告运用理论与实际相结合的方法,以查阅文献和在线上发布调查问卷的方式,明晰了北京地铁购票方式的演进过程,分析了影响演进的相关因素并对北京地铁购票方式的未来做出了展望。

【关键词】　城市轨道交通;北京地铁;购票方式

一、研究背景及意义

新中国成立70年来,随着基础设施的不断完善以及科技、经济水平的持续发展,城市逐渐向外围发展扩张,城市面积逐渐扩大,市民出行半径日益增长。为满足城市居民的出行要求,具有快速、低能耗、承载量大等优势的城市轨道交通起到了不可替代的作用。其中能够缓解地面交通的地下铁道(简称地铁)更是深受欢迎。

北京地铁是服务于北京市的城市轨道交通系统,也是国际地铁联盟(COMET)的14个成员之一。作为中国第一个开通地铁的城市,本小组认为以北京作为调查对象更具有代表性。调查试图通过研究北京地铁购票方式的变化,以最真实的数据见证祖国的发展。

以下是我们的调查情况。

本次线上问卷共回收304份,有效问卷304份。其中,以18～35岁的青年为主,36～55岁年龄的填写人数次之,18岁以下、56岁及以上的人数较少(图1)。总体来说,填写问卷的人均具备合理、客观分析问题的能力,故问卷结果可信程度较大。

通过对北京市地铁购票方式演变的研究与社会调研的反馈收集,明晰北京市历史环

18岁以下　■ 18~35岁　■ 36~55岁　■ 56岁及以上

图1　被调查人群年龄分布

①　本课题指导老师杨小燕(北京工商大学马克思主义学院);课题组长周靖昀(贸经171);课题组成员:高一方(贸经171班)、李明菲(贸经171班)、杨逸(贸经171班)、赵天晨(贸经171班)。

境、社会背景、地铁线路建设以及随经济发展人们对交通需求的不断提高等因素对北京地铁购票方式演变的影响,并对接下来地铁购票方式的发展进行更进一步展望。

二、北京地铁购票方式的演进过程

(一)1978年改革开放之前,凭单位介绍信购票方式

20世纪50年代,毛泽东同志洞察了地下铁道的重要性,从战备和民用角度倡导北京发展城市地下铁道,主要强调了北京地铁的政治功能。经过多方共同努力,最终,北京地铁一期工程在1969年10月1日完工,以庆祝国庆。

北京地铁一期工程线路试运营初期,只能小范围接受参观性质的乘客,实行内部售票,凭单位介绍信在各车站购票,单程票价为1角(图2)。

图2 北京地铁一期工程线路试运营初期地铁票

(二)1978—2008年

经过近10年的完善,地铁的硬件设施有所加强,已逐步成为北京市民出行的重要交通工具。北京地铁由政治功能逐步转向于经济功能、民用功能,开始切实为百姓服务。

主要有以下两种购票方式:

1. 联合月票方式

1978年12月1日,北京地铁开始发行联合月票,为首钢、特钢、锅炉厂、发电站等企业上下班的职工提供乘坐地铁时的便利。发行初始与地面公交车票联用,票面价格10元人民币,当时的联合月票已经有了后来城市"一卡通"的雏形,也标志着北京地铁真正开始为民运营。

2. 城市交通一卡通方式

从北京地铁建立时起,无论是参观还是乘坐地铁采用的都是纸质的凭证,直到城市交通"一卡通"的出现打破了纸质票据这一历史惯例,开启了地铁购票方式的新时代。

2006年5月北京城市交通"一卡通"于正式启用,市民可以持该卡在开通"一卡通"功能的线路上刷卡乘车并享受打折的优惠。

在问卷调查中,"您经常使用的购票方式为?"一题中有122人占总体40.13%的研究对象选择了城市交通"一卡通"(图3),由此看出,从推出"一卡通"到现在,城市交通"一卡通"方式仍是大多数人选择的乘车方式,短时间内很难被替代,有些手机如华为系列可直接给"一卡通"充值,大大节省了乘客地铁购票的时间,民用功能得以加强。

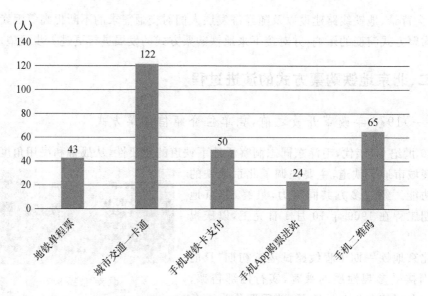

图3 经常使用的购票方式调查结果

（三）2008—2017年，实行自动售检票方式

2008年6月9日，北京地铁全部实行自动售检票，纸质车票退出历史舞台。站厅靠出入口的醒目位置都设有自动售票机，乘客可通过提示自行操作买票。也可以到客服中心购买地铁乘车卡、车票和换零钞，或使用自动充值机给地铁乘车卡充值。

在问卷调查中，有43人占比14.14%的受访者使用地铁单程票出行，对此我们进一步提出"您平常使用的购买地铁单程票方式为?"这一问题。超半数的人选择用机器自助购买单程票，尤其对于一次性乘车的乘客，比如外地来北京旅游的乘客来说，是最便利的购票方式（图4）。

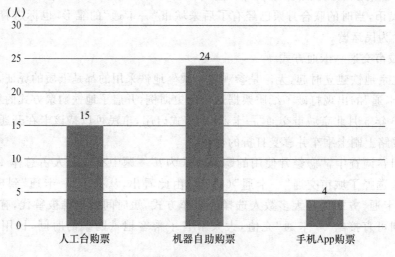

图4 平常使用的购买地铁单程票方式调查结果

（四）2017年至今，实现网络购票方式

2017年12月23日起，北京轨道交通全路网实现线上购票、车站取票，即乘客通过北京轨道交通单程票互联网票务服务平台App进行线上购票，可在全路网各车站FAM（网络取票机）上进行取票、进站乘车。

2018年4月29日起，北京市轨道交通全网（不含西郊线）实现刷二维码乘车。2018年4月30日易通行App在北京市全线运行。

在问卷调查中，提出"您对地铁购票方式变化的态度是？"有61.8%的人能很快接受并采用新型购票方式，较快适应新的方式；等到大部分人都采用新型购票方式后才采用占到28.2%，在对现有方式进行对比后，选出适合自己的方式；几乎是最后采用甚至不使用新型购票方式的人也占到10%，乘客循规蹈矩，依赖自己所熟悉的购票方式，这无可厚非（图5）。社会如今趋向于"一部手机"解决所有问题，因此地铁购票方式也会趋向于用电子卡和二维码进站，并且对经常乘坐地铁的人群来讲还有打折优惠。

根据最新消息，2019年8月10日起北京55个地铁站试点微信、支付宝购票充值。乘客在人工售票处、自动售票机、网络取票机上进行购票、补票、充值时，可使用微信、支付宝扫码支付。此外，北京轨道交通还创新采取"主扫"＋"被扫"非现金支付方案，以应对手机信号不稳定。

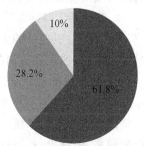

■ 很快接受并采用新型购票方式
■ 等到大部分人都采用新型购票
　方式后再采用
□ 几乎是最后采用

图5　对地铁购票方式变化的态度调查结果

三、北京地铁购票方式演变的原因

针对这一部分，我们也在调查问卷中提出了相应问题。"您认为有哪些因素促使购票方式的演变？（多选）"通过数据发现（图6），有超九成的人认为科技进步是促使北京地铁购票方式演变的至关因素，与政府便民利民服务水平、经济发展和人们生活水平提高也有着密切联系。

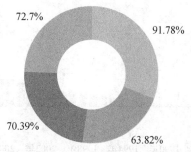

■ 科技进步　■ 人们生活水平提高　■ 经济发展　□ 政府便民利民服务水平提高
图6　您认为有哪些因素促使购票方式的演变的调查结果

故此,我们总结了以下5个方面的因素来全面分析北京地铁购票方式演变的原因。

(一)政治因素

1. 1949—1978 年

在这近30年内,我国建立和不断强化的是一种政治导向型政府管理模式,强调一切工作服从于政治,军队作为保卫祖国维护和平的政治基础,占据重要地位。因此北京地铁的规划与建设起初是为了军方服务,在很长的一段时间内地铁并没有公开运营。

2. 1978 年以后

在政治发展良好的大环境下,中央对人民生活质量的关注度增强,大力支持交通工具的建设,政治发展方向的转变将地铁实现了"军转民用"功能上的变化。

2008 年为准备北京奥运会在一年内开通了 8 号线、10 号线以及机场线,地铁覆盖率急速提高。同年 6 月 9 日,人工售出的纸质车票停用,取而代之的是非接触式 IC 卡车票以及自动售票系统。IC 卡是我国人民生活向智能化发展的一个标志,随着 4G 时代的到来,陆续出现了电子城市"一卡通"、手机二维码扫描乘车以及电子定期票,为乘客地铁出行增添新选择。

(二)经济因素

1948 年,中国人均 GDP 排世界各国第 40 位,到了 1978 年中国人均 GDP 排倒数第 2 位,仅是印度人均 GDP 的 2/3,国家经济困难造成地铁停工 3 年。

自 1978 年十一届三中全会以后,党的工作重心转移到经济建设上来,国内生产总值逐步上升,我国整体经济情况逐渐好转(图7),北京地铁购票方式因此也发生了改变。出现联合月票后,推动了北京地铁消费与经济建设。同时,多样的融资方法给科技的研发提供费用,使得长久以来的购票方式又一次发生了变化,非接触式 IC 卡的出现告别了纸质乘车票。随着经济发展,人民生活水平不断提高,伴随升高的还有智能手机普及率,为之后出现移动支付购票方式奠定了基础。

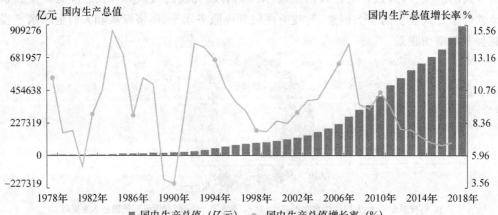

图 7 1978—2018 年国内生产总值和增长率

（三）科技因素

地铁购票方式随科技的改进而变化，IC 卡于 20 世纪 90 年代开始推广，随着金卡工程建设的不断深入发展，2003 年底，经过之前两年多的系统建设和测试考核阶段，北京市交通"一卡通"开始试用，IC 卡的普遍应用证明我国在芯片研发能力方面的进步。2006 年"一卡通"实现了电子月票功能，并取代了以前的纸质月票。2008 年 6 月，北京地铁启用自动售票系统，包括城市"一卡通"和单程票的使用，乘客只需在地铁出入口的自动检票机上刷一下车票或是"一卡通"即可完成进出站。

2008 年 7 月 11 日，苹果公司推出 iPhone 3G，开启了智能手机新的时代。经过数年研究，4G 网络技术在 2014 年成功进入人们视线，在智能手机与 4G 的基础上，人们对"无现金"的移动支付越加依赖，促进了电子城市"一卡通"、二维码扫描乘车等方式的出现。2017 年 12 月起，北京轨道交通全路网实现线上购票、车站取票，乘客通过北京轨道交通单程票互联网票务服务平台 App 进行线上购票，可在全路网各车站 FAM（网络取票机）上进行取票、进站乘车。2018 年 2 月 1 日，北京地铁新添"科技岗"，乘客出门前就可用手机查询附近地铁站的拥挤度，选择舒适度最高的车站上车。2019 年 1 月 20 日起，北京轨道交通试行推出电子定期票，为乘客地铁出行增添新选择。

科技的水平决定智能化的发展速度，只有充足的科技准备，才能在某一领域打破传统并成功改朝换代。

（四）社会因素

自 1949 年以后，我国人口一直处于增长阶段。1949 年北京总人口 203.1 万，将近 70 年的增长，到 2017 年人口数为 1359.2 万。人口数量的增长给交通与就业带来压力，与地铁客运量显然呈正相关关系。在经济与人口的双重作用下，地铁客运量的增长速度其实是大于人口增长速度的，因此，人口因素对地铁购票方式演进的推动作用可想而知。

（五）交通因素

中国的城市人口居多，随着经济的发展和人们生活水平的提高，私家车拥有量逐年上升，道路交通拥堵情况加重。车辆需求的过剩与道路供给的不足成了北京市地面交通拥堵的症结所在。因此，只能利用轨道交通解决北京交通出行问题。地铁出行成了很多上班族的首选。地铁购票方式逐渐向电子化、网络一体化发展，更加节约了乘客的交通时间。

基于上述因素，北京地铁购票方式几十年的演变和发展目的无疑是为了让乘客乘坐地铁更加方便快捷。

在调查问卷中，问到"您对目前地铁购票方式的感受如何？"有 52.96％ 的乘客对北京地铁的购票方式十分满意，绝大部分乘客认为购票方式贴合生活，越来越方便快捷，还有 45.39％ 的受访者认为比较满意，但还有提升的空间，只有极少数受访者并不满意

（图 8）。随着社会的不断发展,地铁购票方式不断进步,在未来购票方式的改善中需要更加注重新技术应用与乘客体验的相关性。

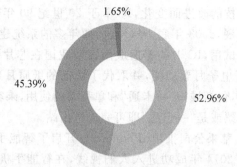

图 8　对目前地铁购票方式的感受调查结果

购票进站作为乘坐地铁重要的前置环节,其方式是影响地铁发展与地铁沿线发展的至关重要的因素。拥抱现代科技的举措真正意义上促进了"一部手机可以解决所有事情"的这个理念,也是新中国成立 70 年来科技与民生相融合的缩影。

四、北京地铁购票方式存在的问题与对未来的展望

(一)存在的问题

北京地铁购票方式演变过程中,各种购票方式也存在着一些或大或小的问题,下面具体结合各种购票方式的特点以及调查问卷所收集的反馈来剖析问题。

1. 自主购票系统

"在使用自助售票机时您所遇到的或是担忧的问题?"一题中,经过数据分析(图 9),有 73.36% 的人都曾在使用自主购票系统过程中遇到问题,其中,给大家带来最大困扰的是排队人数太多,所占用的时间较长,尤其在早晚高峰时间段,由于在商务区中企业办公的人员较为集中,在早晚高峰时的排队人数易出现过多的状态。

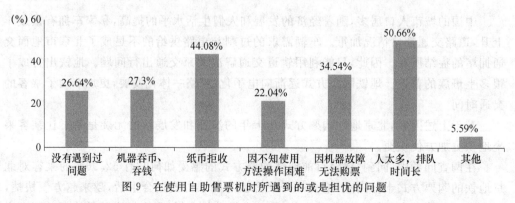

图 9　在使用自助售票机时所遇到的或是担忧的问题

162

除此,还有一个很大的问题并且较为常见——纸币问题,一些比较旧的零钱或者折角的很可能被拒收,或者是有些乘客没有零钱没办法用纸币购票,从而只能够选择人工窗口进行购票,十分费时费力。若自动购票机遇到故障无法购票,则需要工作人员进行人工干预,同时也增加了购票过程中的等待时间。

2. 北京市政公共交通一卡通

"在使用北京市政公共交通一卡通时您所遇到的或是担忧的问题?"一题中,根据调查问卷数据的回收(图10),乘客在使用"一卡通"时出现问题的占比为63.49%,相较于自主购票系统,问题出现的概率略有下降,其中最大的问题并非技术问题,而是群众自身忘记携带,或者是储值卡余额不足,从而间接反映出:额外携带一张卡确有不便,不如直接通过手机或者现场进行购票更为保险。

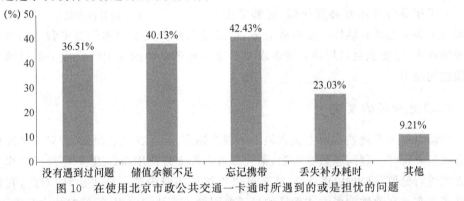

图10 在使用北京市政公共交通一卡通时所遇到的或是担忧的问题

除此,很多学生反映,学生卡会不定期失效,需要重新激活才可以使用,而激活和充值又十分不便,只能到特定的地点去办理,所以越来越多的学生会选择直接用手机购票。

3. 手机二维码或手机钱包支付方式

"在使用手机二维码或钱包支付方式时您所遇到的或是担忧的问题?"一题问卷数据表明,随着技术的进步,近两年才大力倡导推进使用手机二维码和手机钱包进出站,由于所采用的技术较为先进,故而产生的问题更少一些,占到59.21%。目前而言依然有15.46%的乘客不了解地铁购票也可以利用二维码支付(图11)。使用二维码进站较为方便,但是出站时缴费会有延迟,当遇到缴费问题时如果无法及时在地铁站寻求工作人员的帮助,会造成在进出站口拥堵的情况。

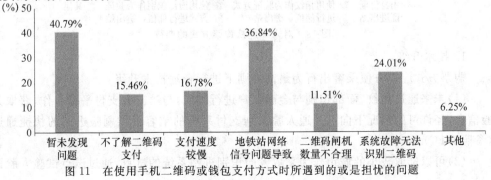

图11 在使用手机二维码或钱包支付方式时所遇到的或是担忧的问题

4. 人工购票服务

"您觉得现在是否有必要设立人工服务购票?"一题问卷数据表明,当今,最直接的寻求帮助的购票方式——人工服务的购票方式越来越少,但我们依然设置了这个问题,因为无人购票对很多老人或者外地旅游者的购票过程会是一个较大的障碍。人工服务必不可少,这从调查所反馈出的数据也能够证实,高达 67.76% 的受访者认为人工服务购票仍需设立(图 12)。

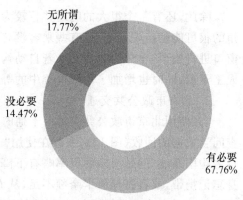

图 12　现在是否有必要设立人工
服务购票调查结果

人工服务台虽然有必要保留,能够帮助需要人工服务的乘客继续享受有效服务,但是这与减少人工成本的要求背道而驰。在有限的将来,既要满足目标乘客的诉求又要减少对劳动力的支出将会成为促进购票方式演进的动力。

(二)对未来的展望

受访者对未来地铁购票方式也提出了很多期许,问卷在最后提出"您对未来地铁购票方式的期待?"一题问卷数据表明,绝大多数人都支持使用面部识别、指纹识别作为验证方式进行储值、进出站(图 13),甚至可以直接使用身份证一证进出站,对此,我们组总结了未来北京地铁购票方式发展的最重要因素——技术因素,我们对技术升级、技术保障两个方面作了具体分析。

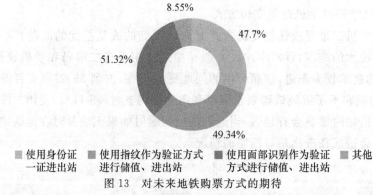

图 13　对未来地铁购票方式的期待

1. 技术升级

购票方式应以方便乘客出行为最高准则下进行合理技术升级:

(1)未来通过指纹、面部识别与金融账户进行绑定,与第三方支付平台合作,获取人脸信息,经许可的情况下向已开通人脸识别支付系统的乘客提供刷脸进站的快捷通道(参照 ETC)。

(2)可以选取较小的城市作为采取人脸识别进站系统的试点,通过试点试验人脸识别的实践性、便利性,从而发现人脸采集的问题,以及人脸识别进站产生的一系列问题。由一个又一个试点逐渐推广到大范围使用人脸识别进站系统。

(3)向发展较为快速的城市学习,例如广州市:2019年9月9日,智慧地铁示范车站在广州地铁3号线、APM线广州塔站正式上线,实现了智慧安检和刷脸支付一站式入闸,只需在广州地铁App注册个人信息后,就可以用人脸识别的方式进出站台。这样不仅节约了乘客的出行时间,还增强了地铁站的安全性。

2.技术保障

当科技的发展已经满足快速、便捷出行的要求时,如何通过技术保障个人信息安全,防止个人信息被盗取成为重中之重。

(1)规定时间周期,按时对机器进行折旧率计算,及时调试、更换劳损设备,确保机器的正常使用。通过科学技术手段,增加进站机器使用的耐久性,保证其工作的稳定。

(2)未来如果发展到进出站时采用生物特征识别等技术进行快速通过,建议其数据收集以及数据存储的过程并不一定需要由国家统一进行,但相关企业应在不违反相关法律法规的前提下受到国家相关部门的数据测试与信息监管。

配套及其生产厂家不能盲目采用新型技术,要因地制宜地在技术相对成熟后再进行应用,一方面能够节省频繁更新换代带来的成本问题,另一方面则是使配套的技术人员能够得到及时且完善的培训,从而使相关及其部件能够得到完善的保障。

除此,北京地铁相关部门要权衡好人工与非人工服务的尺度。地铁方可根据客流量在必要的站点设置人工服务,通过宣传加强市民对智能购票方式的意识,以便于适当依靠智能化降低人工成本。

参考文献

谭烈飞,2006.新中国成立以来的首都地铁建设[J].当代中国史研究,13(4):95-103.

胡志强,2018.北京地铁的"记忆"[J].工会博览(32):11-14.

褚添有,2008.政治导向型政府管理——1949年至1978年中国政府管理模式研究[J].公共管理学报(01):27-32+120-121.

张荆红,2009.半依附:1949—1956年中国政治发展的重要特征[J].武汉大学学报(哲学社会科学版),62(01):133-138.

张钦朋,2009.中国政治发展60年:回顾与思考[J].中州学刊(05):14-21.

王润泉,2018.我国PPP模式的演进发展历程[J].农业发展与金融(12):42-45.

刘立仁,2003.规划先行 政策助推 科技主导——北京城轨交通步入快车道[J].建设科技,01:43-45.

邓鹏翔,2011.基于多社会经济因素的地铁出行需求研究[D].长沙:中南大学.

新中国成立 70 年来北京市西城区
老年医疗演变调查[①]

张彦琛　尹卓伊

【摘　要】　新中国成立 70 年来,我国综合国力不断增强、经济社会大变革、人民生活水平不断提高。新中国成立后的经济快速增长和医疗制度的不断完善也使得我国老年医疗产生了深刻的变化。本文基于对北京市西城区居民的调研,分析老年人就医环境、医疗政策、就医成本等因素对老年医疗的影响,以展现新中国成立 70 年来北京市西城区居民老年医疗的演变。

【关键词】　新中国成立 70 周年;老年医疗;医保政策

新中国成立 70 年来经济社会发展对我国城市医疗尤其老年医疗产生了深刻影响。一般而言,城市老年居民的就医行为主要受现有医保政策、医疗水平与设备设施等客观因素影响,老人自身健康状况、家庭整体收入水平及可支配收入水平、亲友及自身已有经验等主观因素影响。70 年来中国经济社会的发展,就在深刻影响上述因素的基础上,造成了我国城市居民对老年医疗认识的变迁。

本次调查主要采取问卷调查与采访形式,兼有对北京市西城区居民与医生进行访谈、参考媒体报道及相关部门发布文件的形式展开。调查问卷以线上方式为主,由小组成员通过互联网定向发送给北京市西城区居民。调研共发出调查问卷 200 份,收回 193 份,回收率为 96.5%;有效问卷为 193 份,有效率为 100%。访谈工作由调研小组成员于北京市西城区对当地居民进行随机采访交谈,了解现状。

本次调查问卷填写人群年龄段分布以 60 岁以下人群居多,覆盖不同年龄段的受访人群,其中 30 岁以下占 31.09%;31~45 岁占 32.12%;46~60 岁占 34.2%;60 岁以上占 2.59%。被调查者性别分布相当,但以女性居多,占 55.96%;男性占 44.04%。被调查者的受教育程度情况如下:初中及以下占 8.81%;高中或中专占 30.05%;大学本科或专科占 55.44%;研究生及以上占 5.7%。被调查者职业以公司职员或个体从业者和事业单位或公务员居多,其中公司职员或个体从业者占 30.57%;事业单位或公务员占 20.21%;学生占 17.1%;自由职业者占 16.06%;退休人员占 8.29%;其他类别占 2.07%。由于本课题调研针对北京市西城区居民展开,所以被调查者居住地均为北京市西城区。

---

①　本课题指导教师张彦琛(北京工商大学马克思主义学院);课题组组长尹卓伊(贸经 182);课题组成员:顾宝(贸经 182)、聂欣瑶(贸经 182)、陶文霞(贸经 182)、孙箐萱(贸经 182)、谢凤仪(贸经 182)、李明珊(贸经 182)、莫裕妮(贸经 182)。

一、北京市西城区老年医疗发展历程

1949 年以前,我国医疗卫生事业发展落后,整个国民的主要健康指标位居世界倒数几位,而正是因为医疗卫生事业的落后,大部分中国人的身体素质极差,中国人被称为"东亚病夫"。新中国成立初期,由于战争,民间传染病肆虐、寄生性疾病肆虐,多数人营养不良,身体状况极差,人均寿命不足 35 岁。中国医疗服务 80％为中医,而中医人才不到 40 万人,西医医师仅为中医医师的 1/10。在如此紧迫的医疗状况下,中国放弃西方医疗模式,转为以劳动密集型为主的医疗保障体系。20 世纪 50 年代初,我国制定了卫生工作四大原则,即"面向工农兵、预防为主、团结中西医、卫生工作与群众运动相结合"。该方针一直沿用至 1990 年,40 多年来一直是指导我国卫生服务事业发展的重要指南,且经过多年的努力,与新中国成立初期相比,我国人均期望寿命由 35 岁上升至 70 岁。其中,1960 年到 1980 年我国人民预期年龄的增长幅度在很大程度上超过了其他国家。1952 年政务院颁布了《关于全国人民政府、党派、团体所属单位的国家工作人员实行公费医疗措施》规定,揭开了公费医疗的序幕。1958 年 10 月,随着《中共中央关于在农村建立人民公社问题决议》的通过,全国 99％以上的农民参加了人民公社,在农村人民公社的带动下,形成了全国 93％的人民公社参与其中的农村合作医疗制度,培养了大量农村非正式医疗人员(即"赤脚医生")开展基层医疗卫生服务工作。1985 年被称为"医改元年",这一年国务院批转了原卫生部 1984 年 8 月起草的《关于卫生工作改革若干政策问题的报告》,全国各级各类医院开展了由点到面、由浅到深、由单项到综合的改革。为适应新时期卫生事业发展形势,我国于 1991 年 4 月全国人大四次会议通过的《国民经济和社会发展十年规划和第八个五年计划发展纲要》,将卫生工作基本方针修改为:贯彻预防为主,依靠科技进步,动员全社会参与,中西并重,为人民健康服务。1998 年,我国颁布《关于建立城镇职工基本医疗保险制度的决定》,建立了社会统筹与个人账户相结合的城镇职工基本医疗保险制度,规定退休人员无须再缴纳医疗保险,且对退休人员个人账户的计入金额和个人负担医疗费比例给予了适当的照顾,这标志着全国城镇职工医保改革的开始。2009 年,《中共中央国务院关于深化医药卫生体制改革的意见》(以下简称"新医改方案")发布,提出2009—2010 年重点抓好五项改革,即加快推进基本医疗保障制度建设,初步建立国家基本药物制度,健全基层医疗卫生服务体系,促进基本公共卫生服务逐步均等化,推进公立医院改革试点。2013 年设立国家卫生和计划生育委员会。截至 2017 年,我国基本医保参保人数超过 13.5 亿人,参保率稳定在 95％以上。2018 年组建国家卫生健康委员会。新中国成立 70 年来,我国医疗卫生服务在不断地发展进步,并取得巨大成功。下面以北京市西城区为例来了解其老年医疗的相关发展历程。

根据联合国老龄化社会的标准,2000 年中国 65 岁以上人口的比重接近 7％,开始进入老龄化社会,而与其他国家相比,我国老龄化速度更快,所以老年医疗的发展是必要的。其中北京市是全国较早进入人口老龄化的城市之一,养老医疗服务需求日渐增大。

2006年底，西城区老年人口达到14.6万人。2010—2014年，西城区≥60岁人口数从292 416人增加至354 696人；≥65岁人口数从218 891人增加至246 560人；≥80岁人口数从61 620人增加至81 011人；≥100岁人口数从74人增加至384人。2015年老年人口则达到37.6万人，西城区在北京市各区内每10万户籍人口中百岁老年人数排名第一。截至2016年底，全区60岁及以上老年人口为39.2万人，80岁及以上户籍老年人口占本区总人口比列排在全市第一位，为6.0%；2017年底，西城区60岁及以上老年人口为38.9万人，较上一年有所下降。但老年人口的数量基本上是逐年递增的，且增速较快。

"十一五"(2006—2010年)期间西城区圆满完成了奥运会、国庆60周年等重大活动所承担的医疗急救及公共卫生服务任务，在全市率先启动了"家庭医生"式服务工作，使"家庭医生"真正成为居民健康的"守门人"，在各社区卫生服务中心开展"8—8"延时服务，试点开展24小时应急处置服务。基本实现了多点对多点的转诊预约试点。6个社区卫生服务中心和38个社区卫生服务站实现了后勤服务社会化，统筹资源，控制了成本。制定实施了社区卫生人才"十、百、千"培养工程，建立了社区公共卫生人才培养"2+1"模式。截至2010年底，西城区50.7平方千米的区域内聚集了国际、国内著名的三级医院15家，占北京市三级医院总数的22%；辖区医院开设床位比"十一五"(2006—2010年)初期增加了7.64%，达到了13 221张，卫生技术人员增加了23.35%，共有25 786人，每千人口床位数增加了1.50%。

"十二五"时期(2011—2015年)，居民健康水平明显改善，2015年，西城区人均预期寿命达到84.28岁，比2010年增长了1.17岁，高出同期全市平均水平2.33岁，这也说明了老年医疗已有所改善和发展。截至2014年12月，全区医疗卫生机构数632家(不含三家部队医院)，其中医疗机构595家，其他卫生机构37家。医疗机构中，医院48家(其中综合医院26家、中医医院9家、中西医结合医院3家、专科医院10家)、急救中心2家、社区卫生服务中心15家、门诊部67家、妇幼保健所2家、专科疾病防治所4家，诊所、卫生所和医务室384家，其中养老床位有0.27万张。在区属医院中，包括妇幼保健院1所、中医类别医院4所、专科医院1所、综合医院5所。在岗职工5118人，其中卫生技术人员4203人，执业(助理)医师1646人，注册护士1738人。2015年底，西城区每千人口执业(助理)医师和每千人口编制床位数分别达到9.24人和2.02张，较2010年分别增长了1.24人和0.90张；区属医院院均万元以上设备总值年均增长14.15%；区属三级医院由2010年的2个增至2015年的5个。

2010年底北京市规划委员会、北京市民政局等部门公布《北京市养老设施专项规划》。规划中，北京市政府确定了2020年"9064"养老发展目标，其中计划4%的老年人入住养老服务机构集中养老。2015年，西城区将老龄事业发展规划纳入全区国民经济和社会发展规划体系，区政府制定《关于进一步加强养老服务工作的实施意见》《西城区老年人社会优待和社会保障办法》等系列政策措施，建立了高龄津贴制度、居家养老(助残)服务制度、90周岁及以上无社会养老保障老年人基本医疗保险补助制度、健康体检服务制度等。截至2015年底，西城区建成养老机构41家，其中敬老院25家，养老照料中心 16 家,全区养老床位达 3011 张。全区 12 家养老机构已获得星级评定。且通过医疗机构在养老院内设医疗点、单独设立医疗室或与邻近的医疗机构及社区卫生中心合作的方式,确保老年人无论在养老机构、社区和居家都能享受到及时高效、就近便捷的医疗服务。西城区在全市率先实现"医养结合"服务全覆盖,有效地解决了老年人看病就医的后顾之忧;依托社区卫生服务中心为老年人建立健康档案,开展健康风险评估,定期开展慢性病管理、康复、健康教育及咨询、健康风险干预等工作,充分运用中医护理防重于治、注重养生的理念,发挥其在老年慢性病防治和康复中的积极作用。北京市第二医院继续巩固发展其老年病防治特色,并承担辖区老年医疗保健中心职责,广外医院继续以老年、康复为特色发展。以第二医院、广外医院的老年病特色专科,带动全区老年医疗卫生工作,根据不同层次老年服务需求以及老年生理、心理、社会和疾病特点,提供医疗、护理、康复、临终关怀等综合医疗卫生服务,最大限度地实现"老有所医"。同时,西城区探索将民营医疗服务发展纳入医疗机构设置总体规划,以满足辖区内居民多层次、多样化医疗需求,形成有一家三级甲等医院、一家三级综合医院和三家三级专科医院水准的区属医疗服务体系。

2017 年 2 月,国务院印发了《"十三五"国家老龄事业发展和养老体系建设规划》,明确提出"十三五"时期(2016—2020 年)促进老龄事业发展和养老体系建设的发展目标。"十三五"时期西城区人口老龄化进程将进一步加快,预计到 2020 年西城区 65 岁以上老年人口占全区常住人口比例将达到 18.43%,老年医疗服务需求激增。在其发展规划中计划将床位使用率低于 85% 的医院原则上要将闲置床位调整为康复、护理或老年病床位。加强区属医院和社区卫生服务中心康复科建设。

由上述可知,新中国成立 70 年来,北京市西城区老年医疗得到很大的发展并不断前进。70 年间,政府提供了多方面的政策支持、医疗卫生机构的数目不断增加、建设有专门的养老机构,并采取"公办民营"的方式促进养老机构的兴办和发展、计划建设社区养老服务驿站……相信在不久的将来北京市西城区的老年医疗能得到更好的发展,不断适应老龄化社会。

二、北京市西城区居民老年医疗的问题

(一)医疗资源分布不均衡

1. 医院分布

在对 193 位人士的调查中(图 1)显示,对医院分布"很满意"的占 11%,"满意"的占 27%,"不满意"的占 59%,"十分不满意"的占 3%。一半以上的老年人不满意医院的分布。所以,医疗机构分布不均衡。

2. 医护人员

从前面叙述中我们了解到,专业医疗人员主要

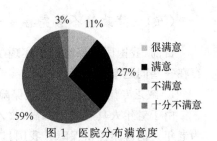

图 1　医院分布满意度

分布在医院中,相比之下,社区卫生服务中心专业医疗人员较少,医疗人员配置不均衡。因为医院和社区卫生服务中心在资源方面分配不均衡,65%的老年人会选择离家较远、诊疗排队时间较长的三级综合医院,即使排队等候的时间长、就医环境差,老年人也不愿选择就医环境相对较好、医护人员服务态度好的社区卫生服务机构。

3. 医疗设备

根据宋青编写的《北京市西城区医疗卫生服务资源配置及老年人利用情况分析》中200位老人对于二级及以上医院提出的改进意见显示,41人(20.5%)认为医院医疗设备需要进一步提升,相比之下,对社区卫生服务中心提出的改进意见中认为医疗设备需要更新提升的有121人(60.5%)。在我们的调研问卷中显示,74.61%的人首选就医机构的理由是设备完善、医疗水平高。所以,各类医院都要完善医疗设备,而且,更多的人希望社区卫生服务中心更新提升医疗设备。

(二)服务态度有待提高

根据宋青编写的《北京市西城区医疗卫生服务资源配置及老年人利用情况分析》中显示,200位老年人中有126人(63.0%)认为医院医护人员的服务态度有待进一步改进,然而,只有13人(6.5%)希望社区卫生服务中心医护人员服务态度进一步提升。相比之下社区卫生服务中心的服务态度好于医院,医院的服务态度有待提高。

(三)就医环境相对较差

就医环境包括排队等候、候诊、停车等方面。根据宋青编写的《北京市西城区医疗卫生服务资源配置及老年人利用情况分析》中显示,200位老年人中有83人(41.5%)认为医院医疗环境需要改进,有64人(32.0%)认为社区卫生服务中心环境需要改进。在我们的问卷中,62.69%的人认为就医环境是影响家中老人看病的主要因素,所以,无论是医院还是社区卫生服务中心都需要改进医疗环境。

(四)医疗补贴仍然不足

根据问卷调查显示,73.06%的人希望政府提高老年人的医疗补贴。60.62%的人希望政府降低药价。就实际情况来看,北京市西城区老年医疗补贴力度不够。在医疗保险方面,还有10.36%的老年人没有加入医疗保险,因此,政府应加大医疗补贴力度。

(五)医疗政策不够完善

目前,我国医疗保险基本实现了全覆盖,切实保障着老年人的医疗问题,但是仍然存在一些问题不得不引起重视。

1. 缺乏专门的老年人护理保险制度

由于老年人具有发病率高、收入较低的特点,所以需要专门的老年护理保险更好地为老年人的健康提供保障。我国目前仅对退休人员个人账户的计入金额和个人负担医疗费的比例给予了适当的照顾,这对于老年人的就医保障是不完善的。随着老年人口的增多,我国应建立专门为老年人制定的护理保险制度。

2. 医疗保险基金收支存在失衡的风险

人口快速老龄化给医疗保险基金的收支平衡带来了不利的影响。从医疗保险的收入来看,退休职工与在职职工的比重上升,意味着提供医疗保险的人数相对于使用资金的人数减少,而且我国医疗保险基金存在一笔"隐形债务"。隐形债务来源于现收现付制,现收现付制指用在职职工所交医保费用支付退休职工的医保费用,只要求当年体系内收支平衡,没有为退休职工准备未来的医疗费用储备。因此,中老年职工未来的缴费和医疗补偿之间可能会形成缺口,这就是医保体系未来的隐形债务。从医疗保险基金的支出来看,随着人口老龄化的加剧,使得养老保险的需求增加,医疗费用成本也随之增加。老年人因为身体机能减弱,比年轻人更容易患病,尤其是慢性病。同时,我国高龄老年人的数量不断增加,使得医疗保险基金支出进一步增加。从基金的收入和支出两个方面分析可以发现人口老龄化将给医疗保险基金带来不利的影响。目前,我国许多经济较差的地区,医疗保险基金已经收不抵支或已到零界限,对老年人享受医疗保障产生不利的影响。

综上所述,与新中国成立前相比,北京市西城区老年医疗发生了很大的改善,对工人也实行了妥善的医疗保险政策。可见,在祖国 70 年的发展进程中,老年医疗也在逐步完善着。但是,北京市西城区老年医疗还存在很多问题,存在很多需要改善的地方,医院要根据实际情况,提高老年医疗的质量。从医疗上为我国老龄化问题做出贡献。

三、北京市西城区老年医疗问题的根源

(一)宏观层面

北京市西城区下辖 15 个街道,255 个社区,常住人口 125.9 万人。其中 65 岁及以上人口 19.5 万人,占总人口数的 15.5%。西城区人口密集,老年人口较多,医疗设施的需求巨大。同时由于北京人口老龄化较早,该地区医疗卫生服务发展得较早。因此西城区下设大型综合医院较多,资金较为侧重医院方面的投入。

同时,随着西城区多次行政区划的变更以及扩张,原有西城区的一些医院不足以辐射到一些较为偏僻的区域,给部分患者就医带来不便,体现为医疗资源分布不均。

此外,医保制度从过去的国家大包大揽,到现在实现了医疗服务社会化,由国家、社会、市场等多方面承担。医院、社区医疗、疗养院等多元化的选择使得老年患者在选择医疗服务时有更多的考量,使患者愈发重视医疗服务水平的同时,一些问题也随之暴露。

由于我国的老年医疗保险发展缓慢,相对于国外许多国家,我国的医疗保险制度建立时间较短,发展不完善,尚未形成独立的医疗保险体系,仍处于学习和探索的阶段,因此暂时只有针对全人群设计的医疗保险,并未考虑到不同年龄人群对医疗保险的需求状况。

（二）中观层面

1. 从医疗服务者方面来看

基于大型医院服务的群体较多、人流量大和人口流动性强的特点,医护人员面对的患者数量庞大,无法提供完全切合患者情况的医疗服务,大多数诊断是基于参考各类检查指标结果、看诊的经验和短时间内对病情的询问及对患者观察的基础之上。在例如用药方面存在着一定的道德风险和医患矛盾,容易产生医护人员倦怠、服务态度较差的情况。

而社区医疗机构由于服务范围窄、患者少且居住较近的特点,可以给予更加适合患者身体状况的医疗服务和康复建议。同时,也可以更加耐心详细地帮助老年患者解决身体上的一些问题,对老年群体的身体状况做到及时的监测和救治,在老年群体容易出现的一些简单的病症上给予及时、便捷和贴心的救治。此外,由于社区医疗辐射范围小,诊治人群较为固定,医患之间易于产生情感上的联系,因此社区医疗服务态度会更好,患者体验也会相对舒适。

2. 从医疗设施层面来看

西城区三级综合医院较多,设施先进且更新迭代速度快,设施较新,切合重大疾病的救治。而社区医院由于就医人数较少,参与的医疗服务多为简单的处理、复健,因此医疗设施单一,甚至有些设施较为老旧。

3. 从就医环境层面（即排队等候、候诊、停车等）来看

由于医院的人流量大、人口流动性强,就医群体除本地人口外,还有大量外地患者,造成排队长、候诊时间久、车位难找等一系列问题。对于行动不便的老年群体来说,就医环境上存在一定程度的不便。

（三）微观层面

1. 从患者角度看

老年患者行动较为不便,从情理上讲大多数老年人又不愿麻烦子女,所以面对较为轻微的病症,老年患者乐于选择离家较近、服务较为贴心的社区医疗,这使得社区医疗在服务老年患者方面起到了一定的帮助作用,同时体现出社区医疗出现在医院之外的必要性。而另一方面,由于社区医疗水平参差不齐,大多数患者不具备准确判断病症和医疗水平是否匹配的能力,因此在面对相对较重一些的疾病时,老年患者仍倾向于选择大型综合医院进行治疗。

2. 从家属角度看

绝大多数子女出于对老人身体状况的担忧,更愿意为老人选择大型综合医院就诊,避免更危险情况产生。这也是为什么老年患者在大多数时候倾向于选择三级综合医院

而非社区医院。对于患者和家属来说，他们没有精力和时间去辨别社区医疗是否能满足患者的就医需求。社区医院大部分时候被看作是处置室和复健场所。而在治疗疾病方面，医院仍然是最可靠的选择。

四、关于老年医疗可借鉴的国际经验

（一）美国

在医疗方面，美国每名持社会安全卡并且获得政府批准的 65 岁及以上的老人都可以享受有病看医生所需的费用由发证部门进行埋单的权利，还包括了免费享受平时的定期体检和打预防针。对于收入低于 1.5 万美元的单身老人或夫妻共同收入低于 2 万元的老人都可以申请办理药费补助卡，持卡者购买处方药只需要支付 5 美元，其他药费由发卡单位承担。65 岁以上人士看牙不在免费医疗待遇之中，但持有福利药费补助卡，看牙会享有 15％的优惠。对于符合条件的低收入或无收入的公民和永久居民，美国政府会提供免费医疗保险卡。急诊住院，只需要自费一小部分。这对于看病吃药贵的美国医疗现状来说，这福利无疑是对老年人放开的最大限度。

在社会层面，我们举个例来说明：前几年大多数"漂美华人"对于老年公寓不适应，不仅在饮食方面不习惯洋饭洋菜，而且因为语言不通，无法与房客可进行交流，从而产生对身体健康上的影响。对此，非营利组织和政府也开始建设了一些"多文化老年公寓"，由此改善老年人在异国他乡不适应等问题。在水电煤气、旅游交通、高龄护理方面，美国政府也明确规定了一些免减费和发放特护费等优惠政策。从基本生活上开始改善，让身处美国的老年人有个放心且幸福的晚年生活。

（二）日本

日本拥有健全的老年人法律保障体系，其中的《老人保健法》和国民健康保险共同解决了老年人医疗费用和医疗服务的问题。日本的医疗保险制度是对因疾病、负伤等造成短期经济损失而支付保险金的一项制度。较为突出的地方是，被保险对象不仅包括被保险者本人还有被保险者赡养的亲属，为日本的家庭减除了大部分的经济压力。《老年保健法》强调保证医疗服务的同时，还要加强疾病预防、治疗及功能训练等综合性的保健。最理想的医疗结果是大病化小、小病化了或者是有病早发现早治疗。所以《老年保健法》的颁布使日本逐渐形成了以积极预防为主的老年保健医疗体系；再通过设立老人病院、发展预防保健的事业、建立老年人保健设施和实行上门看护服务等措施，为老年人提供了全面的医疗保健服务。

（三）新加坡

从观念上来说，新加坡深受中国传统儒家文化思想的影响，强调家庭在社会中的作用，相应地在中央公积金制度中体现为通过建立子女对父母公积金的最低存款填补制度和家庭保障计划,使得长辈老有所养,病有所医。从明确法律法规来看,整个中央公积金制度在"中央公积金法令"的规范下施行。使得在法律的约束力下,公积金制度能在监督中朝着正确的方向发展,为老年人在晚年生活中的医疗和衣食住行有值得信赖的保障。

由此可知,一些高福利国家所推行的老年医疗首先都是受到法律保护的,制定相关的老年医疗法律让老年医疗服务规范操作,有保障地运行。让老人养老更安心更放心!其次,谈及老年医疗服务,那么必然是让老年人享受到更大的福利,中国这70年在医疗方面已经尝试着分年龄段进行优惠的政策。年龄越大的老人越需要去医院看病或者是享受上门的检查,所以给了年龄越大的老年人越多的医疗服务和政策上的关怀。这些是让他们安度晚年的必要条件。我国需要向不同国家学习并改善本国医疗体制和服务方式,并且按本国的国情实行改善后老年医疗服务政策,这样能让我国老人的晚年幸福指数迅猛增长应对我国日益增长的老年医疗需求。

五、对于北京市西城区老年医疗的建议

在通过调研与分析北京市西城区老年医疗问题后,我们根据人群提出以下建议:

（一）从医生的角度分析

医生建议复杂的病初诊找大医院或专科医院,不要在小诊所耽误太多时间,可以避免误诊和漏诊,在最短的时间内确诊并明确治疗手段,这十分重要。慢性病可以去社区医院,因为此类病目前已有标准的诊断和治疗方案,所以可以选择在社区医院接受治疗,但要找对主治医生。还有做完手术后回家康复,不仅可以节省开支,还可以有方便、温馨的环境。

改革创新老年医疗服务体系。快速发展的老龄化对我国医疗服务体系带来严峻挑战,目前符合老年人特点的医疗服务体系尚未形成,机构、专业之间壁垒严重,服务缺乏有效衔接,医疗服务和养老服务不能有机结合,人才匮乏、信息化水平不高等问题突出。针对这些问题,改革创新老年医疗服务体系的思路是构建以全科医生团队健康管理为基础、老年病综合诊疗为支撑的老年分级诊疗体系,构建从诊疗到康复护理衔接流畅的连续性医疗服务体系,构建多层次、多形式的医养结合体系,建立以大数据和互联网为基础的老年医疗服务新模式,并完善医保、学科、人才等多维度的老年医疗服务配套支撑系统。

引导退休医生提供基层医疗服务。北京将建立家庭医生签约服务考核奖励机制,针对目前北京基层医疗机构编制不足和编制不满问题并存,政府通过购买服务的方式,盘活"存量",引导退休有经验的医生提供基层医疗服务,既可以解决社区住户的健康问题,也可以给退休但仍有余力的医生提供工作和额外收入,充实生活。

（二）从老年人的角度分析

应自身树立健康意识,多了解掌握相关知识。老年人自身可以从报纸、电视、手机、

书籍等信息渠道方面了解养身健康知识,如《养生堂》《健康之路》养生节目,可以获取健康知识。同时,应该时刻对自己的身体进行自我检测,如定期去医院体检,或感到身体不适就立刻前往医院查看。

有合理的健康自评。健康自评是指老年人根据主观感受对自己身体的健康状况所做出的很大程度上客观反映老年人的健康状况。我们借鉴了《老年人健康自评的影响因素分析》,2009年3月对北京市顺义区的家庭进行随机抽样,调查了1800户,共5770人,使用了SPSS统计分析软件进行分析(表1)。

表1　以年龄划分的健康自评调查

健康自评	65～80岁	81岁以上
不好	15.2%	27.7%
一般	35.5%	31.0%
好	36.8%	33.0%
很好	12.5%	8.3%
合计	100.0%	100.0%

从表1中我们可以看出,65～80岁老人群体中,健康自评积极的比例逐渐升高。但81岁以上老人比低龄老人健康自评更为消极。

表2中看出,60岁以上男性老年人健康自评好于女性。

表2　以性别划分的健康自评调查

健康自评	男	女
不好	19.95%	26.5%
一般	32.2%	32.6%
好	36.9%	32.3%
很好	11%	8.6%
合计	100.0%	100.0%

从调查中发现,健康自评受年龄、性别、受教育程度、经济状况等影响。如文化程度高的老年人健康自评低于文化程度低的老年人,可能因为受教育程度低的老年人对自身健康期望值较低,因此健康自评更为积极。城区的老年人健康自评高于郊区老年人。

(三)从社会发展角度分析

培养专业的医疗人员和看护人员,提供周到温暖的照顾。因目前普遍存在两个年轻人需要照顾4个老年人的情况,加上孩子自己的工作,还有抚养下一代的问题,导致很多老年人不能得到很好的照顾。目前西城区的老年医疗对专业医疗、看护人员需求缺口很大,无法满足居民需求。如果能在子女上班时,或者其他时候有专业的医护人员对老人进行照顾,则不仅会减轻子女的压力,也可以防止老人突发疾病,无人问津。

综上所述,结合医生、老年人自身,以及家人对老年医疗提出了建议,在这些方面不断改善,就可以与发达国家的养老差距缩小,让老年人的晚年生活过得更加健康舒适。

参考文献

胡琳琳,2016. 改革创新老年医疗服务体系的问题、思路和建议[J]. 行政管理改革,8.

孟琴琴,张拓红,2010. 老年人健康自评的影响因素分析[J]. 北京大学学报(医学版),42.

宋青,2017. 北京市西城区医疗卫生服务资源配置及老年人利用情况分析[J]. 中华全科医师杂志,16(12):926-929.

姜小静,2018. 人口老龄化趋势下我国老年社会保障制度研究[D]. 太原:山西财经大学.

新中国成立 70 年来食品添加剂被消费者误解的原因及对策[①]

班高杰　张周雅

【摘　要】　食品添加剂被誉为现代食品工业的"灵魂",人民生活水平以及食品工业的发展与食品添加剂行业息息相关。近年来食品安全问题频发,消费者对食品添加剂产生一定程度的质疑,三聚氰胺、苏丹红、吊白块、瘦肉精等非法添加物常被误解为食品添加剂。投机商家媒体用"无添加剂、绿色、环保"给商品标签化,更加深了消费者对食品添加剂的误解。本文旨在从消费、商家以及社会等不同角度分析食品添加剂被消费者误解的原因并提出建设性意见。

【关键词】　食品添加剂;非法添加物;食品安全;误解;对策

此次问卷调研分为线上和线下两个部分。线上问卷调研是通过网络社交平台开展。小组成员们通过微信、微博等网络社交平台发送问卷链接让网友填写并回收。回收结果如下:其中消费者对食品添加剂认知程度调查共发出调查问卷 81 份,收回 81 份,回收率达 100%;有效问卷 81 份,有效率达 100%。参加问卷调查的人群年龄段大多在 19～24 岁,占到了 43.21%。消费者对食品添加剂的看法调查共发出调查问卷 65 份,收回 65 份,回收率达 100%;有效问卷 65 份,有效率达 100%。线下问卷调研是通过走访和随机采访形式开展。

一、食品添加剂与食品安全现状

(一)食品添加剂的定义

根据我国食品卫生法(1995 年)规定,食品添加剂是为改善食品色、香、味等品质,以及为防腐和加工工艺的需要而加入食品中的人工合成或者天然物质。

按照《中华人民共和国食品卫生法》第 54 条和《食品添加剂卫生管理办法》第 28 条,以及《食品营养强化剂卫生管理办法》第 2 条和《中华人民共和国食品安全法》第九十九条,中国对食品添加剂定义为:食品添加剂,指为改善食品品质和色、香和味以及为防腐、保鲜和加工工艺的需要而加入食品中的人工合成或者天然物质。

根据联合国粮农组织(FAO)和世界卫生组织(WHO)联合食品法规委员会,定义食品添加剂是有意识地一般少量添加于食品,以改善食品的外观、风味、组织结构或贮

---

①　本课题指导教师班高杰(北京工商大学马克思主义学院);课题组组长张周雅(材料 182);课题组成员:马涛(材料 182)、白天龙(材料 182)、吴立杰(材料 182)、姜彤雲(材料 182)。

存性质的非营养物质。

（二）食品添加剂行业发展迅速

据统计，目前全球开发的食品添加剂总数已达 2.5 万多种，美国是食品添加剂使用品种最多的国家。美国食品与药物管理局（FDA）所列的食品添加剂种类接近 4000 种，目前允许直接使用的有 2800 种以上。

我国食品添加剂工业起步晚，但发展较快。据国家统计局数据显示，至 2014 年，我国可使用的添加剂共 2500 余种。2016 年食品添加剂行业产值 1050 万吨，整个行业市场容量占全球食品添加剂市场的一半左右，增速超全球食品添加剂市场 4.5 个百分点。2018 年 6 月全国食品添加剂产量达到 60.7 万亿吨。图 1 和图 2 的信息更能具体反映出我国食品添加剂行业的发展现状。

	2015年	2016年	2017年	2018年
▪ 中国食品制造业收入情况	21985	23955	23415	24795
▪ 中国调味品行业市场规模情况	2748	3074	3322	3416

图 1 近 4 年中国食品制造业与占主体调味品行业的市场规模情况统计图

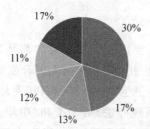

■ 调味品 ■ 氢化胶体 ■ 氧化剂 ■ 调味增强剂 ■ 甜味剂 ■ 其他

图 2 调味品占食品添加剂行业比重最高

（三）食品添加剂应有严格的食品安全体系

食品添加剂是现代食品工业的灵魂，事关食品安全。食品安全指食品（食物）的种植、养殖、加工、包装、储藏、运输、销售、消费等活动符合国家强制标准和要求。不存在可能损害或威胁人体健康的有毒有害物质以导致消费者病亡或者危及消费者及其后代的隐患。该概念表明,食品安全既包括生产安全,也包括经营安全;既包括结果安全,也包括过程安全;既包括现实安全,也包括未来安全。食品添加剂要做到安全,就需有从生产、使用到后期检验等各种行业细节进行标准化约束。

根据现行的食品安全标准体系,食品添加剂相关标准有产品标准、使用标准、生产通用卫生规范标准和检验方法标准 4 类。目前,我国食品添加剂产品标准多达 600 余个。

(四)国家加大对食品添加剂与食品安全的管控力度

2011 年 4 月 21 日,国务院办公厅下发《关于严厉打击食品非法添加行为 切实加强食品添加剂监管的通知》,将严打包括非法添加行为在内的食品安全危机等多种违法行为。并要求卫生部门制定食品添加剂新品种国家标准。自 2014 年起,国家食品药品监督管理总局将食品添加剂列入食品安全监督抽检任务中。

中国于 2009 年由全国人民代表大会常务委员会通过批准了《中华人民共和国食品安全法》。近年来,该法案修订过三次,最近一次于 2018 年修正。

从国家食品药品监督管理总局获悉,2018 年 1 月 23 日,国家食品药品监督管理总局召开发布会,孙梅君指出,安全食品,是人民群众日益增长的对美好生活的基本需要。2018 年,食品药品监管部门将以习近平新时代中国特色社会主义思想为指导,落实党的十九大提出的"实施食品安全战略,让人民吃得放心"重大部署,按照"四个最严"的要求,针对当前食品安全面临的风险挑战,持续加大抽检监测力度。全年全国计划抽检任务总量 135.05 万批次。其中,国家组织抽检 25.55 万批次,省级组织抽检 26.5 万批次,市、县两级组织食用农产品抽检 83 万批次。抽检将坚持问题导向,广泛覆盖,专常互补、检管结合,科学规范,四级联动,信息公开六大原则,不断提高问题发现率、处置率,提升抽检效率和靶向监管水平。同时,对不合格产品和企业,以"零容忍"的态度进行查处,努力为人民群众把好饮食安全关。

二、消费者对食品添加剂的误解及原因

虽然国家在食品添加剂及食品安全方面非常重视,但是近年来食品安全问题频发,消费者权益问题也较为普遍。我组在了解国家目前对食品安全的相关政策后,将课题对象定位为消费者。根据对调查结果的分析(如图 3、图 4),我们了解到消费者依然对食品添加剂存在普遍误区。

我们认为,在市场经济中,消费者是市场的主体,也可以说人人都必然充当过消费者。所以对食品添加剂来讲,从消费者的角度作为切入点尤为重要。通过对消费者普遍误区形成原因的分析,并提出相应的对策,具有广泛的科学价值和社会价值。最终实现对食品添加剂科学使用有益无害的科学认知,增强社会对食品添加剂的正确舆论导向。

图 3　您觉得对本课题的
研究是否有意义

图 4　您是否愿意购买含有食品添加剂少的
或者不含食品添加剂的食品,即使其价格
较普通食品价格更高

(一)消费者对食品添加剂的误解

消费者对食品添加剂存在误解,主要表现为消费者对食品添加剂缺乏正确认识。在问卷中对"你会倾向于选择什么样的食品"的回复情况见表1。

表 1　食品选择比例

选　项	回复情况
含有食品添加剂的	9.88%
不含食品添加剂的,纯天然最好	80.25%
不受影响,食物的口感最重要	9.88%

消费者认为加了食品添加剂的食品不安全。上述调查问卷结果显示,有80.25%的消费者会倾向于选择不含食品添加剂的食品。这说明消费者认为食品添加剂不安全。经线下走访了解得知,很多消费者认为加了食品添加剂的食品不如无添加剂的食品健康安全。其实,科学地使用食品添加剂是会提升食品安全的。其实目前世界上食品安全的头号问题并不是食品添加剂问题,而是因食品治病微生物污染而引发的疾病。而防腐剂、保鲜剂等食品添加剂能很好地抑制微生物的滋生,从而提高食品的安全。

消费者常把食品添加剂与添加剂等同化。其实食品添加剂只是添加剂中的一类,二者是种属关系,不能等同。例如三聚氰胺可以作为水泥的减水剂,也可作为塑料里的阻燃剂,但是若是加到了食品里面,它就是非法添加物,而非食品添加剂。经调查了解,不少消费者常把二者混为一谈。

消费者认为纯天然食品添加剂比化学合成的更安全。有些消费者排斥化学合成物,认为即使选择也要选择天然的食品添加剂。这其实是另一个层次误解,无论是天然的还是化学的都会经过一定现代提取工艺,如果提取过程出现问题,那么即使是天然的也会造成食品危害。

消费者认为食品中食品添加剂种类越多越危险。部分消费者虽然认同现代食品离不开食品添加剂,但是对于食品添加剂放的种类过多会有疑问,认为食品中食品添加剂种类越多,食品的安全系数越低。其实这种误解本质上还是对现代食品工业的不自信,只要科学规范地食用食品添加剂则与其种类的多少无关。

(二)食品添加剂被消费者误解原因分析

1. 食品生产商的不正常宣传

一些不法食品生产商在享受食品添加剂对生产存储方面带来便利的同时,又恶意抹黑食品添加剂(图5)。其借助某些食品的安全问题和社会上一些消费者对食品添加剂的缺乏了解,利用广告、媒体和商品标识等各种手段炒作,标榜其产品不含"食品添加剂""零添加"等,暗示了含"食品添加剂"的食品有害或有损人体健康。导致人们对食品添加剂产生错误认识,久而久之食品添加剂就被妖魔化了。

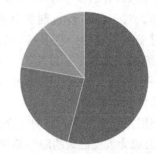

■ 看到过 ■ 很少看到 ■ 没有看到 ■ 没注意

图5 您在选购食品时是否看到过印有"不含任何添加剂(或防腐剂)"的字样

这些食品生产商欺骗消费者的行为既是不道德的行为,更是触及到了法律的底线!

2. 政府及有关部门对食品添加剂的科普教育不够

在我国,只有列入《食品添加剂使用标准》中的产品才可以被称为食品添加剂,除此之外的应当认定为非法添加物。社会上曾爆出的苏丹红、日落黄、瘦肉精、吊白块等食品安全问题,其罪魁祸首不是食品添加剂,而是非法添加物。

由于政府及有关部门对食品添加剂的科普教育不够,人们不能正确区分"食品添加剂"与"非法添加物"。而当恶性的食品安全事件发生时,人们往往指责食品添加剂行业,从而忽略问题的本质,形成"误解"。

如图6所示,在调研过程中有大部分人将瘦肉精、甲醛、苏丹红、三聚氰胺这些非法添加物选为食品添加剂,这充分说明政府及有关部门对食品添加剂的科普教育不够。

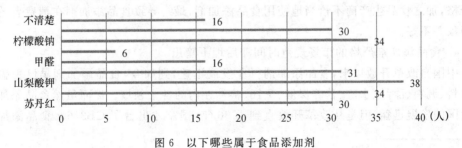

图6 以下哪些属于食品添加剂

3. 食品生产商不恰当使用食品添加剂

超范围、超限量使用食品添加剂。我国《食品安全法》第三十四条中明确指出,禁止在食品中超范围超限量使用食品添加剂①。但是据国家食品药品监督管理总局公布的资料:分别在 2016 年、2017 年的抽检中,超范围、超限量使用食品添加剂占不合格样品的 33.6％、23.9％,这足以说明食品添加剂超范围、超限量使用已成为比较普遍的食品安全问题。

超范围使用食品添加剂。有些商家为了达到延长保质期、增加食品的口感和外观等,违规使用不该使用的食品添加剂。例如,有的乡下作坊,非法使用日落黄来增加白切鸡的色泽。对于食品添加剂的使用范围法律上有严格的界定。对于 AA 级的绿色产品,只允许使用天然的食品添加剂,A 级的绿色食品可以使用人工合成的食品添加剂,但是仍有一定范围的限制。图 7 表明人们对食品添加剂和绿色食品的概念不够了解。

27% 48% 25%

■ 不清楚 ■ 是 ■ 不一定是

图 7 有食品添加剂的食品还是绿色食品吗

超限量使用食品添加剂。食品添加剂超限量使用会对人体产生威胁,特别是长期使用,更会成为人类健康的隐形杀手。现代医学表明,过量使用防腐剂苯甲酸和亚硝酸盐,会抑制人体骨骼生长,危害肝脏和肾脏。一些恶意商家为了能够吸引消费者,在相关食品中过量地添加糖精和香精,使得消费者特别是年轻的消费群体产生依赖感,部分地区的儿童肥胖症、多动症高发就与糖精过量有关。很多市面上的不正规膨化食品,使人吃了很容易上瘾,久而久之,使儿童染上了偏食厌食的坏习惯。经过调查发现,这些恶意的商家多是一些地方的小厂商,他们本身缺乏安全意识,而且食品生产的设备简陋,缺乏相关的技术人员,法律意识淡薄,在利益的引诱下,超量使用食品添加剂。

使用伪劣、过期的食品添加剂。大多数消费者都会关注食品的保质期,其实和食品一样,食品添加剂也有保质期,其功能效果在保质期限之外就会下降。而且过期的食品添加剂自身的理化性质很容易发生变化,产生对人体有害的物质。另外品质低劣的食品添加剂通常由于生产商生产设备不达标,使得其纯度不达标,铅、汞等对人体有害的重金属离子超标,影响食品的质量及安全性,危害消费者的身体健康。

综上所述,自改革开放以来,我国食品经济高速发展,对食品添加剂需求强烈,为了迎合消费者,有的企业盲目上马,但是技术条件等硬件设施以及经营管理等软件设施的不合格,加之食品生产商不恰当地使用食品添加剂,最终导致食品添加剂在消费者的心里印象并不好。

4. 食品添加剂严格的市场规范时间滞后埋下隐患

中国自改革开放以来,食品添加剂行业发展迅速,到如今,食品添加剂早已覆盖包括饮料、调料、甜品、水产、营养保健、烹饪、粮油在内的各个领域。然而虽然食品添加剂在中国的发展迅猛,但是从改革开放直到 1996 年,国家才出台了 GB2760《食品添加剂

---

① 《中华人民共和国食品安全法》第三十条规定,不允许生产经营下列食品、添加剂、食品相关产品:用非食品原料生产的食品或者添加剂以外的化学物质,还包括可能危害人体健康的物质的食品,或者用了回收食品作为原料生产的食品。

使用卫生标准》,2007年国家颁布了更为严格的食品添加剂国家标准。从时间上可以看出,我国的食品添加剂严格的市场规范是滞后的,这就间接导致现在我国食品安全体系还不够成熟,使得食品添加剂滥用的现象在一定程度上大肆泛滥,因此有待完善。

三、减少消费者对食品添加剂误解的对策

(一)食品添加剂质量监管需要全面

我国是一个注重法制建设的国家,消费者对食品添加剂的误解由来已久,但就其根本原因,是频频发生的食品安全问题。监管部门应该严格按照《中华人民共和国食品安全法》《食品添加剂生产许可审查通则》(2010版)《食品生产许可管理办法》《食品生产许可审查通则》《食品添加剂生产监督管理规定》(质检总局127号令)《关于食品添加剂生产许可工作的公告》(总局2010年第137号公告)的要求,对食品添加剂生产企业进行审查,争取将食品添加剂所带来的食品安全隐患消灭在萌芽之中。

另外,监管部门应该对食品添加剂中"易发、频发、多发"的领域或者具体化学成分有所侧重,灵活调整监管的频率和范围,使食品添加剂监管更加全面和具体。在严格监管的同时不断完善相关的法律法规体系,提高科学检测水平,不断学习、进步,以更高的水准来适应市场的需求,保证食品添加剂的安全性,促进我国食品行业的健康发展。

(二)小中企业需谋求创新式发展

目前,全国拥有生产、经营食品添加剂的企业约3000家,部分企业无论是硬件设施(生产装置等)还是软件设施(合成技术等)都已经相当成熟。但正如我国是发展中国家一样,我国大部分的食品添加剂企业仍处在发展阶段,他们是食品添加剂行业的中坚力量,他们所面临的技术困难非常严峻。而这些中小规模的企业,正是影响消费者判断行业标准的主要部分。也可以说他们一定程度上代表了整个食品添加剂行业。所以改变消费者对食品添加剂行业的印象,中小规模的企业责任重大。

对于这些企业来说,应该积极谋求创新式发展,秉持创新型理念。通过企业内部改革,改进食品加工工艺,树立环境友好型的健康战略方向。具体来说可以重点发展环境友好型的生物技术,逐步取代"高污染、高耗能"的化学合成技术,以保证我国食品添加剂工业的健康稳定发展。在改良生产技术的同时,加大科研投入力度更是必不可少的,我们要争取在核心技术上的突破,提高产品质量和市场竞争力,逐步改善消费者对行业的误解。

(三)积极搭建食品工业领域的诚信体系

生产经营者在经营企业时,应该有集体意识和品牌意识。努力维护健康良好的市场竞争秩序,不能为了盲目地追求短暂的经济效益而违背食品安全原则。企业要想赢得好口碑,拓宽行业市场,就要努力做到诚信对待消费者,逐步形成以诚信为核心的企业文化。

生产经营者本身也是消费者,在进行生产过程中要严格遵守企业规章和国家法律,

不能为了个人和企业的利益而失信,要严格遵守道德准绳。要知道,害人也在害己。不良商贩在对非法添加物肆虐现象推波助澜的同时,自己和家人也在承受着非法添加物的危害。

从中华人民共和国中央政府网获悉,2018 年 12 月 18 日,工业和信息化部等十个部门发布关于印发《食品工业企业诚信体系建设工作指导意见》的通知。这为我国食品企业诚信体系建设提供了必要的政策支持。我们从一件又一件的食品安全问题中不难发现,相当一部分食品从业者的诚信水平有待提高,因此积极搭建食品工业领域的诚信体系势在必行。有关学者曾就此给出分离执法权与监督权、建立食品安全信息公开机制及风险交流机制等可行性建议。

(四)加强正确食品添加剂相关知识的宣传

消费者对食品添加剂的误解,很大程度来自媒体的错误传播。各类媒体是食品添加剂宣传的有效媒介,相关媒体应该努力提升自身的职业素养以及科学知识,对类似"食品添加剂"这些科学概念的普及更需保持严谨、科学的职业态度。对于新闻类的媒体,应该重点做到及时跟进时下食品安全的热点话题,并做好后续报道,"全面、真实、客观"地反映情况,防止舆情的发酵扩散。

此外,还需要加强食品添加剂相关知识的宣传。对生产商来说,要让生产者清楚地了解食品添加剂的重要性以及检验标准。同时也要明白擅自不合法的使用食品添加剂或者生产的食品添加剂不达标就投入市场的行为将会受到监管部门的严厉惩罚;通过电视台、报纸等媒体向群众宣传食品添加剂相关知识,逐渐消除消费者对食品添加剂的误解,让消费者正确认识食品添加剂,在购买时可以自主地抵制劣质食品添加剂。

因此,正确传播食品添加剂的相关知识,提高消费者对食品添加剂的认知水平,还需要食品行业、监管部门、相关科研机构以及媒体的共同努力。

从图 8 分析可知,网络媒体以及电视媒体是主要的宣传手段,也是最容易发生影响产生作用的现代宣传方式。

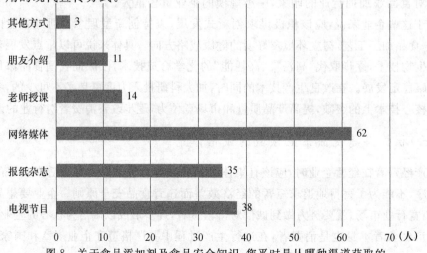

图 8 关于食品添加剂及食品安全知识,您平时是从哪种渠道获取的

（五）消费者要有维权意识和监督意识

消费者自身应该提高维权意识和监督意识，生活中的很多消费者认为维权太费时间，除非发生安全事故，否则不会主动去维权，所以维权意识淡薄。有的消费者更是知假买假，贪图便宜，这也给了不法商家一定的生存空间。另外，有一部分消费者秉持着"事不关己高高挂起"的态度，对待食品安全问题不重视。面对食品非法添加物问题，如果不大到影响自己的程度不会去检举揭发，这就在一定程度上纵容了那些不法生产者。因此，想要减少消费者对食品添加剂的误解，消费者本身的维权意识和监督意识极为重要。这种意识的培养需要相关机构宣传，需要教育体制的完善，更需要消费者自我完善。面对食品安全建设，我们任重而道远！

参考文献

郝利平，夏延斌，陈永良，2002. 食品添加剂[M]. 北京：中国农业大学出版社.
任雪梅，田洪芸，王文特，等，2019. 我国食品添加剂鉴定现状及其被"误解"的原因和对策[J]. 食品安全导刊，1.
谢明勇，陈绍军，2009. 食品安全导论[M]. 北京：中国农业大学出版社.

新中国成立 70 年来我国居民旅游出行的认知、态度及行为选择研究[①]

王俊峰　范润萱

【摘　要】　新中国成立70年来,中国旅游业经历了起步、成长、拓展和综合发展四个阶段,我国实现了从旅游短缺型国家到旅游大国的历史性跨越,个性化、自由化成为新的趋势,各种内容丰富、新颖独特的旅游方式和旅游项目应运而生。本文从多个角度对人们的旅游出行认知、态度和行为选择进行研究,旨在分析我国居民旅游出行认知、态度和行为选择的变化,探讨其中的影响因素,并就我国旅游业的未来发展作出预测。

【关键词】　旅游;认知;态度;行为选择

　　旅游是指非定居者的旅行和暂时居留而引起的一种现象及关系的总和,包含旅游目的、旅行距离、逗留时间这三个基本要素。新中国成立70年来,我国旅游业经历了起步、成长、拓展和综合发展四个阶段,实现了从旅游短缺型国家到旅游大国的历史性跨越,并向旅游强国的目标发展。如今,传统观光旅游、度假旅游已不能满足旅游者的需求,个性化的自由行成为新的趋势,各种内容丰富、新颖独特的旅游方式和旅游项目应运而生。为了更好地了解新中国成立70年来我国旅游业的发展变化,我们选取了以我国居民旅游认知、态度和行为选择为主题的调研,透过旅游认知、旅游态度和旅游行为选择的变化来考察新中国70年来我国旅游业的发展。本次调查主要采取问卷调查和采访的方式,对不同年龄段的人群随机发放网络问卷,对65岁以上的老年人进行针对性的采访。报告基于这些调查数据对新中国成立70年来人们旅游出行的认知、态度及行为选择进行总结和分析。

一、我国居民旅游出行的认知、态度和行为选择的现状

(一)旅游认知

　　旅游认知是人们对于旅游目的、旅游目的地等的认识以及对于旅游环境的综合评价。旅游认知受时间、年龄、教育水平、兴趣等方面的影响。新中国成立70年来,人们的旅游出行认知发生了较大改变。据调查显示,人们已经不再简单地拥有"旅游就是走

　　① 本课题指导老师王俊峰(北京工商大学马克思主义学院);课题组组长范润萱(人力172);课题组组员:徐菁桦(人力172)、张慧娟(人力172)、李屹轩(人力172)、王诗宇(人力172)、郝梦冉(管科17)、张鑫(管科17)、樊雨晴(管科17)、马然(管科17)。

出去看看景色""旅游就是花钱饱眼福饱口福"这种单一的想法。如图1所示,分别有88.43％和84.3％的受访者认为,旅游的目的在于欣赏风景的同时,还能缓解压力、放松心情和增长见识;除此之外,还有兴趣爱好、结交朋友、购物等需求。可见,人们对旅游的目的已经由单一的需求变成了多方面的需求,普遍认为旅游已经成为一项既能满足物质需求,又能丰富精神世界的复杂性活动。

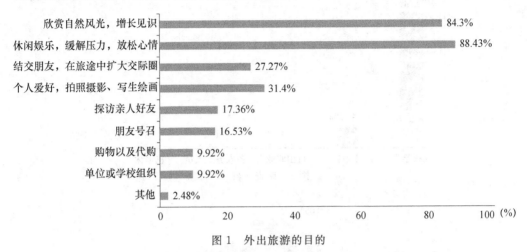

图1　外出旅游的目的

大众对于旅游信息的获取也在不断拓展(图2)。调查显示,26.45％和19.01％的人还是通过比较传统的方式如旅游期刊、旅行社等获得旅游信息;绝大部分人通过互联网渠道获取自己的旅游相关信息。基于互联网技术的发展,人们可以更客观详细地了解旅游目的地、旅游线路、旅游环境,从而有很多的旅游选择。这必然会大大提升大众对于旅游产业的关注度和参与度,使旅游业的盈利增长速度加快。由此得出,提高居民的旅游认知,有助于推动旅游产业的发展。

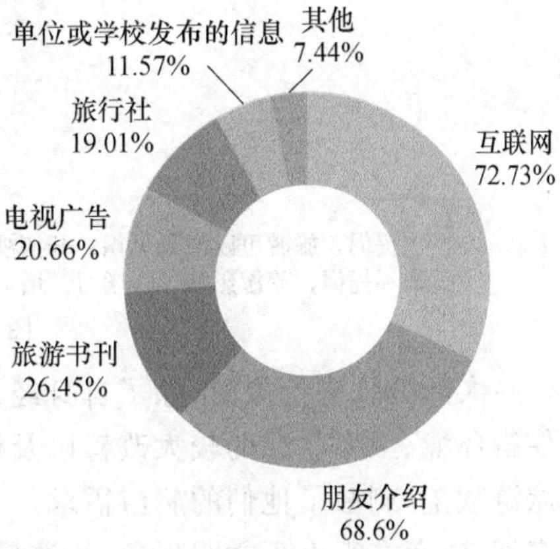

图2　旅游信息获取途径(多选)

（二）旅游态度

新中国成立70年来,人们的旅游态度也有比较大的变化。成立之初,整个国家一穷二白,百废待兴,人们生活水平低下,物质生活非常不稳定也不宽裕,绝大多数人毫无经济实力支撑起旅游的梦想。再加上当时计划经济时代,外出旅游活动要受到很多限制,因此人们的旅游态度非常不积极,基本上没有旅游这种观念,旅游对经济的拉动作用几乎没有。而如今,新中国成立70年来,特别是改革开放40年来,我国的社会经济发生了翻天覆地的变化,人民的生活水平普遍达到小康水平,人们对旅游持积极的态度,从旅游中获得了更多的幸福感和满足感。据调查显示,89.26%的人提倡旅游;反对的仅占1.65%。尽管问卷调查对象79.34%为学生,但在追加采访中,我们了解到,除身体状况不太好外,多数老年人愿意外出旅游,认为其有利于身心健康。由此可以推断,多数人对于旅游的态度是积极的(图3、图4)。

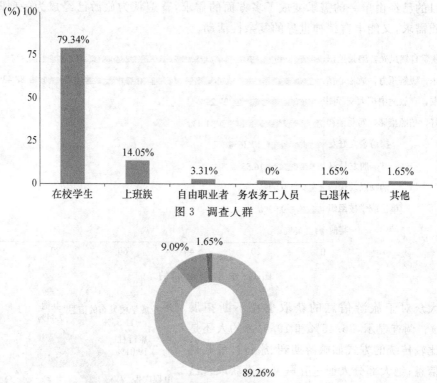

图3　调查人群

提倡,旅游可以增长见识,开拓视野,放松身心 ■ 一般,旅游没那么重要,可有可无
■ 不提倡,旅游影响工作学习,增加经济负担
图4　对旅游的态度

大部分人支持旅游,除了自身经济实力有了很大的提高之外,还有旅游交通条件、住宿环境、卫生状况的较大改善以及治安水平的不断提升。这些因素都激发了人们的旅游欲望,刺激了他们的旅游需求。当然少部分人对旅游持消极态度,他们认为旅游人多拥挤,存在很多不文明现象,旅游景点的不规范市场行为、强制购物降低了旅游质量,影响了心情。但总的来说,人们的旅游态度是比较积极的,但越来越趋于理性。

(三)旅游行为选择

旅游行为的选择主要包括旅游时间的选择、旅游目的地的选择、出行交通工具的选择和旅游消费的选择。

1. 旅游时间的选择

现如今,生活节奏的加快、学习工作生活方式的紧张和忙碌,使得旅游在一定程度上成了一种奢侈行为。人们并不能随心所欲地安排旅游出行。"来一场说走就走的旅行"并不是大多数人都能做到的,更多的是一种奢望。大多数人只能选择在假期旅游。

假期出行成了人们的首选方案。调查显示,有 85.95％ 的人选择在寒暑假或法定节假日等时间较长的假期出去旅游(图 5)。旅游时间选择上的一致性和高度集中,势必加剧了旅游的供需矛盾,引发了旅游交通、旅游安全、环境保护等许多问题。这些问题对各项基础设施建设、安保工作、景区环境保护工作等提出了更高的要求。在此背景下,优化国内休假旅游的时间和空间格局,对保证旅游活动的质量、提高出行安全系数、调整旅游产业结构、促进区域旅游经济和谐发展具有重要作用。

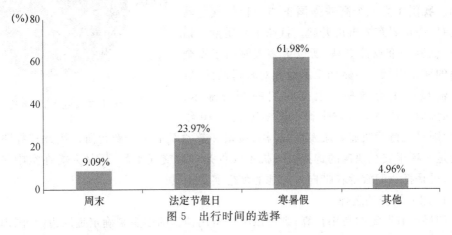

图 5　出行时间的选择

2. 旅游目的地的选择

旅游目的地(景区)是我国旅游业发展的重要生产力因素,是旅游吸引力的根本来源。新中国成立 70 年来,随着人们生活条件越来越好,人们的旅游意愿越来越强烈,旅游能力越来越强,对旅游目的地的选择也日益多样化。省外游、国外游成为一种新的时尚潮流。调查结果显示,有 71.07％ 的人选择省外旅行(图 6)。其中在自然风光、文化古迹、风土人情、生态观光等旅游风景类型中,自然风光为大多数人的首选,其次是文化古迹,最后分别是风土人情和生态观光(图 7)。人们对旅游目的地(景区)的理性选择,不仅顺应了文化和旅游消费提质转型升级的新趋势,同时促进了深化文化和旅游领域供给侧结构性改革,不断激发文化和旅游消费潜力,这对旅游业持续健康发展具有极为重要的意义。

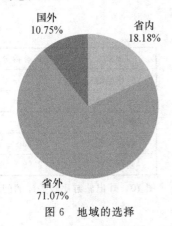

图 6　地域的选择

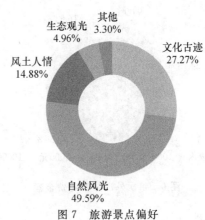

图 7　旅游景点偏好

189

3. 出行交通工具的选择

旅游也要考虑到出行的交通工具。我们的调查结果显示,有76.03%的人选择了铁路为首要出行方式(图8)。中国铁路依靠科技创新,不断改进建设施工技术,大量采用电气化新技术,逐步提高铁路信息化水平,初步建成了发达完善的现代化铁路网。我国作为一个高铁强国正如一轮朝气蓬勃的旭日,在世界东方冉冉升起。铁路工程质量大幅提高,铁路的准点性更高,所以更多人倾向于安全快速的铁路出行。当然如果路途相对较远的话,航空运输显得更有效率。根据我们的调查显示:51.24%的人选择了航空出行。新中国成立70年

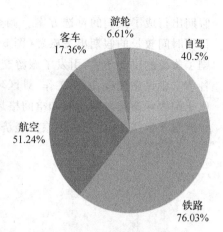

图 8　出行的交通方式(多选)

来,中国民航持续快速健康发展,规模、质量和效益跃上一个新台阶。因此选择飞机出行也是一项很安全快速的选择。飞机不仅仅是一种交通工具,还是人类在空中飞翔的理想,更是把我们旅游者带向目的地的梦想实现工具。

4. 旅游消费的选择

如果已有既定的费用预算,则可以根据费用预算的多少来确定是周边游、国内游或者是出境游。旅游虽不必精打细算,刻意节约,但也应该是在满足需求的同时当省则省,提前做一些准备功课也许会在吃住行方面避免不必要的支出。

从我们的问卷分析中可以看出,大部分人都喜欢旅游,其中价格问题以 4.09 的高分排在人们出行最看重的因素首位。调查结果显示,49.59%的人每次出行花费在1000~5000 元,24.79%的人花费在 5000~10000 元,16.53%的人花费在 1000 元以下,剩下 9.09%的人花费在 10000 元以上。而食宿支出占据了 53.72%的人的主要旅行消费项目。因此,做好旅行预算,不仅能帮助我们更加合理地计划旅程,更能避免出门时超支太多。只有做出最正确的旅游预算,才能让我们游刃有余,更舒适开心地旅游。(图 9、图 10、图 11)

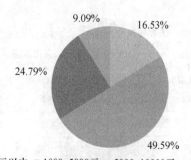

■ 1000元以内 ■ 1000~5000元 ■ 5000~10000元 ■ 10000元以上

图 9　每次外出旅游花费金额

选项	平均综合得分
价格问题	4.09
交通问题	3.51
景点问题	3.36
饮食问题	3.23
同行同伴	2.59

图 10　外出旅游比较关注的问题

从相关数据和图表分析,新中国成立70年来,在我国居民收入水平不断提高的带动下,旅游消费日益成为人们日常生活的一部分,带动中国旅游业的快速发展,从以前只有少数人参与的小众市场,成长为全民参与的大众旅游市场。1997年中央政府审时度势,提出入境旅游大力发展、国内旅游积极发展、出境旅游适度发展的方针,正式开放出境旅游。现如今,出境旅游已经出现了出国游、边境游和港澳游齐发展的好局面。这充分表明,我国居民旅游消费的潜力不断提高(图11)。2019年8

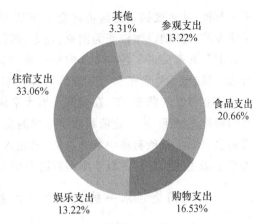

图11 外出旅游花费最多的事项

月23日,国务院办公厅发布了《关于进一步激发文化和旅游消费潜力的意见》,旨在提升文化和旅游消费质量水平,增强居民消费意愿,以高质量文化和旅游供给增强人民群众的获得感、幸福感。旺盛而多元的旅游消费孕育了强大的市场主体,并且释放出不断增强的国际影响力。巨大的市场存量和日趋激烈的竞争环境,也重新唤醒了传统旅游业态的企业家精神,传统企业的创新、新业态的发育、战略投资和并购重组,多方的博弈竞合,正在改写旅游产业版图。不同的消费需求与行为的变迁对市场供给提出了新的要求,为旅游领域的创新创业注入活力。旅游消费的不断增长见证了旅游市场的高速增长,见证了旅游业在国家战略中的责任担当,也见证了我国人民放眼看世界的积极态度和走向世界的坚定信念。

二、居民旅游出行认知、态度和行为选择的影响因素

新中国成立70年来,我国居民旅游出行的认知、态度和行为选择都发生了巨大变化。那么,这种变化是哪些因素引起的呢?通过我们的线下调查和线上查询,主要有以下三方面因素:

(一)政府的支持和推动

政府的支持无疑是最重要的原因。新中国成立70年来,政府主导产业培育,利用外资加快基础设施建设,逐步缓解住宿接待设施紧张的瓶颈状态,发展壮大饭店业市场,使市场化趋向的运营模式逐渐成形,同时实施"双休日"制度和1999年"黄金周"政策来激发国内旅游需求,使国内旅游市场得到了更大的发展机会。1998年,中央经济工作会议明确提出将旅游业确定为国民经济新的增长点,实现了旅游业功能与定位的转变。1985年,国务院提出了"政企分开、统一领导、分级管理、分散经营、统一对外"的体制管理原则,使我国旅游业由行政管理转向行业管理,从直接管理转变为间接管理,同时明确了这一时期旅游发展的指导方针,即"要从只抓国际旅游转变为国际、国内旅

游一起抓；从主要搞旅游接待转变为开发、建设旅游资源与接待并举；从以国家投资为主建设旅游基础设施转变为国家、地方、部门、集体、个人一起上，自力更生与利用外资一起上"，有效促进了各类资本向旅游业的聚集。同年，国务院发布我国旅游业第一部行政法规《旅行社管理暂行条例》，为各类市场主体规范发展奠定了法制基础。纵观新中国成立以来的前 20 年，在经济发展水平较低、基础设施不完善、市场经济发育水平不高的特殊国情下，旅游业依靠政府主导的发展战略，取得了前所未有的发展成就。政府管理也完成了从最初集中解决供给、满足入境市场逐步转向拉动内需、撬动国内市场、培育市场主体的职能。对于中国旅游业的发展，政府的力量功不可没。

（二）人们生活水平的提高和国民旅游消费能力的大幅提升

生产力的发展、人们生活水平的提高带动了中国旅游业的快速发展。国内民众平均收入水平从 1978 年的 190 美元增加到 2002 年的 1100 美元，使旅游需求与旅游消费能力都有了很大的提升。加入世贸组织后，我国经济增长再次出现了两位数，GDP 相继超过了法国、英国等国，并在 2010 年超过日本成为全球第二大经济体。同一时期，中国对外出口的迅猛发展，也使中国制造走遍全球。正是中国经济的高速增长，促进了国民消费能力，进而增加对旅游的消费需求。

（三）科技的进步

发达的现代媒体技术使得各种旅游网站、旅游软件崛起，博人眼球的旅游广告被分享到朋友圈等社交软件并引起热潮和追随。科技的力量使得交通工具变得更加多样、方便和舒适，人们可以选择高铁、飞机、汽车等各种各样的令人满意的出行方式，增加旅游的次数。科技与旅游紧密相融，无论是农村旅游还是城市旅游，所有的旅游产品都可以在云计算、虚拟、人工智能以及可穿戴设备的帮助下，实现旅游体验的大跨越。中国旅游业的变化很大，主要原因就是政府的推动、国民的生活水平的提高以及科技的巨大发展。而这三方面也是互相作用、息息相关的。正是国家对旅游业的发展才使得国民经济的增长，从而大幅度提高国民生活水平，并推动着中国科技的发展；而中国科技发展也正是国民生活水平提高的重大表现。所以，正是由于这些原因，我国居民旅游出行的认知、态度和行为都发生了巨大变化，推动着中国旅游业的发展。

三、我国旅游业未来发展的预测

新中国成立 70 年来，我国的旅游业发展快速，人民的旅游消费能力强大，旅游基础设施日益完善，科技、交通现代化稳步推进。这些都将推动我国旅游业的未来发展。

（一）顾客需求的变化

发展旅游业是落实以人为本、满足人们生活需求的内在要求。我们的调查问卷显示，大多数人希望旅游业能减少商业化行为，并加大对文化古迹的保护和建设力度；还有部分被调查者表示希望有关部门加强对强制消费的监管,加强对景区的保护,并对旅客进行素质教育。更为重要的是我们应深度了解当地各种风俗饮食文化,并结合自身情况和需求。这将是未来旅游业的工作重心。

(二)旅游方式的改进

中国的旅游业,从过去不知旅游为何物,到现在旅游成为高端消费形式,旅游放松已经成为国人重要的生活方式之一。未来,走马观花式的传统旅游方式会逐渐被深度体验式的旅游模式所取代。人们不再只是单纯地观赏,更多的是参与当地的一些体验项目。与此同时,购票方式以及出行方式都将有很大的改进。目前,还有一部分人有"心灵在旅游,身体在受罪"的感受,这也促进了景区各种代步工具、基础设施的发展完善。

(三)旅游渠道的丰富

在过去的几十年里,人们获得旅游信息的途径单一,无非是电视、报纸、书籍等,而如今抖音、快手、短视频的崛起,网红效应引发网红式景点的出现,极大地促进了中国旅游业的发展。人工智能和数字科技的进步,使游客能更加充分地掌握旅游资讯。目前大批旅游公司都在努力开发 VR(虚拟实境技术),将来游客可以通过 VR 技术提前了解目的地及住宿环境,再作出旅游行为的选择。

(四)经济大环境的影响

从全球经济和政治发展的趋势来看,环境趋于和平稳定,旅游业将会进入高速发展阶段。与此同时,人们的消费模式也发生了巨大变化。文化性是旅游发展的根本,由于科技的进步,旅游业科技化趋势日益突出,如导游的存在感越来越低,一些语音导游设备兴起,这些新兴技术将来会更加完善,未来的现代化科技将会覆盖旅游业的各个方面。未来,海底游、南北极游、太空游终将成为可能。

青海省西宁市湟源县拉尔贯村及其周围村庄农牧民脱贫致富调研①

徐秀春　刘景澳

【摘　要】　脱贫致富是社会主义的本质要求,也是中国共产党执政兴国的目标之一。经过长达数十年的农村扶贫工作,我国大部分农村都已实现脱贫致富。当前巩固脱贫成果、防止返贫成了当务之急。本文通过实地调查等方式走访了青海省西宁市湟源县拉尔贯村及其周围村庄,了解了国家扶贫政策对拉尔贯村等村的影响与现状,收集了村民对巩固脱贫成果的需求和意见等方面的数据。希望通过此次调查能够为稳定脱贫基础、巩固脱贫成果提供现实数据和参考意见。

【关键词】　农牧民;脱贫致富;全面小康

本次调查主要采取的是网上调查与调查问卷发放两种方式。调查问卷是由小组成员到青海省西宁市湟源县一些经历过脱贫的典型农村(以拉尔贯村为主,兼有附近的一些小村庄:兰占巴村、北山村、下脖项村)向村民发放问卷进行填写,并当场收回,并与之进行了较为详细的交谈,了解现状。共发出调查问卷 124 份,收回 124 份,回收率达100%;有效问卷 121 份,有效率约为 98%。问卷共向村民提出 23 个问题。被调查者包括村中以农牧活动为生,与以发展旅游及村中相关管理工作为生的农户,涉及已脱贫已找到大致的致富方式与已脱贫但未找到致富方式的两类农户,贫困原因覆盖因病致贫、因残致贫、因缺劳动力致贫、因学致贫、因缺技术致贫等农牧民贫困的主要原因。本次主要调查了参与国家精准扶贫的农牧民基本情况、政府采取的帮助农牧民脱贫相关措施以及重视程度、扶贫措施对农牧民的影响以及农牧民对当前扶贫工作与巩固脱贫成果、防止返贫的意见或建议,目的在于掌握在当前新时代的背景下,西宁市湟源县的拉尔贯村及其周围的村庄在政府采取有效措施后农村脱贫致富的相关情况,分析其根本原因,剖析现象背后的内在问题,从而提出相关的观点与建议,为政府在农村脱贫攻坚的效果和帮助农村真正走向致富之路提供相应的材料支撑。

一、拉尔贯村及其周边村庄脱贫致富情况及现状

习近平总书记强调:消除贫困、改善民生、逐步实现共同富裕,是社会主义的本质要求,是中国共产党的重要使命。随着社会主义新时代的到来,国家经济水平不断提高,居民的生产活动渗入社会生活的各个层面。但这样的大环境下,在中国位置较为偏远、

---

①　本课题指导教师徐秀春(北京工商大学马克思主义学院);课题组组长刘景澳(新闻 181);课题组成员:李梦涵(新闻 181)、王子芙(新闻 181)、莘宇奥(新闻 181)、薛晖钰(新闻 182)。

地形复杂的地区仍然存在着贫困户,为此,习近平总书记提出:要做好扶贫工作,进行脱贫攻坚战,打赢这场硬仗,目标是在 2020 年我国要达到全面建成小康社会。脱贫攻坚,它不仅改变了个人对事物发展的认知、态度和行为,更是极大地促进了农村建设事业的繁荣发展。农村中的农民,这个在中国算是庞大的群体生产生活水平必须得到充分的重视,才能实现致富,促进农村经济的持续性发展。

自实施精准扶贫工程以来,各村村委会按照市委、市政府的重大决策部署和事关农村经济社会发展的全局性、战略性、前瞻性、指导性问题开展工作,重点聚焦驻乡村工作队决战决胜脱贫攻坚,全面实现同步小康目标,相继深入到定点扶贫村(以拉尔贯村为例)开展扶贫帮困工作,紧密结合实际,破解扶贫工作中遇到的难点、焦点和热点问题,取得了一个较为满意的结果——即村庄成功脱贫,不再属于贫困村。

通过调查,我们发现,西宁市湟源县的脱贫攻坚与致富过程虽已经取得一定成效,但也存在着一些对于农村经济发展水平的整体提高起到制约作用,不利于农村致富建设和新农村后续发展的问题。

(一)贫困程度显著减轻

在问卷调查中,根据第 6 题"您的家庭月人均收入"的相关调查,我们了解到 62.8% 的受访者家庭月人均收入在 500—1000 元;28.1% 的受访者家庭月人均收入在 1000—1500 元;9.1% 的受访者家庭月人均收入在 1500—2000 元。由第 13 题"您近年来家庭经济收入变化情况"的调查数据可知,家庭经济收入变化趋势呈增长趋势率达到 82.6%。湟源县东峡乡脱贫攻坚工作简介上显示:根据最新动态数据调整,拉尔贯村、兰占巴村、北山村、下脖项村共有贫困户 146 户,贫困人口 531 人。2016 年实现 3 个贫困村(下脖项、北山、拉尔贯)退出,108 户 383 人脱贫;2017 年实现兰占巴村退出,56 户 229 人脱贫,实现贫困人口全部脱贫,贫困村全部退出。可见自精准扶贫工程显著减轻了拉尔贯村及其周围村庄的贫困程度。

(二)自我发展能力增强

1. 基础设施改善显著

根据第 17 题"您觉得'家电下乡'政策效果如何"的调查数据可以看出,28.1% 的受访者表示非常有效;71.1% 的受访者表示有效。根据第 18 题"您觉得'互联网下乡'政策效果如何"的调查数据可以看出,84.3% 的受访者表示非常有效。根据第 21 题"扶贫之后身边的变化您有感受到什么"的调查数据可以看出,21.6% 的受访者表示交通更加便利,23.1% 的受访者表示住房更加舒适安全。可见拉尔贯村及其周围村庄基础设施正由温饱型向发展型转变。

2. 农村公共服务条件改善显著

根据 21 题"扶贫之后身边的变化您有感受到什么"的调查数据可以看出(图 1),21.6% 的受访者表示有了更多的娱乐活动;21.6% 的受访者表示教育更加先进。湟源县东峡乡脱贫攻坚工作简介上显示:2015 年落实项目资金 600 余万元,主要用于修建下脖项、拉尔贯、兰占巴 3 个村的综合服务中心、文化广场、游客服务中心等。2016 年落实项目资金近 500 万元,主要用于修建下脖项旅游扶贫产业园、购买柏树堂党员活动室等。2017 年落实项目资金近 90 万元,主要用于修建响河村党员活动室和文化舞台、石崖庄村文化广场等。2018 年落实项目资金 100 余万元,主要用于修建石崖庄村老年之家、下脖项村综合服务中心等。可见拉尔贯村及其周围村庄农村公共服务的能力和水平显著改善和提高。

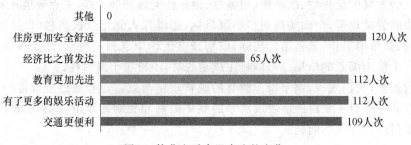

图 1 扶贫之后农民身边的变化

3. 劳动者素质有所提升

根据第 11 题"您是否接受过技能培训"的调查数据可以看出,88.4％的受访者接受过技能培训(烹饪和电焊),但真正从事烹饪岗位的人仅占 55.1％。在本小组问到为何没有从事烹饪岗位时,受访者答道:在村中接受了烹饪培训,但培训结束后村中没有合适的岗位提供给我,由于我并不想离开家去外面的城市工作,只能放弃烹饪,继续在家干活务农。其他接受过烹饪技能培训但未从事该行业的受访者也对该原因表示认同。由此可见,虽然技能培训的参与人数多,但能让自己所学到的技能成为收入来源的人并不多,因此,组织者应综合被培训人的年龄、地区以及他们自己的意向,专门培训特定技能,方能实现"培训一人,输出一人,就业一人,脱贫一户"经济社会效益。

综上所述,拉尔贯村及其周围村庄农业生产和农民生活条件显著改善,自我发展能力明显增强。

(三)政府发挥主导作用

第 8 题"您家现在的主要收入来源"的相关调查显示,28％的受访者主要收入来源为政府提供的保障资金和扶贫资金。第 10 题"您是否在从事农牧业生产的过程中受到相应国家政策扶持"的相关调查显示,83.5％的受访者表示受到过相应国家政策扶持。第 16 题"您觉得政府扶贫政策给农村困难群体带来的帮助如何",90.9％的受访者表示帮助非常大;1.7％的受访者表示帮助大;7.4％的受访者表示帮助一般。根据第 14 题"您认为当前政府对农业扶贫的重视程度怎么样"的调查数据可以看出,92.6％的受访者表示非常重视;7.4％的受访者表示重视。可见在扶贫开发资金投入上,政府始终是扶贫开发资金投入的主体力量。

（四）精神面貌逐步改变

根据第 15 题"您认为现行的扶贫政策是否使您享受到了实惠"的相关调查显示，有 100％的受访者表示受到了实惠，可见大部分贫困群体表示在扶贫政策的实施下，生活条件得到了改善，困扰发展的贫困文化正在逐步消解。农村贫困群众对社会的满意度大幅提升，由冷漠、迷茫、对政府不信任的颓废状态转向对社会充满热情的积极状态。根据第 20 题"在您的地区您认为哪一种模式能从根本上解决贫困"的调查数据可以看出，有 33.1％的受访者选择提高教育水平；26.4％的受访者选择培养农业技术；30.6％的受访者选择发展旅游业。可见超过半数的受访者认为发展教育和技术是解决技术的根本原因，体现出群众对科技、教育的重视程度显著提高，观念在不断更新，精神面貌正在逐步改变。

二、拉尔贯村及其周边村庄脱贫致富存在的问题及分析

（一）地理位置特殊，村民对环保现状了解不足

拉尔贯村及其周围村庄年平均气温 4.3 ℃，年平均降水量 502 mm，海拔 2400～3200 m。温度较低，年降水量较少，海拔较高的问题导致其发展渠道较为狭窄，种植业、畜牧业"靠天吃饭"现象严重。但是拉尔贯村及其周围村庄依靠优美的草原、树林景观使得周边城市游客慕名前来。因此，在 2015 年之后，当地政府大力发展旅游业，在夏天帮助农民开办野炊园，促使农牧民增加收入。

但是拉尔贯村位于湟中县上游，大力发展旅游业的后果使湟中县水源污染，屡次遭到举报。并且在习近平总书记"绿水青山就是金山银山"的环保理念推行下，在树林中开办野炊园已不再符合环保要求。在这种情况下，当地政府关闭了大量野炊园，拉尔贯村的村民也就失去了一笔不菲的收入。但根据第 20 题"在您的地区您认为哪一种方式能从根本上解决贫困"的调查数据表示，仍有 30.6％的村民表示渴望通过旅游业增加收入。可见政府在关闭野炊园的同时疏于向村民进行环保宣传。

（二）下派人员经验不足，无法切实解决问题

青海贫困地区农村的扶贫工作主要推动力来自政府，各级政府都在为贯彻落实扶贫开发这项重大任务而努力。除了扶贫开发的财政资金快速增长以外，大批干部与贫困户结对帮扶，政府机关、事业单位与贫困村挂钩帮扶，但青海各级政府机关、事业单位所拥有的人力、物力并不充裕。大部分的机关、事业单位的业务与扶贫开发工作相关度不高，因而参与农村扶贫建设并非各级干部所擅长。

在我们走访中发现，当地政府负责扶贫的人员中，还有不少是刚毕业没多久的大学生，大学生由于工作、社会经验不足，无法切实了解村民在生产生活中产生的问题，更无法帮助其解决问题，根据第 22 题"当前扶贫工作您认为最需要解决的问题是什么"的调

查结果显示,有 21.7％的受访者表示下派人员经验不足。可见由于下派人员经验欠缺,政府真正的帮扶能力受限,无法切实解决实际问题。

(三)村民受教育程度不高,技能培训项目较少

根据第 5 题"您的家庭人口数"的调查结果显示,55.4％的受访者为 3～5 人;26.4％的受访者为 3 人以下;18.2％的受访者为 5 人以上。可见在拉尔贯村及其周围村庄的一般家庭总人口为 3～5 人,而第 4 题"您的家庭劳动人口数"的调查结果显示,家庭劳动人口数 2 人及以下的受访者占 33.9％;38％的受访者家庭劳动人口数为 3～4 人,15.7％的受访者家庭劳动人口数为 4 人以上。但在主要劳动人口中,根据第 3 题"您的学历是"的调查数据可以了解到,74.4％的受访者学历为小学及以下;13.2％的受访者学历为初中;11.4％的受访者学历为高中或中专。因此,拉尔贯村面临着部分劳动人口受教育水平有限、文化程度较低、思想保守,对村内各项工作消极怠慢,缺少脱贫致富的积极性,怕投资失败承担风险。

虽然近些年通过政府扶持,有 81.8％的劳动人口参加了烹饪、电焊的技能培训,但这两项技能并不适合所有贫困群体,加上由于贫困群体本身受教育水平偏低,接受新事物困难,使得贫困家庭劳动力接受职业技能培训的能力也不高。因此,在脱贫之后,在致富道路上还有因缺少相关技能返贫的现象发生。综上所述,因村民受教育程度较低,导致在脱贫致富的道路上仍存在返贫风险,说明政府仍需提高劳动人口的受教育水平,增加技能培训的项目,加强对生产技能的培训。

(四)发展资金不足,帮扶渠道单一

根据第 22 题"当前扶贫工作您认为最需要解决的问题是什么"的调查数据显示,54.2％的受访者认为发展资金不充足是最需要解决的问题;22.2％的受访者认为帮扶渠道单一是最需要解决的问题。拉尔贯村及其周围村庄虽有丰富的自然资源,但因资金缺乏、地处深山、山高路远无法打造亮点景观,引进投资项目困难较大。且对村民来说,小额信贷的贷款额度较低,不能满足村民的贷款需求。拉尔贯村及其周围村庄距县城较远,且多为盘山路,十分崎岖,引进投资项目和资金并不容易,使得村民们可参与的脱贫致富项目受限。

(五)人力资源贫乏,劳动力不足

根据第 12 题"您是否在因地制宜的生产活动中感觉到困难"的调查数据显示,有 81.8％的受访者认为在因地制宜的农牧业生产中感到困难。其中的难点之一便是劳动力不足。贫困地区的收益来源并不多,外出务工成为农民收入来源的重要渠道,并逐步形成了打工热潮。通过调查,本小组发现,在拉尔贯村及其周围村庄,小部分人的主要收入来源是种植业和牧业,多数人的主要收入来源为外出务工和政府帮扶。高达 63.7％的受访者主要收入来源为外出务工(图 2)。外出务工导致劳动力外流严重,村中只剩下老人和孩子,老人成了空巢老人,孩子也成为留守儿童,并且留下家中田地无

人种植,进而失去了一份收入。

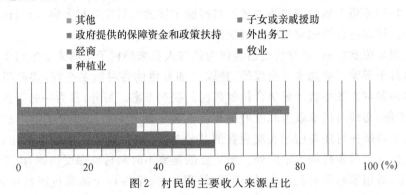

图2 村民的主要收入来源占比

三、对拉尔贯村及其周围村庄脱贫致富提出的建议

结合以上调研结论,对于拉尔贯村脱贫致富之路上出现的一系列问题,本小组深刻地进行了分析、研究并提出如下改进建议,希望拉尔贯村吸收之前脱贫进程中的经验教训、充分利用好地方优势,在致富道路上走的更加顺畅,建议具体如下。

(一)加强思想教育,实现互利共赢

在拉尔贯村发展旅游业、村民开办野炊园带来可观收入的同时,由于村子地处于特殊位置(湟中县水源上游),旅游业的发展造成了水资源污染等环境问题。尽快使当地村民真正富裕起来是拉尔贯村第一要义,然而环境污染问题也相当严肃不容忽视的,尤其是对于水资源贫乏的中国而言,水源污染更是国家重点把控监督、绝不容许的。但就目前情况而言,村民对水源污染带来的危害认识不够深刻。在调研中本小组发现,还有很多村民不理解政府决策趁机"钻空子",因此,应该从思想层面教育引导村民,如聘请专家开办环境保护讲座以及专业人员讲解政府政策等,以改变村民的思想。只有当村民从思想上对珍贵的水源和原生态绿色环境予以重视,才有自觉意识去自发保护水资源和爱护环境。总之,保护水源是原则,不能因为致富而放弃原则,开办野炊园要在不造成水源污染等环境问题的前提下进行的。

为切实解决水污染问题,实现致富与环境保护双赢,本小组建议:一是采用先进的污水处理设备,实现餐饮废水达标排放;二是在指定地点进行污水排放,杜绝随意排放行为;三是尽己所能,对水资源充分利用(污水处理后的循环使用)。四是当地政府采购先进的洁水设备,定期对水源进行水质检测,做好污水处理工作。

我们相信,只要各方各尽其力,拉尔贯村一定会成为更美更富的绿色村庄。

(二)增加智慧输出,积累脱贫经验

所谓"增加智慧输出"是就政府一方而言的,根据调查结果显示,有21.7%的受访者表示下派人员经验不足。像拉尔贯村这样的村子有许多扶贫人员被下调来的大学生村干部,但是他们资历尚浅、经验不足,没能对村子脱贫起到非常有效的领导和指导作用。对此,村民希望当地政府应当派遣脱贫经验丰富的官员来驻村考察,与村民深入沟通交流,提出针对适合拉尔贯村实际情况的发展方案。

所谓"积累脱贫经验"是就目前已经作为扶贫人员来到村子里的大学生村干部而言的,大学生村干部除了参加本村会议外,建议参加乡镇的各种脱贫会议,多聆听大家的建议,从多种脱贫方案中找到最适合拉尔贯村的脱贫方案。另外,作为一名下乡扶贫的大学生村干部,必须对国家政策和政府决议有深刻了解,同时,不仅要了解自己所在的村庄,还应该将所在村庄与已经实现脱贫的其他村庄对比,通过走访其他村庄、与村书记交流,找出自己带领村的不足之处。最重要的是要不时和村民深度访谈,由于村民文化水平有限,对国家和政府政策有时不能很好理解,大学生村干部通过跟村民聊天,耐心解释政府决策的合理性,既可以增进与村民感情,也有利于脱贫致富工作的开展。当然,村民的意见也要适时向上级反映,让人民群众发声,发挥好"上传下达"的作用。

（三）提高教育水平,开展技能培训

提高教育水平不仅要靠政府,还要提升村民对"学习知识"这件事的认知。在调研中本小组发现近74.4%的村民为小学及其以下的学历,处于受文化程度低下的水平,政府应该让村民发现学习知识是有用的,而不是结束了九年义务教育就匆匆回家放羊放牛。如今的社会,科技与经济高度发展,高科技人才对社会有着相当高的价值。大山深处的孩子更要明白这个道理,只有努力学习文化知识,跳出大山,才能看到更广阔的世界。

开展技能培训也是致富的好方法,多一种技能就多一种工作的选择权。本小组实地调查发现,拉尔贯村开展的技能培训比较单一,主要为烹饪。所以,应当开展多种技能培训,不断加大对村民的培训力度,扩大培训规模,增加培训技能。这样村民可以提高自己的生产生活技能,以拓宽他们的工作范围,以此帮助村民们找到最适合自己的工作种类。

（四）开展娱乐活动,丰富村民生活

发展经济鼓足村民的腰包固然重要,但同时组织进行娱乐活动也是必不可少的。拉尔贯村现有的娱乐设施较少,主要为一小片空地上建有几个篮球架,应当再建设一些娱乐设施以满足村民的正常需求,每日辛苦劳作后心情得以放松,压力得以缓解,第二天早上起床才能继续撸起袖子加油干。现今,我国各地傍晚都有大妈大爷自发组织广场舞,本小组建议拉尔贯村建设健身广场,开展健身活动,提高村民身体素质。尤其对体弱多病的老年人而言,更要加强锻炼,少生病就等于为儿女减轻了负担,为家庭走向致富帮了忙。

（五）出台相关政策,扩大受益范围

为巩固脱贫走向致富,当地政府应多出台一些针对普通户的优惠政策,调查结果显示,54.2%的受访者认为发展资金不充足是脱贫致富之路上的绊脚石(图3)。在调研时,有部分村民向本小组反映的发展资金不充裕问题主要体现在政府给普通村民的贷款额度不够,难以满足其发展需求。当地政府应当在能力范围内,将贷款数额进行适当地调整。可以运用弹性贷款机制,即只要贷款人信用良好,就可提升贷款额度;如果无法如期偿还,就下调其贷款额度的上限。基层党政组织要依据当地现今的实际情况,积极进行协调工作。而对于当地外出务工的村民来说,当地政府同样要积极协调组织,增加农民外出务工的收入,尽可能做到离土但不离乡的双赢局面。以此,以确定务工的时效性与稳定性,这样既可以增加家庭收入,又可以适时地解决村中"留守"所带来的一系列问题,使农民生产生活更为便利,家庭更为和谐幸福,从根本上实现致富小康。

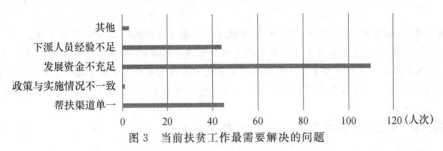

图 3　当前扶贫工作最需要解决的问题

新中国成立 70 年来北京市社会总资源对高等教育分配合理性分析①

孟繁宾　刘　玉

【摘　要】　北京市作为全国的文化中心,其教育发展水平受到社会各界的广泛关注。为探求新中国成立70年来,北京市社会总资源对高等教育的合理性分配状况,特采取实证主义与现象学还原的思想,深入考察北京市社会总资源分配过程中存在的问题以及影响高等教育稳步发展的相关因素;试图针对目前北京市高等教育发展的现状提出多方面的合理建议,并为高等教育资源分配问题研究提供现实依据和理论基础。

【关键词】　社会总资源;高等教育;现象学还原;实证主义

一、北京市社会总资源对高等教育的分配

社会总资源可划分为人力资源、信息资源以及经过劳动创造的各种物质财富等(即物力资源)三大类。因而本部分意在探讨以社会总资源不变为前提,将总资源在社会各领域中向高等教育领域进行分配的情况。我们试图以历史时间发展的角度,从社会资源的结构(三类资源)与总量上详细分析教育资源的分配问题。

（一）人力资源方面分析

截至 2019 年 8 月份,北京市总人口数达到了约 2170 万人。据不完全统计,目前北京市共设立 54 所普通本科高校,教师 56 820 人,在校博士生 55 343 人,硕士生 169 443 人,普通本科生 440 843 人。在这些高校的师资团队中,专任教师中拥有博士学位约 3.69 万人,硕士学位约 1.35 万人,学士学位约 3427 人,共计占总专任教师人数的 70%。在专任教师中,35 岁以下的教师 1.08 万人,36~45 岁的教师 2.15 万人,46~55 岁的教师 1.75 万人,56 岁以上的教师 4292 人。在这之中,具有工程背景、行业背景和"双师型"教师共 2.68 万人,占专任教师总人数约 50%。此外,北京高校高层次人才共 8912 人,教学管理人员 4179 人,专职辅导员 2222 人,质量控制人员 194 人,就业管理人员 293 人,心理咨询人员 135 人,北京高校实验教师 4771 人。在实验教师中,又有约 1/3 的实验教师具有高级职称(1488 人),约 60% 的实验师资拥有硕士或博士学位(2847 人)。拥有高级职称和博士学位的实验教师超过 80%。分析以上数据不难看出:北京市师资力量强盛,高精尖人才多,北京市的社会总资源在人力资源分配上比重较

---

①　本课题指导教师孟繁宾(北京工商大学马克思主义学院);课题组组长刘玉(电子 181);课题组成员:韩雪(电气 181)、陈阳(电气 181)、魏雨翔(电气 181)、娄义坤(电子 182)。

大。新中国成立以来,北京高校学生的招生数、在校生数和毕业生数分别增长了25倍、38倍和75倍。

总体发展趋势呈现三段式:波动增长期(1949—1998年)、快速增长期(1999—2008年)和稳定发展期(2009至今)。

新中国成立以来,北京高校招生数从1949年的6119人增至2018年的155 784人,增长了25倍;在校生数从1949年的15 161人增至581 133人,增长了38倍;毕业生从1949年的1946人增至2018年的146 654人,增长了75倍。学生规模总体上呈现3个阶段:波动增长期(1949—1998年)、快速增长期(1999—2008年)和稳定发展期(2009年至今)。波动增长期的50年间,招生数、在校生数、毕业生数分别增长了10倍、14倍、25倍。其中,1961年招生数量迅速下降(由1960年47 354人降至19 983人),与国家对高等教育事业进行全面调整和压缩有关。受"文革"的影响,废除高考,高校停止招生,1970年高校开始招收工农兵学员。快速增长期的10年间,招生数、在校生数和毕业生数分别增长了2倍、2.5倍和将近3倍。稳定发展期的10年,招生数稳定在15万人,在校生数基本维持在58万人左右,毕业生数稳定在15万人左右。

从总体上分析,新中国成立70年来,北京市的社会总资源对教育资源的分配在人力资源方面占比是有所增加的,尤其是在高等教育方面。

(二)从信息资源方面分析

从新中国成立初期到现在,根据我国国情,大概分为三段:

1. 第一阶段为快速增长期(1949—1957年)。1949年11月1日,教育部成立;1950年,教育部在北京召开了第一次全国高等教育会议,通过了《高等学校暂行规程》《私立高等学校管理暂行办法》等草案。随着新中国成立,伴随着政府的一系列措施,信息资源快速增长,接受教育的意识在群众中展开。

2. 第二阶段为波动期(1958—1976年)。1958年国务院发布了《关于教育工作的指示》,当时各省市、自治区、厂矿、企业和人民公社大办高等教育热潮,全国高校从1957年的229所猛增至1,289所。北京高校规模的迅猛扩张是当时中国高等教育发展的缩影。1960年,北京高校数量达到该阶段历史最高值69所。受此影响,信息资源快速增加,然而后受"文化大革命"影响,信息资源急剧下降。

3. 第三阶段为稳步缓慢增长期(1977—2018年)。北京高校从1977年的28所发展到2019年的92所,经过消除"文化大革命"影响以及社会经济的不断发展需要,教育普及开来,接受高等教育深入人心,人人都有"清北梦",高等教育在社会总资源的信息资源方面占有稳定可观的比例。

(三)从物力资源方面分析

从新中国成立初期到现在,根据我国国情,同样也可分为三段:新中国成立初期的快速增长期(1949年—1957年)、"大跃进"和"文革"的波动期(1958年—1976年)和改革开放以来的稳步增长期(1977—2018 年)。

1. 第一阶段为快速增长期(1949—1957 年)。北京高校规模从 13 所发展到 31 所,实现了翻番。1949 年 11 月 1 日,教育部成立;1950 年,教育部在北京召开了第一次全国高等教育会议,通过了《高等学校暂行规程》《私立高等学校管理暂行办法》等草案。北京高校进行院系调整,私立大学逐步停办,其院系并入其他公立大学。由于还有一系列新增高校,所以私立大学的停办并未影响北京地区高校规模的增长势头。北京高校规模先从 1957 年的 31 所迅速扩大到 1958 年的 57 所,仅仅 1 年时间几乎实现高校数量的翻番。这与 1958 年国务院发布的《关于教育工作的指示》密切相关,当时各省市、自治区、厂矿、企业和人民公社大办高等教育热潮,全国高校从 1957 年的 229 所猛增至 1289 所。北京高校规模的迅猛扩张是当时中国高等教育发展的缩影。1960 年,北京高校数量达到该阶段历史最高值 69 所。在此阶段,物力资源占北京市社会总资源的占比逐年增加。

2. 第二阶段为下降期(1961—1976 年)。1961 年,邓小平提出"科学教育水平并不决定于数量,主要是质量"。发展速度要放慢,高校数量从 1960 年的 69 所调整至 1961 年的 52 所。1961—1968 年期间,北京高校数量较为稳定。1969 年 10 月,林彪下达"第一号令",北京高校部分停办、部分外迁及合并,高校数量从 1968 年的 54 所降至 1969 年的 27 所。1972 年,北京高校数量达到该阶段历史最低值 17 所。在此期间,物力资源占北京市总资源的占比逐年下降。

3. 第三阶段为稳步增长期(1977—2018 年)。北京高校从 1977 年的 28 所发展到 2018 年的 92 所。1978 年、1979 年两年间,高校数量增长较快,这与国务院批准恢复和新设一批高校(包括北京政法学院、北京舞蹈学院、中国科学院研究生院、北京市财贸学院、北京农业大学迁回北京、北京轻工业学院原址重建、北京印刷学院成立、北京气象专科学校复校等)有着重大关系。在此期间,物力资源占北京市社会总资源的占比又呈现出了逐年增加的趋势。

此外,据统计,在国家财政性教育投入上,目前世界平均水平为 7% 左右,其中,发达国家达到 9% 左右,经济欠发达的国家也达到 4.1%。中国早在 1993 年就提出要在 2000 年实现国家财政性教育经费占 GDP 4% 的目标,但时间表却已推至 2010 年(但实际上是在 2012 年彻底实现,图 1)。

调查报告显示,有 85% 的人认为新中国成立 70 周年来,北京的社会总资源对高等教育的分配大体上呈现增加趋势(图 2)。有 90% 的人希望应占比例增大(图 3)。

通过数据显示,虽然我国还没有达到世界平均水平,北京市亦然,但财政方面对于教育方面的投资依旧呈现出正相关的趋势。总而言之,新中国成立 70 年来,北京市无论是在人力资源、信息资源还是在物力资源上,对于教育尤其是高等教育上投入整体上都有大幅增加,这是十分合理的。但是针对人力和物力(尤其是物力资源),还是应该继续增大投入。北京市高等教育占我国高等教育比例较大,且人力资源是所有资源中增值潜力最大、最具有投资价值的资源,因此对于人力资源方面要注意引进人才、防止人才流失,实现优质教师资源补偿,合理配置人力资源;对于物力方面,需加大教育经费投入,在教育资源质量得以保证的前提下,增加数量,合理配置财政支出。

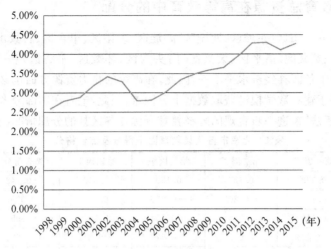

图1 1998—2015年国家财政性教育经费占GDP比重

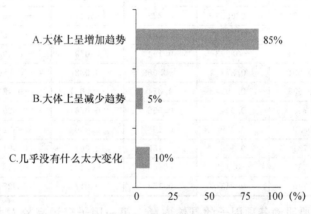

图2 总资源对高等教育支持

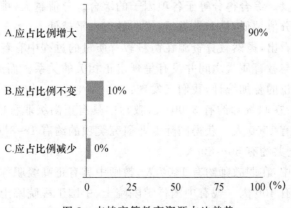

图3 支持高等教育资源占比趋势

二、北京教育总资源在高等教育中的分配

北京市分为6个市区(东城区、西城区、海淀区、朝阳区、丰台区、石景山区)、8个郊区(房山区、通州区、顺义区、昌平区、大兴区、门头沟区、怀柔区、平谷区)和2个郊县(密云县、延庆县)。由于各区县经济水平不一,因此,在高校的物力资源方面也必然存在较为显著的差异。但限于建立数学模型获取数据十分困难,因此,笔者在本部分考虑引用已有报告中的"因子分析法"来进一步直观的解释教育资源在各区县的分配情况(表1)。

表1　北京市各区县教育因子得分及综合得分

	第一因子	第二因子	第三因子	第四因子	综合得分	排名
东城区	0.323	0.327	0.159	0.019	−0.143	8
西城区	0.167	−0.203	−0.056	0.112	0.020	6
朝阳区	0.113	0.341	−0.154	0.294	0.595	4
丰台区	−0.228	0.092	−0.277	−0.212	−0.625	16
石景山区	−0.005	0.148	−0.272	−0.029	−0.158	9
海淀区	−0.132	−0.557	−0.036	0.0120	−0.606	15
房山区	−0.531	0.060	0.222	−0.116	−0.366	11
通州区	−0.452	0.088	0.042	0.059	−0.557	14
顺义区	−0.474	−0.293	0.194	0.079	−0.495	13
昌平区	−0.501	0.274	−0.062	0.032	−0.256	10
大兴区	−0.538	0.099	0.051	−0.041	−0.430	12
门头沟区	0.755	0.094	0.056	0.076	0.829	3
怀柔区	−0.204	0.339	0.166	0.090	0.392	5
平谷区	0.731	0.159	0.163	0.061	0.991	1
密云县	0.235	−0.149	−0.033	−0.171	0.118	7
延庆县	0.743	0.013	0.154	0.017	0.927	2

首先,我们需要明确各项因子的具体内涵。第一因子表示高校人力资源及教育物质资源分配;第二因子表示高校教师人力资源分配;第三因子表示基础教育空间;第四因子表示教育容纳量。综合得分等于各项因子的综合。分值越大,排名越靠前,说明教育水平越高;反之,分值越低,排名越靠后,说明教育水平越低。

分析数据不难看出,虽然教育资源在衡量教育质量的过程中有着举足轻重的地位,但教育资源的数量与教育质量之间并没有呈现出正相关的关系。而通过对重点大学和非重点大学师资力量的叠加统计,我们又发现:

双一流大学中:在职教师约有3000人,教师中具有正高级职称的约有1300人,具有副高级职称的约有1500人。获得国际专业研究奖项的约有1~3人。中国科学院院士、中国工程院院士共约有50~80人。

而双非型大学中:在职教师约有1400人,教师中具有正高级职称的约有150人,具有副高级职称的约有400人。现有中国科学院院士、中国工程院院士共约有0~5人。

由此不难得出一个结论:一个大学的师资力量处于该大学教育质量的支配地位。

进而再分析:双一流大学总人数≈双非型大学总人数,双一流大学平均教学区域≫双非型大学平均教学区域。由此可见,双一流大学一方面控制生源人数,而另一方面改善本校的教育资源,扩大数量与提高质量双管齐下。由此推断:双一流大学生源人数少,生源质量高,生师比例小,集体规模小,个性化教育程度高,从而易培养出优秀人才。而双非型大学生源人数多,但生源质量不如双一流大学,生师比例大,个性化教育程度低,从而难以培养出优秀人才。

至此,综合以上的分析得出一个总结论:教育资源的质量与师资力量共同处于教育质量的支配地位,且师资力量在支配地位中起主导作用。

调查结果所反映的现象与人们所谓常识的那些见解是相背离的。二者之所以存在差异,是因为人们在普遍的意识中存在思维定式,这些惯性思维如果在不含先验因果性与优先级的条件下,必然要向其中"显性的存在"做出转化。而纯粹现象学的本质还原就是要尽量甚至完全抛开经验主义(贴标签)的束缚,对那种长期经验的结果做出有力规避,由此扩大被研究现象的研究域。

在教育资源因素之外,经济因素也是造成中心城区与郊区教育水平差异大的原因。其中,主要有:

(一)中心城区较郊区经济发展差异大

如图 4 所示,2018 年第一季度北京主城区(东城区、西城区、海淀区、朝阳区、丰台区、石景山区)GDP 为 4913 亿元,北京近郊区(顺义区、房山区、通州区、大兴、门头沟区、昌平区)GDP 为 1541 亿元,北京远郊区 232 亿元,由北京市城区中心到市边缘,GDP 逐渐衰减,主城区大约为远郊区的 21 倍之多,主城区人口数也较郊区人口多,折算到人均 GDP,主城区也为远郊区的两倍之多,这种主城区和郊区的贫富差异之大使得外来人口(非北京常住居民)多选择在中心城区居住和发展,商业开发的目的地也选择在这里,造成中心城区人口密度远大于郊区,长此以往的恶性循环,两极分化程度越来越大。

1. 西城区:GDP 为 979.21 亿元,常住人口 122 万人,人均 GDP 为 80263 元;
2. 东城区:GDP 为 560.61 亿元,常住人口 85 万人,人均 GDP 为 65884 元;
3. 海淀区:GDP 为 1478.82 亿元,常住人口 348 万人,人均 GDP 为 42494 元;
4. 顺义区:GDP 为 429.33 亿元,常住人口 113 万人,人均 GDP 为 38061 元;
5. 朝阳区:GDP 为 1407.35 亿元,常住人口 373 万人,人均 GDP 为 37639 元;
6. 大兴区:GDP 为 502.51 亿元,常住人口 176 万人,人均 GDP 为 2858 元;
7. 石景山区:GDP 为 133.03 亿元,常住人口 61 万人,人均 GDP 为 21815 元;
8. 怀柔区:GDP 为 71.56 亿元,常住人口 40.6 万人,人均 GDP 为 17676 元;
9. 丰台区:GDP 为 356.51 亿元,常住人口 218.6 万人,人均 GDP 为 16306 元;
10. 房山区:GDP 为 169.53 亿元,常住人口 115 万人,人均 GDP 为 14721 元;
11. 密云区:GDP 为 69.54 亿元,常住人口 49 万人,人均 GDP 为 14196 元;
12. 门头沟区:GDP 为 43.62 亿元,常住人口 32.5 万人,人均 GDP 为 13547 元;
13. 平谷区:GDP 为 58.57 亿元,常住人口 45 万人,人均 GDP 为 13047 元;
14. 通州区:GDP 为 189.53 亿元,常住人口 151 万人,人均 GDP 为 12568 元;
15. 昌平区:GDP 为 209.77 亿元,常住人口 206.3 万人,人均 GDP 为 10170 元;
16. 延庆区:GDP 为 34.39 亿元,常住人口 34 万人,人均 GDP 为 10114 元;

图 4　2018 年第一季度北京各区人均 GDP 排名

（二）郊区交通不发达

现如今，平谷、密云、怀柔、延庆 4 个区，地铁交通尚未建成。虽然公路交通较为发达，但经济效益低，且对环境污染较大。因此，郊区交通的缺陷无论是对师生家校往返还是居民的正常出行都造成了极大不便。

综合以上的分析，笔者提出三点改善措施：

1. 发展郊区的交通运输能力。交通发达既是经济发展的必要条件，也是保证社会经济活动得以正常进行和发展的前提条件。

2. 在郊区建立大学城与卫星城。加强公共基础设施建设，并以此带动相应的政治建设、人才建设和环境建设。

3. 增加校际间交流活动。在《城市公共服务体系建设纲要》中曾提到教育服务体系的建设使得重点大学在人才培养质量上有显著提高，一些重点学科接近或达到国际水平，并在高等学校中起到骨干和示范作用。因此，在重点大学和非重点大学之间增设交流活动，使优质生源与师资得以流通融合发展。

三、北京教育资源在双一流与双非型高校间的分配

不久前，"985""211"这些沉睡已久的中国高等教育的"标签"重新受到了各界的关注。大学是否应该分层、教育资源是否也应逐级分配……这些问题直击我国高等教育发展的诟病。

"985""211"存废的争议，其导火索和症结在于教育资源的配置问题上。行政性资源配置是我国高等教育资源配置的重要方式，政府作为一种不可忽视的力量参与到大学的管理当中，使得我国大学长期处于依赖行政性、指令性的资源配置模式，大学的自主权在一定程度上有所缺失。据各个学校公开的校园信息可以看出"985""211"几乎囊括了所有国家一级重点学科和国家二级重点学科及重点培养学科，在师资上博士为主力军，各研究领域也配备国内顶尖的中国科学院院士和中国工程院院士。校园面积和软硬件先进程度不必多说，也自是名列前茅。而相比于双一流大学，双非型高校占有极少数的国家重点学科与特色专业，教学设施质量低，师资力量薄弱，对外交流的活动也少之又少。由此可见，北京市各大高校间教育资源分配的标准，主要在于学校的层级。层级越高，分配到的资源越多；层级越低，分配到的资源越少。于是，这也就引出了许多人对"985""211"高校不满的呼声。比较有趣的一点是，根据我们的调查结果显示，有20% 的同学来自"985"高校，而对学校资源配置非常满意的比例也是 20%，觉得自己学校优于大多数学校教育资源的也为 20%。

然而就"大学是否应该分层配置教育资源"这一问题，笔者在此认为答案是肯定的。

从资源配置的效率来看，将有限的优势资源集中起来是大多数国家公认的做法。如国内的"双培计划"与"外培计划"、韩国的"智慧韩国 21 工程"、日本的"远山计划"等，其背后的初衷是优化资源配置，使一部分大学先发展起来。这种"先富带动后富"的区

域合作思想,在理论上可以实现优质校发挥带头作用,通过与普通校沟通交流教学经验、师资生源的流动,达到帮扶发展较为落后的普通校的目的,进而逐步实现各大高校教育水平与教育质量的共同发展。虽然,目前北京市的高校间正在践行这种区域合作的思路,但是问题也随之而来。比如:前些日北大招生办在河南投放的某项计划欲招 8 人,而符合标准恰好排第 8 名的人,却以分数太低,怕跟不上学习进度为由被北大拒收,这件事一时引起了不少轰动。有人称北大将国家政策、招生规则、契约精神视若无物,丝毫没有起到良好的表率作用。虽然最后校方坦承在河南招生确有违规,并决定补录这位河南国家专项计划的考生。然而这件事却十分值得深思。

当一所学校的教育发展水平很高时,它是否还能一如既往地发挥带头与帮扶作用?在引入优质教育资源后,它是否还能实现教学经验的分享与教育资源的共享?笔者认为,这两个问题的答案必然是否定的。因为,目前我国高等教育资源过度依赖政府的配给,行政性的资源配置使双一流大学的资源占有更加"合法化"和"稳固化"。这样的做法将直接导致大学分层日趋稳定,双一流大学在极大程度上造成教育资源垄断。虽然优质高校通过"双培计划"与"外培计划"向普通高校伸出了援助之手,可实际情况却是优质校学生与"计划生"被分开教学,校方通过不断压榨普通校学生的课余时间进行课外辅导,在正常的作业基础上额外增添新的作业,无形中加大了普通校学生的学业压力。然而"计划生"在大学毕业时,毕业证上依旧是普通高校的头衔,并不会与优质高校有一丝一毫的关联。这样的做法,长此以往无非是造成两极分化、排除异己,以达到彻底垄断教育资源的目的。然而,这样的做法在现在看来,依旧受到强烈的追捧,究其原因,主要是因为优质高校所拥有的普通资源是普通高校"优等生"一直努力却无法得到的东西;而一些家长也产生"宁当凤尾不做鸡头"的思想,教导孩子一定要努力考上好学校,再差也比普通学校的孩子强。其实,就算是"一碗水端平"也仅能达到名义上的公平,教育资源配置的天平必然要向占据优势的一方倾斜。眼下很多高校因为有着这样那样的牌子、标签,可以优先获得各种各样的资源与支持;而另一些高校则因资金短缺,捉襟见肘,不得不把学校声誉拱手相让。长此以往,优质高校手握大量资金疲于创新,而普通高校因缺乏资金也难以创新。

虽然说北京各学校之间教育资源分配不公平,但近两年各大知名学府开放夏校、开设网课,让更多的人得到去名校交流学习的机会,这在一定程度上缓和了资源分配的严重倾向性。还有一些高校以本校为主,联合几个资源匮乏的学校一起向企业单位学习真正职场需要的技能及更符合时代发展的技能知识。这对提升高校整体实力更是有所裨益!但是值得一提的是,我们调查报告显示有仅 50% 的人认为网课的出现有效地改善了不同学校学生水平的差异。笔者认为,对于网课的制作水准进行细化改善并大力推广。

总而言之,教育资源的合理分配是个长期的、复杂的问题。北京市各大高校应该以"建世界一流大学、办世界一流教育"为目标,共同提升整体竞争力!笔者认为,搞"大锅饭"肯定不现实,但"开小灶"也必然不能如愿。唯有走多校合作、互利共赢的道路。才能真正切实弥补高等教育"此消彼长"的短板,也只有这样,才能真正实现教育资源的合理分配。

综上所述,笔者提出点改善措施:

1. 政府要照常重资分配给高校的科学研究与实验室的建设,但减少一部分资源,去提高其他学校的基础资源设施。

2. 学校间要多举行交流活动,相互借鉴经验。在假期中可开展夏令营或冬令营等活动,并为参与学生提供参与证明,提升高校的信誉与名声。

四、北京教育资源在文理专业之间的分配

在高中阶段,文理科分班成了家长与学生之间的一个热议话题。在北京市绝大多数的高中都偏向于理科教育的环境下,老师和家长会从报考志愿范围、未来发展、就业等各个方面考虑让学生学习理工科。因此,我们在调查问卷中,设计了关于未来就业选择专业的问题,调查结果如图5所示。想选择理工类与综合类专业的学生各占50%,而选择文史类专业的学生,却为0。笔者认为,该数据与真实情况相比,还是较为贴切的。因为就大学而言,"985"和"211"的高校中以理工类专业为主的学校偏多,理工类专业在学校所占比重也比文史类较大,同时就业方向较为全面和开放,相信这也是大部分学生选择理科的原因。本部分意在探讨北京市教育资源在文理科之间的分配问题,但由于在大学中经常会出现转专业、专业文理界限不清等因素的影响,所以,我们不妨通过统计近5年来北京市高考报名人数以及文理科考生报考人数以表示大体的分布趋势。

C.综合类 50%　A.理工类 50%

图5　大学生对专业的选择情况

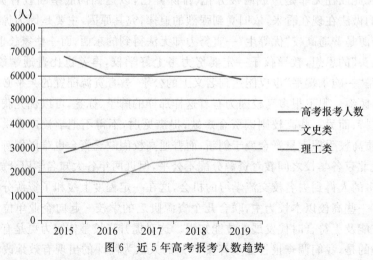

图6　近5年高考报考人数趋势

由统计数据不难看出,北京市高校中大体呈现出文科:理科≈2:3的分布规律。究其原因,主要是因为北京市高校中,理工类专业范围广,教学和研究所涉及的领域多,需要进行的科研项目财力丰厚,理工类教育资源分配丰富。而文史类专业因其教学灵活性强,专业领域较狭窄,自然在投入的教育资本上要小于理工类。而就未来发展而言,社会各行各业对人文科学专业的需求并不像理工科那么多。换句话说,文史类毕业生专业技能缺乏一定的独立性,没有一技之长,则很难在社会上立足。所以,理工类专业虽然学习难度大,需要投入的资金、时间以及精力多,但技能独立性强、就业率高,为

社会输送专业技术人才。因此,许多学生愿意选择理工类学校及专业就读。

当然,以上是从实证角度出发,试图找到文理科分配不均衡的合理性解释。然而不可避免的是,实证方法在找到资料后,仅是对某一定点问题的分析与检验。并不能够给出基于一个问题所反映出的所有现象的合理解释。比如:一方面政府对文科生的扩招工作持续加大;另一方面学校对文科领域的分类不断变多,可为什么"重理轻文"的现象与传统思想,却迟迟没有改观呢?基于这样的问题,笔者认为我们应该换一种视角进行研究,即把我们自身带入第三者的角度(脱离教育的主体:老师与学生,而纯粹的进入外人的视角)对现象进行观察。于是,我们不难分析出:教育是成才的手段不是成才的目的。衡量一名优秀人才的标准,不是在高等教育大环境下的一份成绩单,而是在社会的大背景下的职业地位与收入。试想,一名学生在学校各科都取得了十分优秀的成绩,但毕业工作后发现,自己所学的知识在职位需求上毫无用武之地,那么,即便这个专业有最强的师资,最好的资源,又有谁会去学呢?而也正是因为在文史类教育中出现了这样的问题,才导致了长期的"重理轻文"现象的发生。我们不妨顺着这个思路再深入探究下去,那么具体原因大致可分为以下 3 个方面:

(一)政府方面

政府的盲从行为。在"重理轻文"的大环境下,政府对文科生扩招幅度明显增大。因为,文史类专业与理工类专业不同,文史类专业扩招不受实验室、教学设备的限制。只需加印教材,更换教室,一师多班,就可以维持正常的课程进度。很显然,这样做成本低、投入少、见效快。但是,这类专业由于本身的替代性比较强,缺乏相对独立的专业技能,而且职业门槛低,竞争会更为激烈,所以,近年来就业困难比较突出。

(二)学校方面

学校的敷衍态度。很多高校通过扩招这种途径来提升学校级别。文科专业设置相对于理工科专业明显要少,选择余地很小,且大量文科专业的课程设置与市场需求脱轨。首先,一些高校的文史类专业设置过窄过细,导致培养的毕业生就业面较窄,不能适应社会的需求,就业机会就少。其次,一些学校的课程设置与人才培养模式不合理,滞后于社会发展的需求,只顾着向学生灌输理论知识,培养学生知识能力,使人与职业之间的匹配产生错位,形成了结构性就业矛盾,进一步影响了就业。

(三)学生方面

学生的主观臆断。不少文史类学生在选择专业时,会偏向管理类专业。因为,他们认为学管理,毕业之后就要从事社会地位高、体面、管理类型的工作。然而,学行政管理、工商企业管理的毕业生毕业后直接被安排到企事业单位管理层一般是不可能的,通常情况下,都是要求他们从基层做起。因此,大学生对所学专业缺乏正确的认知,也是造成文理科不能均衡发展的重要因素。

综合以上三方面的分析,我们不难看出:文史类专业因其本身就有替代性强、专业化程度低、学校与社会之间供求关系不匹配的特点,致使在人才市场的表现力低下,进而导致了文史类专业与理工类专业之间差距日益增大的现象。而政府与学校均想对"重理轻文"的事实做出改变,但因为双方都没有深刻意识到文史类专业本身的局限性,最终也只得以收效甚微的结果收场。

于是,通过对"重理轻文"现象的分析,我们提出以下三点改善措施:

1. 政府要继续保持对文科生的扩招制度,但与此同时,需努力寻找市场决定作用与政府调节的最佳结合点。确立"有限政府"的理念,提供合理的公共服务,划分岗位的技能需求,稳定社会经济的发展。

2. 学校一方面加大师资力量的投入力度,另一方面要多开设针对性强,专业技能要求高,与社会职业合理衔接的文史类课程。同时,也可多开设自然科学类选修课或必修课,让文科生在学习人文科学的同时,更能接触到自然科学的领域。此外,还可以多设立综合类专业,真正实现文理兼修,双管齐下,共同发展的目标。

3. 学生自身要端正学习态度,脚踏实地,认真努力,切不可好高骛远。大学期间要充分利用在校时间,要充分利用自己所学的专业技能,在社会上勤加历练。真正做到格物致知,知行合一。

五、结论

本研究在实证主义的基础上从现象学视角深入讨论北京市社会总资源对高等教育的合理性分配问题,在一定程度上结合了微观及宏观层面,在将原本失去客观性、公平性的经验态度"悬搁"之后,向系统性、明确性、主体性的思维进行回溯。进而分析出现行高等教育对资源的分配仍存在较为明显的不足,于是极力提倡既要从政府、学校、个人三方面进行改观;也要从人力、物力、财力三方面进行考虑。当然,教育的发展不是一蹴而就的,这需要长期的教育改革与资源积累。《国家中长期教育改革和发展规划纲要》中曾提到:"公平是效率的前提,效率是公平的结果。不讲效率只能导致集体瘦弱,缺乏公平只会导致虚假繁荣。"因此,在高等教育日臻完善的道路上,十分需要教育工作者们不懈付出与努力探索。

参考文献

胡塞尔,1992. 纯粹现象学通论[M]. 北京:商务印书馆.

胡塞尔,2007. 现象学的观念[M]. 北京:人民出版社.

王佳,熊巍,田茂再,2016. 北京市区域教育资源分配研究[J]. 数学的实践与认识(22).

陈可猛,2013. 文化资源开发中现象学方法的应用研究[J]. 中州学刊(11).

郑何,2014. 基于现象学探讨人力资源的发展[J]. 天津中德职业技术学院学报,000(006):127-128.

叶剑彪,2012. 对现象学还原的理解[J]. 枣庄学院学报(01):140-143.

张永生,2015. 教育公平首先是资源分配的公平[J]. 四川统一战线(1):26-27.

新中国成立 70 年来北京市城乡治安热点问题透视①

王鲁娜　非祖琪

【摘　要】 社会建设作为中国特色社会主义"五位一体"总体布局的重要组成部分,主要包括优化社会结构、完善社会治理、发展社会事业等重要内容,关系到政权运行、社会和谐、民生改善等重大问题,在国家治理现代化进程中具有举足轻重的地位和作用。随着社会的持续发展和不断进步,人民大众的权益日益突出,人们的生命财产安全受重视度也越来越高。人民需要安定和保障,想要获得幸福感和安全感,就离不开社会的和谐安定,即离不开良好的社会治安环境。良好的社会治安是指社会在一定的法律、法规及制度的约束下而呈现的一种安定、有秩序的状态或状况。而社会治安问题是指影响社会安定的各种矛盾、因素。中国整体的社会治安问题在不同的省市地区又存在着不同的差异,社会治安问题日益严峻。而作为首都的北京,社会治安发展水平具有某种特殊的代表性。因此,本小组通过线上发布调查问卷的形式,调查了解现阶段北京市社会治安整体形势和贴近生活化的实际问题的影响与现状,收集大众对北京市治安问题的意见数据,揭示北京市在如今社会治安发展过程所面临的问题。调研报告结论对当前北京市的社会环境建设具有一定的参考价值,同时,也为我国的城市发展和社会建设提供现实依据和理论支撑。

【关键词】 北京市;社会治安;权益保障;生命财产安全

习近平总书记指出:"独特的文化传统,独特的历史命运,独特的基本国情,注定了我们必然要走适合自己特点的发展道路。"新中国成立 70 年来,在党的领导下,我们开始了社会建设的中国实践,走出了社会建设的中国道路,获得了社会建设的中国经验。社会建设已然成为 70 年辉煌历史的亮丽名片,甚至成为当代中国的国家景观。70 年栉风沐雨、筚路蓝缕,社会建设从"破旧"到"立新",从"边缘"到"重心",从"探索"到"创新",取得了卓越的成绩,形成了鲜明的特色,为未来国家治理提供了宝贵的经验,也为全球治理提供了社会建设的"中国范本"。而社会治安问题作为社会建设的关键点,将人民群众的利益与社会甚至是国家紧密地联系在了一起,因此,在当代的新中国环境下,社会治安问题不容忽视。作为首都,北京地区的社会治安环境的发展已经成为全国社会治安的反映和重要组成部分,在社会治安方面有不错的表现,但与此同时,北京地区的社会建设进程中也不可避免地出现了许多问题,比如,地区发展不平衡,法制的宣传不到位,社会基础安全设施建设和治安环境建设不够完善等。这些问题对于北京市社会治安环境的完善和治安问题的解决起到制约作用,不利于城市进一步的发展。

---

① 本课题指导教师王鲁娜(北京工商大学马克思主义学院);课题组组长非祖琪(食品 171);课题组成员:秦昱晖、薛丽鑫、李雨桐、潘一佳、张佳雯、何澄莹(食品 171)、李紫微(食品 173)。

本次调查主要采取非定向问卷调查的形式,调研小组成员在位于北京市各个区县(东城区、西城区、朝阳区、海淀区、丰台区、石景山区、通州区、大兴区、房山区、昌平区、顺义区、怀柔区、门头沟区、延庆区和密云区共 15 个区),向大众发卷填写,并当场收回。共发出调查问卷 312 份,收回 312 份,回收率达 100%;有效问卷 312 份,有效率 100%。该问卷包括 28 个问题,共向被调查者提出除基本群众意见外的五大方面问题,即居民居住安全、校园安全保障、人民群众对待交通环境和安检的态度、公共场所的社会治安因素以及群众对总体社会治安问题的意见和看法。目的在于了解北京市社会治安问题的基本情况、人民群众对社会治安问题的满意程度和对不满意方面的意见以及群众对良好的社会治安环境建设提出的意见和建议。

一、北京社会治安问题现状

本次调查主要采取的是网上调查问卷的方式,调研小组成员向在京生活的不同性别、年龄、职业的人员发放问卷。问卷通过网络发布回收,主要调查了在京人员对北京城市治安的满意程度,对治安管理办法的关注程度,对校园治安情况的看法,对城市公共交通治安情况的了解和看法,对当前存在的治安问题的看法,对现有治安情况和管理办法的看法和意见。

本次调查对象中女性居多,占 72.12%;调查对象的年龄中 18~29 岁和 40~59 岁的较多,分别占 77.88%和 15.38%。调查人员中学生和企业职员占比较高,分别为75.96%和 9.62%,除此之外还有教职工、国家公务员和个体经商户等。被调查对象的文化程度多为本科和本科以上,分别占 70.19%和 11.54%。调查对象中大部分对北京市社会治安问题比较关注,占比 64.42%,很关注的占比为 23.08%。

通过对调查问卷结果的讨论与分析,我们小组总结出北京社会治安方面仍存在的部分问题。

问卷显示,填写调查问卷的人群当中,约 66.34%的人对北京市社会治安情况是基本满意的,但他们认同在北京市社会治安管理中,仍存在一些问题。其次,有 18.27%对北京市社会治安管理很满意,而剩余的 15.39%则对北京市社会治安管理现状表现出比较不满意的态度,他们认为北京市现存的社会治安管理制度仍然不能很好地解决一些安全隐患。在填写问卷的这一群体中,并没有人对北京市社会治安问题表现出不满意,由此我们可以推断出,目前北京市社会治安管理获得了大部分群众的赞同和认可,但仍然存在一些问题,是有关部门需要发现和改善的。因此,我们抽取了对北京市社会治安问题一般满意和不太满意的人其详细原因的调查问卷,并作了以下分析。首先,在此群体中,有 87.5%的人对本地治安状况不满意的原因是"通过听说或看新闻报道了解到了有关事件",而只有很少的一部分是因"自己或家人生命财产遭遇过侵犯"而对本地治安状况持怀疑态度的,且并无人亲眼看见过犯罪事件的发生。也就是说,在填写问卷的人群中,对北京市治安问题持"一般满意"态度的人群大多数是由于媒体报道而对本地治安状况产生了怀疑,而实际上只有很少的一部分是因为自身或家人受到侵害而对本地治安状况产生了不信任感。

问卷调查结果显示,与前些年相比,北京市社会治安情况得到了极大的改善,有极大的一部分问卷填写者表示近年来北京市社会治安管理问题有一定的改进,但也有一部分人认为没有变化,这说明在北京现存的社会治安管理办法中,仍存在一些问题是需要改进的。现如今科学技术日新月异,发展极为迅速,人们的生活方式也受之影响,发生了很大的改变,如问卷显示,当今社会的人们大多是通过媒体途径了解到北京市社会治安情况的改变,在这些人中,有极大的一部分是通过手机或是电脑网站,也就是日常浏览新闻了解到的。党的十九大以来,在以习近平同志为核心的党中央坚强领导下,各地区、各部门深入贯彻落实全国网络安全和信息化工作会议精神,网络强国建设整体推进,网络安全保障能力稳步提升,互联网在经济社会发展中的重要作用更加凸显。科技的发展给人们的生活带来了便捷,网络的诞生更是如此,因此,人们获取信息的方式变得更加容易,也在很大的程度上对消极的新闻事件的传播产生了推动作用。人们应该正确看待事件,不随波逐流,不产生消极情绪,从消息中看到问题,从而对社会的稳步发展提供强有力的支持。

以上主要是居民对北京市社会治安现状了解情况的统计,关于相关法律法规,如《中华人民共和国治安管理处罚法》的了解情况又是怎样的呢?问卷显示,有81.73%的人表示听说过一些但不太了解,也有一小部分人(11.54%)表示了解。但令人惊讶的是,还有6%左右的人表示不知道相关法律法规。这说明有关部门在不断改善北京市社会治安现状的同时,还应加强相关法律法规的普及。

二、北京社会治安存在的问题及分析

(一)居住地安全

社会治安问题涵盖的方面很多,由于人们大部分时间的活动地点大多是自己的生活居住场所,所以,居住地的治安问题应该是社会治安关注的重点方面。由于各居住地所处的位置不同,治安管理必定存在着很大差异,由此不同居住地居民所考虑影响治安的因素和面对的治安困扰也是不同的。参与本次问卷的调查对象中人数居首位的是海淀区的居民,其次是朝阳区、房山区和门头沟区,再其次是通州区和大兴区,从城镇到郊区居民们生活的环境不同,城乡发展速度和规模存在较大差异,城乡关注的治安问题也是有所差异。对于居住地治安管理方面,本次调查对象认为影响治安问题的主要原因有安保系统不够完善、进出人员没有好的排查、流动人口较多等方面。北京人流量巨大,每天来往进出人员数不胜数,作为中国的首都,北京是中国的政治、经济、文化中心,各方面发展极为迅速,在世界都有着极大的影响力,并且北京有着众多优秀高校和雄厚的科研力量,吸引了大批优秀科研人才和求学人员前来,庞大的人流体系给北京社会治安带来了很大的压力。根据2010年北京市第六次全国人口普查数据结果显示,在北京市1961.2万常住人口中,居住北京半年以上的外来人口为

704.5万,比2000年增加近450万人,占全市常住人口比例的35.92%。虽然近年北京对于进出京人口的检查工作愈加细致,但由于流动人口过于密集,进出人员的排查变得更加困难,因此,人口排查问题仍是影响社会治安的一大重要问题。除了流动人口带来了治安压力,安保系统的不够完善也严重影响着社会治安管理。随着人们的生活水平越来越高,为了防止各类偷盗和暴力事件,在小区中设立保安系统是必不可少的。科技日新月异发展迅速的今天,犯罪手段也是花样百出,加之高科技的运用,这对安防系统提出了更严峻的挑战。

在居住地发生的治安问题最多的就是盗窃,虽然居民千防万防,对于盗窃还是防不胜防,大多数小区、公寓、酒店等均安装了摄像头,安排了安保人员的流动巡查,已经可以做到24小时监控,但还是会让不法分子钻空子,随着科学技术的发展,我们的防护系统日渐提高的同时,盗窃技术也在提高,各式盗窃工具不断出现,使得犯罪人员日益猖狂。

近年来还有一部分问题比较突出,例如变态、暴露狂、骚扰……这些事件的受害者大多数为女性,并且受害人群趋于年轻化,受害人数逐年上升。相比较而言,女性力量和男性相比相对弱小,但是这不是女性就应该是受害者的理由。由此看来,我国对于女性自我保护教育还不够完善,加上遭到伤害后大多数女性选择忍气吞声……这些都是造成问题的直接原因。

(二)校园安全

作为中华民族未来的希望,中华民族伟大复兴事业的继承者,当代学生的安全问题更是不容忽视,受我国教育制度的影响,我国学生大多的活动区域是学校和家庭,因此,校园安全直接影响到了当代学生的健康成长。

根据调查结果显示,北京市校园内的安全问题中存在的隐患,主要可以分为:1. 校内:来自学生之间的暴力、打斗行为,体育运动中的意外伤害,由于基础设施建设不完善引发的失火、触电、溺水、踩踏,校园内部财产的盗窃,理化生实验的安全问题;2. 校外:校外不良人员对在校学生的言行和心理威胁,学校周边发生的暴力、打斗、伤害行为,学校周边发生的敲诈、侵权行为等。从调查中可以发现校园类的安全问题还是存在着不少隐患,这些都对当代学生的身心健康造成了极大的威胁。

学生间的暴力、打斗行为则是校园安全问题的重要因素。拳打脚踢、你推我搡,会对学生的身体造成伤害,而激烈的言语、辱骂的字眼更是对学生们的心灵造成了不可磨灭的创伤,严重者甚至引起学生生成心理精神上的困扰和疾病,因此,每年我国都有因受到校园欺凌对学校心生恐惧,恐惧上学,辍学,甚至有自杀行为的发生。除此以外,校园欺诈、大学生网贷问题也应当受到我们的关注,不法分子利用部分当代大学学生贪小便宜、想走捷径赚钱补贴生活的思想,骗取学生钱财,甚至利用小恩小惠为饵使学生欠下高额贷款,进而逼学生还贷,严重损害了学生的钱财和身心健康。造成校园安全问题频出的原因不仅仅是不法分子的存在,学校监管也有着深刻影响。在关于对北京的校园监控设施是否到位问题中,57.69%参与调查人员认为校园内主要的位置都已经安装监控设施,但有些死角位置并没有设置;22.12%认为监控设备布置得很好;20.19%没注意过。这说明虽然现在校园内已经安装了安保设施,但是还是不够完善,给了校园暴力分子以可乘之机。在关于是否留意过北京市学校内的安保岗亭和报警设施的位置,77.88%有注意到,但没仔细看;11.5%是清楚地记得;10.58%没见过,不知道是否有。这说明大部分人留意过学校内的安保岗亭和报警设施,但是有时候却没有把它当回事,认为其可有可无,这是现阶段我们学生校园安全意识不到位的问题。

据报道,近年来学校火灾事件数目逐年上升,人员伤亡众多和财产损失惨重。宿舍电器乱用,电线、插头胡乱摆放,出门不及时断电……这都是引起宿舍火灾的主要原因。在关于北京市的学校消防安全建设问题中,67.31%在许多地方都能看到灭火器和相关设备;28.85%偶尔能看到,但不多;3.85%没注意。学校应该更加注重消防安全建设问题,提高同学们对消防安全的意识,并告知同学学校存放灭火器的位置。除了在学校中,在所居住的环境中,也应了解灭火器和相关设备的放置位置与其使用方法。在是否参加过北京市消防演习或相关安全教育问题中,51.92%参加过,很有收获;46.15%没参加过,但自己有一定的消防安全意识;1.92%觉得跟自己没有很大关系。在北京市消防演习或相关安全教育中参加的人都认为很有收获,说明此类的消防演习或相关安全教育的讲座,对每个公民都十分重要,而一些没有参加过的公民也应培养自己一定的消防安全意识,有机会应该多多去参与这类活动,而那些少部分觉得跟自己没有很大关系的人应了解相关知识。

（三）交通安全

交通是城市重要组成部分之一,是城市各处连接的纽带,也是社会治安中的重点监督对象。通过对问卷调查结果剖析,本组总结出了交通问题对北京市社会治安的影响。

1. 居民对交通拥堵的看法及选择

就北京市交通拥堵情况来看,北京市的交通建设还不是很成熟,某些地区的交通情况并不好,甚至出现安全隐患。调研中我们发现,对于交通拥堵一部分人认为交通拥堵存在很大的安全隐患,而只有很小一部分人认为无所谓没有影响。

根据调查发现(图1),35.58%的人认为一到高峰期就堵车,存在很大安全隐患;3.84%的人认为无所谓没有影响。因此,交通拥堵对北京市社会治安有着负面影响。其中,还有44.23%的人认为交通拥堵有安全隐患的同时会选择避开高峰期出行,而16.35%的人不知道如何做,认为交通拥堵无法避免。由此可知,大部分人有避免交通拥堵的意识,有利于北京市对交通的管制。

2. 居民对北京市地铁及交通站安检看法

(1)安检是正常且必要环节,表示遵守但应该提高效率

74.04%的人认为安检是正常且必要环节,表示遵守;21.15%的人认为安检有些时候挺费时间,应该提高效率。人们愿意为安检花费时间,表明人们已经认识到安检的重要性,期望安检越快越好,说明人们在配合的情况下,对安检的快捷性要求较高。

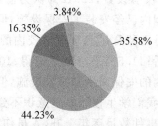

3.84%
16.35%
35.58%
44.23%

■ 一到高峰期就堵车，认为　■ 会选择高峰期多乘　■ 不知道怎么做，觉得　■ 觉得无所谓，
　路上存在很大的安全隐患　　坐地铁，缓解拥堵　　高峰期拥堵无法避免　　并不受影响

图 1　交通拥堵

（2）赞同北京地铁安检检测瓶装水

74.04%的人赞同，认为可以避免携带易燃易爆物以避免安全隐患；12.50%的人持中立观点，但还是认为这一举措有些费时间；9.62%的人不太懂但还是遵守；3.85%的人觉得很麻烦，甚至都不想带水出门了。可以得出结论，居民认识到安检的必要性并且能够认识安检的复杂性，但对安检的高效性要求较高。

（3）清楚北京市地铁安检是为了安全

如图 2 所示，易燃易爆物可以归为会损害他人的设备，有 92.31%的人认为安检是避免携带会损害他人的设备，比较担心他人携带危险品。可以了解到人们清楚安检的重要性，并愿意为此花费时间。

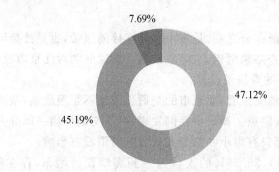

7.69%
47.12%
45.19%

■ 避免携带会损害他人的设备　■ 避免携带易燃易爆物　■ 防止偷运禁止运送的货物

图 2　地铁安检

（4）认为北京市公交车安保人员是必要的

有 67.31%的人认为安保人员的设置很有必要，尤其是高峰期；21.15%的人认为有必要但是人少的时候可以不设置；有一小部分人认为没必要设置。由此可知，居民大部分了解到高峰期公交车存在安全隐患，需要设置安保人员来维护秩序保证安全，而在非高峰期人较少的情况下，安保人员的设置不是很必要，证明居民对非高峰期公交车上的秩序有着一定的信任。

三、对北京社会治安问题的建议

党的十八大提出中国特色社会主义事业"五位一体"的总体布局,明确经济建设、政治建设、文化建设、社会建设、生态文明建设成为中国特色社会主义事业不可或缺的关键环节。党中央就社会建设做出了一系列符合国情的新判断,发展了一些与时俱进的新概念,提出了大量紧贴群众的新要求,并进行了系统化的重大战略新部署,我国社会建设进入了创新与突破的新时代。

这一阶段发展至今,我国推动社会建设的方向由"社会管理"向"社会治理"转变。党的十八届三中全会首次将"社会管理"转化为"社会治理",我国社会治理由此步入新阶段。习近平总书记指出:"加强和创新社会治理,关键在体制创新"。党的十九大对社会治理的制度建设、体制建设、体系建设做出明确要求,要打造共建共治共享的社会治理格局,为此必须"加强社会治理制度建设",必须"完善党委领导、政府负责、社会协同、公众参与、法治保障的社会治理体制",必须"提高社会治理社会化、法治化、智能化、专业化水平"。在此阶段,我国社会建设既有国情思维又有全球视野,体现了宏观、中观、微观的有机统一,展示了制度、体制、机制的协调一致,具有"多元化""法治化""科学化"的特点,成为提升人民群众"获得感、幸福感、安全感"的关键。回顾我国社会建设的伟大历程,主要经历了起步与探索、开拓与发展、突破与创新等发展阶段。在此进程中,社会建设话语体系不断调整,体制改革与时俱进,政策体系持续优化,向世界提供了中国方案,展示了中国智慧,形成了中国经验。

毛泽东同志说:"今天的中国是历史的中国的一个发展。"新中国成立70年,对于当代中国社会建设而言,绝不单纯是一个简单的时间标记,而是承前启后、继往开来的重要时刻。70年中,我国社会建设在理念发展、制度创新、实践绩效等方面,不断发生转换,每次转换都蕴含着党对社会建设的思想解放与理论创新,体现着社会发展的螺旋上升趋势。社会的发展给人们带来了切实的安定和保障,但目前我们仍旧面临着严峻的社会治安挑战,这需要我们积极抑制、消除诱发违法犯罪的消极因素,避免和减少违法犯罪发生。预防违法犯罪不仅是为了防止违法犯罪活动对社会造成的危害,而且也使可能违法犯罪的人收敛其行为,避免造成恶果,保证社会的正常有序发展,进一步提高城市的治安水平。

(一)对易发生安全问题地区加强监管

由于地点活动人群的复杂程度不同,治安管理程度和预防措施不同,不同地点的违法犯罪行为发生系数也不尽相同。经调查显示,83.65%的人认为偏僻的路段容易发生违法犯罪行为;75%的人认为网吧、歌厅、酒吧等娱乐场所容易发生违法犯罪行为;44.23%的人认为城乡交界处容易发生违法犯罪行为;43.27%的人认为乡间小路容易发生违法犯罪行为;29.81%的人认为喧闹的街头容易发生违法犯罪行为。因此,我们可以根据犯罪概率的大小,针对有安全隐患的地区进行重点改造和对违法犯罪的治理,加强监管,高危地点安装摄像头等监控设施,安保人员轮流巡查等,做到全方位、无死角预防犯罪事件的发生。从个人角度出发,为了我们的人身安全,尽量避免去人烟稀少,鱼龙混杂的酒吧、网吧等场所,以防给犯罪人员以可乘之机。

(二)加强对人民群众的教育

1. 增强群众的守法意识,减少犯罪人员数量

导致违法犯罪行为的因素是多方面的,在调查过程中,群众反映影响治安状况的主要因素即失业者、无业人员、流动人口多,其次便是因为群众的遵纪守法观念淡薄,道德素质不高,调查结果表明,目前公民认为需要解决的治安问题,依次是提供工作岗位减少失业人群,提高人群的教育素质水平。当人们认为自己受到不公平对待时,心里的天平就会有所倾斜,严重至报复心理的出现时,犯罪现象便产生了。这种情况,我们可以做的应该是从思想上对其教育,让他们不要走歪路。并且我们对人对事时应做到公平公正,政府也应完善相关法律制度,加强保障力度,建立高效、公正的政府机制,避免不公正现象的发生。

2. 增强群众自我保护意识

为了减少或消除治安隐患,需要每个人都提高安全意识,尽量避免去混乱的地方,当遇到不良人员时,应寻找时机大声呼救,向周围群众传递自己正处于危险境地的信息,及时逃离危险地点,寻找安全场所躲避,及时报警。

安全监管部门可以向群众普及安保岗亭和报警设施的位置,这样能够更加保障群众的人身安全。

(三)加强治安管理,完善相关法律法规,建立一套成熟的社会治安体系

调查显示,78.85%的人认为政府应该增加警力,加强巡逻;76.92%的人认为政府应该加大违法犯罪打击力度;75.96%的人认为政府应该加强法制宣传教育。可以看出政府在完善社会治安方面还需要做很多的努力:在建设方面,加强基层群众建设,针对重点犯罪率高的地区完善安全建设;加强政法队伍的建设,保证司法公正,做好群众坚实可靠的安全屏障。在民生保障方面,完善违法犯罪的法制措施,切实做好民事纠纷的调查解决工作,保护好人民群众的切实利益。在法律方面,不断完善法律法规,建立一套成熟的社会治安法律体系,使得监管部门执法时有法可依,人民群众寻求保护时有法可靠,处理犯罪人员时有法可惩。

国家的安定和人民的幸福离不开法制建设,而建设法治社会没有广大公民的积极参与,法治化将面临动力不足的缺失。因为法治的决定力量来自人,来自公民的从法意识而不是来自法律。法治的真正实现不在于用法律条文来取代固有的文化传统,而是要把人们对法法律和法治的信念融入人们的血液中,去融入世代相传的文化传统中。因而,深入进行普法教育,培养和提高公民的法律意识是我国实行法治化必须解决的课题之一。尽管依法治国这一治国方略已经确定,但重人治轻法治的观念直至今天依然有其影响。良好的法律是实行依法治国的基本前提,虽然我国立法工作已取得重大成

就,但仍存在着不少问题:法律体系尚不完备,还有不少法律没有制定出来,新形势需要进一步修改和完善法律。今后应以提高立法质量为目标,进一步加强立法工作,要逐步转变无法可依状态下那种"宜粗不宜细"的立法思想,坚持严密细致的立法原则,要从全局出发,有步骤有规划有预见地开展立法工作。要密切立法环节与法律实施环节的联系,立法机关应根据法律实施过程中反馈的信息适时修改和完善法律。

从北京市的社会治安问题分析来说,人民的利益是至上的。而国家发展至今,还有很长的路要走,在新中国成立 70 周年的大环境下,对于未来的发展,我们不仅要完善公共教育、劳动就业、住房保障、医疗卫生、社会保障等传统民生领域的社会政策,以实现更高质量的教育、更稳定的工作环境、更舒适的居住条件、更高水平的医疗卫生服务、更可靠的社会保障等,还要制定好公共安全、环境保护、公平正义等方面的社会政策,推进共建共治共享社会格局的构建。

壮丽 70 年, 地铁改善民生[①]

——以北京地铁的高速发展为例

李永梅　赵世民

【摘　要】　地铁作为现代交通工具,与人们生活密不可分。新中国成立 70 年来,地铁发展突飞猛进,其对改善人民生活起到了至关重要的作用。本次调研针对"北京地区地铁改善民生"这一问题,以问卷方式进行了广泛深入的调查研究。调查显示,地铁在北京居民所选择的交通工具中,占到了主要地位。它如此受青睐的原因,归功于它为居民带来了切实利益。快捷、准时、低廉的价格等诸多因素,成就了北京地铁的迅速发展。同时,北京地铁也存在着一定问题。高峰时期过度拥挤、换乘距离远等问题,也依旧困扰着乘客。本次调研旨在总结地铁建设在新中国成立以来的辉煌成就,并就现在地铁存在的问题提出解决方案。

【关键词】　北京地铁;时代变化;居民生活;发展;转变

新中国成立 70 年来,随着中国经济的不断发展以及城市基础设施建设的不断加强,地铁网络已经开始在中国的各个城市发挥作用,它不仅改变了个人对社会各项事物的认知、态度和行为,更是极大地促进了社会各项事业的繁荣发展。中国有句俗语:要致富,先修路。形象地说出交通对于一个城市乃至整个国家经济发展的重要影响。在现代化建设不断健全的今天,地铁可以说是中国现代化建设中最为重要的基础性设施建设。作为当代最重要的基础设施之一,地铁作为综合了诸多先进科技于一身的基础设施,其建设与发展对中国的现代化进程、信息化发展等诸多相关专业及工业生产水平的促进有着不可磨灭的作用,同时地铁的建设水平与发展程度不仅标志着一个城市经济实力、现代化水平和城市文化水平而且也是一个国家综合国力的重要标志。它不仅是地下交通的载体,更是传承城市历史、传播城市文化、展现时代潮流的综合平台。

作为首都,北京地区地铁网络的建设与发展已经既是全国地铁建设的领头羊而又是全国地铁网络的重要组成部分。而且北京作为中国的国际交往中心,其基础设施的建设和完善对北京这样一个中国的国际化都市在世界大都市圈的形象和地位都有着不可估量的影响。可喜的是北京的基础设施建设已趋于完善,北京已跻身世界大都市的前五名。但与此同时,北京地区的地铁建设也不可避免地出现了许多问题,比如,地区发展不平衡,信息化的宣传不到位等。这些问题对于北京地铁发展水平的整体提高起

---

①　本课题指导教师李永梅(北京工商大学马克思主义学院);课题组组长赵世民(法学 181);课题组成员:王唯(法学 181)、孟溪慧(法学 181)、丰宇航(法学 181)、王畅(法学 181)。

到制约作用,不利于北京在国际化大都市圈中排名的提升,同时对北京乃至中国在世界人民眼中的综合国力和形象都存在负面影响。

本次调查主要采取的是非定向问卷调查,兼有与个别调查对象交谈,并参考文献与媒体报道的形式,调研小组成员对位于北京市各区县的居民发卷填写,并当场收回,同时与部分调查对象线上交谈,了解现状。共发出调查问卷 271 份,收回 271 份,回收率达 100%,有效问卷 268 份,有效率约为 99%。主要调查了地铁在居民出行时能否成为首选交通方式及因素、居民乘坐地铁的频率及单次花费时长、地铁与其他交通方式相比其优势是什么以及对北京地铁建设与完善的改进意见或建议。问卷共向居民提出了17 个问题。被调查者横跨不同年龄段,包括在校学生、企业员工、个体工商户、企事业单位工作人员等不同职业的居民,通过分析所回收问卷提供的相应数据,从而全面地看到新中国成立 70 年来,地铁的建设对居民生活改变以及其背后所隐含的中国综合国力的不断发展。

一、新中国成立以来,北京地铁对居民生活产生巨大影响

自从 1953 年 9 月 28 日开始我国第一条地铁线路的筹建,到 1971 年 1 月 15 日开始试运营,使北京成为中国第一个拥有地铁的城市。迄今为止,北京地铁的开通数量已达 23 条,北京地铁日客流量已高达 1241.1 万人次(图 1)。通过问卷的统计数据可知,伴随地铁的普及与发展,以及随着国家经济的不断发展和基础设施建设的不断完善,在整体上地铁成为北京居民出行的主要交通方式,而且正在逐渐超越其他交通方式成为居民出行首选,对居民生活产生巨大影响。

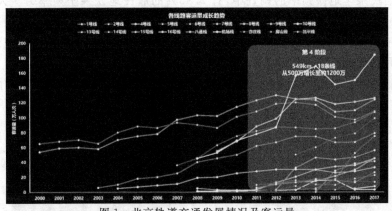

图 1　北京轨道交通发展情况及客运量

1. 地铁在北京人的出行方式中占比最大,改变了居民出行观念

本次问卷回收的数据显示,北京居民的主要交通工具占比:地铁占 65.31%,公交车占 17.71%,网约车占 2.58%,出租车占 2.58%,其他方式占 11.82%(其他方式包括自行车、电动车、私家车、步行)(图 2)。

在对地铁是否会成为居民出行首选交通方式的调查中,69%的居民选择是;6.64%

的居民选择否;24.35%的居民选择可能。在对地铁不成为居民出行首选交通方式的原因的调查中,73.06%的人选择的原因为人多、拥挤,30.63%的居民选择的原因为着急,地铁太慢,17.34%的居民选择的原因为空气不好,25.47%的居民选择其他。

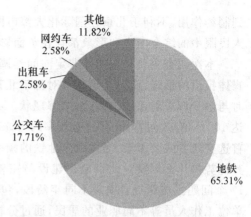

图2　北京居民出行的主要交通方式

在当有多个交通方式可供选择时,哪些是您重点参考的因素的调查中,79.36%的居民对交通方式选择的重点参考因素为花费时长,31.73%的居民对交通方式选择的重点参考因素为步行距离,36.9%的居民对交通方式选择的重点参考因素为拥挤程度,27.31%的居民对交通方式选择的重点参考因素为交通费用,3.32%的居民对交通方式选择的重点参考因素为其他原因。

以上说明北京地铁在经历多年的建设和发展已经改变了居民出行的主要交通方式,北京地铁改变了居民对交通方式的选择。

2. 地铁几乎已是北京人出行方式不可或缺的一项选择,已经融入了北京人的生活

在北京,居民地铁的使用率方面,有占比为94.46%的居民在出行时会用到地铁,有占比为5.54%的居民在出行时不会用到地铁(图3)。以上说明地铁普及率广,已经成为北京居民交通工具的重要组成部分,成为北京市公交系统不可缺少的重要组成部分。在对居民乘坐地铁频率的调查中,有2.95%的居民地铁乘坐频率为一天数次,有14.39%的居民地铁乘坐频率为每天1~2次,有18.08%的居民地铁乘坐频率为每周3~5次,有30.63%的居民地铁乘坐频率为每周1~2次,有13.65%的居民地铁乘坐频率为每月数次,有20.30%的居民地铁乘坐频率为偶尔乘坐地铁(图4)。

北京地铁改变了北京居民出行观念的同时,也促进了北京市交通体系的发展与完善。

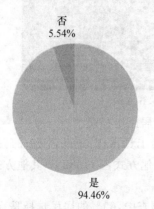

图3　北京居民出行地铁使用情况

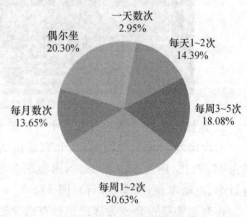

图4　北京居民地铁乘坐频率

3. 地铁已经大幅缩短了北京人的出行时间,减少了步行距离,简化了居民的出行路线,较大程度地实现了路线优化

居民单次乘坐地铁花费时间的调查结果显示,14.02%的居民单次乘坐地铁花费时间为 0～30 分钟,40.96%的居民单次乘坐地铁花费时间为 30～60 分钟,37.27%的居民单次乘坐地铁花费时间为 60～120 分钟,7.75%的居民单次乘坐地铁花费时间为 120 分钟以上。从单次乘坐地铁花费时间和居民对交通方式选择的重点参考因素调查的结果分析可以得出,与其他交通方式相比北京地铁降低了居民的出行时间。

在对居民选择乘坐地铁原因的调查中,我们得知 76.75%的居民选择地铁的原因为方便,76.38%的居民选择地铁的原因为快捷,14.76%的居民选择地铁的原因为便宜,3.32%的居民选择地铁的原因为舒适,3.69%的居民选择地铁的原因为其他。

在对北京地铁是如何方便了您的工作和生活的调查中,45.76%的居民认为北京地铁使其出行时间缩短,26.57%的居民认为北京地铁使其交通线路简洁,15.13%的居民认为北京地铁使其交通花费减少,5.54%的居民认为北京地铁使其步行减少,3.69%的居民认为北京地铁使其出行舒适度较高,3.32%的居民认为北京地铁的其他原因方便了其工作和生活。

在对北京地铁为居民带来的实际利益调查中,63.84%的居民认为北京地铁让其出行方便,20.66%的居民认为北京地铁改善了城市基础设施建设,14.39%的居民认为北京地铁降低了居民出行成本,1.11%的居民认为北京地铁为其带来了其他方面的利益(图 5)。

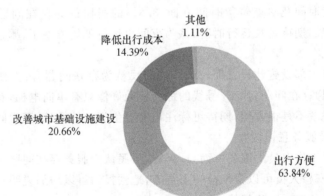

图 5　北京地铁给居民带来的切实利益

以上结果说明北京地铁对北京人民的生活产生巨大影响,让居民的出行更加方便,确实改变了居民生活。

二、北京地区地铁当前存在的问题

在本次的问卷回收中,结果显示出有关北京地铁当前存在的若干问题。

1. 运载量与地铁高峰时段承受不统一,峰度过于拥挤造成混乱

21.40%的居民对运载量和客流量方面提出的存在不足,运载量和峰度承受不统

一、高峰期拥挤,部分线路拥挤,人多,高峰转换站点人太多等相关问题。如海淀西二旗站客流量很大,6号线和1号线在早晚高峰客流量巨大,换乘站点客流量很大、早晚高峰期间因客流量大导致的混乱问题。而居民提出的相应修改意见也十分丰富,如一些人多的地段可以多加一些车次、线路可以扩充、人较多时候可以增加地铁发车频率、可以有辅助线路,减少客流量、建议错开高峰或者在客流量较大的线路在高峰期(例如4号线)缩短发车时间,增加列车班次,缓解拥堵并加强高峰期的安全疏导。

2. 部分路线拥挤,造成地铁人数倾斜,分布不均

在地铁建设方面,9.5%的居民提出了北京地铁当前在线路建设与规划方面存在的不足,如有些地区的地铁站点距离较远、地铁站点与线路分布不均匀,有时候搭乘比较麻烦、线路不足、存在绕远现象、远郊区县少或无地铁,如密云、平谷等地(此问题在建设问题方面占比较大)、地铁网络密度尚不能完全满足居民出行需求、部分线路不完善,如顺义的线路太少以及北京西南地区线路较少,南城的密度相比北面差得太多,在北京地铁当前的发展中,部分线路还未实现真正意义贯通。

3. 地铁客观因素存在的问题:票价高、空气质量差、空调温度不合适、卫生间不够整洁等

在地铁票价方面,6.2%的居民认为存在的问题有价格略高,建议价格降低。

有关地铁内部空气质量方面,4位居民认为部分线路地铁空气质量有待提高。

在地铁空调方面,1.4%的居民认为不同线路的空调设置存在问题,如部分线路空调很冷,但另一部分线路空调不凉,甚至感受不到空调。

在地铁运营时间及站点停留时间方面,3.3%的居民认为存在问题有停留时间太短,等待时间较长,期待延长运行时间,认为夜间也运行就更方便了,哪怕1小时一辆也行,转车时间长。

在地铁站点内部设施建设方面,2.2%的居民认为存在问题有:方便残疾人出行的设施比较少,电梯存在问题,如13号线的那个换乘好像只有单向电梯,有时候拿拉杆箱或较重的行李时就不是很方便,期待可标注出有卫生间的地铁站,卫生间不够整洁。

4. 地铁人员服务意识较差

在地铁相关工作人员的服务方面,1.4%的居民认为服务存在问题:服务态度不好、工作人员较少、安检人员可以帮忙捡一下行李,地铁报站可以增加说明一下每个出口能到哪些著名景点和地标性建筑等。

5. 乘客素质不尽人意,存在违反地铁禁止标志的现象,降低了乘坐地铁的舒适度

在乘客素质存方面,有九位居民认为部分乘客素质较差导致秩序问题有待提高,乘车印象不好。太多人在地铁上吃东西、车内行乞等不良行为,缺乏监管,建议加强监管。

6. 地铁线路建设与规划存在问题,造成站点离地区远,站点分布不均;线路规划不完整导致换乘地铁次数多,线路绕远;同时地铁覆盖度不够完整,部分郊区无地铁规划

在地铁线路及站台设计方面,8.4%居民认为存在的问题有换乘路程较长、换乘站太多、线路太多太绕,如房山和顺义:部分站台站内换乘步行距离较长、部分站台换乘不是很方便、换乘时间可以进一步缩短、有些地铁口设立的位置不太好,不是特别方便,地

铁出口少、线路不够简洁。期待在站点加设饮水设备、站台智能线路规划、线路交叉可以再多一些。

1.1%的居民认为地铁部分线路比较慢，去市区消耗的时间太长，地铁站内也可以适当增多一些座位，以便在路上一直没有座位的乘客能够在换乘时有更多的机会休息一下。

其他相应问题如：老线路太旧了没有电梯，行李重的时候很难受，没有免费 wifi 像其他大城市就有、环境有点破旧、建设进度不断往后推迟、平峰时段发车间隔长、没有安检爱心通道、部分未完成路段，如 8 号线，尽快开通会很方便。

以上居民对地铁提出的现存问题说明地铁对居民生活影响深远，居民对地铁的不断完善有很高的期待，如部分站点的运载量和客流量提出的问题和改进建议。对地铁的规划和建设不完善提出意见，在某些地铁尚未覆盖的区域，居民也是希望可以乘坐地铁，可以看出在观念选择上，"坐地铁"优先于"坐公交"或者"打车"。其他的相关问题，如加设饮水设施、残疾人设施、空调电梯等，均说明与其他交通方式相比，地铁的使用群体更加广泛，地铁惠及群体很多，从更高的角度看，这也是地铁对居民生活的改变。

三、北京地铁未来发展的展望

1. 相关问题的解决意见

本实践小组对北京地铁当前存在的问题，综合调查对象的相关意见，提出了几点可参考的解决方法：

（1）针对高峰时段客流量大，部分路线拥堵小组提出的参考方案：地铁高峰时缩短发车时间期增加车次，加大发车频率：比如在早高峰时期将原本的发车时间由 2 分 45 秒缩短至 2 分 30 秒。

（2）针对换乘多，部分路线复杂所提出的参考方案为加大对地铁线路的开发，做到不绕远，少换乘，智能出行，如提供相关的优化路线。

（3）针对卫生间等地铁基础设施存在的问题，我小组提出的参考方案为：增强地铁整体自我建设，通过设置符合大众的空调温度提升乘车舒适度，增加地铁优惠活动，设置多个通风口，设置卫生间整洁标准来增大乘客满意度，如增设卫生间，将原本一站一卫改为一站多卫。

（4）针对乘客不遵守地铁禁令导致乘客乘坐体验下降，我小组提出的参考方案为：加大地铁教育的宣传，让禁止标志真正深入人心，如地铁运行过程借助地铁上的显示屏播放教育短片。

（5）针对地铁停留时间较短以及残疾人辅助设施的不完善，我小组提出的参考方案为：适当增长站台停留时间，让居民能有足够的时间上下车；加强对残疾人的保护（这里尤指需要坐轮椅者），增设多个电梯以供使用。

（6）针对地铁工作人员服务意识较差或服务态度较差，我小组提出的参考方案为：加强对地铁服务人员的培训工作，真正做到是为乘客服务。

2. 未来的北京地铁将再创辉煌

如今北京地铁已经同人们的生活息息相关。特别是最近十几年,它以惊人的速度迅速发展,蜿蜒于北京的地下,为生活于这片土地之上的人们构建起宏大的地下交通网络。然而在这张网络上建立的不只是"交通工具"这一个简单而又单调的含义。地铁触及北京各个城区,在极大程度上缩短了人们往返于北京各个地区的时间,也让乘客们避免了陆上交通的诸多问题并节约出行成本。例如:乘客在前往人员密集的商业区、住宅区时,面对的不仅是密集的车流、拥挤的交通,还有高昂的停车费。地铁不仅帮助乘客避免了这些问题,分布较为广泛的地铁入口也让乘客们没有后顾之忧,不会担心没有可以搭乘的地铁。地铁在疏导人流的同时,它也为北京城分担了负担。在大部分乘客选择地铁时,最直观的影响莫过于缓解了交通压力,这一效果在早晚高峰时期尤为明显,出行的车辆有一部分减少了,拥堵情况不再像以前那样过于严重。这是缓解城市交通拥堵的重要一步。而往长远考虑,地铁有利于缓解城市尾气污染问题。车辆出行的减少是最直接也是最有效的减少污染的方式,这无疑可以让北京慢慢重现蓝天。祖国壮丽 70 年,地铁也见证了祖国崛起的这一段时期。从早期的 2 号线,到现在的 19 号线、机场线,历史的影子也镌刻了它的身上。我们能看到 2 号线车站上淡绿色的大理石地砖,也能看到充满了现代艺术气息的 13 号线车站的浮雕设计和明亮宽敞的大厅,新旧交替,既是历史的影子,也是缓慢流动的时光。正是因为它的存在,我们才能从北京日新月异的发展中得以把时间放慢,穿梭于北京发展的开端、过程,亦或是如今的繁盛。

综上所述,在北京地铁的发展过程中,不可避免的会有一些不尽如人意的地方,给居民带来一些不便,但是北京地铁的存在确实已经改变了居民生活,而且正在向着给居民提供更好更优质服务的方向不断前进相信,它的发展肯定不会就此止步。在满足了居民基本的出行后,更多的会是细化它的服务。不仅是缓解高峰时期的客流问题和地区分布不均匀的问题,北京地铁也会向更加人性化的方面发展。为了便捷人们购票,各个地铁站都有了自助售票机,并配备了志愿者及工作人员为乘客进行购票指导。同时,地铁的闸机也增加了二维码乘车的功能,最大限度地节约乘客的时间。这是它人性化服务发展的最有力证据。北京地铁不仅是祖国发展的受益者,它也慢慢变成促进北京发展的一大有利因素,以它的方式促进北京和国家的发展。

新中国成立70年来市民日常
出行方式变迁研究[①]

李　金　崔雲崴

【摘　要】 1949 年至今,中国发生了翻天覆地的变化。新中国成立初期可供选择的交通工具比较少,人们大多是步行出门。到改革开放初期,自行车成为常见的代步工具。20 世纪 90 年代摩托车走进千家万户,拉开了私家机动车入户的序幕。随着科技的进步和经济的不断发展,千禧年之后,更加舒适便捷的私家车进入人们的视野,成为各个家庭日常出行的新选择。进入新时代,新能源型汽车、共享单车等交通工具问世,使得市民出行更加多样化。70 年来,经济发展、生态污染、科技进步、交通拥堵等因素不断影响着市民日常出行方式的变化。为了便民利民、保护环境,完善公交线路,改善乘车环境,增加自行车车道数量,普及骑行相关规则,推广使用清洁能源,践行环保理念,重视基础设施建设及配套软件开发势在必行。

【关键词】 市民日常出行方式;变迁;影响因素

本次调查主要以网上填写问卷方式开展。调查问卷主要由小组成员在微信发放邀请周围人填写,共收回有效问卷 167 份。其中,高中及以下学历人次占比 13.17%,大专学历人次占比 17.96%,本科学历人次占比 65.87%,研究生及以上学历人次占比 2.99%,各个年龄层次人群都有涉及。通过此次调查,我们发现随着时间的推移,受经济、科技等因素影响,交通工具不断更新换代,市民的日常出行方式也在不断发生变化。本次调查的目的在于了解新中国成立 70 年来,市民日常出行方式的发展变化,研究其影响因素,并寻找更加理想的出行方式,为市民带来更好的出行体验。

一、新中国成立 70 年来市民日常出行方式的变迁

(一)新中国成立初期人们的出行方式

在调查问卷第 4 题"在您的印象中,新中国成立初期,市民主要的出行方式"的相关调查中,我们了解到有 64.07%的网友选择了步行;28.14%的网友认为新中国成立初期,市民以骑自行车出行为主;少数网友选择了摩托车和公交车(图 1)。可见,绝大部分的网友对于新中国成立初期市民出行方式还是非常了解的。新中国刚成立时,由于生产水平较为落后,经济不够发达,老人和小孩出行主要靠畜力车、牲畜等,用独轮车

---

① 本课题指导教师李金(北京工商大学马克思主义学院);课题组组长崔雲崴(机械 171);课题组成员:郭晨思(工设 17)、李雨豁(会计 181)、吕墨宇(机械 171)、赵栩(工设 17)。

（木轮）、大车、地排车运输。那时自行车在中国也并不普及,汽车、公交车更是少见,人们大多数的出行还是依靠步行。

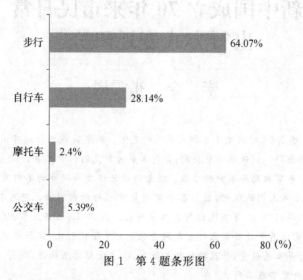

图 1　第 4 题条形图

（二）改革开放初期市民的出行方式

在调查问卷第 5 题"在您的印象中,改革开放初期,市民主要的出行方式"的相关调查中,我们了解到有 74.25％的网友选择了自行车;有 14.37％的网友选择了公交车;9.58％的网友认为改革开放初期居民主要骑摩托车出行;极少数网友选择了汽车（图 2）。的确如此,改革开放初期,国内以"永久、凤凰、飞鸽、红旗、金狮"五大自行车品牌为首基本上形成了完整的生产体系,市民出行主要以自行车为主,自行车的大量普及,也让中国逐步成为"自行车王国"。

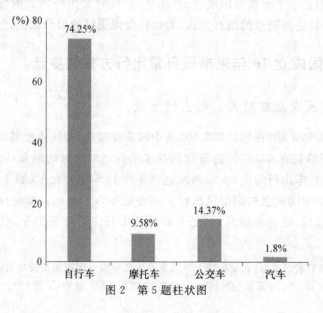

图 2　第 5 题柱状图

（三）1980—1990年市民的日常出行方式

随着改革开放逐渐深化，人们的生活也在发生着翻天覆地的变化。20世纪80年代，改革开放带来经济腾飞，使得摩托车逐渐登上了市民出行的舞台，取代了自行车成为人们的新宠。摩托车是科技和经济共同发展的成果，相比于改革开放初期，每家每户都拥有的自行车，摩托车不仅具有更加省时省力、快捷便利的特点，还能满足人们日益增长的物质文化需求。但随着摩托车逐渐深入人们的日常生活，其暴露出的问题也越来越多。速度过快、安全性低等问题导致摩托车成了许多交通事故的元凶，使得人们开始追求更加安全且快捷的交通工具。1980年后，经济欣欣向荣，私家车以更加快捷安全的优点渐渐走入人们的生活，人们的出行方式逐步向"机械化"发展。

（四）1990—2000年市民日常出行方式

一汽与德国大众公司、二汽与雪铁龙公司等多项中外合资项目的签约，为我国引进了当时先进的汽车制造技术，推动了国内汽车产业的发展。同时随着我国自主研发能力地不断增强和生产能力的提高，90年代我国汽车制造业飞速发展，汽车品牌逐步完善。汽车制造量与汽车进口量的不断增加，在一定程度上促进了市民对小汽车的购买。市民的出行工具从自行车、摩托车出行转向私家汽车出行，人们日常出行方式更加便捷化、现代化。

（五）2000—2010年市民日常出行方式

在调查问卷第8题"您认为引起出行方式改变的主要因素"的相关调查中，有63.47％的人认为，引起出行方式改变的首要因素是经济发展，22.16％的人认为是由于科技进步促使了市民出行方式的改变（图3）。2000年中国的GDP为10.03万亿元，到2010年GDP已上升至41.30万亿元。10年间中国的经济飞速发展，科技不断进步，综合国力在不断增强。在市民生活得到逐步改善的同时，交通也一步步走向便利化、安全化，私家车和公共交通成为越来越多市民的出行首选，机动车保有量直线上升。汽车的普及有效缩短了市民的出行时间，增加了出行距离，成为与市民生活联系最紧密的交通工具。然而自行车和摩托车并没有退出历史的舞台，他们更多地成为一种健身和娱乐方式。

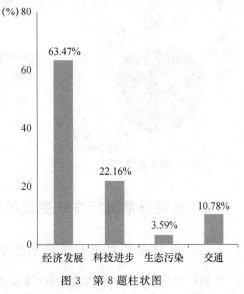

图3　第8题柱状图

（六）2010年至今市民的出行方式

在调查问卷第6题"当前您通常选择的出行方式"的相关调查中：当前选择公共交通出行的人次占比高达58.68%，选择私家车出行的人次占比达到了29.34%，步行和自行车出行的人次占比为11.98%（图4）。

这说明，当前人们出行大多选择了公共交通或者是驾车出行。如今城市的公共交通系统越来越发达，基础设施更加完善。公交车线路越来越全面，站点越来越多；地铁线路也正逐步普及，同站换乘等优势吸引更多市民选择公交出行。但私家车由于其自由、舒适、省时等优点依然是当今社会家庭出行的主要方式之一。

另外随着尾气排放、全球变暖等生态环境问题的加重，更多人意识到了绿色出行的重要性，通过多媒体、互联网等方式了解到绿色出行。自行车、电动车又再次回到了人们的视野，人们的日常出行方式向低碳出行迈进。同时，随着网络信息的进一步发展，近年来"共享"也走进人们的生活，在第13题"当前，您在生活中接触最多的绿色生态出行的交通工具"的相关调查中，58.08%的人次选择了共享单车，20.96%和14.97%的调查者最多使用的绿色出行交通工具是绿色新能源汽车和氢燃料电池公交车（图5），可见在环境问题日益严重和大力鼓励绿色环保出行的今日，自行车重新成了市民短途出行的首选工具，而新能源汽车等也打开了绿色出行新篇章。

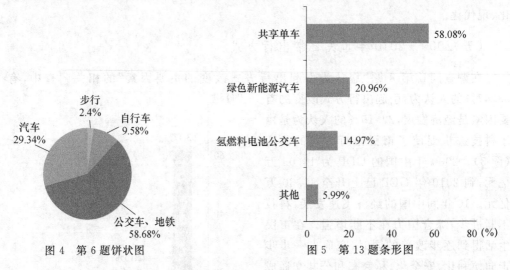

图4　第6题饼状图　　　　　　　　图5　第13题条形图

二、市民日常出行方式变迁的影响因素

（一）经济发展对出行方式的影响

新中国成立70年来，我国的经济发展发生了翻天覆地的变化。初期50年代至70年代，经济发展较平缓，在日常出行方式中，作为"三大件"中的自行车不仅是家庭富裕的象征，更是全家人的出行交通工具。

问卷第 4 题"在您的印象中,新中国成立初期市民主要的出行方式"。问卷调查显示 64.07％的调查者认为新中国成立初期日常出行方式为步行,28.14％的调查者认为日常出行方式为自行车骑行出行。由此可见,新中国成立初期经济较为低迷,市民出行方式单一,自行车也是"奢侈品"。

随着社会主义市场经济体制的建立和发展,改革开放后我国经济的第二产业蓬勃发展,这也影响到了人们日常出行方式的变迁。第二产业比重的上升体现了重工业的发展,钢产量、汽车制造业、机械制造等产业进一步发展,推动了汽车产量的增加,汽车产量由 1980 年的 22 万辆到 2005 年增长至 2400 万辆。经济的发展带来了生活水平的提高,从一开始少部分人才能拥有的小汽车、"单位公车",到城市家家户户都可以拥有私家汽车,私家车成为新的代步工具。随汽油价格的持续升高,对于每天开车出门的人来说油费成了不小的一笔花销,相比之下几块钱的车票显得更为划算,于是许多有车一族也开始逐渐加入到公共交通的队伍中来。随着我国经济产业结构转型升级加快,1996—2017 年第二产业单位数量从 34.8％下降到 21.5％;第三产业单位数量从 63.8％增加到 70.9％,服务产业的发展在一定程度上也推进了日常出行方式的变革。汽车服务业、公共交通服务业的兴起也是始于私家车数量的增加、公共交通的发展,私家车作为日常出行的交通工具更加普遍,城市公交系统、城市快速轨道交通、铁路线和高铁的发展进一步便利了人们日常出行。

问卷第 7 题"您认为新中国成立至今出行方式最大的变化是"(表 1),调查结果显示多数人认为公共交通越来越发达、出行方式多样化发展。问卷第 10 题"当前哪种情况下您会选择开汽车或打出租车出行"(图 6),调查结果显示只有 5.39％的调查者几乎不会选择汽车出行。综上,新中国成立 70 年来,从初期的步行与骑行到如今的汽车的出行普及与个人出行更加便捷,可见经济发展对出行方式的影响给市民出行带来了翻天覆地的变化。

表 1　您认为新中国成立至今出行方式最大的变化是

选项	小计(人)	比例(%)
出行方式的多样化	140	83.83
公共交通越来越发达	145	86.83
个人出行更加方便	125	74.85
出行方式变迁加快	85	50.9
基础设施更加完善	114	68.26
其他	10	5.99％

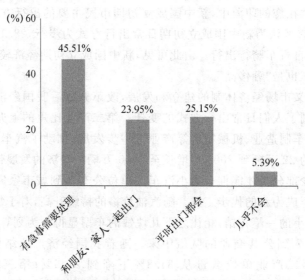

(%) 60

45.51%

40

23.95%   25.15%

20

5.39%

有急事需要处理   和朋友、家人一起出门   平时出门都会   几乎不会

图 6 当前那种情况下您会选择开汽车或打出租车出行

（二）生态变化对出行方式的影响

在经济快速发展的同时，环境问题也日益严峻。环境污染严重、能源利用低效等问题推动了交通工具的变革，也进一步影响了人们日常出行方式。随着交通工具向节能减排方式变革，交通工具开始向电动化的发展。电动汽车、电动公交车、有轨电车等节能交通工具就此而生，自行车也重新回到人们的视野，更多人选择低碳出行。同时，城市快速轨道交通地铁的发展以高速高效、节能低碳等优点逐渐成了都市人主要的日常出行方式之一。

（三）科技进步对出行方式的影响

科学技术是第一生产力，新中国成立 70 年来，科技的发展日新月异，科技的发展在交通运输中发挥着至关重要的作用，推动了交通工具的变革，也进一步影响了人们日常出行方式。科技推动了交通工具制造业的革新，从新中国成立初期的红旗轿车到现今众多的国产汽车品牌，汽车产业蓬勃发展；从绿皮火车到城市快速轨道交通、错综复杂方便快捷的铁路线、时速 350 千米的高铁；飞机制造业的发展等等都将人们的出行推向现代化，便捷化。科技发展为新型环保交通工具的研究提供动力，促使人们的出行方式向低碳化发展。另一方面，近年来网络科技的发展也给交通领域带来了"共享"的热潮，共享自行车、共享电动车、共享汽车等等也影响了人们日常出行方式。

问卷第 12 题"您认为以下哪种科学技术水平的进步为您的日常出行提供了便利"（图 7）。调查结果显示最多的调查者认为公共交通刷卡、二维码、人脸识别的出现为日常出行提供了便利，较多调查者认为共享单车、网约车的出现为日常出行提供了便利。近年来，网络科技的发展也让市民日常出行方式更加便捷，科技的发展一方面使出行方式更加多样化,也在一定程度上加快了出行方式的变革。

(四)交通拥堵对出行方式的影响

问卷第14题"您认为交通拥堵对出行方式的影响是"(图8),通过调查我们了解到73.65%的人认为交通问题加快了城市公共交通的发展,53.26%的人认为交通问题促进了共享平台的发展,44.31%的人认为交通问题增加了市民出行时间和成本,41.92%的人认为交通问题引发了私家车出行减少。2018年我国民用轿车保有量13451万辆,增长10.4%,汽车数量的不断增加带来了严重的交通拥堵问题、停车位不足、能源紧缺等问题促使市民减少私家车的使用,转而选择公共交通、骑车出行。

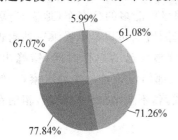

■ 电动车、私家车的出现
■ 共享单车、网约车的出现
■ 公共交通刷卡、二维码、人脸识别的出现
■ 地铁信号的互联互通(可以同站台换乘)

图7　您认为以下哪种科学技术水平
进步为您的日常出行提供了便利(多选)

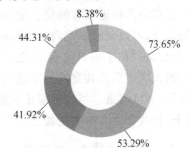

■ 加快了城市公共交通的发展
■ 促进了共享平台的发展　　■ 私家车出行减少
■ 增加了市民的出行时间和成本　　■ 其他

图8　您认为交通问题对出行
方式的影响是(多选)

三、对于理想出行方式的建议

(一)改善乘车环境,提高安全性

在第16题"您认为目前公共交通出行的缺点"的相关调查中,86.83%的人次认为早晚高峰时车厢内拥挤嘈杂,改善乘车环境值得注意(图9)。可以通过合理控制发车时间,增加高峰时段的发车数量,通过增加双层巴士数量来提高每辆车的载客数,通过设立站立乘车区域并增加护栏来合理利用车内有限空间,缓解拥挤问题,通过在公交车(地铁)内张贴文明标语、播放文明乘车视频提高市民的出行素质,通过配备文明乘车监督员、完善文明乘车相关规则,违者给予处罚的方式来维护车厢内的噪音适宜。60.48%的人次认为公交车发车间隔时间长、不够准时。所以,公交公司应先实地考察、调研,得出各个时间段的市民出行情况,按需发车。在第15题"您选择出行方式会考虑哪些因素"的相

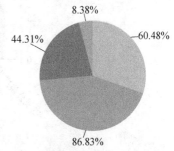

■ 不够准时,发车间隔时间长
■ 早晚高峰时车厢内拥挤嘈杂
■ 道路网不够全面　　■ 其他

图9　第16题饼状图(多选)

关调查中,综合得分最高的是安全性,根据国家统计局《2018 年国民经济和社会发展统计公报》的数据显示 2018 年道路交通事故万车死亡人数 1.93 人,同比去年下降6.3%。可见我们国家十分重视道路安全管理。对于提高道路安全性,我们的建议是尽量实现红绿灯和监控探头在路口的全覆盖;重视司机的驾车素质培养,拒绝疲劳驾驶;建设个人诚信档案,将有不良记录的行人或司机记录在册。

(二)完善交通线路网

在第 17 题中有 88.62% 的人表示愿意下载并使用公交配套软件。所以,我们认为可以通过完善 App 的相关功能来解决市民乘公共交通工具出行等车时间长、车厢拥挤等问题,让市民出行更加智能化。如 App 应可以追踪尽可能多的公交车(地铁)行驶情况、到站信息;可以反映车厢内的人员密度、当前的道路情况;可以显示换乘车站附近的共享单车分布。在了解这些信息之后,市民就可以调整自己的出行时间,错峰出行。44.31% 的人次表示公共交通的道路网不够全面,相关部门应该首先实地考察,了解路线"短板"并加以改进。当前国家正在努力完善地铁线路,不断增加公交线路,相信在不久的将来,公共交通会越来越发达。

(三)践行环保理念,鼓励绿色出行

在第 11 题"您从哪里了解到绿色出行的概念"的相关调查中,有 74.85% 的人选择了电视公益广告,72.46% 的人选择了网络(图 10),可见多媒体和互联网对于宣传绿色出行的重要性,绿色出行观念已深入人心。

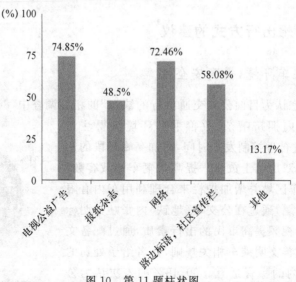

图 10　第 11 题柱状图

在第 13 题"当前您在生活中接触最多的绿色生态出行交通工具"的相关调查中,有14.97% 的人选择了氢燃料电池公交车,20.96% 的人选择了绿色新能源汽车,可见新型绿色交通工具已经慢慢走进市民生活。为了更好地深化绿色出行理念,有关部门应该通过多媒体、互联网等媒介宣传新能源汽车,向市民介绍其优缺点。并通过科技手段,设计制造更加轻便舒适,节能环保的汽车,为市民带来更好的出行体验。有 58.08% 的人选择了共享单车,可见共享经济与互联网的结合大大解决了人们出行"最后一公里"的问题,为市民带来了便利。

(四)加强基础设施建设

在第 18 题"您认为自行车出行存在哪些问题"的相关调查中,70.06% 的人认为自行车无处存放、无人摆放,影响了城市道路美观。62.87% 的人认为自行车道数量少,设计不够合理,道路安全性有待提高(图 11)。

因此,想要鼓励市民骑车出行,要先来解决以上问题。首先,我们建议设立专门独立的自行车摆放位置,并在摆放处安装有人脸识别功能的摄像头,用来防止他人的非法占用、盗窃、毁坏等行为。并设立个人诚信档案,将上述恶劣行为记录在案。同时,为了资源的充分利用,还可以在自行车摆放处安装太阳能板,为市民提供电动自行车充电服务,还可以增设打气筒,避免人们在骑行中出现的轮胎缺气情况。在道路条件允许

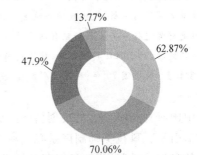

图 11   第 18 题环形图(多选)

的情况下,建议增加非机动车道数量,拓宽骑行面积,并应加强道路管理,严格打击机动车违法占道停车的行为,保证骑车人的正常出行。与此同时,普及自行车骑行的相关规则,提高市民出行安全意识也是十分有必要的。这样,在机动车车主和骑非机动车出行的市民都能共同遵守各自法规情况下,交通事故的出现的数量便可以大大地降低,从而使人们更放心的骑车出行。

参考文献

李佳芯,2009. 六十年话变迁之交通工具[J]. 道路交通管理(9):12-16.
国家统计局,2019-08-26. 单位数量快速增长市场活力不断激发——新中国成立 70 周年经济社会发展成就系列报告之二十一[R].
国家统计局,2019-2-28.2018 年国民经济和社会发展统计公报[N].

新中国 70 年科技奖励制度发展历程及特点[①]

赵春丽　　蔡昊辰　　吴一凡

【摘　要】　本文从历史沿革和现实改革两方面对我国的科技及奖励制度进行回顾和展望。在历史沿革方面,本文对 2010 年之前的科技奖励制度发展划分为五个阶段:初创阶段、停滞阶段、恢复阶段、快速发展阶段和改革发展阶段。在现实改革方面,我们通过对 2010 年及之后的政府部门官方网站上的政策文件进行分析,找出我国科技奖励制度在最近十年的新发展、新变化,并对科技奖励制度改革的历史趋势进行分析。本研究有助于总结 70 年来科研奖励制度的经验和问题,有助于现行科技奖励制度的完善,对于推动科技创新、建设创新型国家具有重要意义。

【关键词】　新中国 70 年;科技奖励制度;发展历程

新中国成立 70 年来,科技创新已经成为推动中国经济增长的强劲动力和社会治理改善的新引擎。科技奖励制度是我国科技政策体系的重要组成部分,一项制定合理、执行有力的科技奖励制度,能够对科技活动、科研人员、科学共同体起到有效的激励作用。党的十九大以来,中国特色社会主义进入新时代,中国的改革进程进入深水区、进入攻坚克难的时期。回顾我国科技奖励制度的发展历程,总结我国科技奖励制度发展的历史规律,发现科技奖励制度的问题和改进方向,有助于我们在正在进行的科技体制改革中认清方向,更好的解决问题。

当前对我国科技奖励制度已经有一定的研究,在总结性研究方面,在知网上可以查到的文献有《我国科技奖励制度研究》《我国科技奖励理论研究》《中国科学技术奖励制度研究》和《我国科技奖励制度研究》。他们对我国科技奖励制度的阶段划分基本一致,对历史的看法没有太大出入。由于总结性研究的性质,本文我们重点参考发表时间最晚、内容比较简洁的《我国科技奖励制度研究》。目前,尚无 2010 年之后的总结性研究,所以我们对 2010 年之后的科技奖励制度重点分析,同时参考《中国科技发展 60 年》一书中提供的分析方法和历史脉络,在中国科技发展这一更宏大的历史进程中分析科技奖励制度的发展,补充其他参考文献的不足。本文使用的主要研究方法为文献研究法。文献研究法是根据一定研究目的或课题,通过搜集文献来获取资料,从而全面正确地掌握所要研究问题的一种方法。本文是对大量他人资料的汇总和前人研究在时间上的延续,文献研究法是本文的首要研究方法。

---

①　本课题指导老师赵春丽(北京工商大学马克思主义学院);课题组组长:蔡昊辰(贸易经济 2018 级)、吴一凡(生物技术 2018 级);课题组成员:陈冠良(生物技术 181)、孙儒帅(贸易经济 2018 级)、王昊(贸易经济 2018 级)。

本文中的"科技奖励",均为狭义的"科技奖励",即特指以"某某奖"命名的专门性制度化科技奖励。这种奖励有其固定的奖励章程,由特定组织按既定程序来运作,且仅指对自然科学、工程技术、医学和农学的奖励,不包括对人文社会科学的奖励。

一、新中国(1949—2009年)科技奖励制度发展历史沿革简述

(一)初创阶段(1949—1966年)

这一时期我国初步建立起以自然科学奖和技术发明奖为主的科技奖励框架,奖励的特点是数量少但应用性较强。相关政策文件有:1955年8月通过的《中国科学院科学奖金条例》——国家颁布的第一个对自然科学和社会科学领域科技成果给予奖励的条例和1963年11月国务院发布的《发明奖励条例》《技术改进奖励条例》。这些奖励已经覆盖了科学发现、技术改进和生产中的发明三方面的奖励工作,激发了全民的发明创造热情,促进了企业的技术改进和生产发展,标志着我国科技奖励制度已初具雏形。

(二)停滞阶段(1966—1976年)

由于"文革"影响,我国科技奖励被迫中断。广大科技人员、专家学者横遭批判、斗争和迫害,我国科学技术事业的发展严重受挫。第一批发明奖励项目尚未按条例规定授奖完毕,奖励条例便被批判为"修正主义""奖金挂帅",科技奖励工作被迫中断。1970年,国家科委、国务院科技干部局被并入中国科学院,中国科协撤销。1973年中国科学院科研人员只剩下1.3万人,全国300多种科技刊物全部停刊,国际科技交流活动几乎全部中断。

(三)恢复阶段(1978—1984年)

这一时期逐渐恢复了"文革"停顿的科技奖励制度,重新修订了《国家自然科学奖》《国家技术发明奖》等科技奖励条例。其中,1984年3月全国人大常委会通过的《中华人民共和国专利法》标志着国家专利制度的实施,从知识产权角度保护了科技人员的创造性劳动,为我国科技奖励制度进一步发展带来了契机。这一时期的科技奖励制度有着承上启下的作用,一方面恢复了"文革"前的科技奖励制度,另一方面又有所创新,为后来的国家科学进步奖的设立奠定了环境基础。

(四)全面稳定发展阶段(1985—1999年)

这一时期以国家科学技术进步奖的设立为重要标志,建立了国家、省部级科学技术奖励体系,形成国家自然科学奖、国家技术发明奖、国家科学技术进步奖和中华人民共和国国际科学技术合作奖四大奖励框架,具有中国特色的科技奖励制度已具雏形。

（五）改革发展阶段（1999—2009 年）

国务院对原有四大国家科技奖例的条例进行了修订，于 1999 年 5 月颁布了《国家科学技术奖励条例》，确立了国家最高科学技术奖、国家自然科学奖、国家技术发明奖、国家科学技术进步奖和中华人民共和国国际科学技术合作奖五大奖项，进一步推进了科技奖励制度的科学化、规范化和法制化，基本适应了社会主义市场经济体制和科技进步的需要。

二、2010 年后新中国科技奖制度改革的新变化及其影响

（一）国家的顶层设计

这十年间国家科技奖励制度改革的顶层设计主要包括两个重要文件，一是 2017 年 5 月 31 日国务院办公厅印发的《关于深化科技奖励制度改革的方案》，二是 2017 年 7 月 7 日的《科技部关于进一步鼓励和规范社会力量设立科学技术奖的指导意见》。

其中，《关于深化科技奖励制度改革的方案》是新时代中国科技制度改革的纲领性文件，它主要有以下三个特点：一是奖励制度的改进适应了时代的要求。二是提出了诸多举措以进一步增强学术性、突出导向性、提升权威性、提高公信力、彰显荣誉性。例如，实行实名制、建立定标定额的评审机制、调整奖励对象要求、健全科技奖励诚信制度、强化科技奖励的荣誉性等。三是继续鼓励社会力量参与。

《科技部关于进一步鼓励和规范社会力量设立科学技术奖的指导意见》则对社会力量设奖的规定做了进一步细化，坚持依法颁奖、公益为本和诚实守信的原则，明确对社会力量鼓励和引导的立场，目的在于提高社会科技奖励的整体水平、支持社会奖励向国际化发展。

除此之外，科技奖励制度改革还在国家的其他大政方针中有所体现。在 2012 年 9 月 23 日《中共中央、国务院关于深化科技体制改革加快国家创新体系建设的意见》中"深化科技评价和奖励制度改革"一节中，提到"改革完善国家科技奖励制度，建立公开提名、科学评议、实践检验、公信度高的科技奖励机制。提高奖励质量，减少数量，适当延长报奖成果的应用年限。重点奖励重大科技贡献和杰出科技人才，强化对青年科技人才的奖励导向。根据不同奖项的特点完善评审标准和办法，增加评审过程透明度。探索科技奖励的同行提名制。支持和规范社会力量设奖。"

2016 年 5 月 19 日，中共中央、国务院印发《国家创新驱动发展战略纲要》中"战略保障－完善突出创新导向的评价制度"一节中就有"改革国家科技奖励制度，优化结构、减少数量、提高质量，逐步由申报制改为提名制，强化对人的激励。发展具有品牌和公信力的社会奖项"的描述；2016 年 7 月 28 日国务院《"十三五"国家科技创新规划》中"健全科技人才分类评价激励机制"一节中也提到了"深化国家科技奖励制度改革，优化结构、减少数量、提高质量、强化奖励的荣誉性和对人的激励，逐步完善推荐提名制，引

导和规范社会力量设奖。"可见科技奖励制度在我国现行科技体制中有着重要地位。

（二）科技奖励制度改革对国家具体政策的影响

国家的科技奖励制度改革对诸多科技领域的具体措施都产生了重大影响,主要包括以下方面:

1. 强化企业技术创新主体地位全面提升了企业创新能力

2013 年 1 月 28 日《国务院办公厅关于强化企业技术创新主体地位全面提升企业创新能力的意见》中"进一步完善引导企业加大技术创新投入的机制"一节中提到"加强国家科技奖励对企业技术创新的引导激励"。

2. 优化了学术环境

2015 年 12 月 29 日《国务院办公厅关于优化学术环境的指导意见》中"增强科技社团的自律功能"一节中指出"强化学会人才举荐和科技奖励功能,发挥好同行评议的基础性作用"。

3. 促进了科技成果转移转化

2016 年 4 月 21 日,国务院办公厅《促进科技成果转移转化行动方案》中"开展科技成果信息汇交与发布—建立国家科技成果信息系统"一节中提到"制定科技成果信息采集、加工与服务规范,推动中央和地方各类科技计划、科技奖励成果存量与增量数据资源互联互通,构建由财政资金支持产生的科技成果转化项目库与数据服务平台"。

4. 推动了国家技术转移体系

2017 年 9 月 15 日国务院《国家技术转移体系建设方案》中"强化信息共享和精准对接"一节中提到"建立国家科技成果信息服务平台,整合现有科技成果信息资源,推动财政科技计划、科技奖励成果信息统一汇交、开放、共享和利用"。

5. 助推了基础科学研究

2018 年 1 月 19 日《国务院关于全面加强基础科学研究的若干意见》中"建立完善符合基础研究特点和规律的评价机制"一节中提到"健全完善科技奖励等激励机制,提升科研人员荣誉感;建立鼓励创新、宽容失败的容错机制,鼓励科研人员大胆探索、挑战未知"。

6. 提升了科研诚信建设

2018 年 5 月 30 日,中共中央办公厅、国务院办公厅《关于进一步加强科研诚信建设的若干意见》中"全面实施科研诚信承诺制"中提到"相关行业主管部门、项目管理专业机构等要在科技计划项目、创新基地、院士增选、科技奖励、重大人才工程等工作中实施科研诚信承诺制度,要求从事推荐(提名)、申报、评审、评估等工作的相关人员签署科研诚信承诺书,明确承诺事项和违背承诺的处理要求";"强化科研诚信审核"中提到"相关行业主管部门要将科研诚信审核作为院士增选、科技奖励、职称评定、学位授予等工作的必经程序"。

7. 深化了项目评审、人才评价、机构评估改革

2018 年 7 月 3 日,中共中央办公厅、国务院办公厅《关于深化项目评审、人才评价、

机构评估改革的意见》提到"落实国家科技奖励改革方案。改革现行由政府下达指标、科技人员申报、单位推荐的方式,实行由专家学者、组织机构、相关部门提名的制度"。在"改进科技人才评价方式－树立正确的人才评价使用导向"一节中再次强调"坚持正确价值导向,不把人才荣誉性称号作为承担各类国家科技计划项目、获得国家科技奖励、职称评定、岗位聘用、薪酬待遇确定的限制性条件,使人才称号回归学术性、荣誉性本质,避免与物质利益简单、直接挂钩"。

三、新中国科技奖励制度展望

中国当代科技奖励制度建立已有 60 多年的历史(从 20 世纪 50 年代末算起),无论在理论上还是在实践方面,都日趋成熟。由于现代社会是不断变化的多元系统,经济社会和科学技术的联系日益紧密且处在迅速变化之中,因此,科技奖励的运行也将在不断发展进步。从宏观上分析和展望我国科技奖励未来发展的态势,对于进一步完善和发展我国科技奖励制度,具有积极的意义。

结合中国科技奖励制度的发展历程和最近十年的新变化,我们推测我国科技奖励制度将会有如下特点。

(一)形成以政府为主导、社会力量为主体的奖项设置结构

我国政府关注社会力量设奖的问题并不早。在 1999 年 5 月颁发的《国家科学技术奖励条例》中,对社会力量设立科学技术奖做了相关规定。但之后的 20 年中不断出台相关的政策对社会力量设奖进行进一步规范和引导,直到 2007 年 7 月还有科技部的指导意见,可见国家希望社会力量的奖项可以成为国家奖项的有益补充,这也是中国改革市场化思路的体现。中国的科技奖励结构正在由政府为主体向政府主导转变,我们将其看作是经济领域的改革在科技奖励制度领域的延续。

(二)奖励的重心会更加侧重于科研人员

我国目前的科技奖励体系仍是以奖励项目为主。近年来,关于加强对科技人才直接奖励的呼声日益高涨。科技奖励对象直接面向科技人才,这不仅符合国际科技奖励发展的主流,也利于科技奖励的评审管理。

2018 年 7 月 3 日中共中央办公厅、国务院办公厅印发的《关于深化项目评审、人才评价、机构评估改革的意见》中明确强调了奖励科技人员的重要性和规范性。这与我国近年来"以人为本"的治理思路高度契合。可以预见到,我国在将来会更加重视科技人员的奖励。

(三)科技奖励会更有力的推动科技战略

从近些年的新变化中我们可以看出,科技奖励与科技规划、科技战略之间的关系越来越紧密。在第一、第二个规划阶段我们的科技奖励制度尚未成形;第三、第四规划时

已经有了一个奖励体系;国家科技进步奖之后,科技奖励制度愈发完善。这正是我国改革开放道路愈发清晰和明确的时期,国家的科技规划与科技奖励开始相互促进。可以预见,未来科技奖励制度将是我国科技战略的一个强力推动因素。

结语

纵观新中国成立 70 年科技奖励制度的发展历程,这个过程是基本连续、层层递进的。在中华人民共和国成立之初我们取消了一切民国政府的奖励措施,白手起家,从零开始。虽然经历过"文革"的中断,但总体上没有走弯路;尤其是改革开放之后开始借鉴外国经验,我国的科技奖励制度迅速完善。在 1999 年形成了一个较为完善的科技奖励体系,并且不断形成了不断自我调整的改革式发展模式。中国这些年的发展成果证明,这样的发展模式是成功的、有竞争力的,我们还将在这个模式下继续发展科技奖励制度,取得新的成绩。

参考文献

吴恺,2010. 我国科技奖励制度研究[D]. 武汉:武汉大学.

姚昆仑,2007. 中国科学技术奖励制度研究[D]. 合肥:中国科学技术大学.

新中国成立 70 年来北京城市社区养老问题调研^①

赵婧怡　邹秋东

【摘　要】　新中国成立70年来,随着社会经济的不断发展以及人口老龄化的快速增长,养老问题成为人们关注的重要问题之一。本文基于对北京城市社区老人的调查,从养老方式、子女角度和养老制度三个方面的情况进行调查分析,并对当前北京城区社区养老提出看法和建议。

【关键词】　社区养老;子女服务;养老制度

北京市委党校和社会科学文献出版社联合编撰发布的《北京人口蓝皮书:北京人口发展研究报告(2018)》(以下简称《报告》)中指出,北京市早已进入老龄化社会且老龄化程度不断加深。2017年,65岁及以上老年人237.6万人,占总人口的10.5%。应对北京人口老龄化迫在眉睫,而解决老人社区养老问题更是重中之重。

本次调查主要采取非定向问卷调查,通过走访形式,到北京城区各大公园、社区及养老院等老人聚集场所进行问卷的发放和访谈,了解北京市老人养老问题的实际情况。本次共发出调查问卷300份,收回283份,回收率达94%。本次调查报告填写人群中,男性有132人,占46.64%;女性有151人,占53.36%,男女比率将近1∶1。

一、新中国成立以来北京市居民养老现状调查

(一)养老方式

新中国成立以及改革开放,使中国社会有了日新月异的变化,老人的养老方式也发生了显著变化,北京市社区的老人们也不例外。

首先,当今老人们养老的主要方式:(1)中国的传统养老方式:依靠子女养老;(2)依靠现在国家推行的养老保险制度保障,例如,城镇职工养老保险、农村养老保险,退休工资;(3)依靠子女或者自己购买商业保险,让生活有一定的保障;(4)依靠退休工资。

本次调查了解了当前北京市社区老人们生活的主要经济来源,从中也可发现养老方式的变化。如图1所示,79.86%的老人生活经济来源于退休金,16.96%的老人生活经济来源于子女赡养,11.66%的老人生活经济来源于目前的工作收入,7.07%的老人生活经济来源于股份红利或房屋租金等。基于对老人们生活的主要经济来源的调查,可见当前北京城市社区老人的养老方式已经呈现多样化的特点。

---

①　本课题指导教师赵婧怡(北京工商大学马克思主义学院);课题组组长邹秋东(机械184);课题组成员:普连朝(机械184)、李一航(机械184)、何光辉(机械184)、蔡世豪(机械184)。

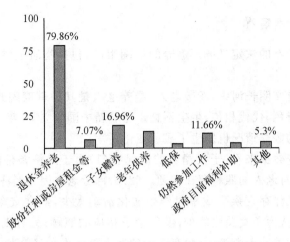

图 1　北京市社区老人当前生活经济主要来源(多选)

其次,随着改革开放政策的实施,北京市居民经济水平的提高,居民养老新模式也随之出现。当下北京市居民养老的模式主要包括(1)居家养老。部分老人认为,和子女住在一起,同时带带孙子孙女,享受子孙绕膝的天伦之乐,是老人们不可多得的快乐,更有老人认为是人生圆满的一种表现形式。(2)住进养老院养老。随着社会的发展,养老院作为一种新型的养老模式出现,并发挥了极大的作用。对于一些常年和子女分开,或者由于子女出远门而极少有时间陪伴或者丧失伴侣的老人们来说,进入养老院和其他老人们一起,能够缓解留守老人的孤独感。(3)居民的养老观念发生变化。随着社会教育的普及,居民知识水平和认识水平的提高,居民的养老观念也发生了变化。当下居民不再奉行"父母在,不远游"的古训,而是转为鼓励孩子走出去,同时自己也常常走出家门,和其他人一起活动或者出门旅游,感受中国的大好河山,雄奇瑰丽。基于这种现状,本次调研也对老人们主观上更愿意选择何种养老模式做了调查统计,统计结果如图2所示。

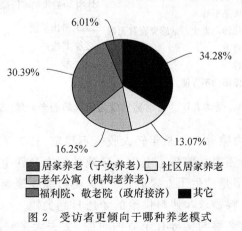

图 2　受访者更倾向于哪种养老模式

（二）子女赡养情况

赡养父母是子女的法定义务。赡养的范围很广,包括物质上供养、生活上照料、精神上关心等。

在五千年华夏文明长河中,孝敬老人、赡养老人是其中璀璨闪光的文化篇章,也是中华民族的传统特色,代代相传,生生不息。随着新中国成立70年来的发展,北京城市社区子女对老人的赡养情况也发生了显著变化。

从图3的调查数据来看:子女赡养的情况有(1)由于经济条件限制和工作忙的原因,一大部分子女对老人的照料存在问题。(2)大部分老人因为经济困难或生活起居无人照料或自己和老伴存在疾病或平时娱乐文化活动太少,经常寂寞无聊而感到困扰。(3)有1/4的老人认为子女关注的少,没有给予相应的照顾;另有1/4的老人觉得政府没有出台详细的相关养老政策。(4)有1/3的老人更喜欢在家养老,但只有1/6的老人在家养老。

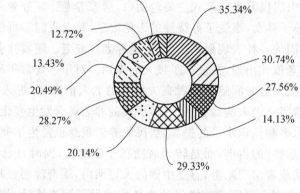

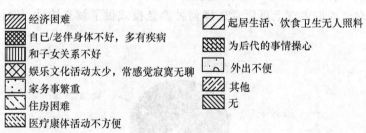

图3　受访者认为目前感觉较为困扰的养老问题(多选)

原因分析:(1)无力赡养。一是年轻人收入不稳定,打工子女的收入更是有限,而且既要维持家庭开销,还要抚养孩子上学。导致他们本身就生活拮据,没有抚养的能力。二是很多家庭大都是独生子女家庭,一对夫妻可能要照顾四个老人和一个孩子,甚至更多,因而导致照料需求和照料供给的矛盾日趋尖锐。(2)婆媳关系僵化。目前不少家庭是妻子做主,老婆与父母有矛盾的时候,丈夫大多只是息事宁人,而不是从中周旋做工作。一旦儿媳与父母的关系恶化,就很容易产生赡养纠纷,并且激化矛盾。(3)忽略赡养。随着年龄的增长，老年人的心理会发生变化，时常被失落、孤独、焦虑、猜疑笼罩，他们渴望情感关怀，希望人们走进他们的内心世界，给他们幸福、快乐、充实的生活。即便是丰衣足食也感到孤独寂寞，更有许多子女不在身边的空巢家庭存在。

（三）养老制度问题

在了解中国养老制度变化之前，我想我们应该先抓出目前养老体制与机制的核心问题。这样，我们才能从旁推敲出，为什么养老体制会发生这样的改变，正是因为有了问题，才会有对应的体制制度来解决问题。

本次调查中，我们询问了受访者认为当前我国老年人养老状况普遍存在着哪些问题，结果如图4所示。同时，我们发现，在目前调查的对象中，仍有较大一部分人群对养老服务和养老制度的不清楚、不了解，导致一部分人认为政府没有出台相关的养老政策。除此以外，还有少部分人对养老服务表示不满意，而表示满意的比例仅占1/3，调查数据如图5所示。还有值得一提的是，在本次调研的受访对象中，仍有一小部分人群没有任何的医疗保险，调查结果见图6。

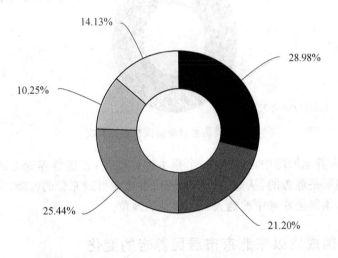

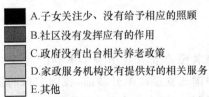

A.子女关注少、没有给予相应的照顾
B.社区没有发挥应有的作用
C.政府没有出台相关养老政策
D.家政服务机构没有提供好的相关服务
E.其他

图4　受访者认为目前国内老年人养老状况存在哪些问题

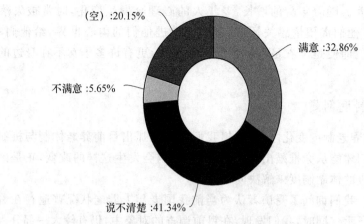

（空）:20.15%

满意 :32.86%

不满意 :5.65%

说不清楚 :41.34%

图 5　受访者对当前所在社区养老服务项目是否满意

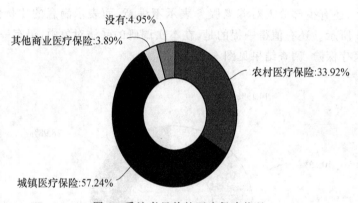

没有:4.95%

其他商业医疗保险:3.89%

农村医疗保险:33.92%

城镇医疗保险:57.24%

图 6　受访者目前的医疗保险状况

在这些众多养老问题中,存在着一个根本问题就是:在这些养老方式中,老人的地位是被动的,因而是弱势的,从而造成老人的权益不能得到充分的保障。要想使养老得到更大的改善,须得使养老中的老人脱离被动的地位。

二、新中国成立以来北京市居民养老的变化

（一）养老方式的变化

新中国成立 70 年来,北京市居民养老方式历经了不同的改变。首先,与计划经济体制相适应的养老方式。自新中国成立至改革开放前,我国实行的是计划经济,与此相适应的居民养老是人民公社通过制定的"六十条"。通过建立五保制度、建设敬老院、发展农村合作医疗和集体补助等制度和实施,居民养老得到了极大保障,开始进入以集体经济为依托、国家适当扶助的社会保障轨迹。

二是改革开放初期的居民养老方式。随着改革开放政策的实施,计划经济体制的

分崩离析,集体组织效率遇到了前所未有的阻力,计划经济下的养老方式受到了冲击。随着家庭联产承包责任制的应运而生,居民养老退回到了以亲情为纽带、家庭成员为主体的过渡性家庭养老服务模式中。

三是改革开放以来的居民养老方式。随着社会主义市场经济体制的确立,社会保障制度得到了极大的发展。我国居民养老无论是从制度还是方式和理念上都得到了极大的变革和创新。随着社会主义市场经济体制的发展,养老院、社区等养老方式百花齐放,居民的养老方式真正突破了单位的限制走向了社会化。

(二)子女赡养方面的变化

中国几千年来的封建传统遗留下来的陈腐观念,认为养儿防老,重男轻女严重,尤其是农村大有不生儿子不罢休的架势。1982 年,我国将计划生育确定为基本国策。政府颁布通知,向独生子女家庭 60 岁以上老人每人发一定的补助来解决养老问题。随着改革开放的深入,国家一系列政策的出台,百姓的观念已经逐步有所改变,大部分的群众认为生男生女都一样。虽然我国现在仍是以子女赡养老人为主,可是随着经济水平的提高,国家出台的养老保险、最低保障、对独生子女父母的补助政策,社会上的养老院、托老院给老人们也提供了安享晚年的优质服务,使老人能够老有所养,也让子女赡养老人不需要那么大的压力了。

(三)养老制度的变化

面对这一问题,我国的养老制度方向在这样的大环境下,由 1985 年为"只生一个好,政府来养老",到 1995 年"只生一个好,政府帮养老",再到 2005 年"养老不能靠政府",2012 年"推迟退休好,自己来养老"。到现在养老金入市都靠投资来养老。从中我们不难看出政府对于养老的看法发生的改变。从 1985 年政府提出的"来养老"到 1995 年政府提出的"帮养老",这个字的变化,反映了政府对养老责任的重新界定。由"来"到"帮"字眼的变化体现了对于养老政府职责的改变,从以政府为主,主动承担老人养老责任变为以家庭为主,政府辅助老人养老。这样变更的目的是为改变老人被动和弱势的地位,并让老人们明白应该主动和自主养老。无论是中华民族传统思想观念中"养儿防老"还是依靠政府来养老,这些终究是外力,始终无法改变养老的本质问题,让老人从弱势人群中脱离出来。倘若养老问题全部由政府包揽势必会造成巨大的财政负担,所以政府一再强调公民的养老是由国家、工作单位以及个人共同分担,也让政府在养老问题上的责任逐步减轻。

2005 年以及 2012 年的政策是为了巩固完善自主养老制度的方向,让老人们自己成为自己的管理者。就目前养老保险的兴起,人们越来越重视自己的养老问题,对养老的准备也在不断地提前,现阶段就连 80 后已经开始为自己的养老做打算与准备了。随着这样的发展,无疑对养老是有十足的好处,这让大家首先对国家养老政策有一个更全面的了解,时刻关注着自己的养老事宜;其次,越早的进行准备,势必会让养老准备做得越充分,养老资金是目前养老所面临的难题之一,提前的准备会让养老资金充足,日后养老的生活也不必发愁。这无论是对自己还是对国家都减轻了不少负担。

三、关于北京市社区养老情况的总结

(一)巨大的人口老龄化压力

在老龄化问题上与发达国家相比较,中国人口老龄化的速度更快、情况更复杂。同时,中国也是世界上人口老龄化速度最快、老龄人口最多的国家之一。并且我国还面临人口老龄化在地区分布上的不平衡。

第一,人口老龄化城乡之间发展不平衡。农村老年人口数量远多于城市,并且农村老年人口比例也低于城市。第二,人口老龄化的地区发展也不平衡。由于中国各地区的社会经济发展水平和对人口控制能力的显著差异,导致各个地区之间的人口生育率和人口年龄结构存在着较大差别,因而导致人口老龄化程度在各地区之间不平衡。从这个角度来看,北京就是一个非常典型的城市。

(二)家庭养老是老年人的首选养老方式

通过本次研究发现,目前的养老方式中家庭养老占 85.51%。可见家庭养老无论是在当前还是在今后都是北京市养老模式中不可动摇的重要组成部分。从客观条件看,由于北京市在养老方面财政的不足,在一段时期内养老模式还将是政府、社会和家庭相结合、而以家庭为主的养老模式,即以家庭养老为核心,以社会化服务为辅助的养老模式。由于传统家庭养老和机构养老各有利弊,但都不能独立解决社会的养老问题,因此可以将二者综合,取长补短,同时发挥社会、社区服务的优势,提出一种新的养老方式——社区居家养老。

(三)提高社区养老保障水平,增设社会养老机构,完善相关法律法规

随着北京市经济发展迅速,人民的生活水平不断提高,政府要根据实际的需求加大对于社区养老保障的资金投入,普遍提高北京市城乡养老保障的水平,力争保证全市范围内的社区养老保障的待遇水平相对公平。同时,也要加强养老机构建设,提高养老机构的覆盖率,使那些有养老需求的老人都能够得到满足。制定和完善关于社区养老保障的法律法规,要进一步明确有关单位和部门的责任,定期组织人员进行检查,确保规章制度的有效执行。为更好地满足城乡老人的养老需求,必须鼓励社会力量投入到社区老人的养老行列中去,加强对现有社会养老机构改善,提高其接待能力和服务水平,形成政府与社会互补的机制。

1. 鼓励社会力量兴办养老机构

养老机构包括敬老院、福利院、老年公寓、养老院等。而北京存在比较多的养老机构是国家或者有关部门兴办的敬老院和福利院,这两种养老机构主要是为"五保户"老人等提供服务的,对其他老人尤其是城郊老人的社会养老机构还是很少。城郊

的老年人,由于所处地理位置偏离市区,其生活环境和生活习惯与市区不同,应因地制宜,针对不同区域,建立符合区域特色的养老方式,才能够更好解决北京市老年人的养老问题。

2. 改善现有社区养老机构的硬件条件

在鼓励社会力量兴办养老机构的基础上,同样不能够忽视对于现有的各类社会养老机构硬件条件的改善。现在的社会养老机构,由于受经济条件的限制,硬件设施普遍比较陈旧,也十分缺乏,在养老机构养老的老人居住和生活条件较差,不能完全满足他们基本的需要。

3. 完善并提高社会养老服务职能

在养老中,以社区为核心的社会服务职能发挥重要作用。在此次调查中,我们了解到,大部分的老人并没有享受到社区所提供的服务。这一问题与社区职能的发挥和政府的主导作用不足有关。北京市分为 16 个区,每个区的面积、地理位置、人口状况、经济发展水平等都存在着一定程度的差异,这些因素对各区老年人的服务工作都存在着一定的影响。从我们调查的结果看,北京市各社区没有一个统一的居家养老管理体制,各社区的养老服务也呈现良莠不齐的状况。因此,要发展北京市养老事业,首先应从根本上解决问题,保证老人接受养老服务的水平。

4. 提高护理人员的素质

办好社会养老机构,硬件条件是不可或缺的一个方面,软件条件同样十分重要,尤其是社会养老机构护理人员的专业素质尤为重要。从目前的状况看,服务人员的素质及质量还有很大的提升空间,因此,我们应积极抓好各类管理人员和专业护理队伍建设,把服务队伍逐渐向专业化的方向发展,同时在培养队伍的过程中还应建立一套完整的评估体系。

5. 建立城乡一体化社会保障体系

"老有所养、老有所医、老有所教、老有所学、老有所为、老有所乐"是我国老龄事业的发展目标。近年来,北京市颁布了一系列包括老年社会保障、老年福利与服务等多方面的法律法规和政策,社会养老保险、社会医疗保险、社会老年救助等为内容的社会保障体系更加完善,但是城乡老人养老待遇不平衡现象依旧十分严重。在调查中,我们了解到,农村户口的老人与市区里的老人,养老保险金有很大的不同,并且农村的老人,没有了土地,资金来源就只有养老保险金,为了减轻家庭压力,身体好点的老人,就会去找一些工作。为了使各地区的老人养老待遇相对平衡,必须建立并不断完善城乡一体化的社会保障体系。

养老事业方兴未艾,养老发展任重而道远。总体来说,目前北京市养老水平不容乐观,养老服务少,参保意识不强,服务人员素质低。传统家庭养老虽然有一定的缺陷,在新时代新时期,养老更需要在传统养老基础上,依赖更多国家政策,社会性机构的福利来为养老事业注入新的血液!

参考文献

孟庆哲,2009. 关于我国养老方式及其发展趋势的思考[J]. 科技和产业,9(4):75-77.

胡姗姗,2014. 居家养老的城乡差异与统筹发展[D]. 南昌:华东交通大学.

董华蕾,2012. 城乡居民养老模式及养老意愿调查[D]. 泰安:山东第一医科大学.

周胜芳,2014. 城乡居民养老需求状况调查分析——以温州为例[J]. 经济论坛(10):72-76.

新中国成立以来女士化妆品消费
行为与观念的变化①

杨春花　苑　槟

【摘　要】　新中国成立以来,随着人民生活水平的不断提高,女士在化妆品消费方面也发生了巨大变化:从无到有;质量从低档到中低档再到中高档;品种从单调到逐渐丰富;消费品牌范围从国内为主到国内国外兼备等。在这些消费活动的变化中折射出女士在化妆品消费观念的演化:从艰苦朴素时代不敢奢望购买化妆品到温饱解决后考虑购买化妆品,这个阶段价格是决定能否购买的最重要考虑因素,便宜才能买;奔小康的路上,品牌逐渐成了女士消费化妆品的主要决定因素,此阶段有些人一度认为品牌大、价格高的就是好的化妆品;再后来特别是进入新时代之后,女士们意识到适合自己的才是最好的化妆品,于是消费观念呈现理性化、私人化特点。通过对女士化妆品消费观念的梳理,一方面从本视角见证了祖国的发展历程。另一方面印证了马克思主义的社会存在决定社会意识的理论。

【关键词】　女士;化妆品;消费;发展

本次调查主要采取的是网上调查与实地采访相结合的方式。网上调查问卷是由小组成员在 QQ 空间、微信朋友圈与群、互联网空间发布后让网友们填写,以及部分老人采取采访调查和交谈的方式了解情况并记录结果。共发出调查问卷 113 份,回收 113 份,回收率达 100%,有效问卷 113 份,有效率 100%。本次调研人群为各年龄段的女士,其中,22 岁及以下占到 50.87%;23~40 岁占 18.58%;41~60 岁占 22.12%;61 岁及以上占 8.42%。问卷针对化妆品的消费观念这一问题,进一步从消费的金额、方式、种类、品牌、周期以及影响因素 6 个模块进行提问,将现在、5 年前、10 年前、20 年前、40 年前的情况作一比较。

一、新中国成立初期到改革开放前,女士化妆品的消费情况与消费观念

在新中国成立初期到改革开放前这段时间,人民的总体生活水平不高。新中国成立初期,由于我国经济发展起步晚,居民收入水平低,我们提倡艰苦奋斗,实行高积累、低消费:在分配上实行平均主义,消费上基本上是齐步走,压在很低的水平;需求方面由于体制原因存在投资饥渴症,投资不讲究效益,总需求过剩,始终表现为短缺经济形态。所以,对于化妆品方面的消费一开始其实并不太多。根据本次调研得到的数据,对新中

---

① 本课题指导教师杨春花(北京工商大学马克思主义学院);课题组组长苑槟(生物技术 172);课题组成员:李思玥(生物技术 172)、李佳倪(生物技术 172)、路婉杉(生物技术 172)。

国成立初期到改革开放初期,女士的化妆品的消费情况与消费观念,我们有如下分析。

(一)新中国成立初期物质生活匮乏,女士化妆品消费很低

在我们走访调研时,60岁以上受访者说在她们年轻之时,物质极其匮乏,未出嫁乃至婚后,洗发都是用的洗衣粉,故此,那个时候的妇女头上总爱长头皮屑。农村妇女最大的收入来源就是养猪种地,一个月几块钱的收入首先要应对的是家里衣食的开销,操心完这些,根本没有多余的精力与钱财来消费化妆品了。

从表1中可以看到,在新中国成立初期,农民的全部年收入不到80元,而这80元还要相应地支付一家人一年衣食住行的开销。能够用来支付化妆品花销的钱寥寥无几。并且从我们走访调研的结果来看,受调研者在那个时候都是拒绝或者说是无力购买化妆品的。虽然这只是调查了新中国成立初期农民的收入情况,但是,我国是10亿人口8亿农民的大国。农民的收入是否增加,生活状况是否有所改善,是衡量社会主义建设成效的一个极重要的标志。

表1　改革开放初期与新中国成立初期农民家庭人均收入变化(单位:元)

	1976年	1956年	1976年∶1956年			
			增长总额	年平均额	增长%	年递增率%
全部收入	113.05元	72.92元	40.13元	2.01元	55.03	2.3
其中:集体分配	78.35元	45.47元	32.88元	1.64元	72.31	2.8
家庭副业	26.23元	17.02元	9.21元	0.46元	54.11	2.2

(二)品牌和种类有限,限制女士们选择的范围

从化妆品种类和品牌方面来讲,新中国成立初期,由于当时国家比较落后,人们极少使用化妆品,种类也极其匮乏,仅有花露水、香粉、雪花膏、皂类等生活用品。人们使用的化妆品品牌也有限,仅有谢馥春、孔凤春、上海家化等老牌化妆品,并且在新中国成立之初的几年里,我国化妆品行业的这些老牌品牌,经历坎坷,发展不顺,国家发展重心也不在轻工业而在重工业,没能更好地宣传和发展自己的品牌,1953年我国化妆品企业约有240家,绝大部分属于手工作坊生产,生产一些低档的产品,如花露水、发蜡、蛤蜊油,品种、产量都有限,更无专业的化妆品设备;综合来看,当时,无论是大一点的品牌还是小作坊,在发展上因为各种原因都比较受限,老百姓的认知度也就不高,受众面很窄,仅有极少部分人购买。而此时国外化妆品行业虽然发展蓬勃,但是对当时来说,相隔甚远,我国老百姓就更不了解了,购买欲望也就没有那么强烈。

而在20世纪60年代中期到70年代中期,化妆品的生产又由于受到10年动乱时期严重干扰和破坏,以及"左"倾错误思潮的影响,将化妆品生产斥之"传播资产阶级的香风臭气",污蔑化妆品是专为资产阶级服务的产品,致使化妆品工业遭受了严重的摧残,迫使整个化妆品工业又处于停滞不前的徘徊状态。所以,在此阶段,女士们对化妆品的购买也不多。

二、改革开放初期,物质生活改善,女士化妆品消费开始提升

到改革开放初期,人民生活水平有所改善,解决温饱之后手有余钱,女士们爱美的天性也就可以释放出来了。

从表2来看,在用于生活服务及文化方面的消费已经在总支出中占有一定位置,这说明对于自身清洁及外貌上的打理开始逐渐受到人们的重视。当然,可以看见的是,这部分支出仍然很少,很大程度上还是受限于虽然收入提高了但并没有提高很多的家庭收入。

表2 农户生活消费额及构成的变化

项目	1979 年		1978 年		1979 年 : 1978 年	
	金额(元)	比重(%)	金额(元)	比重(%)	金额(%)	比重变化
全年生活消费总额	134.51	100	116.06	100	15.9	
其中:吃	86.03	63.9	78.59	67.7	9.5	−3.8
穿	17.64	13.1	14.74	12.7	19.7	0.4
住	7.66	5.7	3.67	3.2	108.7	2.5
用	11.14	8.3	7.62	6.6	46.2	1.7
烧	8.34	6.2	8.28	7.1	0.7	−0.9
文化及生活服务	3.70	2.7	3.16	2.7	17.1	平

在 20 世纪 80 年代初期,我国化妆品消费为人均 1 元钱,90 年代初人均消费上升到 5 元钱,1998 年化妆品人均消费为 16 元钱,再结合上表 2 来看,可以看出,当人们的温饱变得不再是问题的时候,化妆品就逐渐进入了女士的视野,把自己打扮得美丽漂亮在女士们心中开始变得重要起来。而此时,受社会条件制约,能够买得起化妆品的家庭,首选也是去实体店购买,因为在当时电视机并没有那么普及,中国更是到 1994 年才实现与国际互联网的连接。所以综合来看,从购买方式来看,购买化妆品的女士们大部分都是在实体店去购买,购买频率也基本是在自己需要的时候才会去购买。这段时期,化妆品种类也不多,女士们购买的化妆品种类也集中于简单的清洁与护肤两类。也是进入改革开放后期时,化妆品的种类才极大丰富,出现了多种类型的化妆品。例如:爽肤水、乳液、面霜、精华等护肤类化妆品;粉底液、口红、眼影等彩妆类化妆品;脱毛剂、染发膏等疗效类化妆品;洗面奶、洗发水、沐浴露等清洁类化妆品(图 1)。

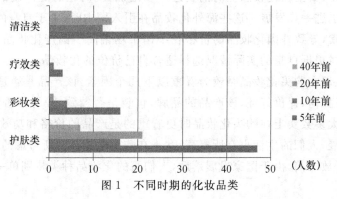

图 1 不同时期的化妆品类

综上来看,在新中国成立初期,制约女士们购买化妆品的最重要因素是经济能力,也就是自身收入与化妆品价格上的对峙,其次是化妆品品牌与其种类自身发展不是很理想,在这之后到改革开放初期,人民生活质量普遍有所提高,愿意购买化妆品的女士在逐渐增加。

三、奔小康阶段,女士对化妆品的消费快速提升

1978 年 12 月十一届三中全会后,中国开始实行的对内改革、对外开放的政策。人们的思想得到解放,确立了中国的特色社会主义道路,建立了社会主义市场经济体制,鼓励市场经济的发展,在这样的时代背景下,一大批企业渐渐崛起,其中,化妆品市场也得到了进一步的发展,人们在化妆品上的消费也逐渐增多,形成了新的消费观念,所购买的化妆品种类和品牌也开始增多。

(一)女士消费化妆品的数量迅速提高,并形成购买周期

据文献记载,1978 年党的经济改革开放政策为我国化妆品工业带来了发展机遇,允许多种经济所有制并存,松开化妆品发展的束缚,化妆品企业犹如雨后春笋,蓬勃发展起来。企业数量迅速增加,所有制结构发生了重大改变,不但国内不同所有制化妆品企业大批诞生,一批国际著名的化妆品跨国公司也积极加入到中国化妆品行业,就是"三资"企业。1985 年以后,"三资"企业和民营企业得到了很快的发展。据对近 3000 家化妆品企业的所有制结构分析,国有企业占全行业的 3.3%,集体企业占 27.45%,民营企业占 53.25%,"三资"企业占 16.09%。这是中国化妆品行业一次历史性的变化,企业数量和所有制结构进入历史性的突破,多种所有制并存和发展。

根据调查的数据显示,进入改革开放后,人们处于一种奔小康的状态,女士每年在化妆品上的消费多数也在 500 元以下并且大约占总收入的 10% 以下,由于当时中国的发展较为落后,人们的工资在解决温饱问题后所剩余的钱有限,女士们对于外在美的追求并没有那么强烈,所以人们在化妆品上的消费与改革开放之前相比有所增加,但是并没有形成大趋势,人们大多数购买一些洗护等必备的化妆品。随着改革开放的逐步深入以及改革开放政策的影响,一些国外的化妆品渐渐引入中国,在中国的一线城市渐渐占有一部分市场,女士在化妆品上的消费进一步增加,同时也有更广阔的选择空间,女士的消费观念也进一步发展。这些海外化妆品在引入国内时,由于自身的原料昂贵,再加上关税等因素,导致外国化妆品的价格在中国市场偏高于国产化妆品。消费者可以在购买化妆品时根据自身的实际情况选择适合自己价位的化妆品。

据了解,人们在购买化妆品时较为看重以下几个因素:该产品是否适合自己,功效是否明显,价格如何,评价好坏,该产品的品牌,包装是否精致,设计是否独特。调查问卷的结果显示大多数女士在购买化妆品时更看重的是产品的价格和功效(图 2)。由于国家经济的发展,人们的生活也有所提高,女士在购买化妆品时所考虑的因素也有所增多,而在改革开放之前,由于国家发展落后,人们买的化妆品种类特别单一,而且由于那

时的经济条件有限,人们在购买化妆品时一般只考虑价格是否合适。人们在购买因素上的变化,也体现着改革开放后女士在化妆品上消费观念的变化。

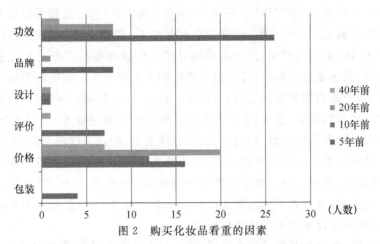

图2　购买化妆品看重的因素

那时由于互联网时代还没有到来,网上购物的方式还没有兴起,人们获得化妆品的方式还比较传统,绝大多数都是到实体店去购买化妆品,或者是亲友之间相互赠送。在对消费周期的调查中,我们发现随着时间的推移,人们购买化妆品逐渐形成了自己的消费周期,在所得的问卷之中,购买周期多为一年一次或半年一次,选择一年一次的购买周期的人占30%,半年一次的则占26.67%,两者加起来占比超过50%,选择半月一次或者一月一次的频率的人都是最少的(图3)。从结果可以看出,在最开始人们大多是不买化妆品,而且由于经济条件受限,人们大多是有购买条件就买化妆品,如果钱财有限就不购买,并没有形成明确的购买周期。而在改革开放后,人们已经形成购买周期,虽然周期较长,但是足以说明人们在改革开放后消费观念发生了新的变化,在奔小康的路上,人们的生活水平逐步提高,女性的生活收入有了进一步的提高,购买能力相对提高,在不必担心温饱之时,对个人生活质量的关注度就相对提高,女性对自身的保养问题也就越来越重视。

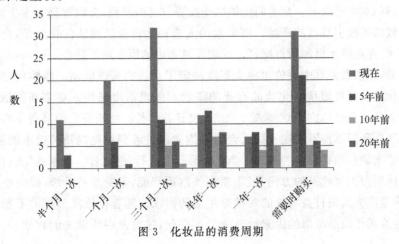

图3　化妆品的消费周期

(二)女士化妆品消费国内国外品牌兼顾、种类增多

就化妆品市场而言,品牌作用会影响到消费者的消费行为,品牌形象是消费者选择化妆品的影响因素之一,一方面是品牌知名度的影响,消费者了解品牌,会使得在消费行为中倾向于这一品牌的产品;另一方面则是精美包装或是品牌价值文化也会引发消费者购买心理,若包装过于单一,会对消费者的购买心理产生一定的局限性。随着改革开放的推进,国家鼓励积极发展经济,支持企业发展,在此期间,一些国产化妆品品牌成立,如郁美净,佰草集等等,这时的中国化妆品市场处于萌芽状态,各品牌还处于发展期,市场并不成熟,但是国家已经有自己的一个体系了,相对于以前而言,人们在购买化妆品时对于品牌的选择也更加丰富,化妆品的种类也有所增加,出现了多种类型的化妆品。例如:爽肤水、乳液、面霜、精华等护肤类化妆品;粉底液、口红、眼影等彩妆类化妆品;洗面奶、洗发水、沐浴露等清洁类化妆品。调查结果显示,人们购买护肤和清洁类化妆品居多,其次占比较多的是彩妆类化妆品。

时势造英雄,在改革开放政策实行后,化妆品市场摆脱了束缚,有充分的发展空间,随着国外化妆品的引进,国有化妆品品牌和国外化妆品品牌共同发展,满足消费者日益增长的消费需求,消费需求的提高也体现着人们消费观念的发展,随着国家经济的发展,人们的生活越来越富裕,精神生活越来越丰富。

三、新时代,女士化妆品消费更趋理性化和个性化

随着社会经济水平的不断增长和物质生活的极大满足,化妆品的消费标准在这个阶段也出现了不一样的新模式,人们对化妆品消费观念更加趋于理性化和个性化,不再盲目消费,更愿意了解化妆品原料成分,也懂得更加专业化的知识。这一消费观念的改变,在价格和消费因素、购买方式和周期、消费品牌和种类等要素上都有不同程度的体现。

据调查结果显示,近20年,消费者心理和消费观念都在向理性靠拢,人们也不再只是认为品牌大、价格高才是好产品,消费者更多地关注品牌创新,每年的消费金额也基本平稳,多数达到1000元以上。女士们更加享受投资自己的过程,在购置完基本生活用品后,用剩余的钱购买吸引自己的产品。更多数的人选择适合自己皮肤的化妆品,会在同类产品上作对比,在花费上更加精打细算。而购买时考虑的因素除了适合自己,也非常注重功效是否明显,在消费人群中评价也很大程度决定了是否购买该商品。当然也有一部分人追求与化妆品设计的眼缘。化妆品行业的蓬勃发展也给市场注入更多新鲜活力。2008年全国化妆品企业已达到4000余家。当"人民日益增长的物质需求和消费不均衡的矛盾日益突显"时,我们不得不正视人民已经由温饱阶段过渡到对更高精神追求的阶段,所以颜值经济原本就是消费升级的表现。当化妆品行业流行"强监管",不断的"飞行检查"时,我们更应该明白国家政策的方向是:不断淘汰落后产能,不断消费升级,提高中国制造水平,不断满足广大人民日益增长的对美好生活的需求。随着化妆品市场的不断扩大与发展,人们在购买化妆品考虑的因素也越来越多样化,这是发展所带来的现状,人们的选择

也越来越多。人们的社会地位和收入情况影响着她们对于化妆品价格的选择。

从得到的数据上看，现今选择网上购买化妆品的人较多，超过半数的受调研者；超过30％的女士选择去实体店购买，14.16％的女士通过国外代购购买，仅有2.65％的女士通过他人赠送获得化妆品(图4)；而随着科学技术的发展，网络拥有的功能更多，我们能足不出户买到心仪的产品，也从某种程度上减少选购时间，而且产品种类也更齐全，更能满足消费者需求。所以，近些年通过网络购买化妆品的人也越来越多，而在这部分人之中，年轻一辈对于网络的应用相比其他年龄段的会更加的熟练。再者是随着生活水平提高，人们化妆品的购买力和对它的期望值逐年增长，既然对于需要的化妆有能力购买了，需要什么就能直接买回来；除此之外，由于女士更加注重保养和打扮，每逢节日送身边女士化妆品的不在少数，比如口红、眼影盘这类彩妆品，所以也有了更大的市场。好友亲朋之间互送化妆品也成为现在生活里的潮流。化妆品也逐渐跻身日常生活用品。总的来说，对于化妆品，买还是不买，通过什么方式买，与之有莫大关系的就是人们的生活水平的变化，科学技术的发展，有足够的钱，有新的可行的方式出现，人们才有去尝试的机会。在消费周期上就更加能突出这个问题，在所得的问卷之中，现在选择最多的是3个月买一次化妆品，人数占比为28.32％，其次是在需要时购买，人数占比为27.43％；人们对化妆品的购买不再受到其他因素的限制，而是把购买化妆品当成一种生活态度，在享受生活的同时为生活带来更多的仪式感。这背后的原因不言而喻，社会在发展，时代在进步，我们的国家和平安定，经济呈现一片繁荣之景，女性的生活收入有很大提高，对自身的保养问题也就越来越重视；再有，现在的各类化妆品针对不同年龄段的女士有不同的研发和宣传，用各个年龄段的女士最关注、最担心的点去吸引她们，这大大刺激了女士们的购买欲望，比如针对40～50岁年龄段的女士化妆品大多数抗皱防衰老类型，针对20来岁的少女化妆品则多是美白祛斑，祛痘类型，而随着大家对个人卫生问题越来越重视，洗发水、沐浴露或者香皂这类产品已经是每个家庭不可或缺的物品了……而化妆品属于消耗品，不管是用来清洁护肤还是化妆，消耗都极大，所以渐渐的女士对化妆品的购买越来越频繁。思想观念上也从最早的奢侈品过渡为必需品。随着大家对化妆品相关知识了解的增多，对待化妆品的态度也越来越理性，既不会像以前一样认为化妆品的使用会损伤皮肤，一味地彻底否定，也不会过度追捧，盲目购买。不管是消费方式还是消费周期上都形成了适合自己的方案，理性且合意。

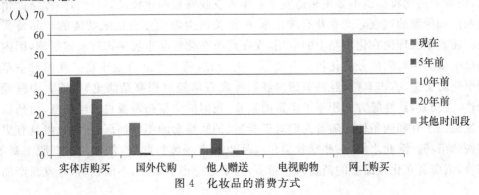

图 4　化妆品的消费方式

与之前不同的是,更多的本土化妆品品牌与国外化妆品品牌并驾齐驱,取代了外资品牌的垄断地位。一些本土品牌成为后起之秀,人们开始更多注意牌子以外的因素,更多的人注重产品的体验感,同类产品什么牌子涂在皮肤上肤感好,什么牌子吸收效果强等。这一切的改变正是因为国家在化妆品方面的政策和方针。21世纪初期,随着经济全球化的发展,国外化妆品大量涌入中国,人们的消费观念进一步发展,随着经济全球化,中国逐步放宽对化妆品的进口限制,许多外国化妆品品牌正在加速中国市场的扩张。而这也很大程度促进本土品牌的成长。随着收入节节攀升,居民消费不断升级,"美丽消费"正成为一道亮丽的风景线。从外资品牌占据大部分市场份额,到国产品牌快速崛起,国内化妆品市场又发生了新的变化。国货美妆产品更加多元。美加净联合大白兔推出了奶糖味唇膏;六神推出与RIO合作的花露水风味鸡尾酒;百雀羚与故宫推出中国风限定梳妆礼盒……国妆老品牌通过跨界合作,俘获了很多消费者的"芳心"。据腾讯2019年5月发布的2019年《国货美妆洞察报告》显示,从市场份额来看,国妆品牌已占56%的市场份额;从消费者购买意愿来看,42%的消费者更愿意选择国货美妆品牌,9成消费者表示未来会再次购买国货美妆。总有一天,从梳妆台到卫生间放的所有化妆品全是国产好货。

　　化妆品发展到今天的状态,种类极大丰富,出现了许多类型,这也证明消费者在更多的程度上有了更多的需求,例如:爽肤水、乳液、面霜、精华等护肤类化妆品;粉底液、口红、眼影等彩妆类化妆品;脱毛剂、染发膏等疗效类化妆品;洗面奶、洗发水、沐浴露等清洁类化妆品。随着市场经济的发展,化妆品的种类琳琅满目,人们在化妆品上的投入也越来越多,化妆品的类型也将更加广泛。现代人注重健康的理念为运动化妆品带来了生机。运动化妆品应当具备适应运动特征,如防汗、防臭、保湿、消炎、杀菌、携带方便等。女性运动之风的兴起,更刺激了这一市场的发展。由于运动中的汗水、皮脂腺分泌物、紫外线等容易对肌肤形成伤害,护肤品成为运动必备之物,其中,防晒化妆品尤为走俏。在儿童化妆品市场上,虽然国内化妆品厂家生产的儿童化妆品在价格方面有很强的竞争力,但在品种系列方面开发较少。中外合资企业推出的儿童系列化妆品,如"强生"系列、"爱婴"系列难以满足各层次的需求,儿童化妆品市场潜力巨大。此外,我国正逐渐步入老龄化社会,老年人的比重越来越大,存在着广大的消费群。因此,借助化妆品延缓衰老和抗衰老将成为各生产厂家的研究方向。由于我国中老年消费层的消费特点,防衰老的化妆品倒不如说是适宜于老年人皮肤特点的化妆品。目前,声称帮助角质层脱落和保湿的抗衰老产品及有维生素A相关衍生物成分有抗皱功能的产品备受欢迎。随着中医理论在化妆品上的应用,现在药妆在化妆品市场中占有一定份额,国内外对以中草药为有效成分的化妆品有较深入的研究,药妆产品日益丰富。我国对中草药的研究历史悠久,古有《难经》《黄帝内经》《神农百草经》《伤寒杂病论》等四大中医经典著作,在功效、药性等方面积累了丰富的经验,我国的中草药资源也相当丰富,为药妆的开发提供了有利的条件。随着人们对于养生、护肤观念的不断加深,药妆也将具有更加广阔的市场。除此之外,一些疗效类化妆品也在市场流行起来,例如:香水、脱毛膏等。当今,消费者在化妆品上的消费越来越多,为了适应市场需求,不断创新,开发新产品是化妆品企业在市场竞争中采取的主要举措,要想发展,就必须不断开发出新产品,以满足消费者日益增长的消费需求。

化妆品的消费类型百花齐放也从侧面体现人们生活水平的高层次,"只有你想不到,没有我们做不到",正如这句话,产品更加细分,个性化也在这得到了体现。窥一斑而见全豹,仅从消费化妆品种类的越来越多这种状况就能感受到国家这么多年的努力,努力让人民过好生活。

四、结语

在新中国成立初期,由于当时的社会生产比较落后,百废待兴,化妆品品牌匮乏,人们的经济条件有限,这样的社会现实就导致了当时女士购买的化妆品特别单一甚至不能够买化妆品。后来,随着国家发展,改革开放政策大力推行,政府鼓励企业和市场经济的发展,一大批国有化妆品得到了很大的发展空间,逐渐在中国市场占有一定地位,人们在解决温饱问题后有较多的精力追求物质和精神生活,在奔小康的路上,女士在化妆品上的消费与之前相比有了大幅度提升,但是由于市场还不够成熟,人们对化妆品产业的了解有限,人们在购买化妆品时主要考虑的是价格和品牌,而且由于对化妆品品牌没有更为理性的认识,大多数人认为大品牌、价格高昂的化妆品就是好的化妆品,出现了盲目消费的现象。后来,随着网络时代的兴起以及经济全球化的推行,化妆品品牌和种类有了更加飞速的发展,一大批国外化妆品品牌也相继引入中国,在中国形成了"百花齐放"的局面,人们购买化妆品的方式也变得多种多样,网购、海外代购等等。进入新时代,随着国家和社会的发展,化妆品市场也在不断地发展,在这样的时代条件下,人们的生活水平显著提高,物质文化需求也日益增长,新时代的女性对化妆品的需求也越来越多,女士们在化妆品上的消费进一步增多,同时人们在化妆品上的消费观念也有了新的变化,随着化妆品市场的发展以及人们对化妆品的不断了解,女士在购买化妆品时不再像以前一样盲目,而是意识到适合自己的化妆品才是最好的化妆品,消费更加理性化和私人化。从中我们可以看出,社会的物质条件决定着大多数女士们是否购买化妆品的想法,而新中国成立以来女士在化妆品上消费观念的变化也体现了国家的经济文化方面的发展历程,这也十分符合马克思主义社会存在决定社会意识的理论。

随着时代的进步和科技的发展,人们对化妆品的期望值逐渐变高,化妆品从奢侈品过渡成为日常用品,在大众心中的地位与日俱增,所以,如何消费,怎样消费,持什么样的消费观变得更加重要。通过本次调研对课题的研究,我们探索了化妆品在中国的发展历程,回顾了祖国经历过的每一重大时刻,采访了老一辈们,了解那时的生活状况,感受到女士化妆品消费观念的一步步的变化。从一个小小的化妆品,便足以洞悉新中国成立七十周年伟大的祖国带给我们的美好生活和日益满足我们的美好心愿。新中国成立70周年之际,我们希望能更大程度地去了解和关注人民的生活,能身在其中地感知时代的变迁和新兴行业的崛起,以最饱满的姿态去迎接这个最好的时代!

参考文献

王学武,2001. 应重视发展消费信用[J]. 经济论坛(17):12-13.

范子英,孟令杰,石慧,2009. 为何1959—1961年大饥荒终结于1962年[J]. 经济学(季刊),8(01):289-306.

张留征,1981. 我国农民收入和消费的简况[J]. 农业经济丛刊(04):43-47.

潘福斌,2002. 我国化妆品行业现状和发展战略[D]. 厦门:厦门大学.

吴清萍,2003. 美丽之战——浅析我国化妆品企业的发展[J]. 天津市职工现代企业管理学院学报(01):36-38.

李华,2019. 国产化妆品品牌市场营销策略研究[J]. 现代商业(13):11-12.

张殿义,广丰,2008. 千载发展史百年历沧桑改革遇良机卅年创辉煌——改革开放30年中国化妆品工业发展成就回顾[J]. 中国化妆品(行业)(12):40-53.

姚永斌,2018. 化妆品行业的消费降级或消费升级[J]. 日用化学品科学,41(12):3.

林丽鹏,2019. 国产化妆品强势归来[J]. 商业文化(20):31-33.

新中国成立 70 年来贫困生受教育的调查研究[①]

——以贵州、广西、海南的贫困生调查为例

杨春花　郝培玲

【摘　要】　教育关系着国家与民族的未来,新中国成立以后,党和政府一直非常重视教育,贫困学生作为受教育的一部分主体,自然也一直受到党和政府的关注。同时也有社会和家庭的帮扶与努力。本文以贫困生受教育为视角,分析新中国成立以来国家政策、社会帮扶、学校教育设施条件、家庭观念演变对贫困生受教育的影响及结果,由此梳理出新中国成立以来贫困学生受教育的发展历程,展示出在国家经济社会发展的同时,贫困学生受教育情况的提升状况。

【关键词】　贫困生;教育;国家政策;社会帮扶

本次调查主要采用问卷调查,参考新闻媒体报道的形式。调查问卷是由小组成员针对性地发送给贫困地区的同学、朋友、长辈填写并收回。共发出调查问卷 160 份,收回 160 份,回收率达 100%;有效问卷达 160 份,有效率达 100%。问卷填写人员大多来自贵州、广西、海南,其中,入学年份在 1995 年以后的占 92.5%,入学年份在 1979—1995 年的占 6.25%,入学年份在 1979 以前的占 1.25%;在学生上学期间家庭存在温饱问题的占 25.63%;父母未上过学的占 3.75%,父母学历为小学的占 35%,为初中的占 37.5%,为高中和中专的占 12.5%,大专及以上的占 11.25%。随着经济发展,贫困地区家庭的温饱问题逐渐得到解决,但教育条件、教育水平都有待提高。教育精准扶贫不仅要让贫困生受教育,还要让他们受到良好的全方位的教育。

一、新中国成立以来至改革开放之前贫困学生受教育的情况

新中国成立初期,中国积贫积弱、百废待兴,教育事业发展的水平很低。全国人口 5.4 亿人,文盲率高达 80%,其中的 70% 是妇女;小学实际入学率不到 20%;高等教育在校生人数只有 11.7 万人;国家财政性教育经费占 GDP 的比例仅为 1.32%,由于当时的 GDP 总量水平很低,所以,国家的财政性教育经费投入少得可怜。

据采访一位贵州农村 85 岁老人,四五十年代,即爷爷辈贫困生普遍最高教育水平为小学,他们上学一般要交几块钱学费,但那时候几块钱对于一个贫困家庭也是很难出手,最主要的是上学要自带粮食,上学的时候不能劳动,温饱成了最主要问题,所以,贫困生大多小学毕业后就辍学帮家里干活以维持生计。

---

①　本课题指导教师杨春花(北京工商大学马克思主义学院);课题组组长郝培玲(化学 172);课题组成员:赖杨(化学 172)、张雨墨(化学 72)、蒋子纯(生物 161)。

党和国家领导人十分重视教育。毛主席指出:"恢复和发展人民教育是当前重要任务之一""我们的教育方针,应该使受教育者在德育、智育、体育几方面都得到发展,成为有社会主义觉悟的有文化的劳动者"。在毛泽东思想的指导下,教育事业逐步由新民主主义教育向社会主义教育过渡,开始了社会主义教育事业的恢复和探索。

这时期,全国开展大规模的扫盲教育。以 1956 年 3 月 29 日中共中央、国务院发布《关于扫除文盲的决定》为代表,中国共产党和人民政府采取了各种措施在广大工人、农民中开展扫盲教育。结合工人、农民生活实际,采取上夜校、速成识字班、"读报组""冬学""田间地头小黑板识字"等灵活多样的多种途径开展扫盲教育。扫盲教育成效显著,1949 年至 1965 年的十多年间,共有近 1 亿青壮年文盲脱盲,文盲率迅速下降至 38.10%。

经过 30 年的艰苦努力,中国初步建立了比较完善的社会主义教育体系和教育制度,教育事业各个方面取得了显著成就。仅 1949 年至 1958 年的十年间,就有 1600 万妇女脱离文盲,女童入学率和妇女识字率都大幅提高。基本普及了小学教育,小学学龄儿童净入学率由 1952 年的 49.2% 增长到 1978 年的 94%。中等教育和高等教育也得到了较快的恢复和发展,1949 年高等教育的在校人数为 11.7 万人,1978 年增长到 228 万人,增长了近 20 倍;高等教育毛入学率由 1949 年的 1.56%,增长到 2.7%。教育投入大幅增长,由 1952 年的 8.95 亿元,增长到 1978 年的 65.6 亿元,占 GDP 的比例由 1.32% 增长到 1.78%。

二、普及基础教育阶段贫困学生受教育的情况

改革开放初期,解决贫困户的温饱问题是我国农村地区反贫困的首要任务,而贫困地区教育落后和人口素质低下正是导致贫困的主要原因。据调查显示,主要受访者的父辈这一代(1960—1970 年左右出生)文盲急剧减少,大多数人完成了初中教育,少部分人完成了高中教育,完成最高教育水平为大专。据访谈了解,父辈正处于闭关锁国的生产队时期,那时候不到十六岁不能参加生产队劳动;所以大多数人选择了上学。由于这一阶段九年义务教育的确立,大部分人上完了初中。而后,由于贫困家庭温饱问题仍未完全解决,一部分人选择辍学补贴家用,只有少部分人选择继续读高中或中专。

以下是这一阶段国家主要教育扶贫政策的颁布,该阶段我国教育扶贫政策主要集中在普及基础教育、保障义务教育、扫除文盲等方面。

1984 年,中共中央、国务院印发了《关于帮助贫困地区尽快改变面貌的通知》,提出要重视贫困地区的教育问题,增加智力投资,有计划地发展和普及初等教育,主要发展农业职业教育。"教育扶贫"概念首次在国家政策文件中出现。1986 年 4 月 12 日第六届全国人民代表大会第四次会议通过并颁布《中华人民共和国义务教育法》,同年 7 月 1 日施行。这是新中国成立以来最重要的一次教育立法,标志中国已确立了义务教育制度,由六年义务教育转变为九年义务教育。1994 年,国务院制定并颁发了《国家八七扶贫攻坚计划》(以下简称《计划》),成为全国扶贫开发工作的纲领性文件,明确规划利

用未来 7 年时间,聚集各方力量,在教育扶贫领域把工作重心放在推进贫困地区教育改革、基本普及初等教育、积极扫除青壮年文盲上。1995 年,国务院启动"贫困地区义务教育工程",启动并加强专项资金重点投入《计划》中所确定的贫困县义务教育阶段的基础设施建设。

据问卷调查显示,在 1979—1995 年入学的人数为 10 人,占调查总数的 6.25%;而在 1949—1979 年入学的人数为 2 人,占调查总数的 1.25%。可知此阶段入学人数和贫困生受教育程度都比改革开放之前的高。调查显示,受六年义务教育的人数为 9 人,占总数 5.7%;而受九年义务教育的人数为 145 人,占总数 94.3%。九年义务教育政策为提高贫困生受教育程度做出重大贡献。

三、教育发展阶段贫困生受教育的情况

随着社会经济的发展,除少数特困地区人口以外,全国农村人口的温饱问题于 2000 年左右已基本得以解决。普及教育带来的脱贫成果初现成效,贫困地区人口对教育的需求从"有学上"逐渐转化为"上好学",扶贫工作的目标也从低级的保障"生存"跨越到更高一级的促进"发展"阶段。在这一时期,普及任务已经完成历史使命。据调查显示,我们这一代(1990 年以后出生)农村贫困生中已不存在文盲,贫困生普遍完成了小学教育。由于我们这一代人上初中时已经是 2000 年以后,赶上了外出打工的浪潮,部分贫困生未完成高中学业,就随父母亲朋外出打工,所以有少数人仅完成初中教育。接受大学教育的人比较多,这是由于我国 2000 年以后的大学扩招政策影响。

该阶段我国教育扶贫政策主要聚焦于农村教育改革,提高基础教育质量,发展农村职业教育和成人教育,普遍提高贫困人口的受教育程度。在政策内容上,体现出了对教育扶贫的重视和向贫困地区的教育资源倾斜,政策理念呈现出从质量探发展的特点。1999 年,中共中央、国务院发布了《关于深化教育改革,全面推进素质教育的决定》,强调了基本普及九年义务教育和基本扫除青壮年文盲(以下简称"两基"),是全面推进素质教育的基础。地方各级人民政府要继续将"两基"作为教育工作的"重中之重",确保 2000 年"两基"目标的实现和达标后的巩固与提高。2003 年,国务院颁布了《关于进一步加强农村教育工作的决定》,强调了农村教育工作在我国教育事业中有举足轻重的地位,强调了巩固基础教育和发展职业教育的重要性。深化教育教学改革和课程改革、提高师资队伍素质、全面提高学校管理水平等关注基础教育质量的条规也被列入其中。2004 年,国务院批转了教育部《2003—2007 年教育振兴行动计划》,该文件明确提出要加快农村教育发展,并提出两项切实可行的措施:加快教师队伍建设及在贫困地区实施远程计划,促进优质教育资源共享。2005 年,国务院转发了财政部《关于加快国家扶贫开发工作重点县"两免一补"实施步伐有关工作意见的通知》,为义务教育阶段的贫困家庭学生带来了经济上的资助,对防止贫困地区儿童"因贫失学"和提高贫困人口的受教育程度起到一定的作用。从 2006 年起,国务院扶贫开发领导小组办公室面向贫困地区

实施了"雨露计划"。该计划的扶持对象由基础教育学龄阶段的青少年和职业教育适龄青年拓展到扶贫工作建档立卡的青壮年农民(16~45岁),面向成人的教育也开始逐渐被纳入教育扶贫工作行列。

据问卷调查显示,这一阶段(1995年以后)入学的人数为148人,占总数的92.5%。此阶段颁布的《国家助学贷款政策》使众多贫困学生得以圆大学梦。申请助学贷款的人数为:申请生源地贷款者85人,占总调查数的58.65%;申请国家助学贷款者11人,占总调查数的7.59%。

四、教育巩固阶段贫困生受教育的情况

随着扶贫工作的不断深入,贫困人口分布呈现出分散化和碎片化特征,以区域发展带动减贫的效果下降,减贫的成本逐渐增加,这对扶贫工作提出了新的要求。2013年,习近平总书记在湖南湘西考察时,首次提出"精准扶贫",强调扶贫开发贵在精准、重在精准,成败之举在于精准,"精准扶贫"成为新时期我国教育扶贫工作的重要内容。同时,该阶段对普及学前教育和高中教育做出了新的任务规划:在政策内容上,更加体现出对特困地区的资源倾斜和政策优惠;政策理念体现出以精准建巩固的特点。2010年,中共中央、国务院基于未来10年的教育发展公布了《国家中长期教育改革和发展规划纲要(2010—2020年)》(以下简称《纲要》),提出了促进教育公平的根本措施是合理配置教育资源,优先向农村地区、边远贫困地区和民族地区倾斜资源,加快缩短教育差距,具体举措包括设立支持地方高等教育专项资金,实施中西部高等教育振兴计划,实施特岗计划,鼓励高校毕业生到边远地区工作等。2012年,教育部协同国家发改委、财政部、人力资源社会保障部、国务院扶贫办发布了《关于实施面向贫困地区定向招生专项计划的通知》,明确要求把集中连片特殊困难地区作为主战场,提高其发展能力,缩小发展差距,加大高校对农村,特别是贫困地区的定向招生力度,在政策层面体现了对特殊困难地区的政策优惠。在精准聚焦扶贫对象层面,2013年7月,教育部会同财政部、扶贫办等七部委共同制定《关于实施教育扶贫工程的意见》(以下简称《意见》),作为我国一项专门的教育扶贫政策。《意见》明确指出实施教育扶贫工程的范围为《纲要》所确定的连片特困扶贫攻坚地区。2018年1月,教育部、国务院扶贫办联合发布了《深度贫困地区教育脱贫攻坚实施方案(2018—2020年)》,将目光聚焦于深度贫困地区教育扶贫,进而提出:"保障贫困家庭孩子都可以上学,不让一个学生因家庭经济困难而失学。更多建档立卡贫困学生接受更好更高层次教育,都有机会通过职业教育、高等教育或职业培训实现家庭脱贫。"此时的扶贫已不再满足于兜底性的扫盲目标与普惠性目标,而逐渐向教育机会公平与教育质量均衡的方向迈进。

这一阶段的贫困生受教育情况与上一阶段的相似,但由于更多扶贫政策(如《建档立卡贫困户》政策)的完善,贫困生的上学压力得以缓解。据调查结果显示,调查人员中为建档立卡户的调查者有40人,占总调查数的27.03%。

五、社会对贫困学生上学的帮扶

虽然现在经济在迅猛发展,但现在还是存在有些贫困家庭面临供孩子上学难的问题。从改革开放以后,有很多慈善公司、企业、基金会、名人明星和普通百姓在为贫困学生能上好学献出自己的一份力。

(一)公司、企业资助

目前,中国的贫富差距还非常大,有些地区的家庭还存在孩子上学难的问题,很多公司和企业会对一些贫困地区学校的特定班级进行资金补助或直接补助一些贫困孩子。这些资助对于一个贫困生家庭起到的作用是巨大的。越来越多的公司、企业也在帮助贫困地区学校改善学生上学条件、一对一资助贫困学生。

在我高中时期就受到了北京罗麦科技公司的启明公益基金的帮助,正是由于他们的资助让我的大学路变得更加顺畅。2012 年,启明公益基金会在贵州省铜仁市选择了两所高中——松桃民族中学与沿河民族中学开设启明班,招收品学兼优、家庭困难的应届初中毕业生。截至目前,启明公益基金会每年为启明班的 1650 名贫困学子捐助,帮助他们顺利完成高中学业,圆梦大学。

一直在资助贫困生的爱心公司、企业数不胜数,同时有越来越多的新公司、企业也加入到解决贫困生教育的问题中来。

(二)基金组织帮扶

随着 1977 年高考的恢复,学生的教育变得越来越重要,同时上大学也成了贫困学生改变自己人生的方式,当时有一句话叫读书改变命运,但是在很多贫困地区办学条件相当严峻甚至需要步行到离家好几公里的地方上学,然而大多数贫困学生还是没有上学的条件。随着经济的发展,国内外渐渐成立了一些帮助办学建校、资助贫困学生的基金会,比如联合国儿童基金会、中国青少年发展基金会、中国儿童少年基金会、燃灯助学计划等。

希望工程是中国青基会发起倡导并组织实施的一项社会公益事业,其宗旨是资助贫困地区失学儿童重返校园,建设希望小学,改善农村办学条件。希望工程自 1989 年 10 月实施以来,至 2004 年 15 年间累计接受海内外捐款 22 亿多元,资助 250 多万名贫困学生上学读书,援建希望小学 9508 所,在每 100 所农村小学中,就有 2 所是希望小学,培训希望小学和农村小学教师 2300 余名。科技部中国科技促进发展研究中心评估表明:希望工程已经成为中国 20 世纪 90 年代社会参与最广泛、最富影响力的民间社会公益事业。希望工程的实施,改变了一大批失学儿童的命运,改善了贫困地区的办学条件,唤起了全社会的重教意识,促进了基础教育的发展;弘扬了扶贫济困、助人为乐的优良传统,推动了社会主义精神文明建设。

燃灯助学计划成立于 1992 年,宗旨在提供资金,帮助偏远山区的学生就学。总部设立于美国纽约市的燃灯助学计划，为在美国正式注册的非营利团体，宗旨在提供资金，帮助偏远山区的学生就学、协助破旧学校校舍的重建。成立 10 年多以来，受助的学生人数共有 29 716 人次，协助建盖的学校有 312 所。

春蕾行动是 1989 年中国儿童少年基金会发起并组织实施的一项救助贫困地区失学女童重返校园的社会公益项目。该项活动的目标是帮助农村尤其是西部农村边远地区的失学女童回到学校学习。

现在的助学基金组织也在越来越多，他们用不同方式关注着贫困生的上学问题。

（三）名人、明星资助

现在越来越多的名人、明星也投入了助学的公益事业中来，如朱镕基同志对湖南部分贫困地区教育事业的支持、歌手韩红一直资助西藏地区儿童上学、古天乐在贵州、广西、云南等地区出资建成 100 栋教学楼和宿舍楼，这样资助还有很多，他们让更多的贫困学生有了上学的机会。

实事助学基金会是由朱镕基同志捐赠其全部著书版税设立的公益性团体，其宗旨是：扶贫济困、助学育人。基金会拟在资助贫困学生，改善学习、生活条件；奖励品学兼优学生，鼓励人才成长；资助改善贫困地区教育设施建设；资助、奖励贫困地区教师等方面继续开展扶贫济困，助学育人的公益活动。2013 年 8 月，经基金会理事会研究通过，首批捐赠项目在湖南湘西土家族苗族自治州启动。捐助资金 100 万元，用于设立湘西自治州义务教育学校特困学生的救助基金和坚守岗位、成绩突出的杰出教师奖励基金；吉首市丹青中心完全小学、丹青中学、河溪中学 3 所学校学生营养改善，及其学校食堂设施的改造。

（四）民众爱心帮助

现在成立很多由民众自发组成的资助贫困儿童上学组织，他们个人捐赠、筹集善款或提供一个平台，也有很多家庭一对一资助一个孩子上学，即使自己生活不富裕但为贫困儿童上学献出一份力，比如，在历年的感动中国十大人物中有家中几乎一贫如洗却资助 180 多名特困生的好人郭明义、靠卖羊肉串资助贫困学生的阿里木、90 岁仍然坚持拾荒助学的山东老人刘盛兰，还有由网友组成的希望之光平台等。

希望之光是由网友们基于对农村教育问题的关注，缘于"行胜于言"的共同理念，自发形成和义务参与的民间性、公益性、开放式的农村贫困学生助学网站。本着冷静低调、谨慎务实的精神，希望之光致力于帮助中西部偏远地区农村贫困学生完成小学、初中、高中学业。希望之光负责收集贫困学生资料，经义工实地调查核实后在网站公开发布认捐。网友认捐后每学期直接把助学款寄给孩子，希望之光通过电话和实地复查等多种渠道对正在资助的个案跟踪直到个案结束。2016 全年希望之光在广西、陕西、湖南、贵州、四川、安徽、河南、山西、内蒙古等 9 个省（自治区）的 19 个县开展助学活动。截至 2016 年 12 月 31 日，受助学生 401 名，已登记资助款 528 324.06 元，组织走访活动 20 次，在岗义工 123 人。

爱心·王搏计划是一项由甘肃农民纪实摄影家王搏老师发起的民间性质的西部贫困儿童助学行动,历经十余载,坚持不懈。自 2005 年以来,资助人通过网站平台"一对一"资助的总金额(不完全统计)为 2 971 590.8 元,已经有 4140 名贫困学生得到过和正在得到资助,平均每人得到受助款 718 元。

六、学校设施条件

人才培养离不开大量财政资金的支持,贫困地区的教育水平往往受到其地区经济发展水平的影响,学校的基础设施和师资力量是影响学生受教育情况的重要因素之一。

新中国成立以来,贫困地区的教育发展受到国家和地方政策的影响,依次经历普及、稳定发展等阶段。在新中国成立初期至"文革"前,我国提出一系列教育政策,有计划地在增设公办小学,但主要在城镇进行,农村则提倡通过群筹和附加粮等方法自己主办民办小学,这一阶段农村的民办小学是农村普及小学教育的主力。在"大跃进"时期,民办小学受到错误思想的渗透,教育受到冲击,混乱无序。1968 年后,农村小学由公社管理,为提高教育数量缩短教学内容,教师队伍也遭到破坏,教学质量难以提升。1978年后,国家开始重视中小学教师队伍的建设,设置完善教师职称评审政策。1983 年《关于加强和改革农村学校教育若干问题的通知》出台,提出要保障教师的待遇。1986 年《义务教育法》以国家立法的形式正式确立,至 2020 年基本普及义务教育,我国的学校数量和毕业生规模飞速增长。之后通过一系列财政体制改革,2000 年到 2005 年我国农村初中学校国家财政性教育经费投入由 236.7 亿元增长到 574.9 亿元,农村小学国家财政性教育经费投入由 496.7 亿元增长到 1079.4 亿元。2006 年后,农村教育资源分配不均衡问题受到重视,并采取措施提高教学质量,改善农村教师的待遇,对贫困家庭资助扶持等,有效减少了城乡中小学教育资源的差距。

如今,贫困地区的教育资源得到很大的改善。2019 年中国教育新闻网报道,通过实地考察和线上问卷等方式调查 12 个集中连片特困地区的中小学运动场和师资情况,统计显示:普通教室和图书馆达到 100% 的覆盖率;实验室、音乐和美术教室,以及多媒体教室等均达到 80% 左右普及率;几乎所有学校都建有乒乓球台(99.40%)和篮球场(98.81%),近四分之三学校建有跑道(73.21%),半数学校建有羽毛球场(52.98%)和排球场(42.26%)。这表明目前我国贫困地区学校的运动场地和教学活动室的建设得到极大的改善,基本满足学生对日常教学和文娱活动的需求,有利于促进学生身心健康,使学生德、智、体、美、劳全方面发展。除此之外,教师规模也是贫困地区教育水平的重要影响因素。贫困地区的经济水平较低,教师收益低下,难以吸引高水平人才到该地区任教,又因培养出的人才多倾向于选择到经济发达的地区就职,造成人才流失,所以贫困地区的教育水平提升较为困难。2015 年《乡村教师支持计划》的提出,以及"特岗教师"等一系列丰富的政策实施有效改善这一问题。中国教育新闻网报道中,集中特困地区的教师性别比例均衡,年龄结构和全国平均水平相差不大,高级教师比例与全国平均水平相近,但二、三级教师比例高于全国平均水平,特级教师比例远低于全国平均水平,且学历层次明显低于全国平均水平,因此,贫困地区教师职称和学历的结构层次仍有待改进。

七、家庭因素对贫困生受教育情况的影响

人的成长是一个不断社会化的过程,而家庭是人们心灵温暖的港湾,家庭因素在人的成长过程中有着重要的影响力。因此,我们针对家庭因素展开一系列调查和讨论。家庭因素影响学生受教育情况我们共分为两点讨论,主要有家庭经济环境和家庭人文环境,结合调查结果得出结论。

(一)家庭的经济环境

家庭经济环境的不同,对孩子的成长具有不同的影响。家庭的经济来源、经济结构和经济收入状况构成家庭的经济环境。家庭经济结构不合理,也对学生的成长都会产生影响。

在我们的调查对象中,家庭年收入在 1 万元以下的共 57 人,占 35.63%,年收入在 2 万~3 万元的共 51 人,占 31.88%,年收入在 3 万~5 万元的共 16 人,占 10%,年收入在 5 万元以上的共 36 人,占 22.5%。可见调查对象的家庭经济状况属社会中下层,相对贫困的学生较多,符合我们的研究范围,并且有 25.99%的人在读书期间家庭还存在温饱问题,因此,家庭经济状况可以直接影响学生受教育的质量和是否能够坚持读书。

贫困问题中,尤其是农村地区的贫困问题,一直是我国政府和社会关注的焦点。在我们的调查对象中就有 71.88%的贫困生来自农村。随着社会经济发展水平的提高和城镇化的快速发展,农村贫困地区人们受教育程度显著提高,大量劳动人口外出务工经商,以实现个人发展和家庭脱贫致富。

我们简单地做了他们的家庭经济情况分析,由下面的频数分布表可以看出贫困生家庭的收入来源情况(表 1)。

表 1　贫困生家庭收入来源结构频数分布表

主要经济来源	频数(人次)	频率(%)
父母工作	141	88.13
亲友资助	13	8.13
贷款或补助	56	35
勤工俭学或兼职	36	22.5
其他	11	6.88

从表中可看出,收入来源主要依靠父母工作,而有相当一部分家庭经济弱的学生会选择兼职和勤工俭学,依靠自己的双手努力学习、工作,并且贷款或补助可以占到35%,更多人享受到了国家政策和补贴的福利,扶助家庭困难的学生坚持读书,并且有

43.75％人在上学期间收到了补助。然而,在此条件下,贫困生坚持就读的比例和取得文凭又是怎样的呢,在我们的研究对象 160 人中,有 23 人未继续就读,我们也做了统计,详见表 2。

表 2　贫困生未完成学业的原因

选项	小计(人次)	比例(%)
家庭经济困难	17	15.04
兄弟姐妹多	13	11.50
父母让回家劳动或出去挣钱	9	7.96
父母不重视文化教育	7	6.19
受打工潮影响	7	6.19
认为读书无用	3	2.65
重男轻女	2	1.77
重女轻男	1	0.88
生活单调,无吸引力	13	11.50
条件差,设备不足	9	7.96
管理不严,质量不高	7	6.19
和老师同学关系紧张	5	4.42
教育教学方式不当	5	4.42
老师体罚学生	2	1.77
基础差,厌学	6	5.31
毕业不分配	7	6.19

家庭经济困难引起的辍学占到 73.91％,比例较大,虽然国家政策和扶贫工作在不断提高,但因此而放弃学业的学生还是较多。其次原因是兄弟姐妹多引起家庭负担重,父母让回家劳动或出去挣钱。虽然由于家庭困难而辍学的情况多,但可以看到这 23 人中有 56.52％人认为生活单调,不喜欢读书生活而放弃学习生活,这与家庭环境影响和个人性格又有着密切的关联。

(二)家庭的人文环境

除了家庭经济状况是直接影响因素,家庭的人文环境在学生就读过程中也是很重要的一方面,可以直接影响学生对于教育和学习的理解。家庭人文环境包括家庭氛围、家长的文化背景、家长的价值取向与家庭的教育方式等。我们依次对调查结果做了讨论与解读。

1. 家庭文化背景

表 3 显示有 76.25% 的家长文化程度在初中及初中以下的学历，初中与小学程度最多，说明家长的文化程度处在中等偏下的层次居多，在学生学习初期阶段给予适当的学习与帮助会少一些，学生受教育的观念也会受到影响。

表 3　父母受教育情况(文化程度)调查表

未读过书	6 人	3.75%
小学	56 人	35.00%
初中	60 人	37.50%
高中(及中专)	20 人	12.50%
大专及以上	18 人	11.25%

2. 家长的价值取向

值得欣慰的是，96.88% 的家长对学生学习表示支持和鼓励，但其中 8.13% 的学生父母支持家庭条件不允许，使之无法就读，因此在扶助贫困生的工作中还需要再接再厉，帮助更多需要受教育的贫困生(表 4)。

表 4　父母对于学生就读的态度

无条件支持,能读得越久越好	142 人	88.75%
初中就够了	1 人	0.62%
高中(中专)就够了	1 人	0.62%
没必要继续,越早干活补贴家用越好	3 人	1.88%
父母支持但家庭条件不允许	13 人	8.13%

然而，3.12% 的父母没有认识到学习的功用性，觉得有个符合社会中等水平文凭就够了，这样的话在学生平时的学习生活中也会潜移默化起到负面作用，导致学习效率和兴趣低下，甚至辍学。所以对于家庭的人文环境宣传和提高是很有必要的。

家庭是学生成长的摇篮，良好的家庭教育可以促进学生学习动力的增长，不盲从，有自己的理想和目标，使之坚定不移地选择适合自己的学习之路。

新中国成立以来，特别是改革开放以来，我国教育事业取得了历史性的成就。2018 年，全国普及九年义务教育的地区人口覆盖率达 99.7%，高等教育在学总规模超过 3800 万人，入学率达到 48.1%。目前全国 15 岁以上人口平均受教育年限已达到 9.1 年。这些成就也间接反映了一个现象：贫困生这个特殊群体的受教育程度也越来越高。从改革开放之前贫困生学历普遍在初中以下到现如今越来越多寒门学子迈进象牙塔这个演进过程中，我们可以看出党中央、各地学校和社会爱心人士为教育扶贫事业的努力付出。

在教育事业获得高速发展的同时，也出现了一些群众反映比较强烈的问题，如：对农村教育依然投入不足，农村和城镇教育资源依然有很大的差距等。尽快从根本上解决这些问题，是贯彻落实科学发展观、构建社会主义和谐社会的根本要求，也是新形势下推进我国教育改革发展面临的一项迫切任务。

"好风凭借力,送我上青云。"青少年是祖国的未来,民族的希望。有中央的高度重视,有各级政府和社会各方面的共同努力,让每一个学生不因贫困而失学,这一天并不会太遥远。

参考文献

姚松,曹远航,2018.教育精准扶贫的区域响应与创新:表现、问题及优化策略——政策文本分析的视角[J].现代教育管理(06):53-58.

袁利平,丁雅施,2019.我国教育扶贫政策的演进逻辑及未来展望——基于历史制度主义的视角[J].湖南师范大学教育科学学报,018(004):65-72.

蔡其勇,毋锶锶,2019-05-02.义务教育精准扶贫成效显著——基于集中连片特困地区的调查[N].中国教育新闻网—中国教育报.

新中国成立 70 年来食品安全问题调查①

陈晋文　庞新颖

【摘　要】"民以食为天,食以安为先",食品安全是老百姓一直关注的问题,也是党和政府一直强调的工作重点。习近平主席对食品安全工作作出重要指示,强调要牢固树立以人民为中心的发展理念,落实"四个最严"的要求,切实保障人民群众"舌尖上的安全"。本文主要通过问卷调查的方式了解人民群众对食品安全的看法和建议,了解人民群众的食品安全意识,通过对食品安全现状的调查和研究,深入分析了当前食品安全存在的问题以及对食品安全提出了几点建议,希望为食品安全工作提供有益帮助,为了营造一个安全卫生的食品市场而不懈努力。

【关键词】　食品安全;食品监管;食品安全意识

本次调查主要从采用网上调查的形式,小组成员通过编写、发放、回收调查问卷进行调查统计。共发出调查问卷 209 份,收回 209 份,回收率达 100%;有效问卷 209 份,有效率达 100%。民以食为天,随着人们生活水平的提高,人们对"食"的要求也逐渐提高。食品行业如今蒸蒸日上,产品也是各种各样,层出不穷。但正是这样与人民生活息息相关,与健康相关联的行业,问题却层出不穷。因此,我们对食品安全问题进行了调查,问卷主要调查了人们对食品安全问题的重视情况,对近年来食品安全问题的了解状况,以及是否经历过食品安全问题。目的在于分析国内食品安全现状,发现食品安全频发的真正原因以及对改善此问题提出合理建议。

一、我国食品安全现状:

(一)总体上来说,我国食品安全稳中向好

为了改善我国食品安全现状,党和政府采取了一系列措施来巩固和发展我国的食品安全事业。2010 年 9 月 15 日,中央政法委四部门正式对外公布了《关于依法严惩危害食品安全犯罪活动的通知》,以切实保障广大人民群众生命健康安全,促进社会和谐稳定。"十一五"期间,中国 23 大类 3800 多种加工食品质量国家监督抽查批次抽样合格率由 2005 年的 80.1% 提高到 2010 年的 94.6%,出口食品合格率一直保持在 99% 以上。2010 年,中国食品投诉案件 34789 件,比 2006 年下降 17.4%。"十二五"规划指出,中国食品质量抽检合格率在"十二五"期间将从 2010 年的 94.6% 提高到 97% 以上。根据

---

① 本课题指导教师陈晋文(北京工商大学马克思主义学院);课题组组长庞新颖(金工 182);课题组成员:彭传旭(金融 182)、林泽宇(金融 182)、孔曼玉(金工 182)、朱雨晨(金工 182)。

我国卫生部对食品质量合格率的监控结果,2005年至2014年的食品合格率情况如图1所示。由图1可以看出,我国的食品合格率整体呈上升趋势,食品安全总体稳定。

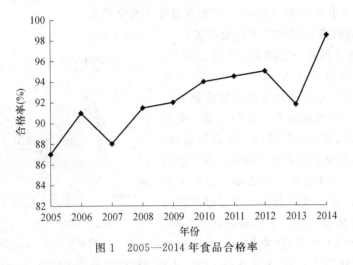

图1　2005—2014年食品合格率

1. 农业发展过程中存在不稳定因素

在我国农业中,存在着大量不稳定因素,例如农民食品安全意识淡薄,缺乏科学的农业知识和指导,为了获得更大的经济效益,盲目使用化肥和不合理使用农药等等,这些因素严重影响了农产品的质量,成为食品安全问题面临的一个很严重的现状。

2. 畜牧业和养殖业激素、抗生素的不合理使用

一些牧场主和养殖场主,为了快速获得经济利益,违规使用催生剂等激素,使得生物生长速度加快,健康没有得到保障。一些商家以次充好,节省成本,将病的生物做成产品,或将已经过期的产品投放到市场。消费者在购买时无法辨别,商家获得了利益,但却伤了百姓。

3. 市场上大量充斥着小的、零散的食品作坊

在利益的驱动下,一些小的作坊主利欲熏心,在制造生产食品的过程中利用不卫生的手段来生产食品,使得病菌的感染率提高,食品安全得不到保障。而且这些作坊大都是个体户,分布广、规模小、检查合并难度大,属于监管盲区。

4. 深加工食品隐性问题多

深加工食品的包装、标签等还不规范,虚假标签、以次充好等人为"造假"现象较多,喷码标记的生产日期甚至可以随意更改,完全达不到安全可靠的标准。

5. 假冒伪劣食品仍有市场

假冒伪劣食品在广大偏远地区、乡镇地区、农村地区依然占据着大量市场,在偏僻市场上占有一定的份额。像"娃恰恰""康帅博""奥立奥"这类的山寨商品,还有过期食品、三无产品等假冒伪劣商品,充斥着主流市场外的属于监管盲区的支流市场。

6. 销售终端存在重大的食品安全隐患

类似于"早市""晚市"这样的便民市场,以及流动性的小吃车、小商摊,大多分布在

居民生活区、公园、学校区附近,给人们带来了很大的便利,而且价格实惠。但是由于其不规范的生产制作工艺,不卫生的生产制作环境和销售环境,原料的不可控性和来源的不确定性,安全事故的难以追溯性,都存在着较大安全隐患。

7. 消费者的食品安全意识普遍薄弱

广大消费者具有一定的食品安全知识,但是大部分的消费者安全、法律意识并不强(图2),受传统行为习惯和生活习惯的影响较深,使一些不安全食品具有一定的市场。例如腌制品、熏制品、过度油炸食品等不健康食品,消费者对食品安全知识缺乏了解以及难以鉴别食品质量问题,对于食品安全方面知识的了解程度较低,可以说一般的消费大众很难辨别出哪些食品存在质量上的问题。通过调查发现,只有很少部分的人很了解《中华人民共和国食

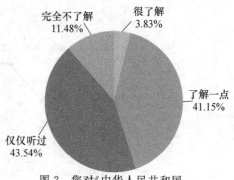

图 2 您对《中华人民共和国食品安全法》了解多少

品安全法》,占比为 3.83%,而大部分了解一点和仅仅听过的占大部分,为 84.69%。

8. 市场上爆发大量食品安全事件

大量食品安全问题的爆发,以及有些网络媒体对食品安全大肆炒作和谣言传播,使得消费者逐渐在对现在市场上售卖的食品安全失去信任。表1是近年来产生的食品安全问题,在这些大量食品安全事件的爆发产生了恶劣的社会影响,扰乱了整个食品市场。

表 1 近年来产生的食品安全问题

时间	事件
2005 年	海鲜产品含有"孔雀石绿"
2006 年	苏丹红鸭蛋
2008 年	三鹿"三聚氰胺奶粉"事件
2010 年	"地沟油"事件
2011 年	"瘦肉精"事件
2011 年	中国台湾食品塑化剂超标事件
2012 年	酸奶明胶事件
2013 年	鸭舌制品含甜蜜素波及奶茶行业
2017 年	"矿物质风波"
2019 年	港荣蒸蛋糕丙二醇超标事件

9. 关于食品安全的谣言四起

在微信朋友圈、微博等网络媒体中充斥着大量的食品安全的谣言,例如星巴克咖啡致癌、大蒜炝锅致癌、用海绵做八宝粥、薯条治脱发、草莓是最脏水果、热柠檬水能治疗

癌症、生吃白糖体内长螨虫、木耳打药、食盐中的亚铁氰化钾有毒、醋蛋液包治百病。这些网络谣言的广泛传播，使得一部分人吃了不该吃的、该吃的不敢吃、有些食品乱吃、不该混合的食品混合着吃，由此也引发了一系列食品安全问题。

10. 在食品安全管理中对食品安全的监管力度不足

在我国的食品安全管理过程中，受到"名牌效应"的影响，人们对这些名牌食品的信任程度比较高，然而实际发生的食品安全事故却告诉我们，名牌食品的质量安全也同样可能会出现问题，例如：已经通过国家食品安全机构认证的三鹿奶粉和思念水饺。出现这种问题的主要原因就在于"名牌效应"，在对这些食品进行监管的时候，因为在以往的安全检测中没有发现问题，而且这些食品已经通过了国家安全食品的认证，出于对这些品牌的信任，在后续检测监管中的力度就会变低。一旦这些名牌食品出现安全问题，所造成的后续影响也是非常大的。通过这些问题我们不难看出，在我国的食品安全监管工作中依然存在着一些不足之处，或者说食品安全监管意识不强，缺乏责任意识和职业素养，进而也就导致食品安全问题的频繁出现。

11. 在食品安全管理中对食品安全检测标准的应用不规范

在食品安全管理中，对食品进行安全检测需要根据《食品安全管理制度》以及《食品安全检测标准》来进行规范化的检测操作。其中"食品安全检测标准"对食品安全检测结果的准确度有着重要的影响。在实际的食品安全检测中，由于食品企业的众多，大部分企业在食品检测上并没有根据自身的实际情况设立合理的检测标准，在检测标准上都是采用我国食品行业中统一的食品检测标准。这样就会导致一些企业的食品检测技术以及能力水平不能满足我国统一的食品检测标准，从而在检测的结果上误差较大，所产生的检测数据也不能进行有效参考。并且在有的食品安全检测中，相关人员对其没有足够的重视，进一步影响了食品安全检测结果的准确性。

12. 现有的食品追溯体系不完善

通过现有食品追溯体系所获取的信息十分有限，各环节有自己相对独立的运行体系，信息融合难、不互通，追溯只在各自的体系中运行，无法实现从产地到消费者的高效全程追溯。使得在食品安全问题爆发时，难以有效的寻找根源、从源头追溯责任，难以从源头熄灭食品安全问题爆发的火苗。

二、造成食品安全问题的原因分析

（一）产品原料遭受污染

首先，农作物生长过程普遍会使用农药和化肥，在一定程度上可以提高产量，但农药残留一直是餐桌上"洗不净"的问题。尽管现在提倡有机蔬菜，但种植面积小、价格偏贵，并不能实现家庭全覆盖，人们大多还是食用的普通蔬菜。

其次，工业化盛行，工厂排放的废气、废料以及污水对环境造成很严重的污染，这些污染不可避免地会进入到食品行业，一些重金属被农作物或动物吸收，通过食物链形成生物富集,最终流向人类。

在原料饱受威胁的情况下,食品加工也问题重重。现在的食品不仅在味道上、在外观上也很能引起食欲,很多食品受欢迎都依靠着食品添加剂。但凡事都有一个度,有些厂商为了行业竞争、降低成本,使用过量的食品添加剂"美化""包装"产品,一旦食用会对身体健康造成不好的影响,也会形成恶劣的社会风气。

(二)商家利欲熏心

食品围绕我们的日常生活,这是每个家庭的必需品,而作为食品的生产经营者必须要有一颗强大的社会公德心,承担起食品安全可靠的责任。但为降低成本,谋求利益,很多黑心厂商会制作一些低成本的不合格产品,流入市场,骗取老百姓的钱。《中华人民共和国食品安全法》第四条提到:"食品生产经营者对其生产经营食品的安全负责。食品生产经营者应当依照法律、法规和食品安全标准从事生产经营活动,保证食品安全,诚信自律,对社会和公众负责,接受社会监督,承担社会责任。"这些假冒伪劣产品凭借价格低,外表有迷惑力,欺骗了很多老百姓。尤其在农村,人们的生活水平较低,辨假能力不强,以及市场监管不严,很多假冒伪劣产品以假乱真,以次充好,造成食品市场鱼目混珠。调查结果中显示,有高达60.77%的人认为食品安全问题的主要原因是商家利欲熏心,还有22.96%的人认为是相关部门监管不力,消费者自我保护意识不足和社会道德水平滑坡分别占8.13%和7.66%(图3)。

在被调查人员中,有高达91.9%的人了解2008年三鹿"三聚氰胺奶粉"事件。当年事件被曝出后,震惊国内外,此事件造成众多婴幼儿身体健康问题甚至死亡。再比如一些产品"康帅傅""粤利粤"等等,迷惑大众的眼睛,让人们信以为真,但这些产品的质量是否有保障,包装上的信息是否真实也没有可靠的依据。

很多劣质产品一直存在在市场上面,累计爆发才被大众发现警示,再被制裁,但我们身边还有很多"低调"的假冒伪劣产品,没有被发现,就像慢性毒药一样毒害不知情的人,累积到一个点再突然爆发,周而复始。而就是食品安全大事件一次次的循环,并伴随着一些小事件的发生,导致整个食品市场乌烟瘴气,食品安全问题层出不穷,很大原因就在其生产加工环节,减少假冒伪劣产品、营造食品行业良好风气还需要进一步加强。

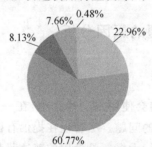

图3 您认为造成食品安全问题的原因主要是什么

（三）消费者对食品安全相关知识的掌握和重视程度不够

食品安全问题层出不穷与消费者本身也有着极大的关系，从问卷调查的第 5 题中人们对食品安全相关法律的了解情况来看，仅有 3.83％的人表示很了解，43.54％的仅仅听过，甚至有 11.48％的人完全不了解（图 4）。正是因为消费者对食品安全相关知识的掌握和重视程度不够，一些食品生产厂家才利用这一点来欺骗消费者，从而引发一些食品安全问题，比如替换劣质原材料、有害添加剂、有毒物质超标等。甚至面对食品安全问题，大部分消费者都选择忍气吞声，抱着多一事不如少一事的态度，反而令一些劣质食品生产者有恃无恐，继续生产销售劣质食品，形成恶性循环，因此大大促使市场上食品安全问题的出现。调查问卷中的第 14 题也反映出了这一点，超过一半的人在发现食品安全问题时都不会选择举报（图 5）。另一方面，由于我国是一个人口大国，并且农村人口比例大，其受教育程度相对不高，缺乏食品安全意识，这在一定程度上容易导致食品安全问题的发生。同时广大农村地区存在低收入消费群体，他们的主观需求和客观条件共同刺激了劣质食品的市场发展空间，增加了食品安全事件发生的风险。所以提高消费者食品安全意识，普及食品安全知识，让消费者自觉抵制劣质食品，阻断劣质食品流通，很大程度上能减少食品安全问题的发生。

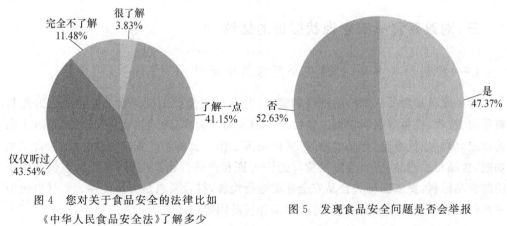

图 4　您对关于食品安全的法律比如
《中华人民食品安全法》了解多少

图 5　发现食品安全问题是否会举报

（四）市场监管力度不够，相关法律法规不完善

对于食品安全问题，政府扮演着至关重要的角色，有着不可推卸的责任。我国食品安全事件频频发生的一个重要原因就是食品安全监管方面不严，食品管理分段、多头并行管理制度存在一定的缺陷。食品的生产过程从原料采购、加工到销售每一个环节都应当进行监督检验，发现任何安全问题及时处理，正是因为监管力度不够，才导致劣质食品向市场流通引发食品安全问题。问卷调查中显示有 22.97％的人认为造成食品安全问题的主要原因是相关部门监管不力。而且，由于我国相关法律法规还不够完善，一旦安全事故发生，从直接管辖部门再逐级调查反馈，不仅降低了效率，还可能导致中间

地带互相推卸责任的情况出现。我国食品检测采取抽样方式进行,抽测结果并不全面,此外还存在国家免检产品以及民间小作坊几乎无人管辖。同时,我国从事食品生产的小企业多且分布广泛,各批发市场、副食品商店和食品销售商众多,路边街头小摊小贩云集,缺乏有效严格的法律法规监管。更有甚者,部分商检人员与劣质食品经营者暗地勾结,使有害食品堂而皇之地从正规渠道进入市场流通,在对消费者造成危害前很难被发现。因此,完善相关法律

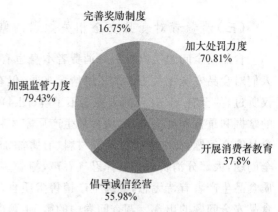

图 6　保障食品安全,您认为最
重要的措施是什么(多选)

法规及制定奖惩制度尤为重要,在问卷调查的第 11 题中"保障食品安全,您认为最主要的措施是什么",79.43％的人认为加强监管力度是保障食品安全最重要的措施,70.81％的人认为应当加大处罚力度,16.75％的人建议完善奖励制度(图6)。只有以法律为武器,通过政府的监管,才能更好地保障食品的安全。

三、对改善食品安全现状提出的建议

(一)控制源头污染,打造安全可靠的原材料

食品原料是食品生产流通链条的源头,是食品安全的基础。食品企业要做好原材料采购、验收、投料等原料控制。食品原料的采购和验收应按照《食品安全法》第五十条的规定,做好进货查验、产品检验、进货记录等工作。食品生产者采购食品原料、食品添加剂、食品相关产品,应当查验供货者的许可证和产品合格证明等;对无法提供合格证明的食品原料,要依据相关食品安全标准进行检验,符合要求后方可使用。原材料污染主要包括农残兽残重金属残留、真菌污染和转基因等问题。

(二)加大市场监管力度,完善食品安全奖惩制度

调查结果显示,70.81％的人认为保障食品安全最重要的措施是加大处罚力度,同时支持完善奖励制度的人占 16.75％。很多人选择在食品行业铤而走险,谋求不法利益,很大原因就是因为违法成本低,收益相对偏高。我国食品行业发展迅速,带来高收益的同时,食品安全却没能跟上步伐。所以说,完善食品行业奖惩制度,并严格实行,才能制止一部分人违法的脚步。

改善食品安全现状更需要政府及有关部门的大力监管,严格依法行事,绝不出现一条漏网之鱼。在被调查者中,高达 79.43％的人认为保障食品安全最重要的措施是加强监管力度,这一数据可以看出人们对相关部门监管能力的怀疑和诟病。我们要避免

在实际工作中出现各部门职责重复或空白现象,落实责任,真正有秩序的去实行,以免问题发生出现推卸责任的情况。还需要各部门结合当地实际情况,制定细致的监管方案,合理安排人员,严格把守,提高相关人员个人素养、执法能力。更大力度的市场监管才能重拾人们的信任,才能让人们对每日都吃的食物放心,才能更好地控制这个行业的风气导向。

虽然我国当前食品安全监管能力落后,监测水平较低,但依旧要加快制度建设,加大监管力度,以免情形恶化,逐步形成一个完整有序的监管体系。

(三)大力开展食品安全教育,宣传法律法规,提高国民食品安全意识。

决策机构要继续不断完善食品安全方面的法律法规,执行机构要加大对食品违法犯罪的打击力度,严惩制造假冒伪劣产品的不法商家。要在教育中加强食品安全的重视,食品安全从娃娃抓起,提高下一代对食品安全的意识,从源头解决食品安全问题。要开创和巩固一批食品专业科目,培养食品专业人才,剔除目前企业生产中的缺乏食品安全知识和专业生产能力的劳动力。要做好食品安全法律法规的宣传工作,通过报刊杂志、电视广播、宣传讲座,在新媒体的时代下,尤其要通过网络媒体进行广泛宣传。通过调查(多选),88.52%的人通过网络来了解食品安全问题,使用网络的人在现代中国占大部分,国家通过网络宣传食品安全知识的速度最快,效益也最高(图7)。

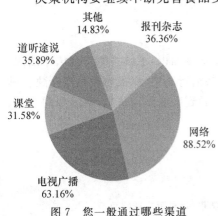

图 7　您一般通过哪些渠道了解食品安全问题(多选)

(四)监督机构要及时,准确,快速,有效的发现和打击危害食品安全的行为

时刻监督并要求企业必须从原料,生产设备,生产环境,工艺流程,人员组成进行报备并做到当时报备当时审查,及时排除不确定因素和食品安全隐患。

(五)质检机构要提高质量检测手段

利用最先进的检测设备对食品进行检测,保证食品安全,对食品质量做到有效控制,并要努力构建出一套中国特色的科学的食品检测标准。

(六)企业要提高食品安全意识

企业的管理者,从业者以及食品经销商都要定期开展食品安全专项教育,对食品生产岗位的工作人员要进行岗前培训考核,岗内调研学习,提高其食品安全意识,构建和完善食品安全责任制,把食品安全责任精准落实到每个人身上。从企业内部构建一个符合国家标准的企业标准,提高食品质量。

(七)不断完善食品追溯体系

要根据国家标准和国际标准,构建一个从原材料的生产、检验、加工、原材料的储存环境,到生产制造、食品成品储存、食品运输的较为完整的食品追溯体系,做到有责可查、有责快查、有责必查、查责必严的追查原则,做到信息可视化、一体化,在最大程度上保证每一关卡的食品安全。

(八)提高食品生产技术

要加大和重视对食品生产加工技术的研发和创新,掌握核心科技,在生产、加工、制造到运输等各个环节加大研发力度,提高技术质量,从而保证食品质量。

(九)消费者要自觉提高食品安全意识

广大消费者群体要通过各种渠道自觉学习食品安全知识,了解食品安全法律法规,积极响应党和国家的号召,积极参与食品安全全民共治行动中,积极为食品安全建言献策,自觉主动地发现和举报食品安全违法犯罪行为,做到事前辨别预防,事后处理有方,保障自己的权益。

参考文献

周妮,2015. 我国食品安全现状、成因及对策[J]. 长江大学学报(自科版),12(33):50-54.
刘琳,祁慧,2016. 我国食品安全现状及对策[J]. 现代食品(23):1-3.
赵春青,边春娜,邓云岚,2014. 食品质量安全现状及对策的研究[J]. 科学大众(科学教育)(12):184.
马渝童,2019. 食品安全管理现状及发展趋势[J]. 食品安全导刊(18):8-9.
范鹏,2019-05-21. 食品安全追溯体系现状及完善措施初探[N]. 中国市场监管报(005).

新中国成立 70 年来食品药品安全问题及解决对策的研究[①]

王 东 王紫怡

【摘 要】 随着食品药品安全问题的爆发,人们越来越重视对食品药品的市场监管。食品与药品作为人们日常生活当中最普遍的存在,可以直接影响到人们的健康,甚至会危害到人们的生命。本文通过对食品药品安全存在的问题进行分析,针对这些问题提出了相应的解决对策,并通过介绍国际在食品安全方面的研究成果和有效措施,对我国解决食品安全问题提供了一些借鉴。

【关键词】 食品安全;药品安全;问题;对策

食品是人类摄取能量,维持生命活动的必需品,药品是人类保持健康不可或缺的一部分,二者已经成为人们生活中必不可少的存在。近年来,随着我国经济、科学技术的不断发展,食品和药品的种类、来源日渐丰富,质量品质有所提高。但与此同时,食品药品出现的安全问题也层出不穷,找出问题的源头并提出改善措施已迫在眉睫。

一、食品药品安全的发展历程

随着人们对食品药品需求的增加,随之而来的还有一系列的安全问题。食品药品安全问题复杂多变,可以将其大致划分为两个方面:自然因素引起的食品药品安全问题和人为因素引起的食品药品安全问题。自然因素引起的食品药品安全问题主要是食品和药品超过保质期,造成成分的变化,从而导致安全问题。人为因素造成的食品药品安全问题往往占大多数,例如,不法商家制假售假,用不合格的材料制造食品药品,导致食品药品质量不达标,危害消费者的身体健康。此外,很多地区消费者由于经济、地域问题,薄弱的安全意识也对安全问题的发生起到了推动作用。

二、食品药品安全存在的问题

据回收的 85 份问卷调查结果显示,有 15.3%(大约 13 名)志愿者对于食品药品安全问题不甚在意,忽略食品药品相关资讯或者盲目认为当前食品药品安全环境很好,这在很大程度上反映了消费者安全意识的薄弱,进而引发在购买食品药品时不注意相关

---

① 本课题指导教师王东(北京工商大学马克思主义学院);课题组组长:王紫怡(应化 171);课题组成员:原庆艳(应化 171)。

资质、证明或者买到不合格产品不知道如何维护自己合法权益等一系列安全相关问题。从调查结果中我们还可以看出来,有大部分消费者都曾遇到过食品药品安全问题,如:假冒知名品牌、宣传虚假或者夸大,没达到国家卫生标准,超过保质期的产品还在销售等,这不仅体现了相关部门监管力度不够,致使这些有问题的食品药品流入市场,还体现了部分企业商家缺乏责任心,生产销售不达标的食品药品。由此,我们总结并补充为以下5点主要问题并在后文提出相应的对策建议。

1. 食品药品企业及销售方安全意识不强

当前,有部分食品药品生产企业利欲熏心,过于追求利益最大化,毫无责任心,忽视消费者的相关权益及生命健康安全,在生产制造过程中偷工减料,使用不合格或者“三无”材料,非法使用添加剂等,使生产出来的食品药品不符合国家相关政策的生产标准要求。如三聚氰胺、劣质奶粉、瘦肉精、毒豆芽、非法疫苗案等事件,都是相关企业或者生产商不合法的生产经营活动造成的。

2. 相关机构职责划分不清

我国现行的食品药品安全监管部门及职能设计是一个多部门、多级别构架的体制,这种方式比较适合食品药品问题的复杂性、多样性以及社会性。然而我国的食品安全监管体系的设计主要是从行政本身的角度来划分的,是建立在行政学的基础上,对各部门职能的描述是概括化、政策化的语言,不利于各个部门明晰规范自己的职能责任,不利于监管工作的执行。

3. 相关部门监管力度不够

食品药品行业产业链条长、环节多,相关职能部门相关人员人数相对较少,监督力量相对分散,难以做到全方位监督管理。地方政府也有权制定自己的规章和标准,而地方的食品安全管理机构都是地方财政自给,因而很可能更多的关注于本地区利益而不是国家的标准,对于食品药品安全问题的监管力度会相对削弱。

4. 消费者食品药品安全意识薄弱

根据调查报告显示,大部分消费者在购买食品药品时主要关注品牌、口碑、价格、生产日期以及保质期,对于食品药品的成分及相关资格证明关注度不高,对于食品药品安全问题的认识度和关注度不高。当购买到假冒伪劣不合格的食品药品时,不懂得如何正确地维护自身的合法权益。

5. 相关法律法规不完善不统一

我国的法律体系还在建设过程中,有关食品药品方面的法律法规不完善,造成食品药品相关部门无法可依,执法困难。比如,在现行食品安全监管工作中,各部门执法时依据的是不同的法律,卫生部门依据的是《食品卫生法》,质检部门主要依据《产品质量法》,工商部门则依据《商标法》和《反不正当竞争法》。由于这些法律的标准不统一,执法部门执法时左右为难,在适用法律上难以取舍。同时,在具体处罚时,由于食品药品涉及生产、加工、流通、消费等多个环节,既存在重复处罚现象,也存在单笔处罚金额偏小,力度不够等弊端。

三、解决食品药品安全问题的一些对策建议

（一）解决食品安全问题的一些对策建议

1. 加强源头控制

食品安全问题要从源头开始加强控制，防止有害食品从源头流入市场，造成对消费者的危害和生产加工零售过程中资源的浪费。在此暂不讨论对资源和环境的治理和保护等重大而艰巨的问题。这一环节的直接措施主要包括两个方面，一方面要加强对农药和饲料等的管理，堵住一些国家明令禁止使用的农药在市场中流通，在必要的时候对剧毒农药和有害饲料进行必要的市场管制；另一方面，要加强对农民的科普教育，提高对农药的鉴别能力，促进农药安全合理地使用。

2. 强化企业责任

企业要明确自己在整个食品消费市场中所处的重要位置，在获取正当利润的同时，要明确企业所承担的责任。一味地追求利润也许会使企业获得一时的暴利，但这样的企业注定不会长久。企业只有长期为消费者提供安全可靠的产品才能赢得消费者的信赖，从而建立起品牌，树立起企业的形象，也就能获得长远的发展和利益。要建立从原材料进厂到成品出厂的全程质量监控，不能仅仅把重点关注在最终产品的监测上，而是要对原辅材料的供应、食品加工、流通等每一个环节进行分析、控制，建立质量信息的可追溯机制。完善食品安全快速反应机制，发现质量问题，及时处理，把损失减少到最低限度。建立严密的食品监管网络，对种植养殖、生产加工、包装、储运、销售各环节实行全过程监管，确保食品安全。企业是食品生产经营的第一责任主体，要落实责任，发现问题及时追究责任，涉及违法犯罪的要移交公安司法机关处理。

3. 完善安全标准体系和法律制度

为了改善现有的食品安全现状，政府部门需要完善安全标准体系，制定关于更新安全标准的相关方案，进而依照方案的周期及时收集消费者的食品需求信息。通过对信息的分析以及对食品实物的检测，制定新的科学有效的安全标准。在此过程中，应当提高工作效率，及时收集信息，获取市场反馈，针对不足之处，尽快整改。同时，政府部门需要加强对安全标准的宣传，提倡食品企业按照安全标准生产商品，督促企业提高产品质量。此外，应不断完善相关法律法规，使食品药品监管工作能够有法可依，弥补可能存在的法律漏洞，在严格的制度监督下，从根本上保证生产安全。

4. 提升监管人员综合素质，发挥行业协会的监督作用

首先，政府的监督部门需要对监督人员进行定期的培训，帮助监督人员充实食品安全相关知识。定期培训过程中可以让有经验的监督人员带领新手，这样不仅帮助监督人员补充专业知识，了解监督制度，同时还能积累实践经验，树立责任意识和公正意识，使监督工作完成的更加顺利，为食品安全提供保障。其次，监管人员应当具有食品药品安全意识，重视消费者人身安全，以过硬的心理素质，面对工作中出现的诱惑，坚守职业

道德,严格把关,杜绝不合格产品流入市场,不给不法分子可乘之机。最后,为提高食品行业的自律性,应当建立完善的行业协会,以达到行业内的自我监督和互相督促的效果。一方面为消费者推荐更加安全可靠的食品,另一方面对不合格的产品进行曝光,杜绝不正当生产行为。在此过程中,政府相关部门应起到一定的调控作用,可以进行突击检查,保证行业协会工作流程公正、公开,促使食品市场进入良性市场竞争状态。同时,建立健全食品安全综合协调机制,统一组织、协调食品安全各监管部门的工作,形成食品安全监管合力,建立办事高效、运转协调、行为规范、监管到位的食品安全监管机制,确保食品安全监管覆盖——从农田到餐桌的所有环节。

5. 加强安全意识宣传,提倡舆论监督

除了以上几种手段,政府部门还需要加强安全意识宣传力度,提倡舆论监督。政府部门应定期对居民进行安全意识宣传,通过社区或者居委会为居民进行安全宣讲,使其了解食品安全相关知识及如何挑选质量过关的产品。政府部门还可以依靠消费者的监督来收集食品的质量信息。消费者舆论既可以作为一种监督手段又可以作为一种惩罚手段,监督食品企业严格按照标准完成生产工作。

6. 推广并实施 HACCP 等先进的食品安全管理体系

HACCP(Hazard Analysis Critical Control Point)表示危害分析和关键控制点。确保食品在消费的生产、加工、制造、准备和食用等过程中的安全,在危害识别、评价和控制方面是一种科学、合理和系统的方法。在食品的生产过程中,控制潜在危害的先期觉察决定了 HACCP 的重要性。通过对主要的食品危害,如微生物、化学和物理污染的控制,食品工业可以更好地向消费者提供消费方面的安全保证,降低食品生产过程中的危害,从而提高人民的健康水平。需要指出的是,HACCP 不是一个单独运作的系统。在美国的食品安全体系中,HACCP 是建立在 GMPs 和 SSOPs 基础之上的,并与之构成一个完备的食品安全体系。HACCP 更重视食品企业经营活动的各个环节的分析和控制,使之与食品安全相关联。迄今为止,HACCP 已被许多国际组织。如:FAO、WHO、CAC 等认可为世界范围内保证食品安全卫生的准则。

(二)解决药品安全问题的一些对策建议

1. 建立健全药品法律法规,不给不法分子留有空隙

尽早出台新修订的《药品流通监督管理办法》,把《药品管理法》与《药品管理法实施条例》中没有规定和明确的内容,尤其是对控制质量,防止假冒伪劣药品产生和侵入有关内容在《药品流通监督管理办法》中予以明确。比如药品销售代理人的法律地位、行为性质、借合法单位从事无证经营问题,有效票据举证期限问题,向无证个人采购药品问题等。对这些问题不仅要明确禁止义务,而且还要增加法律责任,尤其要把药品销售代理队伍纳入药监部门的监督管理范围,使制售假冒伪劣药品者无滋生土壤。

2. 政府及相关部门要重视、支持药监工作,保障群众用药安全

我国药品监管和食品监管并举,政府对食品药品监管应予以高度重视,如何把药品协管工作列入基层乡镇政府的重点工作中才是关键,可以在签订食品监管责任状的同

时,把药品协管内容纳入其中,牢固树立"食品药品安全无小事"的观念,提高对假劣药品危害性的认识,使得乡镇政府把加强农村药品监管作为份内的事来抓。同时建立配套的协管员培训及考评激励机制,在经费上给予适度倾斜,齐抓共管,做好农村药品的日常监管工作,才能保证农村依法管药落到实处。在部门协作上,药监部门特别要加强与工商、公安、卫生等部门协作,与工商部门及时沟通和移送药品违法广告,工商部门查处后及时反馈给药监部门,并向社会曝光,形成"左右配合,上下联动"的监管合力;与卫生部门加强对农村医疗机构的药品监管等,充分发挥各部门的职能作用,进一步保障人民群众的身体健康和用药安全有效。

3. 创新稽查手段,加大打击力度

我国药品市场量大面广,监管与反监管的斗争势必长期存在,药品违法分子越来越狡猾,手段越来越隐蔽,药监部门要强化法律法规学习,不仅要学懂、学通,而且还要学精,着力提高发现问题、解决问题的能力,要擅于研究当前出现的药品、医疗器械违法犯罪活动新动向、新特点,创新药品稽查手段,学习公安部门的侦查方法,加大对药品违法犯罪行为的打击力度,积极开展以"药品打假在农村"为主题的各种专项整治,保证药品监管检查的广度和密度,对药品质量进行有效监管。

4. 加强宣传力度,增强农民用药安全意识

采取多种行之有效的方法加大宣传力度,不仅要宣传药品法律、法规知识,更要宣传假、劣药产生的途径、危害及识别方法,宣传药监部门的职能;不仅要加强在城区的宣传,更要加强在农村的宣传,不断提高农民群众认知违法行为和自我防范意识,使假劣药品在农村如"过街老鼠人人喊打"。通过新闻媒介及时将各种假劣药物信息公之于众,使社会各界及时了解药监动态,使老百姓自觉拒绝假劣药品,由被动消费变为主动消费,同时向全社会公布举报奖励制度,充分发挥社会监督作用,从而减少假冒伪劣药品和非法行为生存的空间。

参考文献

王扬,张晓涛,2008. 我国食品安全监管问题:基于监管机构设置与职能分配视角的研究[J]. 经济体制改革(01):45-48.

张晓涛,王扬,2007. 我国食品安全监管问题:基于监管机构设置与职能分配视角的研究[C]//渔业论坛暨现代农业与食品经济国际学术研讨会.

杜利强,邵淑慧,杨立铭,等,2011. 当前食品药品安全存在问题分析[C]//农林高校哲学社会科学发展论坛.

李泽峰,2015. 对食品药品安全监管体制机制等问题的分析[J]. 中国卫生法制,02(05):32-34.

张帆,2016. 传统中医药知识产权的法律保护现状分析研究[J]. 中国卫生法制,03(02):3-8.

新中国成立 70 年来北京居民就医认知态度与行为选择调研[①]

班高杰　陶　培

【摘　要】　党的十九大报告指出："要抓住人民最关心最直接最现实的利益问题。"一直以来，民生问题都是社会调研的焦点问题，人们的医疗问题在民生问题中无疑占有举足轻重的地位。本文通过分析北京市内不同人群的就医认知、态度与行为选择，观察新中国成立 70 周年来首都北京的医疗卫生发展状况，探究如何提高市内现有的医疗水平，为市民提供更好的医疗卫生服务。

【关键词】　医疗卫生；看病就医；市民健康

本次调查主要采取非定向问卷调查，兼有对市民进行相关问题的街访，调查问卷以小组成员在朋友圈、微信群中发送链接的方式让网友们填写并收回。共发出调查问卷 500 份，收回 494 份，回收率达 98.8%；有效问卷 494 份，有效率达 100%。街访工作由调研小组成员在北京工商大学及北京市内医院、药店等公共场所，通过与学生、农民工、青年白领、退休老年人等交谈了解现状。

本次实践的调查对象涵盖了各个年龄段人群，其中，以 18 到 45 岁的青年人为主，占比 64%，18 岁以下人群占比 21%，46 岁到 69 岁人群占 9%，69 岁以上受访者占比 6%。关于受访对象的职业，学生占很大比例，其次还包括青年白领、居民楼楼底商户、已退休老人、农民工、自由职业者等。调查群体大多接受过高等教育。

一、居民就医认知

（一）对就医政策的了解

在问卷调查及走访调研中，我们首先对被访问者的就医政策认知进行了访问，其结果大致呈"中间多、两头少"态势：近 34%的受访者对国家就医政策基本了解，57%的受访者不太了解，虽然仅有约 6%的人对就医政策一无所知，但对政策非常了解的受访者更是寥寥无几，仅占比 2.23%。由此可见，现阶段市民对国家就医政策的认识还非常有限，相关部门对政策的普及力度也亟待加强。

为了使收集的信息更具有针对性，我们分别对 18 岁以下、18~45 岁、46~69 岁、69 岁以上的居民进行了调查。通过交叉分析可以发现，在几个不同的年龄阶段中，中老年

---

①　本课题指导教师班高杰（北京工商大学马克思主义学院）；课题组组长陶培（材料 182）；课题组成员：贾玉玉（材料 182）、陈思琪（材料 182）、刘雨馨（材料 182）、卞之琳（材料 182）。

受访者对就医政策的了解情况最为客观,其次是青年与青少年受访者,几乎所有的老年受访者皆表示对国家就医政策知之甚少(图1)。众所周知,新中国成立之初,社会生产仍处于落后状态,这也严重影响了当时居民对医疗等方面知识的学习;随着国家经济的不断发展,居民从家庭、学校、社会等层面接收到的医疗知识也愈发全面和丰富。因此,我们有理由认为,居民的就医认知与其在学校及社会的受教育情况有着密不可分的关系。

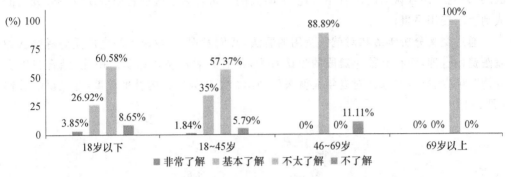

图1　不同年龄段市民对国家就医政策的了解程度

(二)预防疾病及就诊知识

除此之外,我们还调查了居民对预防疾病及就诊知识的受教育状况。调查结果显示,虽近68%的受访者接受过有关预防疾病或就诊的知识,仍有超过32%的人没有接受过此类知识。由此可见,尽管随着经济不断发展,市内居民医疗认知已经到达了一定水平,但仍有大量市民缺乏对疾病预防和就诊的基本知识,从某种程度上说,这对他们的健康是一种潜在威胁。

二、居民就医态度

(一)体检时间间隔

在被问及多长时间做一次体检时,近75%的受访者回答正如同我们所预料:听从学校或单位的安排。本组各成员通过观察发现,生活中大多数的人并没有身体不适立即体检或定期自费体检的习惯,都是听从集体安排进行体检。所幸目前大部分企业及事业单位都有着定期安排集体体检的政策,这在一定程度上也规避了居民缺乏体检习惯所带来的风险。

(二)就医时最关注的问题

关于受访者们就医时最关注的问题,通过我们的调查结果可以发现,超过78%的人将技术视为就医时的最重要因素,另有近10%的受访者表示,自己就医时最关注的是医疗费用与服务。由此可见,医疗技术、就医费用与医院服务这 3 个就医要素中,医疗技术为最受关注的一个要素,也是多数市民评价一家医院医疗水平的最重要参考指标。

（三）当地医院就医费用是否合理

另外,我们还单独采访了受访者们对当地医院就医费用合理性的看法。其中,有 64.37% 的受访者认为就医费用合理,0.61% 的受访者表示医疗费用很便宜,35.02% 的人则表示费用昂贵。

通过交叉分析年龄和对就医费用的看法,我们发现 69 岁以上的全部受访者都认为就医费用合理,而在其他年龄段的受访者中,都有人表示费用昂贵。由此,结合我国实际情况可以看出,国家针对老年人就医已经出台了较为完善的补助政策,并且反响甚佳（图 2）。

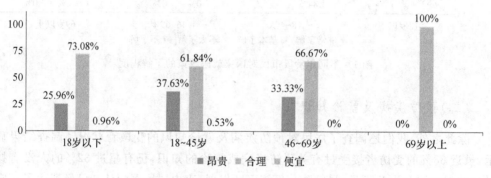

图 2　不同年龄段市民对医疗费用的看法

（四）对医疗水平的满意程度

随后,我们又采访了受访者们对附近医院医疗水平的满意程度。调查结果显示,超七成的受访者对医疗水平比较满意,8.3% 的受访者对医疗水平表示非常满意。另外,分别有 16.4% 与 2.23% 的受访者表示不太满意或不满意,不满的原因各异。其中,包括技术欠佳（69.57%）、耗时长（56.52%）、费用高（46.74%）、服务态度差（41.3%）、挂号困难（32.61%）、交通不便（16.3%）等。由此我们可知,北京市内的医疗水平在许多方面都还存在着有待提升之处。结合本条第（二）点我们可知,医疗技术往往成为评价一家医院医疗水平的焦点,因此,提升医疗技术也是医院改进升级的关键之处。

关于“认为当地医院还有哪些地方需要改进”的问题,受访者的回答涵盖了医疗技术、服务态度、环境卫生、就医流程、医疗费用等各个方面,每个因素占比在 35% 到 65% 不等。而这些方面,也正是我们改善医疗卫生服务应该努力的方向。

三、居民就医行为选择

(一)身体轻微不适如何解决

关于居民就医行为选择方面的看法:首先,"当身体出现轻微不适时会如何解决"的问题,有 42.11%的受访者表示,自己通常对此采取无关紧要的态度,睡一觉解决问题;35.63%的受访者选择自己吃药随便治疗;16%左右的受访者表示将去医院就诊。可见,绝大多数市民对于身体的轻微不适,都采取比较随便的态度,或任其发展,或凭经验自行处理,对疾病的警惕性并不高。

(二)是否会因医疗费用昂贵不去就医

针对第二条的第(四)点问题,我们调查了受访者们是否会因就医费用昂贵而不去就医。对此,超七成(70.56%)的受访者表示不会,近三成(29.35%)的则表示会。

我们对"认为医疗费用是否合理"与"是否会因医疗费用昂贵而不去就医"进行了交叉分析,结果如图 3 所示。

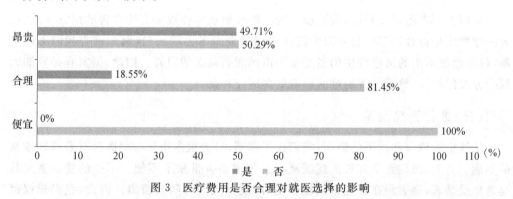

图 3　医疗费用是否合理对就医选择的影响

由此可以看出,在医疗政策日趋完善的今天,医疗费用并没有成为大部分市民看病就医的阻碍,但仍有近半数的患者会因为高昂的医疗费用而忍受疾病放弃就医,这值得引起我们的高度重视。

(三)通过哪种方式找医生

然后,我们对居民看病投医的途径进行了了解。调查结果显示,市民们联系医生的途径并不单一:其中,有 84.82%的人习惯通过到医院挂号的方式找医生;有 51.62%的人还趋向于通过网络预约的途径联系医生;31.38%的人通过亲戚朋友的介绍找到理想医生。由此我们可以知道,随着如今网络与信息时代的发展,市民看病投医的方式已经不再局限于到医院排队挂号这一种,有大批患者选择网络预约、熟人介绍等途径主动联系值得信赖的医生。

（四）治疗期间若出现问题如何解决

最后，我们采访了受访者们"在治疗期间如果出现问题，会如何解决"。对此，有77.31%的受访者表示，愿意与医院协商解决；16.4%的受访者倾向于通过法律途径解决；另外6.48%的受访者选择用其他方式解决。

四、对提升市内医疗水平的建议

（一）加大现有就医政策普及力度

从第一条中对居民就医认知的调查我们可以认识到，目前，市内居民对国家就医政策的了解还非常有限，自主学习政策的积极性也不高，因此，提升市民的就医认知层次，还需要政府、学校、医院、企业等多个部门共同合作，加大对国家现有就医政策的普及力度，帮助市民了解政策、认识政策、适应政策，也造福于政策。

（二）完善就医政策，适应市民需求

从以上调查还可以看出，我们现行的就医政策还存在很多有待改善的地方。从"认为医疗费用是否合理"与"会否因为医疗费用昂贵而不去就医"这两个调查我们可以了解，目前数额不小的医疗费用仍然是很多市民看病就医的阻碍。因此，国家有必要加大医疗方面的投入，给予经济困难的患者更多医疗补助。

（三）进行医院改革

从线上的调查和线下的街访，我们还了解到，目前很多市民都对医院有着或轻或重的不满。首先，医院繁杂冗长的就医流程为很多患者带来了不便。不少的受访者尤其是老年受访者，都表示在医院排队挂号困难，耽误太多时间与精力。因此，我们建议医院可以顺应时代发展潮流，大力开发网络预约挂号、电话预约就诊等途径，合理安排患者的就医时间，帮助患者从琐碎的就医流程中解放出来，以更好的状态就诊。其次，正如第二条第（三）点中所说，医疗技术对医院来说至关重要，是评价一家医院医疗水平的核心要素。因此，医院有必要加大对医疗技术的重视程度，大力引进资金，引入先进的医疗设备、技术与服务，为患者提供更好的医疗服务。

通过本次对"新中国成立70年来北京市居民就医认知、态度与行为选择"课题的研究，我们的结论如下：

在就医认知方面，市内居民还有着很大的学习与提升空间，相关部门也有待加强宣传教育工作。对国家和社区就医政策的了解、对疾病预防与就诊知识的掌握，是我们每一位市民有效预防疾病、规避患病风险的前提，也是国家提升整体医疗卫生实力的前提。因此，无论是我们单一的个体，还是国家部门，都应积极学习和推广相应的医疗知识，为整个社会就医认知的提升贡献力量。

在就医态度方面,市民主动进行体检及处理小病的自主积极性并不高,而医院的医疗水平(医疗技术、费用、服务、环境卫生)都没有完全满足患者就医的需求,这也在一定程度上影响了市民的就医态度。在整个社会的就医认知得到提高后,医疗机构发力变革、努力提升医疗水平显得刻不容缓。

在就医的行为选择方面,市民们联系就诊的渠道已经越来越多元化,对待就诊过程中的问题大都比较理性,这是值得我们欣喜的地方。然而,目前绝大多数市民对身体轻微不适倾向于随意置之,有近三成受访者表示因医疗费用昂贵放弃就医,很可能导致大的疾病,这也需要引起我们的警惕。

总之,目前北京市内的医疗卫生水平已经较为先进,但仍存在很大的进步空间。正如习近平总书记在党的十九大报告中指出的:"中国特色社会主义进入新时代,我国社会的主要矛盾已经转化为人民日益增长的美好生活需要和不平衡不充分的发展之间的矛盾。"以首都北京为基点放眼全国,我们可以看到新中国成立70年来国内医疗卫生水平的可喜变化,但也正因如此,人民对更先进医疗服务的向往也对我们的医疗水平发展提出了更高的要求。所以,在国家各方面实力飞速进步、充满发展机遇的当下,我们每一位市民、每一个国家发展的个体,都应充分调动周围资源,积极响应相关政策,大胆推动革新,为医疗水平发展、为解决民生问题、为建设一个更加美好的明天而努力。

新中国成立 70 年来食品安全问题研究[①]

王艳春　于　洁

【摘　要】 民以食为天,食品安全关系到人民生活的方方面面。在新中国成立 70 周年之际,我们回顾了这 70 年来出现的食品安全问题、政府的相关解决措施,并结合新中国历史进程和社会经济发展,希望能以小见大,为问题找到解决的思路。

【关键词】 食品安全;原因现状;解决措施

自 1949 年以来,国民的生活水平经历了一个从短缺到温饱,然后进入小康的发展阶段,但是随之而来的却是大量的食品安全问题的曝光,让人触目惊心。民以食为天,食品安全关系到民生根本,但是食品安全的问题却不仅仅是食品行业发展的问题,还反映了社会发展、法规制定、政府决策甚至历史问题等。

我们小组通过查阅历史资料和调查问卷的方式,深度调研了新中国 70 年来食品安全形势的转变,不仅是希望能有所反思,还希望能以小见大,从中找到解决问题的办法。

一、关注食品安全的原因及现状

食品安全是个动态的概念,随着社会、经济的变迁而演变。

1949 年以后相当长时期内,食品安全的内涵是"食品的数量安全"或"食品的供应安全",即国家能够提供给公众足够的食物以满足人们生存发展和社会稳定的需要。要达到食品供应安全,一是确保足够数量的食品,二是最大限度的稳定食品供应,三是确保所有需要食品的人都能获得。因此,这个阶段的食品安全问题不仅包含了食品的生产,也与社会分配紧密相连,涉及自然、经济、社会制度等众多因素。

目前,随着各种食品质量安全事件的曝光,人们越来越关注食品质量以及食品安全问题。食品是人类赖以生存的条件,加强食品质量安全管理,可以有效预防各种食源性疾病,降低各种疾病的发生概率。我国工业的发展使得我国食品生产的数量以及规模都有了大幅度提升,农业生产的机械化更是加速了食品工业的发展。但是这些因素在提升人们生活质量水平的同时,也给食品质量安全管理带来了新的挑战。

---

① 本课题指导教师王艳春(北京工商大学马克思主义学院);课题组组长于洁(生物技术 171);课题组成员:李楠(生物技术 171)、李依萍(生物技术 171)、卢思媛(生物技术 171)、杨金秀(生物技术 171)。

二、新中国 70 年来的食品安全状况

食品安全是各国共同关注的重要公共政策问题。经过多年的发展,我国的食品流通快捷、品种丰富、数量充足、供给有余,但在满足食品数量需求的同时,质量方面却出现了不少的问题。特别是前些年,危及人们健康和生命安全的重大食品安全事件屡屡发生:肯德基的"苏丹红"、豆腐中的"吊白块"、水饺中的"霉青菜",为增加动物的瘦肉量使肉品提早上市而降低成本的"瘦肉精",牛奶中的三聚氰胺,可以将鸡肉、猪肉轻易加工成为口感以假乱真的"牛肉膏"等等,数不胜数。

这些形形色色的食品安全事件大幅降低了老百姓对食品安全的信任程度,以至有的人产生了"吃动物食品怕含激素,吃植物食品怕有毒素,吃饮料食品怕掺色素"的恐惧心理,食品安全问题已经成为人们最为关注的问题之一。

(一)新中国成立到改革开放以来中国食品安全状况

自 1949 年至我国改革开放以来,随着国家发展和人民生活水平的提高,食品安全问题也普遍得到人民的关注和重视。到改革开放期间,我国食品安全方面的问题有着较明显的变化。

从近些年来看,2012 年食品安全问题频繁曝光,不少人怀念改革开放前的食品,似乎那个时代的食品是绿色安全的。但事实上中国直到 20 世纪 90 年代初期才有绿色食品,在此之前人们对食品绿色与否并无概念;农业生产过程中,污染和农药残留甚至比现在有过之无不及。近 99% 未经处理的污水被直接用于农田灌溉,65% 人口在不知情下食用了"镉大米"。40 年代起北京附近就已开始利用工业废水灌溉农田,1957 年更是列入了国家科研计划,开始兴建污水灌溉工程。尽管 1972 年制定了污水灌溉暂行水质标准,但由于北方水资源短缺,污水灌溉面积依然逐步扩大,到 70 年代末已约占全国污水灌溉面积的 85%。污水灌溉已大面积使用,污水处理技术却仍旧滞后,50—60 年代最大日处理量仅 5 万立方米左右。据中国历年城市排水和污水处理情况统计,直到 1978 年全国每日污水处理率亦不足 1.56%。也就说,近 99% 未经处理的污水被直接用于农田灌溉,致使全国 1/5 的耕地土壤遭受不同程度的重金属污染。而其中镉金属在食物中的吸收累积力甚强,人们一旦食用,短期是不会立即显现,长期的则会在 10~30 年间逐渐出现镉慢性中毒症状。据日本资料显示,每天少量摄入镉,50 年后有 10% 的人会出现蛋白尿等肾功能异常的现象。

此外,《小康》杂志联合清华大学媒介调查实验室进行的"中国综合小康指数"调查发现,2012—2014 年,最受社会关注的十大焦点问题中食品安全连续 3 年位居榜首,超过了腐败问题、物价、房价、收入分配改革等社会热点。然而,频繁发生的食品安全事件仍然说明当前我国的食品安全监管体系还不完善,亟须改革和健全。那么,认清现状,厘清健全和完善我国食品安全监管体系所面临的困境和难题,并借鉴国外发达国家的有益经验,构建具有中国特色、符合中国国情的食品安全监管体系,有效

提高食品安全水平、杜绝影响恶劣的食品安全事件,是当前亟须在理论上和实践中解决的重大问题。

另据美国农业部专家研究表明,水稻是对镉吸收最强的大宗谷类作物,而中国近65%的人口都以稻米为绝对主食,并在对污水灌溉以及土壤污染问题不甚明了的情况下食用了"镉大米"。但因土壤污染具有隐蔽性和潜伏性,直到10～20年后人体才逐渐显现镉中毒症状。其中,最典型的是广西桂林思的村,当年多位土壤学者在论文和讲义中称那里不少村民具有疑似1931年日本富山县镉污染致人体"痛痛病"的初期症状,而历史数据亦显示该村耕地土壤早在20世纪60年代前就已被镉污染。然而,这样的食品安全事件直到2010年被媒体曝光后才为人们所知晓。此外,沈阳张士灌区1962年开始引用污水灌溉稻田,直到1974年才有条件监测出灌区糙米含镉量,当时最高已达2.6毫克/千克,是国家允许值0.2毫克/千克的13倍,20多年后更是测出稻田含镉量达到5～7毫克/千克,而当地居民尿中低分子蛋白阳性率亦在逐年增加,也就是说慢性镉中毒已对他们的肾脏器官造成影响。

其实,食品安全问题一直都存在,并非某个时期就特别绿色或者某个时期就特别不安全,主要是改革开放后人们不再只是追求温饱而是更加注重品质,也因网络媒体的兴起,新闻的自由度和开放度得到适当解放,许多食品安全事件也得以被一一曝光。

1949到1978年,计划经济时代所出现的食品质量食物中毒事件主要是因为食品的生产加工受到当时的生产技术、经营条件等客观环境的限制,以及人民群众普遍对饮食卫生、食品安全知识的匮乏所导致。这一时段大部分是误食有毒动植物、菌类等,此外较为鲜有的化学性食物中毒引起的发病率和致死率也较高。以下是1949年以来的部分食品安全事件:

1958年青紫色病发病数万人,死亡达数千人。

1960年有误食苍耳中毒以及木薯中毒,还有食物中毒,甘肃仅在1960年,1—4月间就发生76起食物中毒事件,2697人中毒,175人死亡。

1949年以来一段时期内食品安全事件要么影响区域较大,跨地跨省份,要么涉及人员较多,都超过100人,要么造成了多人死亡,都属于重特大食品安全事故。这是由于新中国成立初期,我国卫生体系建立的不够完善,没有形成有效的全国预防体系。此外有许多食品安全事件未曾经过媒体曝光报道。

对于屡见不鲜又亟待解决的食品安全问题,我国也积极采取了相应措施。到改革开放期间,我国食品安全法制建设历史进程可分为萌芽阶段和发展阶段。

1949—1963年为萌芽阶段,我国食品安全监督工作起步,国家对食品安全监督工作主要集中在国务院卫生部和相关部门一系列规章和标准的发布。这一阶段又可细分为两个阶段:1949—1953年从新中国成立到政务院第一次机构重组时期,当时全国食品卫生管理主要由卫生部承担。1950年中央政府在卫生院下设药品食品检疫所,1953年卫生部颁布《关于食品中使用唐静含量的规定》,1957年下发《关于酱油中使用防腐剂问题》。1954—1956年是我国第二次政府机关改革时期。此后卫生部按照职权联合相关部门管理涉及多部门的食品问题。

1964—1978 年为发展时期,我国食品卫生管理工作逐步正规化。这一时期我国食品供应和粮食生产经历了 1963—1965 年国民经济调整时期,1966—1970 年"文化大革命"和 1976—1978 年的经济建设恢复阶段。

1949 年以后相当长时期内,食品安全的内涵是"食品的数量安全"或"食品的供应安全",即国家能够提供给公众足够的食物以满足人们生存发展和社会稳定的需要。要达到食品供应安全,一是确保足够数量的食品,二是最大限度的稳定食品供应,三是确保所有需要食品的人都能获得。因此,这个阶段的食品安全问题不仅包含了食品的生产,也与社会分配紧密相连,涉及自然、经济、社会制度等众多因素,与时代社会发展有着密切关系。

(二)改革开放至今的食品安全状况

改革开放 30 多年来,我国国民经济持续增长,中国的食品产业也不断发展,效益稳步上升。我国主要农产品实现了供需基本平衡,肉、蛋、乳制品、水产品和水果、蔬菜的人均消费量都呈现快速增长。1996 年以来,食品产业总产值以年平均递增 10% 以上的速度持续快速发展,增长速度位居各产业部门前列。特别是食品产业中的食品加工业,发展尤为显著,2011 年全国食品加工业完成利税总额 12 140 亿元,比 2005 年的 2590 亿元累计增长 368.7%,年均增长 29.4%。食品加工业吸纳从业人员也持续稳定增加,2011 年共吸纳 683 万人,比 2005 年累计增长 51.1%,年均增加 7.12%。

随着社会经济的发展、人们生活水平的提高,政府、企业和消费者日益关注食品安全问题。2007 年,国务院新闻办公室发布的《中国食品安全质量状况白皮书》认为:"多年来,中国立足从源头抓质量的工作方针,建立健全食品安全监管体系和制度,全面加强食品安全立法和标准体系建设,对食品实行严格的质量安全监管,积极推行食品安全的国际交流和合作,全社会的食品安全意识明显提高。经过努力,中国食品质量总体水平稳步提高,食品安全状况不断改善,食品生产经营秩序显著好转。但是也要注意官方公布的食品合格率与民众的放心程度相比还存在一定的差距。抽检食品存在抽检范围狭窄的问题,抽查生产企业送来的样本,存在合格率虚高的可能,且大量非正规食品生产企业、食品小作坊和小摊贩数量庞大却不在抽检范围之中。其次,存在抽检基数太小的问题,以 2010 年为例,在我国至少 12 万家食品生产企业中,质检部门抽检覆盖率仅为 1.6%。

以此来看,我国的食品质量安全管理一直存在着监管体系庞大,但管理效率低下的问题,主要表现在以下两点。一是食品质量安全管理从农田到餐桌一直存在着职权交叉的问题,而且部分部门不仅可以制定法规、解释法规,还有着一定的执法权,这就很容易因为滥用权力而引发不必要的食品质量安全问题。二是相关部门的监管不到位也会导致部分商户利欲熏心,引发一系列食品质量安全事件,例如伊利部分批次婴儿奶粉汞含量超标、毒酸奶、挂驴头卖狐狸肉等。还有部分农户没有科学合理使用农药、化肥,导致生产出来的粮食含有一定量的有害物质;部分农户滥用复合饲料或者兽药圈养家禽,也会导致家禽体内出现有害物质。目前,我国的食品质量安全管理的法律法规保障制度还不够完善,经常出现执法依据不足、执法主体不明等问题。虽然我国在食品安全方面有《中华人民共和国食品安全法》,随后又增加了《中华人民共和国产品质量法》《中华人民共和国标准化法》《中华人民共和国农产品质量安全法》,在处罚方面也有《消费者权益保护法》《传染病防治法》《刑法》等,但是立法较为分散,条款比较发散,不同法律之间的管理范围受到严重的限制。并且面对瞬息万变的食品市场形势,目前的法律制度还有很大的提升空间。

随着科学技术的发展,在食品领域,一些新的方便食品和保健食品生产量增加,新产品、新材料和新工艺的出现会带来新问题。其中,许多在没有进行风险评估的情况下进行销售。与此同时,食品添加剂、新型包装材料和化学物质大量应用也直接和间接地威胁着食品安全。特别是转基因产品,其潜在威胁引起了极大的争论。转基因食品是指以转基因生物为材料加工生产的食品,利用分子生物学手段,将某些生物的基因转移到其他生物物种上,使其出现原物种没有的性状或产物。"我国和世界其他国家一样,转基因食品发展迅速,虽然到目前为止,我国尚未出现转基因食品给使用者带来损害或危险的直接报道,但从国内外的一些研究来看,转基因食品有损坏人类免疫系统、产生过敏综合症、对人体造成潜在危险的可能性。

三、产生食品安全问题的原因

从目前来看,产生食品安全问题的原因可归结于以下几方面:

（一）在种植、养殖及加工过程中被污染

近些年来,为了提高产量,农药也被大规模地使用。农药虽然可以减少病虫害对作物的影响,但许多人并不关注农药有效性和安全使用量方面的信息,反而追求价格低廉、食品的好品相,导致农药的过度使用和滥用,引发食品中农药残留的问题。同样,随着畜禽养殖和水产行业的发展,饲料和添加剂的使用也存在不正确的地方,兽药的过度使用和滥用会造成细菌的耐药性遗传选择,这种耐药性可能会通过食物链转移到人类身上,进而导致治疗疾病的常用药在人类身上失去疗效。此外,过度使用的农、兽药除残留在食物上外,其余部分还会进入土壤和地表水,间接影响食物链,对人类生活产生危害。在食品加工生产过程中,食品添加剂的过度使用和滥用所造成的问题也层出不穷。比如"地沟油""毒淀粉""塑化剂"等事件。这与人们消费加工食品以及在外就餐的增加等因素有关。此外,食品添加剂也因其种类多、检测技术相对落后等原因难以监控。

（二）食品供应链问题

食品产业是一个高度关联的一体化产业,从涉及种养的农业、畜牧业,到初级加工、生产制造、仓储运输、分销零售等多个领域,任何一个节点出问题都会对整个产业链的食品安全产生影响。

随着食品工业化和现代物流业的发展,食品供应链日益复杂和延长,加大了生产者与消费者间的距离。在食品包装、储存和运输过程中,乃至销售阶段都存在一定的安全隐患,比如,因条件所限或操作不当造成食品腐败变质,或产生一些有害细菌等。在后续的商品流通的消费环节,也因消费者缺乏相应的食品安全知识和品鉴能力,以及相关产品信息不对称,而使得食品安全问题风险重重。

（三）食品垃圾处理、环境污染问题

随着全球工业化的推进,环境污染程度也越来越大。而与水体及大气污染相比,土壤污染更加难以控制及减小。工矿业、农业生产等人类活动的污染造成或加剧了土壤中镉、铅、汞和砷等重金属的含量,这些重金属会影响粮食和蔬菜等食物。此外,随着我国沿海养殖业的快速发展,以及城市工业废水和生活污水大量排入海中,使得海中生物所含毒素迅速增加,所造成的食品安全风险也随之增大。

（四）商家恶意竞争,一心向钱

对于一个食品企业而言,提供安全的产品应是他们最基本的社会责任。但是在生产过程中一些不良商家为了使产品卖相好、产量高等,特意向其中加入违规原料,如"三聚氰胺"事件、"瘦肉精"事件等。而且由于要追求利润,质检过严必定会提高成本,所以有些商家还会售出不合格的产品。

（五）人们的食品安全意识较薄弱

我国众多消费者缺乏相应的常识,在购买时容易贪小便宜,不顾及食品的质量、卫生问题,还有一些消费者在购买不安全食品时存在侥幸心理,认为以前买过或者其他人买过但没出什么问题,就认为自己买了也没问题。但有时食品中的有害成分是需要潜伏一段时间才会发挥作用的。而且,正是因为这种心理,才为不安全食品的销售打开了门路。据我们的问卷调查发现,虽然大多数人认为自己较关心食品安全问题,但绝大多数人在选购食品时不会特意关注相关检验证明和生产加工厂家等因素,且几乎 50%的人分不清有机食品、绿色食品和无公害产品之间的区别。而当买到有安全问题的食品时,绝大多数人会选择忍气吞声或者与生产经营者协商,很少有人会选择请求消费者协会调查帮助。除此以外,有的消费者对于食品的观念影响了制假售假者的行为,或者制假售假者喊的口号影响了消费者的选择,如蔬菜要大个的、漂亮的、肉质喜欢颜色鲜红的,对食品的外观很重视,这在一定程度上促进了不法食品生产者作弊造假。毒韭菜和膨大西红柿都在一定程度上受到消费者不正确观念的影响。

（六）政府部门监管不严、法律法规不完善

目前,一些地方食品安全监管部门手段、方式较为落后,人力不足,动员群众的措施不够高,不能延伸到每一个环节和角落。比如那些广泛分布的小摊小贩、小吃店,监管起来难度较大。法律方面惩处不够严格,使得一些违法分子依然很猖狂,法律底线很难坚守。

（七）外卖食品行业的发展，增加了发生食品安全事故的可能性

"饿了么"和"美团外卖"为首的互联网外卖平台的市场规模不断扩大。如图1所示，2017年我国基于互联网平台的外卖食品总交易额达到2046亿元，一些外卖食品生产商忽视商业道德，违法成本过低，且食品生产过程中由于缺少必要的政策约束及监督机制，造成外卖食品生产商为追逐自身利益最大化，只要有利可图，便会在生产过程中过度使用劣质原料以及非法添加剂等化学物质，置食品安全于不顾。

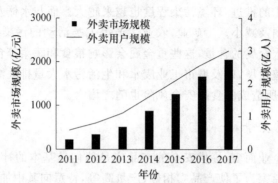

图1　2011—2017年中国食品外卖市场规模和用户规模

四、解决的措施

食品安全监管就是要让政府、市场、第三方机构和社会。这4个部门之间发挥各自优势，取长补短，以最大的合力为食品安全监管提供服务。

（一）法制建设方面

解决食品安全问题最有效的措施是法制方面的监管和完善。具体应当做到以下几点：

1. 不断推出配套法律法规。随着市场经济高速发展，我国食品安全工作出现新情况、新问题，假冒伪劣、有毒有害食品大量充斥着市场，超量使用食品添加剂，滥用非食品用化学添加物、食品污染问题，危害严重，转基因食品等问题，食源性，危害压力增加，需要相关法律法规的约束。

2. 不断完善监管主体的监管能力。现阶段可以将参与我国食品安全监督管理的主体分为国家监管主体和社会监管主体。

3. 不断推动监督管理制度改革。现阶段我国食品安全监督管理制度包括食品安全风险检测、食品安全标准、食品召回、食品安全事故应急四大基本制度，食品安全监督管理制度是食品安全管理工作的基础。

4. 不断加强食品安全法律责任体系建设。在食品安全问题上，我国长期存在违法成本过低，维权成本畸高的问题，这是由于这种问题的长期存在，致使食品安全法很难达到充分维护消费者权益，使食品生产经营者承担社会责任。

5. 同时针对已经不适合现代社会的法律法规予以及时的修订,确保法律法规跟上时代的发展,充分发挥其法律保障作用,维护人民的根本利益。

(二)人民群众方面

人民群众是最大的监督者和行使者。人民需要不断提高食品安全方面的认识,遵循法律法规,从自身做起,从身边做起,不仅做食品安全的保护受益者,也做食品安全问题的监督者。具体应做到以下几点:

1. 知法守法,严格按照法律规定来处理食品方面的问题,用法律知识监督维护食品安全。

2. 提高道德素养,不做无良商家;增强食品安全意识,不做无知消费者。

3. 重视食品安全问题,从身边的小事做起,既要注意食品安全问题,也要加强对食品安全问题的监督与宣传。

(三)企业应看重自身长远目标,加强责任意识

生产安全食品是外卖食品生产商必须坚守的最基本的道德底线和职业素养。规范化生产不仅是兼顾社会责任的体现,更是对自身长远、健康发展的有力保障。外卖食品生产商应摒弃通过违法行为来获取暴利的错误心态,从长远利益出发,严守各项法律法规,才会在外卖食品市场站稳脚跟。

(四)加大基础食品科学的研究

科学技术是第一发展力,食品安全的加强需要广大学者的合力研究。关于应用于食品包装、加工、防腐保鲜等工业的新型材料需要进行严格的安全检验,例如,纳米包装、纳米食品、转基因食品对人体的毒理研究还需更多的实验去完善。

结语

综上所述,我国的食品质量安全管理现状不容忽视,存在着相关部门监管不到位、欠缺完善的法律法规、非法使用非食用物质等问题。而要想加强食品质量安全管理,就一定要建立食品安全领导责任机制、完善食品质量安全管理的相关法律法规、加大食品质量安全问题的执法力度,严格管控食品从生产到食品销售的每一个环节,为人们提供安全、放心的食品,促进我国食品市场的发展。

参考文献

宋佰宣,2019. 我国食品质量安全管理现状及对策分析[J]. 食品安全导刊(06):25.

孙兴权,姚佳,韩慧,等,2015. 中国食品安全问题现状、成因及对策研究[J]. 食品安全质量检测学报,6(01):10-16.

张磊,2014. 中国食品安全监管权配置问题研究[D]. 上海:复旦大学.

王殿华,马佼,张迎新,2019. 关于外卖食品安全治理问题的博弈分析[J]. 食品工业,40(05):251-255.

宋佰宣,2019. 我国食品质量安全管理现状及对策分析[J]. 食品安全导刊(06):25.

王殿华,马佼,张迎新,2019. 关于外卖食品安全治理问题的博弈分析[J]. 食品工业,40(05):251-255.

杨柳,2015. 我国食品安全监管体系研究[D]. 武汉:武汉大学.

新中国成立70年来首都市民食品安全意识变迁的调研①

魏海香　宋铭岳

【摘　要】　为了对新中国成立70年来首都市民食品安全意识的变迁有深入的了解,本文通过问卷调查法主要对首都市民的食品安全知识、食品消费行为习惯等方面进行了调查,通过调查不但对首都市民在食品安全意识方面存在的问题有了基本的认知,并对新中国成立70年来首都市民食品安全意识的变迁有了一定的概括,且归纳分析了首都市民70年来食品安全意识变迁的原因,进而针对所存在的问题提出了一定的意见与建议。

【关键词】　首都市民;食品安全意识;变迁

党的十八大以来,党和国家高度重视食品安全问题,把食品安全放在民生问题和政治问题的高度来抓,为了确保人民的健康安全,食品安全治理政策不断推出,要求严防严管严控食品安全风险,以保证人民群众吃的放心和安心。由此可见,国家对于食品安全的重视程度较高。新中国成立70年来,首都市民的食品安全意识也随之产生了较大的变化,为了探究食品安全意识变化与社会发展的关系,对此,我们进行了专门的调研。

本次调研的问卷通过网络发放的形式进行填写和收回,共发出154份,回收154份,回收率达到百分之百,有效率达到百分之百。本次调查报告填写人群均为首都市民。本次调查问卷设置了18个问题,有效回收调查问卷154份,其中被调查者中男性占据40.26%,女性占据59.74%(图1),18岁以下占4.55%,19~28岁占33.76%,29~50岁占51.95%,51岁以上占9.74%(图2)。由此,数据的合理性得到了充分的保障。

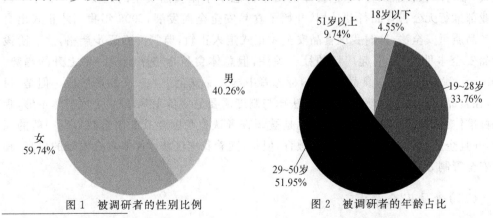

图1　被调研者的性别比例　　　　图2　被调研者的年龄占比

①　本课题指导教师魏海香(北京工商大学马克思主义学院);课题组组长宋铭岳(工设17);课题组组员:张筱淇(工设17)。

一、食品安全管制与意识

食品安全的管制对于食品安全有着非常重要的作用,严格的食品安全管制是保障人民健康的基础,同时也有利于提升人民的食品安全意识。

（一）食品安全管制

食品安全监管体制,是一种用来对食品质量监管的管理办法,在中国,食品安全监管责任由中央、省级以及地方政府共同承担。主要负责部门有国家食品药品监管总局、国家质检总局、国家卫生计生委、农业部、商务部、科技部、国家市场监督管理总局等部门。根据目前中国的实际情况来说,在近期内不可能建立单一机构体系,比较现实的选择是通过加大协调力度和完善协调机制,通过各部门之间协调一致的行动,保障食品安全。

被调查者对于我国食品安全管制是否严格有如下看法,其中,31.82%的人认为严格,53.9%的人认为一般,14.29%的人认为不严格。并且在日常生活中,20.13%的人没有遇到过食品安全问题,63.64%的人偶尔遇到过,16.23%的人经常遇到。那么人们如何看待食品安全问题的产生原因呢？其中,被调查者主要认为是企业生产不规范,其次是相关法律不健全和政府监管不力,最后是社会普遍食品安全意识不强。

关于食品安全管制方面,为什么首都市民会普遍这样认为呢,这和我国的综合发展和食品安全法律的健全有着密切的联系。追溯中国食品安全变化的历程,新中国成立初,我国将解决温饱问题放在首要位置,生产力和物资的匮乏,导致在食品安全方面的关注不够。伴随着温饱问题的解决,物质和经济的飞速发展,整体社会的消费水平相应提高,人民逐渐开始关注食品安全与质量问题,相应的话题便在社会当中热度提高。1979年,我国才出台第一部和食品安全相关的条例《中华人民共和国食品卫生管理条例》。1990年,我国提出了能够将生态效益、经济效益、社会效益三者统一的农业发展模式,推行绿色食品工程,绿色食品的诞生标志了中国食品安全的进步。2001年中国农业部推行无公害食品行动计划,开始了食品安全全面发展,2006年我国才正式出台农产品质量安全法,这时我国食品安全才正式走入正轨,监管方面逐步严格,这一阶段食品安全事件频发,引起广泛的社会关注,但总体食品合格率呈现一个上升的趋势。2009年,我国正式通过食品安全法,标志着中国食品安全进入一个崭新阶段。但是,目前,在食品监管方面仍然存在问题,法律与制度需要进一步完善,处罚力度仍然不够,食品标准体系与国际上仍有差距,这也是被调查者认为我国食品安全管制力度一般的原因,并且企业的责任感仍需提高和教育,但是,随着我国经济水平和社会发展的提高,食品安全管制方面会逐渐趋于完善。

（二）食品安全意识

食品安全意识,就是人们对于食品安全的观念,即对于食品与自身安全健康的一种戒备和警觉的心理状态,主要表现为对于食品是否健康、符合标准的关注程度,以及对于食品安全相关知识和食品安全事件的了解程度。

通过我们的调查发现，在购买包装食品的时候，人们最关注的是生产日期和保质期，其次是品牌生产厂家与价格，再其次是产品外观，最后才是相关检验证明，这说明人们普遍不关心相关检验证明。对于食品安全事件问题上，18.18%的人不了解，70.13%的人有一点了解，11.69%的人很了解。并且16.88%的人不关注食品安全问题，49.35%的人一般关注，33.77%的人很关注食品安全问题，这说明了当今人们对于食品安全这类关乎自身健康的问题是普遍在意的。

新中国成立70年来，人们对于了解食品安全方面的知识具有鲜明的时代特征，网络这一新兴方式对于市民来说获取信息的速度、广度上有很大的影响，为最主要的了解方式，其次才是通过电视广播和亲朋好友，最后是通过报纸杂志。

(三)食品安全方面相关关注度

食品安全方面相关问题的关注度也决定着市民食品安全意识程度，通过调查结果可以看出，对于食品认证标志，大部分人群以前并不知晓，可见早期中国食品安全教育是不到位的。随着生活水平提高、食品安全问题的报道，人们开始关注食品认证标志并了解相关政策的变动(图3)。可见人们食品安全意识普遍提高，政府对于食品安全的监管力度也大大加强，呈现出中国食品安全环境的整体上升发展趋势。

而对于新中国成立以来的严重食品安全问题的关注程度，我们通过调查发现，人们普遍关注的食品安全问题有"地沟油、瘦肉精和三聚氰胺奶粉"三大事件(图4)。三起事件给人们带来重大损失与信任危机的同时，也促进了监管部门的自我整顿。食品安全问题的产生不单单是涉事企业的问题，监管不力与政策漏洞同样也是原因之一。信息化使人们对食品安全问题事件了解越来越多，促进着监管制度的完善，这与过去人们对于食品安全问题了解甚少相比也是一大进步。

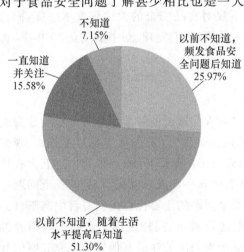

图3 首都市民食品安全关注程度

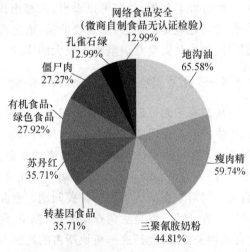

图4 首都市民关注的食品安全事件(多选)

二、食品安全行为习惯构成

食品安全行为是食品安全意识的具体表现,良好的食品安全行为习惯可以保障食品安全和人民健康,具体体现在对于食品购买场所的选择和应对食品安全问题的方法。

（一）消费者购买食品主要场所

大部分消费者趋于选择安全、规范的购物场所,大部分认为最安全的食品购物地点为超市,占比 58.44%,其次是农贸市场,占比 18.83%,然后是路边小摊,占比 12.34%,还有 10.39% 的人选择其他。从以上数据可以看出,大部分消费者有意识选择有安全保障的购物场所,具有一定的食品安全意识。

（二）食品安全维权意识

在消费者遇到食品安全问题时,这关乎每个人的切身利益,不同的人选择不同的方法进行应对。有 46.75% 的人选择退货并要求赔偿,有 23.38% 的人选择自认倒霉,并不追究责任,有 20.78% 的人选择向消费者协会投诉,维护自己的合法权益,最后还有 9.09% 的人没遇过食品安全问题。

由此可见,消费者在遇到食品安全问题时虽然大部分会选择退货要求赔偿,但是维权意识并不高,并且还有一部分人选择麻木对待,如果保障食品安全,不仅仅是政府和企业的责任,同样的,民众个人也应该提高食品安全意识,敢于维护自己的合法权益,一同行动起来。

三、食品安全意识的变迁

通过如上分析,我们可以看出,首都市民不仅对食品安全的关注程度不一样,而且关注的问题也是不同的,更重要的是,通过深入分析,我们发现,新中国成立 70 年来,首都市民的食品安全意识呈现了较大的变迁。

（一）食品安全意识变化宏观分析

从调查结果可以看出,新中国成立以来,过去人们最初的对于食品的关注点分为五大板块:"食品保质期、味道、数量、价格和相关检验证明"。首先从宏观角度分析,观察问卷结果的总体分布,忽略被调查者的年龄因素对于结果的影响,可以看出这五大板块中,人们最为关心的是食品保质期。由此可以看出新中国成立以来,食品的安全问题一直是人们对于食品所关注的首要问题。食品安全问题的重要性在人们心目中高于食品的"色、香、味"。但是从调查结果中(图 5)我们还可看出,同样是属于食品安全因素的"食品相关检验证明"这一板块所占的比例远低于人们所关注的其他方面。究其原因我们认为是多方面的。对比这两个板块来看,首先食品保质期在公众理解程度上高于食品的相关检验证明。其次,由于新中国建设初期食品安全法规建设仍属初级阶段,食品安全教育宣传力度十分薄弱,所以人们对于食品相关检验证明的了解程度不深,导致其对于食品安全的关注度大部分落在了保质期上。

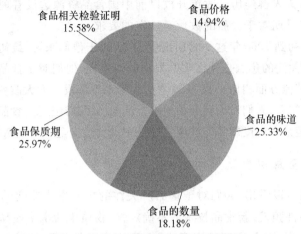

图 5　首都市民食品安全意识的关注点

　　从调查结果整体角度来看,相比于过去人们对于食品的各个关注点的比例分布,现在人们所形成的食品安全意识中对于食品关注的方面更加均衡,各个方面都会关注到,体现出人们食品安全意识的整体提升。其中,比例变化最明显的应属"食品相关检验证明"。究其原因,我们认为这是由于食品安全法规愈加完善,各项检验证明的说服力愈加提高,食品安全宣传教育愈加广泛,由此使人们食品安全意识与需求大幅提高,人们意识到仅凭保质期不能说明一个食品的安全性,食品安全检测证明才是食品安全的真正保障。

　　(二)食品安全意识变化微观分析

　　当考虑被调查者的年龄差异所造成的调查结果的差异时,我们有了新的发现。2001—2019 年这一时期出生的人,也就是大部分 00 后,我们发现,食品的味道和保质期是他们的主要关注点。我们认为这是因为 18 岁以下的人们对于食品安全的意识还没有达到很成熟的程度。他们对于食品安全产生的问题还不是很了解,所以对于食品的关注点主要在于表面现象的"色、香、味"。并且物质生活水平的极大丰富使得他们对于食品的数量关注几乎为零。

　　1991—2000 年这一时期出生的人,也就是大部分 90 后,对于他们来说,最初的食品安全意识是什么呢?我们发现,食品保质期和食品相关检验证是他们的主要关注对象,对于食品价格也有较高的关注。可见相对于 18 岁以下的人群,19～28 岁的人群对于食品安全更加在意,尤其是食品的相关检验证明的关注度较 18 岁以下的人群大幅度提升。可见该人群食品安全意识全面提高,对于食品安全有了更深层次的了解,对相关检测标准有了普遍认识。形成了相对成熟的健康饮食意识,对食品的关注方面更加广泛。

1967—1990 年这一时期出生的人,也就是 29～50 岁的人群,他们的食品安全意识是在食品的数量的关注度上明显高于 19～28 岁的人群,其他方面比例基本没有变化。我们认为这是因为该人群经历了改革开放以前中国食品资源远没有现在这么丰富的时代。所以该人群在早期对于食品的数量有一定的要求。

新中国成立之初到 1966 年这一时期出生的人,对于他们来说,最初的食品安全意识或者说对于食品所关注的焦点是什么呢?根据调查发现,他们对于食品相关检验证明的关注度几乎为零,其他方面相比于 29～50 岁的人群来看并没有太大改变。我们认为这是因为在新中国成立初期,人们对于食品相关检验证明的了解还很少,食品安全意识在人们心中已广泛存在,但是有广度却缺乏深度。这是中国食品安全教育早期的不完善造成的。

(三)食品安全意识变化原因小结

通过调查结果可以看出,人们对于食品所关注的方面发生改变的原因主要有四大方面:"食品安全事件频发、新食品技术的不确定性、物质生活水平提高和食品安全法律法规完善"(图 6)。其中,最主要的因素为"食品安全事件频发和新食品技术带来的不确定性"。究其根本,原因还是在于食品安全问题给人们带来的心理恐慌所导致的食品安全意识的提升。过去食品安全问题的案件因网络通信不发达所以没能像现在这样广泛传播,所以人们普遍对于食品安全问题的严重性认识不够深刻,也就没有形成成熟的食品安全意识。现在所处的网络通信时代,不仅食品安全问题会广泛传播,食品安全教育也广泛普及,食品安全问题案件的教训与食品安全教育同时传达到现在人们的意识中。人们开始认识到问题的严重性,食品安全意识得到极大提升,直接反映为对食品关注方面的改变。除此之外,食品技术的快速发展导致的网络舆论也影响着人们的食品安全意识形成。食品技术的发展给人们带来诸多疑虑,网络上的不正规的消息误导着人们看待食品技术发展的角度。食品技术发展应用到市场食品售卖时给人们带来不安,刺激着人们对于食品安全问题的思考。

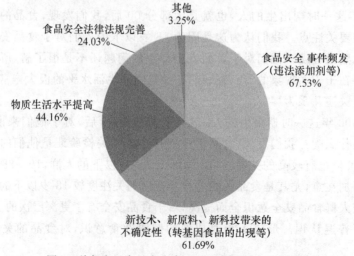

图 6 首都市民食品安全意识变迁的原因占比(多选)

我国人民物质生活水平的提高也是食品安全意识变化的原因，在 20 世纪，由于物质生活水平不丰富，食品的数量是国家首要考虑的问题，人民关注的问题也是是否可以吃饱，自然也就无暇关注食品安全问题，自从 1988 年，杂交水稻产量的成功，取得了巨大的社会效益和经济效益，我国的温饱问题基本得到解决，人民的日子越来越好，物质也越来越丰富，使得老百姓的食品安全意识变化提高，正所谓经济基础决定上层建筑。

食品安全法律法规的完善也影响食品安全意识的变化，完善的法律法规说明国家对于食品安全问题的重视，一方面这使人民对于食品安全投入了更多的关注度，另一方面促进了食品生产部门、厂家的规范性和安全性。从根源上保障食品安全和人民的健康。

通过调查结果还可以看出，大部分人们的食品安全意识有所提高（图 7），但也有部分人食品安全意识没有提高甚至出现下降。我们认为这与生活节奏越来越快，健康的饮食习惯被忽视。快餐外卖的兴起也体现出一些人群食品安全意识不降反退的趋势。快节奏、高压力的生活让人们开始追求吃的快、吃的方便，而不是吃的安全卫生。路边小摊、小作坊外卖，无不体现着方便快餐给现代人带来的食品安全隐患。食品资源的丰富加上网络快递系统的成熟，让人们不仅选择繁多而且快捷许多。但是市场的快速发展带来的便是监管制度的落伍，由此可见部分人群的食品安全意识下降并不稀奇。

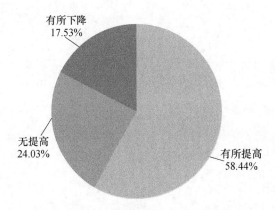

图 7　首都市民食品安全意识的变化趋势

综上所述，新中国成立 70 年来，食品安全方面在党和国家的指导下向着积极美好的方向前进。首都市民的食品安全意识同样也发生了改变，一是物质生活水平的提高，从过去只关心温饱问题到现在关注食品安全问题与食品质量问题。二是当今时代信息发达，尤其是网络信息传播迅速，使得人们了解食品安全问题的发生以及对于自身安全健康的重要性。三是科学技术的进步和相关法律法规的健全，新的科学技术应用于食品方面，其中总会带有不确定性，这就使得老百姓的关注度提升，国家政府对于法律法规的健全，也说明了社会的食品安全意识在提升。总的来说，人民的食品安全意识较过去有大的改变,这种改变是积极的、美好的,有利于社会的平稳发展和国家的繁荣富强。

参考文献

韩杨,李成贵,2011. 中国食品安全的过去、现在与未来[J]. 经济研究参考,000(045):2-12.
魏益民,刘为军,潘家荣,2008. 中国食品安全控制研究[M]. 北京:科学出版社.

北京市老年人保健品消费维权情况调研报告[①]

徐秀春　　耿子琪

【摘　要】 随着老龄化的加剧和健康意识的增强,老年消费者对保健品的需求日益增加,老年消费市场快速增长。由于老年人群的特殊性,给了许多不法分子可乘之机,保健品诈骗案不计其数,这不仅是老年的民生问题,更指向了个人和家庭的现实问题。本文通过实地调查的方式了解了老年消费者购买保健品和维护消费者权益的情况,以科勒特的购买者行为模式的逻辑顺序展开,深入探究了老年人受骗的具体原因及因素,并提出了相应的建议对策,希望可以通过本次调查提高老年人的自我保护意识和安全防范意识以及有关部门的重视与宣传,为老年群体消费者权益保护的改善、完善提供现实依据和理论支撑。

【关键词】 北京地区;老年人;保健品

本次调查主要采取的是网上调查与实地发放调查问卷以及深度访谈 3 种方式。调查问卷是由小组成员到北京市的街道、广场、超市、公园等向老年人发卷填写,并当场收回。共发出调查问卷 300 份,收回 300 份,回收率达 100％;有效问卷 298 份,有效率达 99.33％。18~29 岁受访者占 42.95％,30~54 岁受访者占 21.14％,55 岁以上受访者占 35.91％。在老年受访者中 80.37％为 60~79 岁,我们对其中 37 位老年受访者进行了深度访谈,占老年受访者的 34.58％,深度访谈与填写问卷的被动选择不同,变成了老人主动输出的过程,在过程中不仅拓宽了问题的深度和选项的思路,还能让我们更加深入的了解老人的亲身经历和内心的真正感受。本次调研主要调查老年人购买保健品的态度、行为、心理、情况以及一些生活习惯、生活细节、生活常识等方面,意在了解老年人对保健品的需求、购买情况和态度,商家针对保健品的销售手段,老年消费者维权情况等,进而按照科勒特的购买者行为模式的逻辑顺序分析出目前北京市老年人在保健品的消费及维权方面出现的问题,并针对问题提出相应的改进意见。

一、北京市老年保健品消费市场现状

2017 年中国消费者协会发布"十大消费维权舆情热点",其中,老年保健品成为十大消费维权热点之首。普通商品再次包装竟能摇身一变拥有神奇的保健功能,虽经过两年的整治改善,取得了一些成效,但国内保健品市场环境依旧不容乐观,主要体现在以下两个方面。

---

① 本课题指导教师徐秀春(北京工商大学马克思主义学院);课题组组长耿子琪(经济 181);课题组成员:张凌浩(经济 181)、毕清清(经济 181)、梁晶萍(经济 181)、冯言(经济 181)。

（一）老年消费者购买力强，愿意购买保健品改善身体状况

1. 老年人收入水平方面

据中国家庭金融调查报告统计，2017 年家庭月收入超过 4000 元的老人已超过 1.06 亿人，其中，1600 万老人的家庭月收入超过了 10 000 元。和许多无房无车的年轻人相比，绝大多数老年人拥有一套或多套住房，有一定的资产积累，同时，88％的老年人享有养老保险，在城镇地区，这一比例更达到了 92％。养老金收入逐年提升，大城市人均养老金年均增长普遍超过 7％，且后来进入老年阶段的人的收入会比上一代老年人的收入有所提高，由此可见，老年人的总收入水平逐年提高。

2. 老年人消费水平方面

《大健康产业蓝皮书：中国大健康产业发展报告（2018）》指出，老年人消费水平高于人均消费水平，到 2015 年，中国老年人的购买力将从 2005 年的人均 1620 美元，迅速扩展至 4112 美元，并预测 2020 年我国老年人总消费将达到 7.01 万亿元，2050 年我国老年人总消费将达到 106 万亿元左右，由此可见，老年消费市场正在迅速扩张，这也是保健品消费市场定向吸引老年消费者的主要原因。

3. 老年人人口基数方面

国家统计局数据显示，2016 年我国 60 周岁及以上人口 2.3 亿人，占总人口的 16.7％；2020 年、2030 年我国 60 岁及以上老年人口数量将分别达到 2.55 亿人、3.71 亿人；且随着生活质量和医疗水平的提升，中国人的平均寿命逐渐延长。从 2000 年的 71.4 岁延长至 2015 年的 76.3 岁，老人的寿命不断延长，目前我国进入后中度老龄化社会。

综合上述三方面考虑，老年庞大的人口基数、拥有的殷实财富以及对健康和生活质量方面需求的提高，都会使老年人的购买力不断上升。依据中国保健协会的调查数据显示，目前我国每年保健品的销售总额约 2000 亿元，其中，老年人消费占 50％以上，是保健品消费市场的主力军。

（二）保健品商家良莠不齐

1984 年中国保健食品协会正式成立，中国保健品市场正式起步发展，由于改革开放后百姓健康需求的快速增加和几千年来"药食同源"的中国传统食疗文化影响，让保健品 30 多年来得到了飞速的发展。从 20 世纪 80 年代末到 1995 年初，是保健食品行业高速发展的时期，在这一阶段，由于保健品的高额利润和相对较低的技术管理门槛，许多商家都把目光关注到了这个行业，涌现出了数以千计的保健品生产企业，如"人参蜂王浆"、太阳神、红桃 K 等，各大企业都使尽浑身解数进行广告宣传和市场营销；但仅靠销售手段不足以让行业进行长久的发展，所以 1995—1998 年，中国保健品行业进入了低谷期，为此国家在 1996 年后制定出台了一系列的相应制度规定，促进了保健品市场的健康长远发展，1999 年以后保健品行业便进入了理性发展时期；但 2000 年国家开始取消保健药品，整顿保健食品行业，导致之后的两年保健品行业又开始大幅下滑，而

随着中国经济的发展,这种低迷的情况逐渐好转;从 2005 年开始,中国保健品行业逐渐趋于成熟,企业和消费者都逐渐趋于理智,消费者选择产品时更加注重质量和实际功效,直至 2015 年中国保健品市场开始进入繁荣发展的成长时期;时至今日保健品行业仍在发展之中,虽然已经发展趋于成熟,但仍有许多问题存在无法根除,其中保健品商家良莠不齐就是最主要的问题之一,其导致虚假广告遍地开花、价格高昂、品种泛滥、产品雷同等问题日益凸显。

1. 保健品质量令人担忧

不良商家为牟取暴利、节省成本,在保健品中掺加假料、成分不明、以次充好,有些药品不仅功效成分"缺斤少两"含量不达标,而且还有多种违禁成分、重金属成分、微生物污染等。根据中国消费者协会的一项调查显示,我国 70％ 以上的保健食品存在虚假、夸大宣传的现象,有相当比例的保健食品为假冒产品。不仅如此,有些不法商家甚至添加违禁药物,据查,国务院食安办牵头整治并报道的 8 起食品保健品欺诈和虚假宣传案中,就有 4 起为含非法添加药物成分的保健食品案件。

2. 保健品骗术层出不穷

"专家一出手,全身百病有""礼品拿一拿,药都买回家",商家销售手段花样翻新,让消费者防不胜防,还有免费旅游、免费体检、打公益旗号、打亲情牌等方式,巧舌如簧只为骗钱。除了花样繁多的骗术,还有天花乱坠的虚假宣传。喝竹盐水可以降血压,甚至可以治疗脑梗;一杯来自地球深处的"能量水",对红斑狼疮、肺炎、中风、高血压、痛经都有疗效;沙棘产品吃一个月,彻底治好糖尿病等等,虚假宣传铺天盖地,据腾讯虚假广告监测系统监测显示,涉嫌虚假宣传的广告中,保健品领域的虚假广告占比最高,达到 48％。

综上可知保健品市场环境相对恶劣,矛盾突出问题显著,亟待治理改善。

二、北京市老年人保健品消费维权存在的问题及分析

(一)对老年消费者产生不正当干扰的营销刺激和外部刺激

随着人口老龄化趋势加剧,各种心脑血管等慢性疾病发病率逐年上涨,加之生活水平的提高使人们更加关注健康状况,具有多样功能的保健品越发受到人们关注,商家趁机使用各种手段在保健品领域吸引消费者,如价格优势、嘘寒问暖等攻破人们的心房,从中赚取巨额利益。

不同的销售方式是商家吸引消费者最有力的武器。如小利诱惑,商家以赠送便民物品来吸引消费者,问卷第 25 题"在商家的宣传中,送什么东西让您家老人心动?"显示,有 78.52％ 的消费者会对如鸡蛋、水果、米面等家庭常用食材赠品心动,对牙刷、毛巾等家庭常用物品驻足的消费者也不在少数,表明此类诱惑是一种吸引老年消费者的有力方式;另外,调查显示,老年人了解信息的渠道相对狭窄,如广播,电视,微信平台等。我们在深度访谈中了解到电视平台的保健品宣传广告以地方卫视居多,其中,多数

人提到北京卫视,也有少部分消费者在浏览微信时见过,由此可见,普及性极广的电视和微信对老年消费者产生了很大程度的广告营销刺激。同时问卷第 21 题"商家在宣传保健品时讲得哪些点让你产生购买/试一试的欲望?",发现有 20.56％的老年人会因为保健产品有价格优惠而产生尝试消费的欲望。商家便抓住消费者感性消费的心理,在价格上进行不正当干扰以吸引消费群众。

中国经济飞速发展,又基于我国老年人口基数庞大,且消费水平和收入水平不断提升、健康和生活质量方面的需求提高使得老年人的购买力不断上升,从而造成被骗概率增加。

(二)老年人群具有一定的弱势特征

老年人文化程度普遍较低。60 岁及以上老人出生于经济发展水平不高的时期,此时的经济条件无法支撑学业,导致老年人知识水平较低。

如图 1 所示,超过 60％的老年人仅拥有初中及以下学历,甚至包括 7％的老年人并未接受过任何教育。而大学本科及以上学历仅仅占 3％。不法商家抓住老年人对现代文化和医学常识盲区进行诱骗。面对保健品销售行业员工的舌灿莲花,老年人知识储备量无法辨别,往往出现被人"牵着鼻子走"的现象。

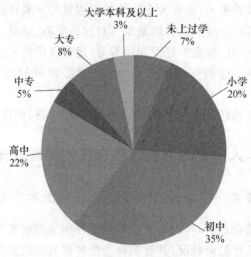

图 1　老年人文化程度

老年人的购买行为受到社会因素的影响。老年人作为社会一员,在日常生活中要经常与家庭、工作单位、左邻右舍等发生各种各样的联系。这些相关群体是老年人经常接触,关系较为密切的一些人。据问卷第 16 题调查显示,42.99％的老年人会因为熟人推荐而选择购买。由于经常在一起交流沟通,使老人在购买商品时,会潜意识受到这些人对商品评价的影响。此外,明星效应对老年人的购买行为也会产生影响。保健品的多数广告都配有被老人熟知的明星宣传。在明星所带来的光环效应和洗脑的重复下,老年人则因其影响而购买。

老年人具有消息闭塞、法律维权意识淡薄的特征。老年人由于知识水平低,没有能力或意愿接受新兴事物而导致消息闭塞或获取延迟。

根据问卷第 29 题"您平时会积极了解外部信息吗?"调查显示,43.93%的老年人不愿积极了解外部信息,其中,包括 12%(图 2)基本上不关注外部信息。而现在信息更新换代速度加快,没有及时获取信息就会给不法商家可乘之机。从"卖茶女"到"虫草妹",作案手法相似,但仍有无数人相继受骗,这归根于老年人没有及时获取信息。根据问卷第 30 题"如果被骗,您家老人会怎样做?"调查显示,有 24.3%的老年人维权意识淡薄,不愿走法律程序来维护自己的合法权益,更多采取自认倒霉、与商家协商等方式态度处理问题;但其余选择维权的老年人又面临不熟悉相关法律、举证困难(根据问卷 27 题"您平时是否会保留购物小票等凭证,以便维权使用?"调查发现 58.88%的老年人不会保留购物小票,而购物小票是消费者维权时的重要证据。没有证据,维权难以进行)等难题,不知道如何维权,最后不了了之。

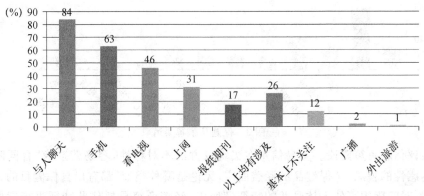

图 2　老年人了解外部信息渠道(多选)

老年人普遍都存在从众心理和感性消费心理。从众心理是比较普遍的社会心理和行为现象。而老年人由于自身文化水平低,往往更相信大多数人的判断。根据问卷第 11 题"您是否会相信广告上的宣传并购买?"调查发现 21.5%的人会根据群众的反映情况来决定是否购买,27.1%老年人会根据保健品的受欢迎程度来决定是否购买。这说明大多数老年人都具有或多或少的从众心理。"随大流"现象使得骗局规模越来越大。

感性消费,它以个人的喜好作为购买决策标准,包括情绪情感消费和基于个人直观感性认识的消费。而精美的包装、优惠的价格、品牌等往往是消费者情绪情感消费的直接影响因素。据问卷 22 题"在一些保健品宣传讲座上,您会不会因为主持人精彩的演讲、赠送礼品、打折促销等方式而在讲座上购买保健品?"调查发现 32.35%的老年人会因为赠送礼品和优惠的价格而购买保健品。由此可得出老年人大多有着贪小便宜的心理特征,常常被优惠的价格或实用的赠品所吸引而一时冲动购买不需要或"一次性"产品。调查还发现有 11.21%的老年人会因为与子女唱反调而购买保健品,他们往往认为自己拥有丰富的人生经历,能够明辨是非,通过购买或加大购买数量来证明自己的正确性。其固执的性格往往更容易基于个人直观感性认识而进行消费。

（三）老年人的决策过程较为盲目

在问题认识与信息收集阶段，老年人认识片面、具有盲目性，信息收集渠道狭窄。超过五分之一的老年消费者有过在类似在电视广告上拨打电话的经历，与之交流了解到，电视广告中会出现一些闻所未闻的药材或是"转基因"等专业词汇，老年人无从考证就打电话咨询购买，结果上了当。

老年人大都退休在家，平日里摄取购物信息的渠道较少，除医院、药店等正规场所外，讲座、网络（微信朋友圈）、朋友推荐、子女购买也作为保健品的有限了解渠道（图3）。正是因为老年人在以上信息获取方式的高频次使用，并且对问题认识与信息收集具有盲目性、被迫接受性的特征，才容易在决策过程中容易出现不理性的情况。

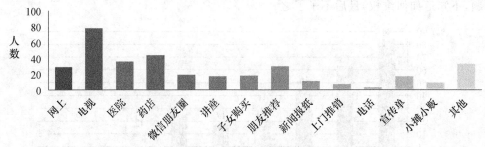

图3　保健品了解渠道

在评估和决策阶段。交易信息在买卖双方的不对称性，容易营造像"合同陷阱"等具有迷惑性的骗局。"保健品的涵盖面广，无论是哪种类型，都有出自保健目的，不能速效，但长时间服用可使人体受益的特征。"所以，经销商容易抓住此特征进行虚假宣传，趁机"放大功效"迷惑消费者。

结合消费者态度结构模型（即由认知、感情、意向3个要素构成）可知，商家易抓住上述所分析的消费者的知识盲点，利用消费者从众心理进而影响消费者态度中的感情与意向要素，如找"托儿"先行下单等手段，改变老年人的购买意向。

如图4所示，从中青年的调查数据中分析得，家中老人对于有小利（如：送鸡蛋、食用油）的活动，大多数都是"有就去"的态度。既然会有老人去，销售方就有了销售的机会，老人的财产安全就会出现高危漏洞。对产品或服务的直接情绪情感体验，也易影响消费者购买的整个过程的态度核心——感情要素的特殊作用。由问卷第20题"有听讲座送鸡蛋、食用油等活动，您参加过吗？您的态度是？"可知，有32%的人群抱着"不拿白不拿"的态度去听了讲座，所以"小利"还是有一定诱惑性的；更值得关注的是，不去的人和选择"去，也听听，没准儿我觉得挺好就也买了讲座的东西回来了"所占比例是一样多的，均为19%。由此可见，老年人的防范意识存在很大问题，仍需加强。

在购后行为阶段。调查显示，在是否维权这个问题上，逃避的人数是大于直接解决问题的人数的。问卷第30题"如果被骗，您家老人会怎样做？"有51.4%的老年人认

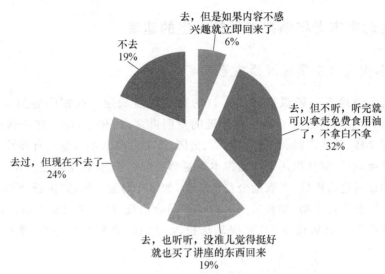

图 4　老年消费者对于听讲座得小利活动的态度

为,"看涉及金额大小,如果金额小没有必要,就算了",还有 24.3％的老年人选择"不会维权,吃亏买教训"。或许正是因为这种"算了"的无所谓心理,使得大多数老年人不会选择维权,让不法分子更加猖獗。从作为子女的中青年角度来看(问卷第 31 题"父母有无向你求助帮忙维权的情况?"),有 85.71％的子女没有收到父母向自己求助维权的情况,其实子女都更希望老人告诉他们,让他们去处理维权。问卷中没有选择"打 12315 消费者投诉电话,请求消费者协会帮助"的占比较大,说明知道正确维权途径的人数较少。

　　消费者权益受到了侵害,维权难也是消费者权益最终难以保全的一大问题。如图 5 所示,"有关部门不作为,重视程度低,最终很难得到解决""维权程序复杂""渠道较少""不熟悉相关法律"成为当代老年人乃至中青年人现阶段维权的核心困难。种种问题映射出居民整体防范意识需加强,法律常识等宣传力度不足,有关机构不作为最终导致维权无果等问题。

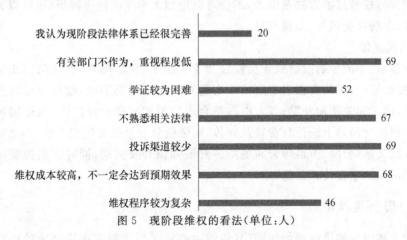

图 5　现阶段维权的看法(单位:人)

三、对北京市老年消费者保护提出的建议

(一)加大人口密集区域的监管力度

商家的营销地点一般根据居住人口的密集程度而定。根据问卷第 23 题显示,46.98% 的保健品宣传设立于居民楼附近的专门讲堂,而有 43.62% 在小区居委会,其他地点如写字楼、健身广场、大街上、酒店、公园、商场等公共场所也均有涉及。

针对这类现象,应从租用条件的根本问题解决。礼堂、会议室等公众场地租用应对举办活动的性质进行审核,多鼓励公益性活动,如宣传防骗知识,宣讲新型骗术等,打击目的不纯的商业宣传活动,如要求商家出示产品合格证,经营许可证等有效证件,从而使不良商家广告远离居民生活,并提高居民及居委会的警惕性,共同维护社区和谐之风。

(二)加大宣传力度

1. 社区宣传

社区是人们活动最为频繁的场所,以居委会为单位,举办一系列活动,不仅可以丰富老人乃至所有居民的业余生活,还可以在意识层面提高居民的防范意识水平。以各小区居委会为单位,增加正规宣讲次数,发放相关知识手册,楼道内部及电梯口张贴宣传海报,居委会应定期对老人开展卫生保健知识讲座并落实学习情况。采取歌舞朗诵、书法绘画等形式,使其深入人心。只有居委会再次进行把关,将保健知识宣传到位,减少不法分子在社区内进行虚假宣讲的频率次数,才能从根本上解决保健品诈骗问题。

2. 大学生宣传

大学是学校与社会的交界点,增加大学生的社区宣传志愿活动,利用大学生的专业知识,建设义务服务站,帮助老年人答疑解惑,提高防范意识,进一步帮助老人了解简单的相关法律与权益保护方法及渠道,不仅可以增加大学生的社会阅历,还可以为社会传播正能量,改善社会风气,实现双赢。

3. 其他宣传

调查显示,不同年龄段群众皆反映宣传常见骗术、新型骗术、普及防骗知识之类的广告、海报数量少,无法真正引起居民内心警觉。对于此类现象,政府需要对宣传工作予以重视,给予相关活动补贴;各大电视平台可以增加宣传公益广告,媒体则可借助互联网在不同社交网站上进行日常普及宣传,如微信公众号推文防骗小贴士,微博发布应对骗术方法文章,公园、街道等公共场所多开展知识普及活动,同时在电视新闻播报时段对这类活动加重宣传和弘扬。

(三)增加维权渠道

针对上述出现的维权难的问题,具体解决办法可以体现在街道办事处添加帮助维

权小组,小组有义务向民众宣传普及维权过程,并在民众需要维权帮助时提供帮助,增加维权机构的公信力;消费者权益保护协会可获得更多权利,设立更多扶助业务帮助民众解决问题,如建立官方网站,专门热线,短信宣传服务;并联络大学添加普及维权志愿活动,帮助在公共场所宣传维权知识,到当地帮助维权小组进行基础工作等。

（四）提升老年人的幸福感

《十城市万名老年人居家养老状况调查》结果显示中国空巢老人所占比例为51.1%,诈骗分子抓住老人失落孤独的心理,向老人打"亲情牌",给予老人关怀,建立信任,使老人更易上当受骗,故子女应多关心父母,换位思考,为父母着想,以尽孝道。其次,可以在社区中开展陪伴老人的志愿活动,鼓励大学生,各界爱心人士参加。在社区建立心理活动中心,招聘专业人士对老人进行心理疏导,排解老人的不良情绪。

同时,老人也要让自己"忙起来"。首先,不断用知识充实自己,找寻自己的爱好,如报名学习绘画等;其次,积极参加社区不定时组织的一系列娱乐活动,如书法、下棋、太极、诗词、乐器、广场舞等等,拉近邻里之间的距离;还可以做志愿活动,为社会发展献出自己的力量是提升幸福感的最佳选择。

（五）完善排查制度

在问题认识与信息收集阶段,可完善国家市场监督管理总局广告监督管理司的监管排查制度。提高讲座等宣传标准门槛,如必须出示正规营业执照等具有说服力的依据,为所有预备消费者提供保障,提供一个安全的消费环境与平台;排查在社区内、小区底商举办的非营业执照的讲座,严惩非法分子,维护公民权益。

（六）注重老人健康状况

保健品毕竟只是起到辅助作用的药品,但"是药三分毒",一定要关注的还是老人自身的健康问题。如定期进行正规体检,提高医疗设施配备水平,贯彻落实社区卫生站服务等。

新中国成立 70 年来基于政策变化下大学生就业取向的研究[①]

朱 倩 张 浅

【摘 要】 新中国成立 70 年来,就业政策随着社会和经济的发展共经历了三次大的变化,在政策的调控下,应届毕业生也做出不同选择,从而适应发展并为发展做出更大的贡献。在就业心理方面,从服从分配阶段的被动工作到开始主动选择工作,到现在的就业压力增大,不得不主动工作发生了很大变化,并分析了这些心理问题出现的原因,并给出我们的建议。最后从薪酬价值、工作地域、发展空间三个方面分析了各个阶段毕业生的择业取向。

【关键词】 政策;大学生;就业;选择

一、就业政策概述

(一)服从分配阶段

1949—1988 年就业政策是服从分配阶段。这一时期主要以政府发布政策与高校实施相结合。由于新中国刚刚成立,百废待兴,开始加速经济发展,国家需要培养高级专项人才来支持这一建设,其中,就提出了"统一计划、集中使用、重点配备"和"在适应国家建设需要的基础上贯彻学用一致的原则"等一系列毕业生分配的方针政策,为大学生选择比较合适的岗位,更好的发挥他们的作用。

根据《全国历年高考人数,录取比例和录取院校统计》,1949 年新中国成立时,人才十分缺乏,高等教育很不发达,当年的高校毕业生仅有 2.1 万人。之后的 1952 年教育部决定所有高校实行全国统一招生考试,当年共录取新生 6.6 万人。从 1971 年开始,国家推荐工农兵学员上大学。1977 年,高考报考人数 570 万人,录取 27 万,录取比例为 29∶1,约 4.8%。可见由于国家经济需要以及政策导向,虽报考人数较多,但在该时期大学生人数比例还是极其小,在初期只占到了 4.8%,并且就业直接由国家分配,没有自主选择的能动性,由于当时积极的就业政策,就业形势一片大好,能够满足所有高学历人群的就业需求。

(二)双向选择阶段

1988—1999 年是双向选择阶段。随着改革开放的深入,经济社会发展加速,统一

---

① 本课题指导教师朱倩(北京工商大学马克思主义学院);课题组组长张浅(注会 171);课题组成员:高欣(会计 173)、王汀兰(会计 173)、宋鑫(会计 173)、胡婷如(会计 173)。

分配制度效率不高,无法使人才配对最合适的岗位。此后,国家改变了过去由主管部门编制分配计划的办法,采取部门和高校上下结合的编制分配计划办法,并在落实计划的办法上,使分配计划尽可能科学、合理、符合实际。同时,还在少数学校中进行了一定范围内的"双向选择"试点工作。1989 年 3 月,国务院批转了原国家教委提出的《高等学校毕业生分配制度改革方案》,其中明确提出了在过渡阶段实行以学校为主导向社会推荐就业,毕业生和用人单位在一定范围内双向选择的办法。

这一时期,报考人数由 272 万人到 372 万人,录取人数的占比也由 30％向 50％平稳过渡,大学生比例也逐渐增加,人才的供给不断地增加,同时各项政策也使双向选择的过程更加顺畅活跃。

（三）自主择业阶段

2000 年至今是以市场为导向的自主择业阶段。将这一阶段的就业政策划分为两个部分:毕业生自主就业和自主创业。

1999 年,教育部颁布了《面向 21 世纪教育振兴行动计划》。按照这一文件规定,从 2000 年起,我国要建立更加适用于当代社会的毕业生就业制度,由"派遣证"向"就业报到证"过渡,由毕业生本人持有。同年 6 月召开的全国教育工作会议也指出,我们建立的毕业生就业制度应当是一个不包分配、竞争上岗、择优录用的用人制度。

之后,我国政策出台了一系列鼓励大学毕业生自主创业的就业政策。包括自主创业的大学生办理社会保险业务时,工商和税收部门要简化审批手续,批准其经营之日起 1 年内免交登记类和管理类的各项行政事业性收费等政策;人事部下发通知要求,各级人事部门要进一步拓宽渠道、制定政策,切实解决非公有制单位接收毕业生遇到的各种问题,支持和帮助非公有制单位接收所需的毕业生。

这一时期在自主就业方面,既使得用人单位有了用人选择权,也使得高校能根据毕业生的就业调查和反馈,及时、准确地掌握市场信息,根据经济建设和社会发展的需要找准服务方向,制定出更为合理的人才培养目标、计划。在自主创业方面,国家出台各项政策鼓励大学生创业,激发个人积极性、创造性,开拓出更新更广的就业领域。

在我们做的调研报告中,有 76％的被调查者表明自己以后一定会从事自己专业相关的工作,在这些人中有 47％的人对自己的专业具体的就业方向和行业环境有全面了解,有 53％的人表示自己仅有部分了解。但是对于所有被调查者来说,其中,有 38％的人对当下的就业政策不是很了解。因此,我们认为,大部分坚信自己以后会从事大学所修专业的相关工作的毕业生都是对专业的就业政策、形势有所了解的。可见,就业政策及其形势的了解和导向对于毕业生在就业方向上有着积极的作用。

在国家政策的变化下,大学生们会跟着政策的意愿走,选择合适的职业;而在这过程中由于政策原因会导致就业者出现心理的变化以及心理问题,需要改变和解决。

二、就业心理分析

经过调查与访谈，我们发现新中国成立 70 年来，在不同时期的就业政策与就业形势的影响下各个时期大学毕业生的就业心理有所不同。

（一）就业主动性的变化

改革开放之初，全国统一实行"统包统分"的就业制度，全国上下的就业主旋律要服从社会发展的需要，这一时期，就业制度简单纯粹，招聘制度保守僵化，大学生在就业时没有任何主观能动性，对于自己毕业后的去向没有任何的选择权，完全不能做出任何的期待和评判，只有百分之百的服从。在当时的时代背景下，大学生人数普遍较少，只有极少数的人才有机会上大学，绝大部分的人都是满意的、知足的，部分大学生对自己并没有太高的期望，甚至不会有任何的期望。在那时，高等教育被视为"精英教育"，大学生毕业后，完全不存在找不到工作的现象，绝大部分被分配重要岗位，甚至是骨干和要害岗位。在"一次分配定终身""就业靠国家、吃饭靠企业"的观念影响下，大家认为"等得到、靠得住、要得来"的社会分配制度使生活环境相对稳定，因而就业心态相对平稳，择业观念比较被动单一。

在 1989 年这段过渡期里，大学生们陆续响应国家政策的号召，开始尝试自行找工作，但由于当时条件不成熟，大学毕业生们不求高学位，只求高收入，对于如何就业并没有过多的思考，"经济地位"就成了大学生择业时最优先考虑的因素，导致大部分毕业生不再考虑传统的党政机关、科研部门或是国有企业，而是普遍希望到国家政策更好、经济收入更高的特区和沿海地区就业，尤其是中外合资或"三资"企业。

随着 1993 年国务院颁布了《中国教育改革和发展纲要》新制度，"铁交椅""金饭碗"现象逐渐被自主择业取代。更多的大学毕业生开始根据自己的兴趣爱好和专业条件等情况，自主决定干什么，甚至是创业，他们根据市场和社会的需要，结合自己的能力条件，为市场和社会提供服务，在服务社会中展现才干，发展事业，实现人生价值。这个时期，"创业也是就业"慢慢地为大家所接受，在选择就业方向时更多考虑把精神需求与物质需求结合起来，选择适合自己的职业。

近年来，国家不断增强对教育事业的人力和财力的投入，新建立了一大批高等学府，原有的大学招生规模也逐年扩大，使得高校毕业生人数迅猛增长。但据国家统计局统计，就业人数近年来有明显降低，中国劳动年龄人口数量在 2011 年达到峰值 9.25 亿人，此后逐渐下降，2017 年净减少人数最多，达到 548 万人，7 年间减少超过 2600 万人。2018 年末全国就业人员总量 7.76 亿人，较 2017 年末减少 54 万人。可以看出，现如今大学教育变成了大众化的教育，大学生也不再是改革开放初期人们口中的"天之骄子"，慢慢地成了广大社会中的普通成员，加上经济逐渐发达，科技与信息化迅速发展，随之而来的就业需求逐年减少，人与人之间、人与机器之间的竞争越来越大，越来越多的大学毕业生开始面临着工作难找的现实难题。

可见，新中国成立以来，人们的就业观念和就业方式发生了深刻变化，主体性越来越强，选择面越来越宽，但面临的就业问题也就越来越多。

（二）对职业发展前景乐观性的变化

意料之中的是，随着社会和经济的不断发展，大学生对就业情况乐观性下降（图1）。

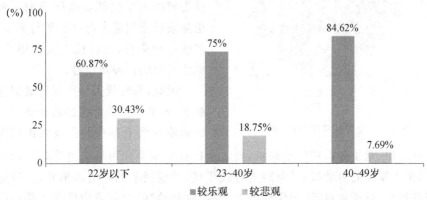

图1 大学生对毕业时的职业发展前景的态度

在服从分配和双向选择阶段，出现不乐观的原因在于认识偏差，缺乏自信，认为自身家庭背景、人脉基础以及社会支持等不利就业。其中，大部分因为缺乏实际经验和技能难以就业而缺乏自信，部分由于发现现实与职业目标期望差异大，出现"高不成，低不就"的现象，进而产生偏执、幻想、自卑等心理问题，从而导致就业行为的偏差。而较少的人因为对所学专业的就业前景不看好而导致对工作的乐观性降低，因为这部分毕业生的专业较为对口，国家定的大方向十分具体，只需根据专业挑选或分配工作。

而在完全自主择业的今天，包括未毕业的大学生对就职前景产生恐惧，一部分原因是求职模式僵化，求职者盲从。现场招聘会成为求职途径主流，网上和亲友介绍也占有一定份额，少数人按报刊和上门推荐。求职模式大众化、不灵活，因而大学生向企业展示自我时产生了一定阻碍，不利于找到理想的工作。调查访谈中我们了解到，同学们获得就业信息的渠道主要是网络和学校介绍，这表明同学们都可以充分的利用现有资源，但是大部分同学都是将目光局限于学校内部，更多的人选择和身边的同学一样，没有大胆地走出去，去尝试新天地的挑战。

此外，由于就业观念的不适应，有的大学生盲目跟潮，有的不能根据自身的特点进行择业，还有的不能根据实际进行就业目标的调整。忽视自我兴趣、能力和特长，对个人及职业的发展前景等因素认识不周、定位不准，导致不能选择到真正适合自身发展的职业及岗位。

另一方面，从这次调查可以发现选择国企的人较多（图2）。由于创业风险高和传统就业观念的影响，中国大学生在相当长的一段时间里都希望能够到工作相对稳定的政府部门、事业单位或是发展前景好的国有大企业工作，而一些规模相对较小的集体企业或私营企业即便大有发展空间，也普遍不被看好。好在自改革开放以来，随着我国社会主义市场经济的不断深入和发展,大学生们的就业观念也随着时代的发展与进步,逐步发生了较大的变化。近年来,国家针对大学生创业陆续出台了一系列的优惠政策,给大学毕业生们创造了良好的创业契机。加之广大媒体的大力宣传,创业已经成为解决大学生就业难问题的一种捷径,更是鼓励他们通过自己智慧与劳动发家致富的一种荣誉,已经成为大学毕业生解决就业问题的一种新趋势。

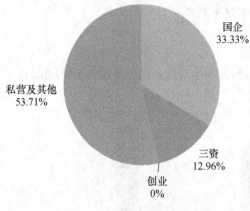

图 2 毕业时就业单位的性质

因此,新时代大学生要解放思想、敢闯敢干,要勇于打破传统的就业观念,主动克服就业观念上存在的自我认识局限,自觉树立自立意识、竞争意识和效率意识,要敢于在社会变革和市场经济规律面前,找准先机,获取个人发展的主动权,及时跟上时代步伐,适应当前的环境和形式,只有这样,才能在当前社会"就业靠自己、工作靠能力、致富靠劳动"的大环境中处于优势,立于不败之地。

三、择业取向

在分析完政策变化和随之改变的毕业生心理后,可以和调查结果相联系,得出择业取向的不同,主要由薪酬价值、工作地域和发展空间来看各时期的变化。

(一)薪酬价值

我国自 1951 年开始实行国家分配工作制度,1996 年正式取消,至 2000 年全面停止。在我们的问卷调查中,于此近 50 年间大学本科毕业且已工作的人占比 50% 左右,在就"毕业后是否选择专业相关工作"这一问题,肯定选项占比百分之 70%,由此可看出薪酬价值在分配工作制度实行这一期间,对于大学生就业方向并没有很大影响。而且 50% 左右的服从分配的大学生对自己的专业就业方面并不全面了解,在问卷调查关于就业压力这一问题中,选择就业认知的偏差这一选项的人占比 37%,这也是国家分配工作制度的主要弊端之一,也可从中看出大部分人并不注重薪酬价值,而是单纯地服从分配。

1987 年,《人民日报》发表的题为"用人之秋话分配——1987 年大学生毕业分配面面观"的文章中指出,此年毕业的大学生被分配的单位退回的数字比以前更大,用人单位表明:"一曰:我有用人自主权,分不分在你,要不要在我。二曰:编制紧,工资总额有限,单位里没大用的人出不去,新分来大学生虽想安排,但爱莫能助。三曰:分配环节还不完善,有扯皮现象。"经过几番改革后,最终于 1995 年提出了双向选择及自主择业。自此双向选择对大学生就业方向的影响迅速提高,问卷中对于工作地域的选择,经济发展程度占比 25%，仅次于离家距离，且对于工作环境的选择，39% 的人选择"工资待遇一般，更具发展前景"，在工资薪酬方面，48% 的人选择"自给自足达到温饱"（图 3），可以从中看出薪酬价值在双向选择提出后，对于大学生就业方向的影响比较重要。图 3 显示了不同年龄大学生在毕业时的薪酬期望。

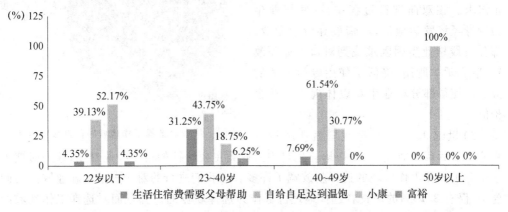

图 3　毕业时的薪酬期望

　　自主择业与双向选择的不同主要在于个人选择就业还是创业。在我们的问卷调查中，90 后及 00 后占比 43%，关于"选择职业的首要因素"，个人兴趣占比 31%，成为最高，由此可看出未来大学生自主择业的能力变得更强，但在我们的调查中，毕业后选择创业的人几乎为零。在网络的资料中，近五年来我国本科院校的毕业生创业率基本保持在 2% 左右，由此可看出，自主择业中选择创业的人很少，且创业失败率高达 95%，最主要的失败原因是缺乏经验和资金。因此，更多的大学生选择就业，也可以得出薪酬价值对大学生自主择业的就业方向有重大影响。

（二）工作地域

　　一开始，由于毕业分配制度是国家行政制度，这一制度强调着对国家的服从，正是计划经济体制调配人力资源的手段之一。对毕业分配是指在计划经济体制下，大学或中专毕业生就业按国家下拨的计划指标进行统一安排。毕业分配制度强调的是"服从国家"，对个体的兴趣、爱好、能力、特长及就业要求等不太重视。于当时没有选择权的毕业生来讲，分配就是命运的被安排。

　　从当时环境的大学生，工作区域的分配上来看，大城市尤其是特大城市人才积压。一些中小城市，特别是边远地区的人才十分匮乏。为了解决这个矛盾，许多省区实行了毕业生先去基层工作几年，然后回城市或机关工作的制度。为了兼顾国家和地方两方面的需求，国家在分配大学毕业生的时候，也要尽量满足地方的要求。

　　随着我国社会主义市场经济体制的建立和完善，毕业生就业制度由传统的按计划分配过渡到毕业生和用人单位之间的"双向选择"。国家进一步放开了大学生就业政策。

在工作区域的选择上,一些毕业生由于受到利益的驱动,经济发达地区、热门行业及效益福利好的单位成为其就业的首选目标,而经济欠发达的边远地区则不能满足需求。在双向选择过程中,一些毕业生为投身经济发达地区,不惜放弃所学专业。部分长线毕业生因困难找到对口专业而改行,造成学非所用,降低了使用专门人才的效益。使得部分毕业生难以体现出其社会价值。

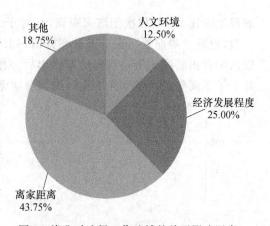

图 4　毕业时选择工作地域的首要影响因素

20世纪90年代至今我国就业政策可划分为前后两个时期,一是以毕业生自主就业为主要特征的自主择业时期,这一时期大学生对于择业工作区域的选择就放宽了许多。在我们进行的对于大学生就业取向的问卷中,仅有3.70%的调查者选择地理位置作为选择职业的。并且面对选择工作地域的首要因素这一问题时,43.75%的受访者选择离家距离、25.00%的受访者选择经济发展程度、18.75%的受访者选择人文环境这一因素(图4)。我认为由于我国经济发展迅猛而导致地区经济发展差异逐渐减少是其中一个关键要素。地区经济发展逐渐持平,让更多的大学生在选择工作区域时不仅仅以经济发展作为首要条件。我国大学生就业区域分布也逐渐均匀。二是以毕业生自主创业为主要特征的自主择业时期。在我们的问卷调查中,38.89%的人选择工作环境应更具发展前景,我认为在北京、广州、上海等一线城市更有利于大学生进行自主创业,其发展机会、经济发展水平也较高一些。

自主择业中,工作环境对于选择就业的大学毕业生就业方向的影响与双向选择的差异不大,但是对于选择创业的大学毕业生的影响不同。对于创业的大学生,公司的选址尤为重要,首先,创立公司的主要业务类型不同,对于自然环境的选择也不同,例如以环境为主打的民宿主要影响因素是自然环境。其次,像餐饮、服装等这类企业,人文环境对于选址的影响更大,如附近的客流量、购买力、同行企业的分布及附近其他商业类型等。且在创业失败的因素中,市场推广困难仅次于缺乏经验和资金,这与公司选址密不可分,尤其是人文环境,这也是为什么工作环境对于选择创业的大学毕业生影响更加强烈。

总的来说,新中国成立70年以来大学生对于工作地域的择业取向从区域失衡走向平衡的过程中,究其原因一是收入差异大,对于高收入预期的追求,导致了大学生的最终流动;二是发展前景不明朗,对于农村以及基层就业来说;三是产业结构不合理,产业发展水平低。

(三)发展空间

服从分配这一时期,毕业生为各行业提供了大量的专业技术人才,但是使得供求双方都被动听从国家分配,发展空间被限制被计划,制约了人才的合理流动。这一时期毕业生对于单位性质的选择只有国家企业,是高度集中的计划经济体制,是单一的全民所有制和集体所有制。大学生更倾向于工资一般但福利优、有较好稳定性的工作,对发展考虑不多。

双向选择这一时期随着社会主义市场经济的发展以及劳动人事制度的改革,大学生在"双向选择"政策下,开始了市场就业的有效竞争,大学生的择业发展空间进一步扩大。私企、公私合营、外企等更多的企业性质出现。大学生也面临着更多选择,更大的发展空间。

20世纪90年代至今,伴随着市场经济的浪潮,大学生就业实行以市场为导向的自主择业。大学教育扩招也使得其就业形势逐渐严峻。上大学不再等于"金饭碗",驱使更多大学生竞争发展。同时市场发展迅猛,大学生的发展空间打开,更愿意选择毕业时工资虽低但发展前景好的工作,同时未毕业大学生愿意选择工作量大且工资高的比例增加,更加愿意辛苦工作获得更多回报。但是就业压力也逐渐增大。但是大多数大学生对职业发展前景抱有乐观的态度,在我们的问卷调查中,70.37%的受访者都对其发展前景持有乐观态度。对于如今放开多元化的公司性质选择,大家也持有多元化的想法,不局限于一些特定的单位性质。

四、我们的建议

通过分析就业政策变化下大学生的就业取向,我们可以得出经济的发展,外资企业的涌入,使大学生就业逐渐从平稳单一向发展更好的企业甚至自己创造企业过渡,从向往稳定传统的行业向更具发展前景的新兴行业过渡,同时也从顺应分配到更愿意实现自我价值过渡。随之而来的是越加复杂的就业压力。因此,我们根据调查问卷提出以下建议:

1. 大胆迈出校门,提高专业能力与技能,增强自信心,用成功的自我营销寻求属于自己的机会。

2. 增加信息的来源渠道,增加就业机会。但不盲目跟风,在与用人单位签订协议前务必慎重、严谨,不要将"先就业再择业"认为就是随便签约,这样对自己、对企业、对学校都会造成不良的影响。

3. 认清形势,调整目标期望值,做好清晰合理的职业生涯规划、明确职业价值、树立科学的职业价值观

最后,我们希望能通过此次调查,能对即将就业的大学生有所帮助。

参考文献

孙庆斌,2004. 高校就业政策调整与就业观念转变[J]. 哈尔滨学院学报(6):107-111.

陈令霞,2005. 我国大学生就业政策演变及其价值分析[D]. 沈阳:东北大学.

唐继碧,2015. 改革开放以来大学生就业观念的变迁[J]. 大陆桥视野(24):321-321.

赵晔琴,2016. 从毕业分配到自主择业:就业关系中的个人与国家——以1951—1999年《人民日报》
对高校毕业分配的报道为例[J]. 社会科学(4):73-84.

新中国成立70年来大学生社会地位认同状况的调研①

吴　穹　孙绮晗

【摘　要】 我们小组针对新中国成立70年来大学生社会地位认同这一问题展开了一系列的社会实践调查。我们以微信问卷形式对不同年龄段的被调查者调查访问,针对现在大学生社会地位差异、现在大学生的生活情况、大学生如何提高自身的社会地位以及大学生的社会地位对自身将来的就业影响展开调查。

后续的研究中,我们结合实际,运用自身力量就当下大学生的社会地位究竟处于何种位置、大学生社会地位是否被认同的原因及其对大学生今后生活的影响等问题展开了更加细致的探讨与研究。组员们还在了解当今大学生社会地位认同的基础上,更深入的挖掘出这个问题背后的深层原因——大学生与社会之间能力与需求不成正比的矛盾。这次的社会实践也更好的激励我们当代大学生发愤图强,巩固坚实基础知识,提高自身学习能力及生活能力。

【关键词】 大学生;社会地位;就业;专业

开篇前,我们先来看看对于"社会地位"这4个字的定义是怎样的呢?

社会地位(social status),有狭义与广义之分。狭义指社会等级制度或分层制度中的排列位置,是权力、声望、职业、财富的象征;广义指个体在一定社会关系体系中所处的位置。后者被认为具有严格的社会学意义,反映了个体与社会整体的关系及在与社会整体互动关系中的社会身份。需要指出,我们所说的社会地位是一种评价。它包括外界对评价对象的评价,也包括评价对象对自身的评价。就中国大学生这个特定群体而言,其具有同等的受教育水平,财富、权利只具有潜在性而较少具有现实性。因此,他们的社会地位主要以声望或社会评价表现出来。

一、调研基本情况

2019年7月18日至8月31日,我们就大学生社会地位认同这个问题展开调研。在本次问卷当中,我们共调查到115人,他们的年龄分布较为均匀,覆盖了20岁以下至60岁以上。其中,20～30岁占比最高为35%,他们中大部分都为在读大学生或毕业生。40～50岁占比为22.3%,位列第二,他们多为当代大学生的家长。所以,本次社会实践调查我们将以当代大学生及其父母的角度,来看待大学生社会地位被认可这一问

① 本课题指导教师吴穹(北京工商大学马克思主义学院);课题组组长孙绮晗(应化172);课题组成员:史伊格(应化172)、刘芮嘉(应化172)。

题。在问卷中,我们关注了以下问题:当代大学生的社会地位处在怎样的位置、当代大学生与以前的大学生在社会地位上是否存在较大的差异、当代大学生的社会地位差异都体现在哪些方面、大学生所学专业类型与他们的社会地位之间是否有影响以及是否认同现在很多人对于当代大学生社会地位的看法。

二、大学生自我定位与社会地位之间的差异

(一)家庭教育

本次问卷中就有绝大部分被调查者认为大学生社会地位在新中国成立70年间产生了变化。随着社会的不断发展,人们的生活条件也愈发的好了,对于孩子的教育方式也较以前有了很大的变化。以前的家长提倡"放养式"的教育理念,而早前的计划生育政策、现在的二胎政策使每个家庭对待孩子的态度发生了改变,家长的教育方式也从科学出发,所以现在的孩子在成长的过程中出现了吃苦少、独立晚、社会适应能力差等现象,这也就造成了当代大学生与以前大学生的社会差异。

(二)体制改革

20世纪80年代,正是我国改革开放开始的年代,百业待兴,国家把工作重心转移到经济建设上,各行各业都需要高层次专业人才。但由于"文化大革命"期间长达十余年高校停止招生、刚刚恢复高考学校办学条件的限制,无论是大学规模还是大学生数量都远远不能满足社会需求。大学被称为"象牙塔尖",大学生被称为"天之骄子"。后来,我国经济在70年来也成功飞速发展,高考制度也发生改革等等原因,我国大学的录取率、本科率均有上升,大学生人数有了很大的增长。大学生从稀缺人才变为非稀缺劳动力,所以社会地位发生了差别。大学生同社会矛盾也由大学生数量不满足社会需求变为大学生综合素质跟不上社会需求。

(三)思想变化

当代网友大多是这样评价大学生的,由当初珍稀的"天之骄子"转变为"普通劳动者",在本次的调查中,超过半数的被调查者认为这样的描述大概正确但态度不明确,19.3%的人认同这样的描述,12.6%的人不太支持这样的描述,剩下的人则完全否定了这样的评价。

由此可见,当代人对于大学生社会地位的看法都不尽相同,不同的人有不同的评价标准。但被调查者大部分认同大学生身份在新中国成立70年间发生了多多少少的变化。

(四)大学生自身因素

在新中国成立70年后的今天,我国高考政策趋于稳定,大学录取率平稳。而大部分被调查者认为大学生现在所处的社会地位并不突出;27.7%的人认为大学生的社会

地位较好;也有 5.9% 的人认为大学生的社会地位较差。

被调查者表示,当代大学生的社会地位主要差异存在在如下几个方面:大学生的户口所在地、家庭背景、父母受教育程度、是否为名牌大学毕业,以及外貌等其他因素。我们不难看出,参与调查者认为差异大多体现在客观因素方面而主观层面几乎不影响。

其中,大学所学专业也占很大一部分。绝大多数参与调查者认为大学生所学专业与他们的社会地位之间是有影响的,极少数认为这二者之间没有影响。不同的专业培养出来的学生对社会固然都是有帮助的、有贡献的。但根据社会需求的变化,对于不同专业的需求度是不尽相同的。每年高考报志愿的时候,家长和学生们不难听到"冷门专业"和"热门专业",越是热门的专业,说明社会需求度越高,大学毕业后也就更容易找到工作;而相反,冷门专业毕业后则不太容易找到心仪的工作,大多数都有毕业后待业的经历。这也就造成了人们对于"冷门专业"学生社会地位一般,"热门专业"学生社会地位高的错觉。

（五）社会责任感

大部分被调查者认为大学生没有稳定收入、主要经济来源靠父母、思想不成熟以及还不具备自己专业的相关技巧,只能干一些打杂的工作,容易被认为社会地位低下;一部分人认为大学生没有正式工作的经验,认为大学生吃不了苦;还有少数人认为大学生还是学生,而学生普遍是弱势群体,觉得大学生缺少社会关怀。现如今的社会对于人才的要求越来越苛刻,刚刚毕业的大学生,即使他们在大学里学习到了很多丰富的专业理论知识,但是对于外面错综复杂的社会大熔炉来说,大学生依然只是一个小学生,需要在社会上继续磨炼和学习。

（六）目标

现在的大学生仅仅每天去上课的和课外还做兼职的比例相近。一半的大学生选择在课余时间去打工,让自己的经济独立来减轻父母的负担,同时提高自己将来在社会上的实际能力;也总会有一半的人选择每天踏实上课,他们会在课后自己琢磨消化老师讲的知识,会认真反复研读专业课本,是为了将来完成他们的梦想;但也不排除有些大学生认为来到大学就轻松了,放纵自己,同时也辜负了自己高考前的"血拼"以及父母的期望,这样的人来到大学我认为既是浪费了自己的大好青春又辜负了父母为他付出的金钱与陪伴(图1)。

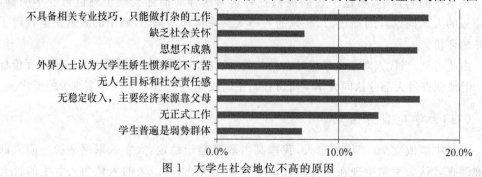

图 1　大学生社会地位不高的原因

三、社会地位差异对大学生就业的影响

现今的大学生和刚刚踏入职场的毕业生普遍认为大学生的社会地位会直接影响到就业。以前的大学生都是工作包分配,但现在大学生越来越多,路上 10 个人中可能有 6 个是大学生,工作问题自然变为被单位所挑选。所以,之前网络上每到毕业季的时候都会有报道说大部分大学生毕业了就意味着是失业。

我们还在调查问卷中询问了被调查者如果现在你作为招聘单位,你会选择一个资历尚浅的大学生还是一个有一定社会经历的非大学生,但很显然的是,有一大部分人选择了那个有一定社会经历的非大学生,这也是一个很现实的问题,如今社会,更多的用人单位更看重个人能力,因为当今大学生中,还有相当一部分人始终认为理论比实践重要或者完全的实践而不注重在理论中总结,这也是用人单位担心大学生只有学习能力或无法掌握多变的工作强度和工作节拍,无法适应当今激烈的竞争社会。在我们的问卷最后,我们还设置了一道自由发挥的题目,让填写问卷的人可以自由发挥,谈谈自己的想法,总的来说还是有很多人觉得大学生基本上吃不了苦,家长也起不到很好的开导作用,一些有经验的前辈们给出了相应的建议:希望大学生可以多实践,去接触社会,多听取他人意见,最好可以在毕业前考研,因为现在大学生"一抓一大把",很多人都选择去考研继续深造。所以我们认为把那些单纯为了赚钱的与自身专业没什么关系的廉价兼职转换为与自身专业关系较为紧密的实习对大学生今后找工作或考研都是有更大帮助的。

四、对提升大学生社会地位的建议

但根据我们的问卷来看,很大一部分人认为大学生可以在大学期间多参加一些实践活动,通过每一次的实践活动学会与人相处之道,让自己可以更好地融入社会。有一小部分人认为大学生可以通过努力学习课本知识来丰富自己的理论知识,找兼职让自己有一定的经济支撑,可以做到经济独立(图 2)。两种途径都可行,一个是钻研自己的专业可以丰富自己大学毕业证书的含金量,另一个是提前到社会中磨炼,与形形色色的人打交道、与种种困难问题做斗争。

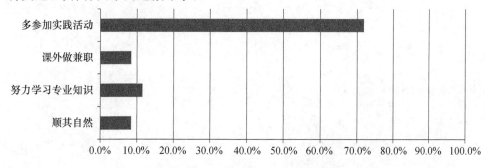

图 2 提升大学生社会地位相关建议

不难发现,新中国成立的 70 年中,大家对于大学生社会地位认同危机并非个别现象。现在社会上各种思想的碰撞、社会贫富差距拉大以及人口流动的加快等等,都会造成大学生社会地位认同危机。产生这种危机的原因与大学生自身素质和国家政策都是有所挂钩的。由于大学生社会地位认同的下降,大学生及其家长们只好越来越重视专业好坏、学校好坏、孩子们的硬件条件,导致出现了好学校好专业越来越吃香,学生产生了攀比心这一系列现象。使得竞争逐渐进入了恶性循环。其影响也将更加深远,例如对大学生今后的就业等等。想要有效解决大学生社会地位认同危机,一定要凝聚家长、学校、社会以及大学生自身,通过各方面的努力,积极构建大学生自身的社会地位认同感,增强社会对大学生的社会认同感,并促使二者形成良性循环,最终使大学生成为未来和谐社会建设的中坚力量。

新中国成立 70 年来贫困学生受教育情况的研究[①]

孟繁宾　李　歌

【摘　要】　教育脱贫作为国家精准扶贫政策的重要组成内容一直以来备受瞩目。本文通过文献研读、问卷调查等方式,对新中国成立 70 年来我国贫困地区学生受教育的发展历程和现状进行了系统性的分析梳理,并对我国现行的相关政策进行简要分析并提出改进措施。虽然新中国成立 70 年来,贫困学生受教育问题逐步改善,人均受教育水平的大幅度提升,但与此同时,教育问题不是一朝一夕能解决的,这需要长期地研究,及时调整相关政策,最终真正实现我国的教育公平。

【关键词】　贫困学生;教育;新中国成立 70 年;精准扶贫

百年大计,教育为本。教育对社会的存在、延续和发展具有重要意义。新中国成立 70 年来,国家一直致力于发展教育,对贫困学生的受教育问题则更加重视。本文希望能通过调查研究深入了解新中国在教育扶贫方面的实际成果。本文在资料文献分析以及问卷调查分析的基础上,对我国的教育发展历程进行了简析,介绍了我国现阶段贫困学生的界定标准以及贫困学生的现状,并对国内外在教育扶贫方面的政策进行对比分析。

本次问卷调查主要采取网络调查的方式。调查时间为 2019 年 8 月 12 日—22 日。调查问卷由小组成员在微信朋友圈、QQ 空间、微博等网络平台以发送链接的方式让网友们填写并收回。本次问卷调查发出 395 份,回收问卷 395 份,回收率 100%。有效问卷 395 份,有效率 100%。

一、新中国成立 70 年来教育发展历程

(一)新中国成立 70 年来教育发展各个阶段简述

1949 年,中华人民共和国成立,翻开了中国教育史新的篇章,自此,中国踏入了社会主义教育事业的探索道路。我们将它分为四个阶段。

1.1949—1966 年,"新中国成立初期",启蒙与发展阶段

新中国成立之前,中国的教育资源分配极其不平均,仅有少数人能够拥有接受教育的权利。1949 年,中华人民共和国成立,推进教育的普及化、平民化,为曾经难以接受到教育的广大人民群众提供了受教育的机会,使教育分配日趋平等化。其分为以下三个阶段。

---

①　本课题指导教师孟繁宾(北京工商大学马克思主义学院);课题组组长李歌(计算机与信息工程学院电子 182);课题组成员:徐思宇(电气 181)、彭梦婪(电子 182)、宋子驹(电气 181)。

(1)1949—1953 年

新中国成立初期,我们面临着旧社会遗留下来的教育问题,展开了建设新社会教育体系的任务。《中国人民政治协商会议共同纲领》当中,第四十一条规定:"中华人民共和国的文化教育为新民主主义的,即民族的、科学的、大众的文化教育。人民政府的文化教育工作,应以提高人民文化水平、培养国家建设人才、肃清封建的、买办的、法西斯主义的思想、发展为人民服务的思想为主要任务。"

1949 年 11 月 1 日,中央人民政府教育部举行了成立仪式。自此,教育部成了政务院中管理全国教育工作的最高行政机构。政务院文化教育委员会与中央任命政府教育部的设立,使得我国教育方面拥有了集中统一的领导机构,更有利于贯彻落实党和政府的教育方针和政策,为改造旧教育建设新教育提供了良好的保证。同年 12 月 23 日,召开了新中国第一次全国教育工作会议。会议确立了今后教育工作的目标,并提出此后相当长的时间内,发展教育应以普及为主,注重为工农服务。1952—1953 年期间,进行了全国范围的院系调整,主要是发展专门学院,结束院系庞杂、设置分布不合理的状况。

(2)1954—1956 年

新中国成立初期,中央曾提出向苏联学习的方针,不仅仅是在政治方面,教育上也要学习苏联来进行改革,但在学习苏联的同时也看重与中国现状相结合的问题。1954 年 11 月,高教部长杨秀峰在第二次全国高等农林教育会议上着重指出:"学习苏联必须正确地结合中国实际。学习苏联先进经验的目的,在于运用它来解决中国的问题,推动我国生产建设向前发展。"

(3)1957—1965 年

中国共产党一直注重教育方针的制订,1957 年 2 月,毛泽东(1957)在《关于正确处理人民内部矛盾的问题》中,明确提出了社会主义教育方针:"应该使受教育者在德育、智育、体育几方面都得到发展,成为有社会主义觉悟的有文化的劳动者。"4 月,中共中央发出了《关于整风运动的指示》,紧随其后的反右革命使文化教育事业也受到了打击。1960 年底,中央文教小组召开了全国文教工作会议,会议检查和批评了文教战线的"共产风、浮夸风、强迫命令风、干部特殊风和瞎指挥风",集中研究了教育工作中贯彻执行"调整、巩固、充实、提高"的问题,强调通过调整建立完善的教学秩序,大力提高教学质量,缩小了学校规模并减少了学校数量。

2.1966—1976 年,"文化大革命"时期,中国教育失误时期

"文革"期间,由于对教育的性质和形式存在着错误的判断,将教育看作是被资产阶级知识分子统治的教育,甚至将新中国成立 17 年来培养的所有学生看作是资产阶级的知识分子,所以对教育进行了一场彻底的革命。在这场革命中,全盘否定了过往教育的招生、选拔、分配制度以及培养方法,并尝试建立新的完整的社会主义教育模式,这对中国教育造成了很大的冲击。

3.1976—1985 年,教育领域的拨乱反正与改革、开放

"文化大革命"对教育事业的破坏是惨重的,同时也给人们留下了深刻的印象。在

十年浩劫中饱受屈辱和迫害的广大教育工作者们，在成功粉碎"四人帮"后，长时间被压抑的对教育的热情和被埋没的才智终于有了迸发的机会，在新时期发挥出了无穷的力量，为中国教育事业振兴做出巨大的贡献。

1978年，中国共产党十一届三中全会召开。教育工作方面出现了前所未有的大好形势，各级党政部门加强和改善了对教育工作的领导，教育事业经过一段时期的恢复和调整，有了相当的发展，随着师资队伍的日益壮大，教育质量也稳步提高。过去的陈旧教育内容、教育方法正在转变，中国教育走上了健康发展的道路。1982年，在中国共产党第十二次全国代表大会上，中共中央正式明确："一定要牢牢抓住农业、能源和交通、教育和科学这几个环节，把他们作为经济发展的战略重点。"首次将教育列为经济发展的战略重点之一。1983年，邓小平为北京景山学校题词："教育要面向现代化，面向世界，面向未来。"这句话指明了在新的历史时期中，教育工作的战略方向，同时指明了教育改革的正确方向。

4.1986年至今，教育精英化

1977年恢复高考后，我国教育模式逐渐转向精英化教育模式，逐步建立了一套系统的、严格的升学考试制度，此后的课程教材难度也在逐版增加，逐渐形成了一个精英等计划的教育体系。

临近新世纪，以江泽民同志为核心的党第三代中央领导集体，从我国基本国情出发，充分发挥教育的基础性、先导性、全局性作用，强调加快社会主义现代化建设必须依靠科技进步和提高劳动者素质，制定了科教兴国战略。全面实施素质教育，深化教育体制改革，积极推进教育创新，加强教育法制建设，我国教育事业以前所未有的速度持续健康发展，改革以前所未有的力度全面推进，把一个充满生机活力的中国特色社会主义教育体系带入21世纪。

进入新世纪，以胡锦涛同志为总书记的党中央，坚持以人为本、科学发展，深入实施科教兴国战略和人才强国战略，强调教育是民族振兴的基石，教育公平是社会公平的重要基础，作出了优先发展教育、建设人力资源强国的重大战略决策。普及和巩固义务教育，大力发展职业教育，提高高等教育质量，规范教育收费，健全学生资助政策体系，努力办好人民满意的教育，我国教育在全面建设小康社会实践中深入推进改革开放，进入全面协调可持续发展的新阶段。

党的十八大以来，习近平总书记站在坚持和发展中国特色社会主义、实现中华民族伟大复兴中国梦的角度，围绕着"培养什么样的人、如何培养人以及为谁培养人"等问题，对教育的根本任务、发展方向、队伍建设等内容作了深入全面的论述，丰富并发展了中国特色社会主义教育理论，为我国教育改革与发展指明了前进的方向，对促进我国教育改革和发展具有极其重要的现实意义。

（二）贫困地区教育发展阶段简述

贫困地区受各方面因素的限制，与大中城市相比，教育方面发展受到制约，其发展水平与总体水平略有差距，总体上分为以下3个阶段：

1. 1949—1966 年

中华人民共和国成立后，我国的教育领域遵循着共同纲领中对教育的要求，将普及工农教育作为主要尝试，在全国范围内的农村地区中，大体上形成了生产大队办小学、公社办中学、区县办高中的农村教育格局，创造了"政府补贴＋公社的公共经费分担"的全民办教育模式。这一时期文化领域的扶贫攻坚主要着眼于将教育视为人人享有的一项权利，是人民当家作主的表现。此后的 20 世纪 50 年代，国家又在全国范围内开展了大型的"扫盲"运动，以"为人民服务"为宗旨增加广大人民群众受教育的机会。在这次运动中，结合农村农业生产和农民生活需要而进行的农村扫盲工作进展顺利，农民文化水平的提升协助他们减缓了农村贫困，可以看出提高文化素质和政治觉悟的普及文化运动对贫困人口的重要意义。

2. 1967—1977 年

"文化大革命"开始后，全国范围内的农村中小学也受其影响，开展了一场轰轰烈烈的"教育革命"，其中，一个重要内容就是将公办的中小学下放到公社和大队中去办。1971 年，《全国教育工作会议纪要》提出要在"四五"期间，在农村普及小学五年教育。在"文革"期间，农村普及教育似乎走上了一条异乎寻常的发展道路，农村初中的数量、规模达到了有史以来的最大值。农村普通高中的发展则更加迅速，在1971—1976 年的 6 年时间中，学生数量猛增 2.7 倍。虽然在"文革"时期，广大农村地区的中小学数量激增，入学率也大幅提高，看似在普及教育层次上跨越了一大步，但细看当时的相关规定，为了实现教育普及，采取了缩短学制、精简教学内容等极端的方法。尽管在教育方面反映了农村人口的利益，却使教育以一种违反教育发展规律的方式发展。

3. 1978 年至今

改革开放后，随着发展任务逐渐转为以经济建设为中心，文化扶贫由保障公民基本人权逐步转向技术性的培训和扫盲。

1984 年，《中共中央、国务院关于帮助贫困地区尽快改变面貌的通知》提出了包括"增加智力投资"在内的五点重要措施，这应当是我国政府文件中第一次明确提出教育扶贫的话语。这一时期内，贫困地区利用科学技术推广和发展成人教育等手段，提升了自身的资本积累，有效增加了贫困人口的收入，提高了贫困人口的生活水平。1994 年，《国家八七扶贫攻坚计划(1994—2000 年)》进一步提出了，要解决"全国农村 8000 万贫困人口的温饱问题"，其中"改变教育文化卫生的落后情况"作为一个重要目标，推动了这一时期的教育扶贫将重点放在普及初等教育和开始技术教育培训方面，通过将农民的基本素质提高来带动贫困地区经济的发展。

近几年，在精准扶贫理念提出后，教育扶贫的意义变得更加深远。2015 年《中共中央国务院关于打赢脱贫攻坚战的决定》，将教育扶贫作为实施精准扶贫、加快精准脱贫的重要措施，要求"着力加强教育脱贫"，"让贫困家庭子女都能接受公平有质量的教育，阻断代际传递"。2016 年《国务院关于印发"十三五"脱贫攻坚规划的通知》，明确将精准化理念注入教育扶贫之中，提出"以提高贫困人口基本文化素质和贫困家庭劳动力技能为抓手,瞄准教育最薄弱领域,阻断贫困的代际传递"。这说明,贫困地区教育自身的发展和改革已经成为国家整体扶贫的关键领域。

(三)贫困地区受教育的意义

贫穷和教育之间本质上有着深刻的内在关联。没有良好的教育其本质相当于剥夺个人能力的贫困,且这种关系更易引发代际传递的贫困。

我国的反贫困实践一直以来都将提高贫困人口综合素质作为贫困地区脱贫的必由之路,近年来,随着国家脱贫攻坚战的打响,教育扶贫的地位水涨船高,"精准扶贫"的提出则进一步地加深了教育扶贫的发展理念,教育精准扶贫也应运而生。与其他方面的扶贫手段相比,教育扶贫能够解决贫困的代代相传问题,相当于"授人以渔",从根本上改造贫困文化、消除贫困文化,并增强贫困人口的自我生存能力,提高生活质量。从贫困地区教育发展各个阶段实施的政策和方针来看,包括教育在内的文化领域的扶贫才是真正能够解决贫困地区发展问题的关键。

教育,不单单是提升国家竞争力的有效手段,更是国家发展的重要基础,贫困地区教育水平的提升不单单能提高贫困人口的文化素质和政治觉悟,更能拉动贫困地区经济发展,使脱贫攻坚任务能够更好更快地完成。

二、贫困学生受教育情况分析

(一)贫困学生的界定标准

参照市民平均消费水平,贫困学生的界定标准暂定为:

(1)本人月平均生活费、家庭人均收入在 300 元以下的,平时生活节俭,完成学业确有经济困难的学生;

(2)家庭所在地处于边远经济较落后的农村地区,或父母下岗无固定经济来源,以及残疾学生、单亲、父母离异(低收入家庭)的学生;

(3)少数民族学生,及少数本人虽未主动申请但家庭确实贫困,且有相关证明情况属实的学生,可列为贫困生。

除符合以上条件外,还具备以下条件的,如烈士子女、孤儿、父母患有严重疾病或残疾(丧失或部分丧失劳动能力的)以及特殊困难家庭,家庭持有《特困证》《社会扶助证》《最低生活保障证》及本人月平均生活费与家庭人均收入在 200 元以下,难以维持基本生活的,列为特困生。大体上来讲,贫困学生主要是指由于家庭经济困难,在高校学习期间基本生活费难以达到学校所在地的最低生活标准,且无力缴纳学费及购置必要学习用品,日常生活没有经济保障的学生。

(二)贫困生的总体概况

近几年,中国高校普遍进行了"并轨"处理,即高校招生时,不再区分国家任务和调节性两种计划形式;录取时不再降低分数线录取委托培养生和自费生,而是在控制分数线上同一学校只划定一个最低录取线。大学生人均学费基本在 5000 元左右,再加上住宿费用以及日常生活开销,平均一年就需要花费 1 万元以上,对此,一般家庭基本可以承担,但贫困家庭由于其年收入水平过低,难以负担学生的费用,从而导致贫困生人数不断增多。

数据显示,自 2000—2014 年的 15 年间,中国高考报名人数从 375 万人增至 939 万人,增长约 2.5 倍。同时,录取率提高到了近 75%。此外,2003—2013 年,高校公共财政教育支出经费占全国教育公共财政支出的近 36%,高校学生人均拨款水平达到历史最高水平。

2002 年,国务院发表的《国务院关于深化改革加快发展民族教育的决定》加大对民族教育的投入。"十五"期间及至 2010 年,"国家贫困地区义务教育工程""国家扶贫教育工程""西部职业教育开发工程""高等职业技术教育工程""教育信息化工程""全国中小学危房改造工程"、中小学贫困学生助学金专款、青少年校外活动场所建设项目等要向少数民族和西部地区倾斜;对未普及初等义务教育的国家扶贫开发工作重点县,向农牧区中小学生免费提供教科书,推广使用经济适用型教材;采取减免杂费、书本费、寄宿费、生活费等特殊措施确保家庭困难学生就学;中央财政通过综合转移支付对农牧区、山区和边疆地区寄宿制中小学校学生生活费给予一定资助;少数民族和西部地区各级财政也要相应设立寄宿制中小学校学生生活补助专项资金。在同等条件下,高等学校少数民族贫困生优先享受国家资助政策,确保每一个大学生不因经济困难而停止学业。少数民族散杂居地区的各级政府要设立民族教育专项资金,制定和落实有关优惠政策,扶持散杂居地区民族教育的发展;少数民族和西部地区地方本级财政教育经费的支出要切实做到"三个增长";国际组织教育贷款、海外和港澳台教育捐款的分配,重点向少数民族和西部地区倾斜;鼓励社会力量办学,支持和调动社会力量参与教育"帮困济贫"行动,对纳税人向少数民族和西部地区农牧区义务教育的捐赠,在应纳税所得额中全额扣除;少数民族和西部地区新建、扩建学校包括民办公益性学校,以划拨方式提供土地,并减免城乡建设等相关税费;对勤工俭学、校办产业以及为学校提供生活服务的相关产业,继续实行税收优惠政策;同时,适度运用财政、金融等手段支持少数民族和西部地区教育事业的发展。

据 2004 年国务院下发关于贫困生救助相关文件指出:随着我国高等教育规模的扩大和学生总量的快速增长,高校贫困家庭学生的数量有较大增加。2004 年全国普通高校近 1200 万在校生中,贫困家庭学生约占 20%,人数在 240 万左右。当时政府所采取的办法为以下 6 种:一是全力推进国家助学贷款按新机制运行。二是加大国家对品学兼优的贫困家庭学生的助学奖励力度。三是确保高等学校收入的一定比例足额用于资助贫困家庭学生。四是建立规范的高等学校勤工助学制度。五是加快推进生源地助学贷款业务。六是高等学校要加强领导、严格管理和健全工作机制。

在 2017 年国务院颁布的《国务院关于印发国家教育事业发展"十三五"规划的通

知》更是明确指出:坚持促进公平。教育的公平性是社会主义本质要求,要发展社会主义,逐步实现人民共同富裕,教育公平是基础。注重有教无类,让全体人民、每个家庭的孩子都有机会接受比较好的教育,让教育改革发展成果更好地惠及最广大人民群众。突出精准扶贫,面向中西部地区特别是边远、贫困地区,加大对家庭经济困难学生帮扶力度。

由以上内容来看,国家政府对贫困学生十分重视与关心,但其中也存在一些不足之处。

现阶段,大多数对资助政策体系进行的研究,都还基本停留在理论研究方面,联系实际的较少,某些建议可能仅仅针对现象,而非实际情况,导致一些国家政策不能够切实有效地落实,且部分研究对前人的研究完全继承,未能探索新的道路,缺乏其创新性。建议相关研究应以贫困学生的真实需求为目标,与国外相关研究进行对比,借鉴其成功的经验,吸取国内外失败的教训,对我国的贫困学生资助政策体系的设计进行完善,力求弥补现阶段的不足与局限。

(三)贫困学生完成学业情况及其分析

1. 贫困学生所处地域与其他地域差异分析

从数据来看,接受本次问卷调查的贫困学生约占总人数的 43.3%。他们中超过半数的人来自小城市,接近 1/3 的人来自农村,只有很小一部分出生于中等城市和大城市。由此推断,我国贫困生大多分布在农村及一些小城市,尤其是中西部不发达地区(图 1)。

在这些贫困学生中,有少部分人连义务教育都没有完成就中途辍学。通过调查了解其辍学原因,主要是贫困地区的收入水平有限和性别歧视两个原因(图 2)。

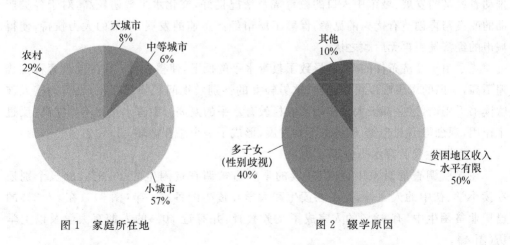

图 1 家庭所在地   图 2 辍学原因

从各城市的人口平均收入、平均消费水平等方面来看,不难发现:一般情况下,大中城市家庭的经济状况优于小城市和农村家庭;同时,农村的教育水平较为落后,导致其观念的落后,"重男轻女"等封建思想的根深蒂固,使得部分农村贫困学生的受教育水平受到限制。

对比城市和农村的差异,主要从农村与城市的经济状况入手,从其经济收入来源着手分析。

农村的经济来源主要是第一产业,包括种植业、林业、畜牧业、渔业、副业等5种产业形式,也就是我们广义上所说的农业。而以农业为主的经济形势,存在着很多的缺陷。农民家庭经营规模小,在很大程度上限制了生产的发展,土地规模小,使得大量的农村劳动力受限于耕地面积,得不到充分利用,造成了人力资源的浪费,农业生产小而散,规模经营无从谈起;由于农村教育基础薄弱,本身文化素质低下,对农业新技术的掌握和应用存在很多困难,导致农产品生产科技含量不高,经济效益不佳;农产品价格、市场、销售状况等因素不稳定,大部分农产品没有收购保护价,使其价格变化幅度增大、变化频率较快;由于运输路途的遥远,有时天气的恶劣,许多产品在运输的途中出现变质的情况,无法获得相应的经济效益;农副产品时常出现供大于求的情况,许多产品出现了滞销的情况。当然,农业本身具有极大的不稳定性,自然灾害的频发使得农民有所顾虑,基础设施的薄弱决定了农业生产仍然摆脱不了"靠天吃饭"的局面。若遇到大型自然灾害,农产品的产量大幅度下降,投入和产出不成正比,经济收益甚微。

而城市的经济活动主要是工业和商业,制造产品,提供服务,即第二、第三产业。影响城市经济发展有六大因素:土地、人口、产业、科技、文化、政策。土地资源面积广阔,建楼、设厂十分便利,产业有地方落足,为城市经济发展提供了强有力的支撑;城市人口众多,就业岗位多样化,为经济发展提供了源源不断的动力;科技是社会发展的第一生产力,一座座科技产业园的坐落,使得城市走在科技的前沿,享受科技带来的好处,不断推动着经济的发展;城市中人口的教育普及情况良好,文化水平普遍较高,对于各类产品的改良与再创造有优秀的见解,保障了城市经济迅速的发展;政策的大力扶持,使得城市的经济发展再无后顾之忧。

正是由于经济条件的落后,导致了教育水平的低下,使得农村人民的受教育程度普遍不高,老旧的思想难以得到改变,重男轻女的性别歧视问题依然存在,也有一些人鼓吹读书无用论,这些都极大地限制了农村教育水平的发展。教育水平得不到提高,反过来作用,观念得不到改变,经济得不到发展,形成了一个恶性循环。

2. 贫困生受教育水平分析

在接受调查的对象中,仍旧在读的学生占被调查贫困生的36.8%,除极个别还在读小学、初中的人之外,高中在读生和大学在读生约各占一半(图3)。在57.3%的已毕业贫困生中,有98%的人完成了义务教育,并有近70%的人拥有大学及以上学历(图4)。

结合调查中的年龄层次来看,1978年至今这一阶段中,随着出生年份的变化,学历高的贫困学生逐年增加,尤其是近15年来,国家对脱贫攻坚越发重视,精准扶贫的开展都是贫困地区教育情况改变的有力后盾。

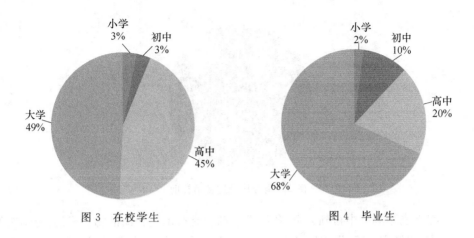

图 3 在校学生　　　　　　　　　　　图 4 毕业生

根据中共中央、国务院印发的《中长期青年发展规划(2016—2025年)》，国家正大力实施科学配置教育资源。文件中的具体措施有：加大公共教育投入向中西部和民族边远贫困地区的倾斜力度，逐步缩小地区间教育资源差距；普及高中阶段教育，逐步分类实现中等职业教育全部免除学杂费，率先从建档立卡的家庭经济困难学生实施普通高中免除学杂费；实施国家贫困地区定向招生专项计划；完善贫困家庭学生、进城务工青年、少数民族青年和残疾青年等特殊青年群体帮扶救助机制，健全资助体系、完善资助方式，实现家庭经济困难学生资助全覆盖；进一步完善和落实进城务工人员随迁子女接受义务教育后在当地参加升学考试政策。

在完成了义务教育之后，大多数的贫困学生没有因经济问题而选择停止学习，而是在高校贫困学生政策的帮助下完成学业。从2004年秋季开学起，中央财政大幅度增加对全国普通高校中品学兼优的贫困家庭本专科学生的助学奖励经费，以帮助和激励更多的贫困家庭学生勤奋学习、努力进取。中央同时要求各个高校积极创造有利条件，在校内设立适当的勤工俭学岗位，由校内组织来组织贫困学生通过勤工俭学获取一定的报酬，解决生活费用等问题，并提出要优先安排经济特别困难的学生，尤其是军烈属和城市低保户、农村特困户等家庭的子女以及老少边山穷困地区贫困家庭学生等。有机结合了"资助"和"教书育人"，培养学生吃苦耐劳、自立自强的优秀品质。

国务院办公厅为保障各高校的贫困学生受资助一事落实，要求各个高校每年必须从本校有关收入中提取相应比例的经费，专门用于资助贫困家庭学生。还需按照教育部、财政部的相关通知中的有关规定严肃执行，提取足够的经费，专款专用，相关部门也会对该要求的执行情况进行审查，严肃处理未按规定执行的高校。

3. 贫困学生补助情况

尽管针对贫困学生受教育困难的相关补助，国家颁布了很多政策，要求学校执行，但调查结果显示：受过贫困补助的家庭贫困学生不到半数(图5)。这说明相关政策仍需进一步完善落实，同时这也是仍有部分贫困生中途辍学的一个重要原因。

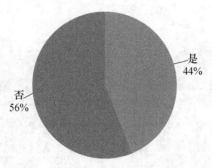

图 5　是否接受过贫困补助

　　从小学到初中到高中再到大学,各级学校都设有贫困生补助的相关机制:免学杂费、发放生活费、报销交通费、设立助学金等,一项又一项举措,从出家门到在学校学习生活,事无巨细,贫困生家庭负担不起孩子上学的情况应当有所减少,然而事实并非如此。

　　先从根源分析,贫困学生收到学校的补助一般流程都是先向所在学校提出申请,学校对个人家庭情况进行核实后,按照规定在一定时间内给予补助金。就申请贫困补助的对象而言,虽然大部分申请者是真正的家庭贫困学生,但仍有一部分申请者家庭情况良好,却选择了申请贫困学生补助金,一方面占用了原本的申请名额,另一方面造成了资源的浪费,不能使补助金真正地用到有需要的人身上,而真正的贫困生,一部分原因可能是出自所谓的自尊心而没有提交申请,另一部分原因可能是对相关政策未能深入了解而没有选择申请。更有部分学校的教师,在班内名额有剩余的情况下,选择了将申请机会留给班内表现优异的同学,造成了名额的浪费。就贫困生申请的条件来说,部分条目确实存在不合理的地方。例如,申请借款学生应符合:学生本人入学前户籍、其父母(或其他法定监护人)户籍均应在本县(市、区)这一条。若某贫困学生的父母由于经济条件差而外出务工,将学生送至其他城市上学,便不能申请助学贷款,使得贫困学生的家庭经济负担加重。

　　在审核过程方面,也存在着一些"放水"现象。事实上,贫困生的家庭状况,除非真的特别贫困,其他的情况大多存在掺假的情况。而审核机构对此睁一只眼闭一只眼,这也是家庭条件良好的学生申请贫困学生补助金的一个"有利"条件。故在此建议,在推进补助政策的同时,也应加强监管力度,让审核程序更加严格有效,不要让真正需要补助的学生失去减轻家庭经济负担的机会,从而导致学生辍学。

　　4. 贫困生长辈受教育情况

　　问卷调查中也了解了其他年龄层次的贫困地区群众的受教育水平,从图 6 中可以了解到,大部分学生的父母都完成了义务教育阶段的学习,

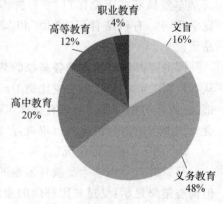

图 6　父母受教育情况

但更多的只是到义务教育为止。这说明在1970—1985年的义务教育的普及基本到位，但更高水平的教育仍需推进。

追溯至新中国成立初期出生的老人们，文盲占了相当一部分的比例（表1）。老一辈们处于新中国成立之初，扶贫、改善教育等相关政策、法律还有很大欠缺。很多人的思想也受旧中国的影响，对接受教育并不看重，结合中国当时国情，一个家庭有多个子女，贫困的家庭也很难负担起多个子女的教育费用，且当时读书上学需要缴纳学费、书本费以及学杂费，种种原因使得受教育成为贫困家庭孩子的奢望。

从表1中也可以看出，"重男轻女"这一现象，在完成较高的教育的人中，男性相当于女性的两倍。

表1　贫困生的爷爷奶奶（外公外婆）受教育情况（单位：人）

	文盲	义务教育	高中教育	高等教育	职业教育	不清楚
爷爷	156	92	28	15	10	94
奶奶	193	74	19	7	3	99
外公	126	110	23	18	5	113
外婆	179	87	15	6	1	107

从新中国成立之初到改革开放时期，到如今新中国成立70年来，每一代人的平均学历显著提高，贫困学生的受教育情况也有了很大程度的改善，但在贫困学生教育问题上，仍有许多不足，虽然期间借鉴过其他国家的教育改革经验，但在中国这片土地上未能取得令人满意的结果，发展中国特色社会主义的教育体系才是使我国教育发展走向世界前列的根本任务，我国的全面深化教育改革、推进教育扶贫工作，任重道远。

三、我国与发达国家的教育扶贫政策对比分析

教育是国家发展的根本，中国与其他许多国家一样致力于解决教育扶贫问题。如今许多发达国家通过长时间的创新与探索拥有了较为成熟的教育精准扶贫体系。这里我们主要以美国、英国为例，将我国与发达国家精准教育扶贫政策进行对比。

发达国家普遍拥有较为完善的精准教育扶贫政策。美国建立了从学前教育到高等教育的完善教育精准扶贫体系，根据每个教育阶段不同的特点采取不同的帮扶政策。学前教育阶段美国政府1965年制定了《开端计划》，由政府投入资金为贫困家庭儿童提供免费的学前教育。基础教育阶段，美国政府颁布了《中小学教育法》和《不让一个孩子掉队》法案，满足弱势群体学生的教育需求，保护弱势群体学生的平等择校权。同时政府以减免税收的优惠政策鼓励个人与企业向学校进行捐赠或设立扶贫基金。在高等教育阶段，联邦政府会向贫困学生提供助学贷款和助学奖学金。同样，作为"福利国家"的英国十分重视教育扶贫。与美国一样，英国的教育扶贫体系也囊括

学前教育至高等教育的各个阶段。学前教育的《儿童法》、基础教育阶段的《教育行动区计划》以及高等教育阶段政府提供的贷款与补助为贫困学生提供帮助,以求教育机会均等。

我国教育扶贫政策也涵盖了从学前教育到高等教育结束的各个阶段:包括《高等教育学生资助政策》《普通高中教育学生资助政策》《义务教育学生资助政策》《学前教育资助政策》等。我国实施九年义务教育,此外贫困学生也有相应的补助政策,例如减免学杂费、提供助学金以及助学贷款等。

针对外国相关政策的对比情况,提出如下建议:

第一,我国要重视和加强立法。发达国家通过立法对贫困地区的教育支持给予保障。我国应学习发达国家,在贫困地区与贫困学生的认定上,加强监管与评估;在对贫困地区的经费分配问题,教师配置问题以及贫困学校的进退机制进行明确的规定,使我国的扶贫工作从广泛扶贫变为精准扶贫。

第二,加强贫困地区师资建设。我国目前主要依靠给予教师待遇上的优惠和补助和提供职业发展倾斜政策来吸引教师到贫困地区任教,但贫困地区教师质量很难提高。贫困地区生活水平落后、交通地理不便等一系列问题难以解决,如果国家可以给教师进行更多的补助,以及解决教师个人家庭问题,或许贫困地区教师素质会普遍提高。

第三,我国应学习发达国家加强对贫困地区教育监督、监管。追踪每一个教育扶贫项目的完成情况,定期审核教育扶贫的成果,以便及时制定或修改的教育政策并且提升贫困地区对扶贫政策重视程度以及经费的使用效率。

四、结论

随着我国经济的发展,培养新时代的人才对中国来说成为一个重要的任务,与西方发达国家相比,起步晚又经历了"文革",发展缓慢,故对贫困学生的资助政策方面的研究起源也较晚,很多的研究目前也仅停留在理论层面,如何帮助家庭困难的学生完成学业,更是成了教育工作者的棘手问题。贫困学生资助政策的实施,能够大幅提升贫困地区教育基本公共服务水平,让贫困家庭子女都能够接受高质量的公平教育,从根源上解决我国部分地区的贫困问题。

故本文结合我国教育发展历程、现阶段贫困学生受教育情况以及国外对贫困学生的相关政策进行比较研究,并提出不断改革的方案,希望能够提出适合当前我国贫困学生现状的切实有效的建议,改善贫困学生资助、教育等方面的问题。

本次研究虽针对问卷调查所遇到的实际问题来进行研究,尝试性地提出一些建议,但数据分析样本量较少,人员缺乏专业性以及分析研究不透彻,这些建议在实际实施时也会出现其他的新问题,仍需进行更深入的研究来完善。

解决贫困学生受教育问题,不是一朝一夕就能够完成的,且随着我国其他方面的发展,贫困学生受教育情况也会随之发生改变,因此,解决此问题需要长期的研究,时刻关注,不断改善现行政策,根据社会的发展需求进行调整,才能够达到合理配置教育资源,让每个贫困学生都能和普通学生一样成为国家栋梁、社会精英,实现我国教育公平以及社会公正的目标。

参考文献

杨秀峰,1987. 杨秀峰教育文集[M]. 北京:北京师范大学出版社.

毛泽东,1957. 关于正确处理人民内部矛盾的问题[M]. 北京:人民出版社.

刘航,柳海民,2018. 教育精准扶贫:时代循迹、对象确认与主要对策[J]. 中国教育学刊(04):29-35.

张彩云,傅王倩,2016. 发达国家贫困地区教育支持政策及对我国教育精准扶贫的启示[J]. 比较教育研究,38(06):77-83.

新时代北京女性应届毕业生就业问题研究①

张宏伟　盛雨晨

【摘　要】　新时代以来,随着社会的不断变革与新经济的发展,我国人才培养质量和大学生就业受到越来越多的社会关注。与此同时,我国高校应届毕业生人数不断增加,就业竞争压力不断增大,女性应届毕业生仍然面临市场竞争直接引发的职业性别隔离与其他问题。本文首先探究了学者对于就业中性别歧视的理论研究与国家相关公共政策等理论,进而以北京应届毕业女性为例,通过收集的169份有效问卷样本进行数据分析和对受访者的深度访谈,结合定性分析法和定量分析法,对新时代应届毕业女性的就业现状、所面临的问题进行实证研究,最后探讨了如何缓解应届毕业女性的压力与困难,为新时代建设具有中国特色的社会主义提供精神动力和智力支持。

【关键词】　女性就业;应届毕业生就业;性别歧视;公共政策

　　就业是民生之本。论其概念,就业是指在法定年龄内的有劳动能力和劳动愿望的人们从事为获取报酬或经营收入的活动。本文将新时代北京女性应届毕业生就业界定为:2012年以来于北京在法定的劳动年龄内依法从事某种有酬或劳动收入的社会活动应届毕业女性。人群上,主要是指北京市在业的应届毕业女性;时间上,界定为新中国成立70年来,重点是2012年中国特色社会主义新时代以来;从事行业上,主要是指在第二、第三产业的各行业从业的女性,不包括从事第一产业,即农业的女性人口。在女性人口过半的中国,女性就业既是实现女性经济权利和男女平等、提升女性社会地位的先决条件,又关系着国家经济发展、综合国力的提升和社会的文明进步。因此,对于新时代女性就业问题的研究具有重要意义。新时代下,女性的用工需求、就业机会的增大增多呈利好趋势,但也同时使女性就业出现竞争加剧、压力增大、性别歧视加重等问题,女性就业面临着前所未有的挑战。

一、关于女性就业问题研究的相关理论综述

(一)就业性别歧视理论

　　关于女性就业问题和性别歧视问题的理论主要包括性别隔离理论、人力资本理论、统计歧视理论、劳动分割理论等等。

---

　　①　本课题指导教师张宏伟(北京工商大学马克思主义学院);课题组组长盛雨晨(注会171);课题组成员:吴锰(注会171)、雷恩(注会171)、沈华玲(法学171)、田嘉雨(会计172)。

1. 性别隔离理论

性别隔离分为水平隔离和垂直隔离。水平隔离是指女性难以进入某些被视为是"男性的工作",例如,以体力劳动为代表以及有较高的社会地位名声、强调专业的工作等。而有些工作则被认为是"女性的工作",通常是类似以家务劳动或是强调女性阴柔、善于照顾、护理特点的工作,如家政服务、护士、幼儿园老师以及大多数的服务业;垂直隔离则是指男性与女性在同一行业或岗位中,男性与女性同工不同酬。

2. 人力资本理论

人力资本理论由美国经济学家舒尔茨和贝克尔于 20 世纪 60 年代创立。该理论将资本划分为物质资本、人力资本两部分。其中,物质资本指物质产品上的资本,而人力资本则是体现在人身上的资本,即对生产者进行教育、培训等支出及其在接受教育时机会成本等的总和。而由于男性和女性的生活方式存在差异(特别是妇女在家庭中的特殊作用),因此他们在人力资本上的投资也相应地有所不同。男性在就业方面总是希望不间断的,所以必须对自己进行持续的人力投资,而女性在就业和人力投资上是阶段性的。在劳动力市场上,雇主也会对这种差异做出反应,更倾向于把需要较高教育水平和工作经验的工作提供给男性雇员。而女性则较多的从事临时的、报酬低的、无需很多技术的工作。由此便形成职业性别隔离。

3. 统计歧视理论

统计歧视理论由菲浦斯于 1972 年提出。该理论认为,如果雇主将一个群体的典型特征视为该群体中每一个个体所具有的特征,而利用这个典型特征作为雇佣标准,则此时雇主产生了统计歧视。由于招聘中信息不对称且搜集信息代价高,雇主永远无法获得应聘者的全部信息,因而导致雇主常常出于主观考虑(如认为女性体力低、能力差),决定最终雇佣谁。这可能会在占优势的雇员群体与其他群体中的个人具有完全相同的可衡量生产率特征的情况下,使得雇主产生对前者的系统性偏好,这个过程就是统计歧视。在此情况下,雇主可能会拒绝了很多能够长期为企业工作的女性求职者,而接受了或许绩效不如女性的男性求职者。因而造成了雇主的非主观的歧视偏好及歧视结果。

4. 劳动分割理论

劳动力市场分割理论是美国经济学家多林格尔和皮奥里于 20 世纪 60 年代提出的。劳动力市场分割理论强调劳动力市场的分割属性、强调制度和社会性因素对劳动报酬与就业的重要影响,因而具有较强的现实解释能力。劳动力市场分割是指,由于社会和制度性因素的作用,形成劳动力市场的部门差异;不同人群获得劳动力市场信息以及进入劳动力市场渠道的差别,导致不同人群在就业部门、职位以及收入模式上的明显差异。在该理论中,双元结构论被引述最多,因而成为该理论体系的代表。双元结构论把劳动力市场划分为一级市场和二级市场。一级市场具有工资高、工作条件好、就业稳定、安全性好、管理过程规范、升迁机会多等特征;二级市场工资低、工作条件较差、就业不稳定、管理粗暴、没有升迁机会。二级市场的就业者多为穷人和女性。由于一级市场的工作要求相对比较高,同时部分雇主存在"统计歧视"的观念,假定妇女的平均生产力低于男性的话,雇主则更偏好教育水平比较高、工作经验比较丰富的男性。因而形成了职业性别隔离。

（二）公共政策

2012年，国务院出台了《女职工劳动保护特别规定》（以下简称《规定》），该《规定》主要从3个方面对1988年的《女职工劳动保护规定》作了完善：一是调整了女职工禁忌从事的劳动范围；二是规范了产假假期和产假待遇；三是调整了监督管理体制。该规定的出台体现了国家对于减少和解决女职工在劳动中因生理特点造成的特殊困难，保护女职工健康的重视。《规定》提出了对于预产期、在产期、流产女性在的保护（第五条："用人单位不得因女职工怀孕、生育、哺乳降低其工资、予以辞退、与其解除劳动或者聘用合同"）。如在产假方面，第七条规定："女职工生育享受98天产假，其中产前可以休假15天；难产的，增加产假15天；生育多胞胎的，每多生育1个婴儿，增加产假15天。女职工怀孕未满4个月流产的，享受15天产假；怀孕满4个月流产的，享受42天产假"；在女性工作条件方面，第十条规定：女职工比较多的用人单位应当根据女职工的需要，建立女职工卫生室、孕妇休息室、哺乳室等设施，妥善解决女职工在生理卫生、哺乳方面的困难"。

二、新时代下女性应届毕业生就业现状

本组以组员所在城市北京为例，以应届毕业女性的就业情况为研究对象，发放了190份问卷，回收有效样本169份，回收率为89％。结合小组的问卷调查和各项调查数据可知，女性在招聘与职业生涯中面临性别歧视问题。在性别歧视现象普遍存在的环境下，女性对于自身的职业规划存在认知问题。女性职业认知不但受客观环境影响，还反映出应对性别歧视的积极或消极的能动性。

（一）招聘过程中的性别不平等问题

1. 招聘存在性别歧视

近年来，虽然北京市政府对女职工就业权益保护力度的加强，可是劳动力招聘市场上仍避免不了"上有政策下有对策"历史的重演。相较于以往用人单位采用带有"男性优先"等带有性别歧视意味字眼的招聘要求，如今他们在招聘应届毕业生时更多地采用"招聘时不标明性别要求，但录取时仍以男性优先"的做法。根据全国妇联研究所于2015年在北京等全国多所高校的调查结果，在求职时遭遇一种或者多种性别歧视的应届女性毕业生占比近86.6％。其中，80.2％的女性认为在应聘时有"拒收、不看女性简历""不给女性笔试、面试、复试的机会""对女性的学历要求标准高于男性"的情况。同时，共有52.9％的男性承认招聘时确有上述现象。另外，在国家女性就业权益维护体系不完善的同时，企业在女职工的福利上的经济支出也不断增加、压力不断增大，在市场经济思维作用下，更多企业明里暗里选择"男性优先"的录用标准。这就造成了市场经济效益与社会公平公正不可调和的冲突。

2. 行业存在性别隔离现象

通过分析《40年来中国行业性别构成变化趋势》可知,低收入行业中从事居民服务和其他服务业的女性比例增加波动较为频繁,从事农林牧渔业、住宿和餐饮业的女性比例较为稳定(图1)。

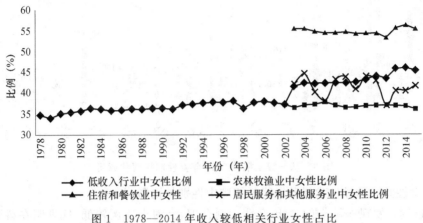

图 1　1978—2014 年收入较低相关行业女性占比

高收入行业内部女性比例"两增一减",从2008起金融业由性别均衡行业转变为偏女性聚集的行业,而信息与科技行业女性占比呈下降趋势(图2)。

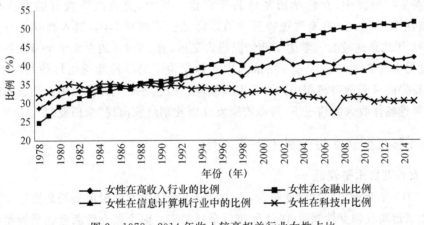

图 2　1978—2014 年收入较高相关行业女性占比

在从事的职位方面,男女职员从事的职业存在行业性别隔离。女性职员主要在与客户和财务相关的业务领域存在优势。其中,行政/后勤/文秘、财务/会计/审计、销售、人力资源堪称女性"四大岗位"。而男性职员主要在技术性职位上占据上风,例如技术、生产加工。在技术性岗位中,男性占比最高且二者相差甚远。而运营、产品、设计、市场公关等属于比较中性类的职位,男女职员收入差距相对较小,甚至还出现女性收入稍微高于男性的状况(图3)。

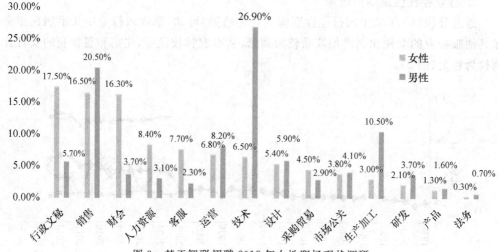

图3 基于智联招聘2018年女性职场现状调研

3. 女性倾向通过自我提升以降低招聘中性别歧视影响

通过调查发现本科、硕士学历女性比例合理,女博士比例较低,这表明在科研领域女性人才储备较少。2016年北京高校女大学生就业情况报告显示,有27.2%的女大学生选择学习深造,高于男生2.3%,近年来攻读硕士学历的女性较男性多,且总体呈上升趋势。

毕业生年龄段中,女性学历整体高于男性。其中,受过高等教育的女性比率为35%,男性为23%。女性有通过提升学历以降低性别歧视影响,进入高收入行业的倾向。2016年北京高校女大学生就业情况报告显示,有88.4%的女大学生考取各种职业证书,比男生高8.5%,在职业证书成为大多数岗位招聘硬性筛选指标的情况下,体现出女性较强的求职欲望与积极的自我发展倾向。但在各项统计数据中女性整体收入普遍低于男性整体收入的情况下,可以推断女性因性别歧视出现"学历贬值"。

(二)职业生涯中的性别不平等问题

1. 女性薪资水平较低

据2015年新蓝领女性就业报告,一二线城市新蓝领女性税前平均薪资达4276元,其中,北京市新蓝领女性薪资4881元排行全国第三。而全国女性新蓝领平均薪资低于男性达1197元。2016年北京高校女大学生就业情况报告显示,北京女大学生平均实际工资是2310.2元,低于男性的2601.3元。由此可见,男女大学生存在事实上的"同工不同酬"现象,女职员的薪资普遍低于男性,甚至两性收入差距正逐步拉大。2018中国女性职场调查报告显示,虽然整体收入值出现上涨,但收入差距仍在拉大,女性整体收入低于男性21%,相比2018年性别收入差距增加了1%。不仅如此,男性的整体收入涨幅高于女性群体8个百分点。主要原因是管理层中女性少于男性,男性的整体收入较高。在男女比例较为均衡的中性行业中,男女收入在起步阶段差异甚微,基层女性收入甚至略高于基础男性收入 5%。

本组的暑期社会调查所收集的 179 份有效问卷样本显示,受访者中女性总体年平均收入低于男性。大部分单位中女性收入低于男性,在以盈利为导向的企业制度下,女员工带来的潜在"生育成本"增加了企业的人力成本与未来的或有性损失,所以企业更倾向于招聘与提拔男性员工。而在国有企业与事业单位的女性收入较高于男性(图 4)。推测有以下两个原因:国企与事业单位盈利目的性较其他单位弱,紧跟国家政策导向,愿意落实女性劳动保障与福利政策,实现男女同工同酬;受传统观念影响,女性更倾向于稳定的体制内工作岗位,进入此类单位的优秀女性较多。而政府单位的女性多处于基层岗位,虽然属于体制内,但职阶限制了女性收入的提升。

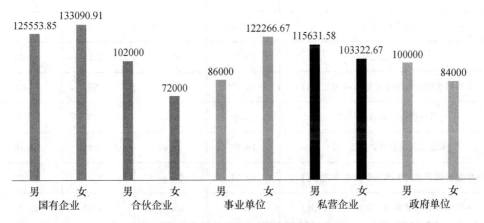

图 4 各类型单位男女平均年收入对比(元)

即便女性倾向于提升学历以降低或消除性别歧视的影响,但小组调查显示,不考虑二本院校毕业生因样本较少导致的异常差异,总体上来看,同等级学历下男性收入高于女性,且收入差距随学历升高呈扩大趋势,这表明女性相对于男性的学历具有效益递减效应,学历因性别产生"贬值"(图 5)。

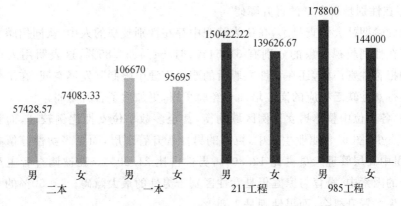

图 5 各等级学校毕业生年收入对比(元)

2. 女性劳动保障水平较低

根据 2016 年中国城市劳动力调查数据,调查 16 岁以上劳动年龄人口 7670 人。数据显示,女性失业率高于男性,低于标准工资、未签订劳动合同、工资拖欠、无偿加班现象多于男性,参加社会保险比例较低,参加失业与生育保险比例较多(表 1)。体现在社会保障与劳动关系方面女性较男性处于弱势,且女性更害怕失业与生育对职业生涯带来的影响。

表 1　中国城市劳动调查数据

变量	女性(1)	男性(2)	(1)—(2)	总体
失业率(%)	2.41	1.14	1.27	1.68
月工资(元)	4881.10	6443.84	−1562.44	5791.04
小时工资(元)	26.76	34.61	−7.85	31.29
工资低于当地最低工资标准者占比(%)	5.06	3.40	1.66	4.10
工资被拖欠者占比(%)	5.39	3.66	1.73	4.52
未签订劳动合同者占比(%)	19.97	19.07	0.90	19.46
参加城镇职工基本养老保险者占比(%)	69.81	70.59	−0.78	70.26
参加城镇职工基本医疗保险者占比(%)	67.86	68.49	−0.63	68.22
参加失业保险者占比(%)	58.10	57.80	0.30	57.93
参加工伤保险者占比(%)	57.51	57.87	−0.36	57.72
参加生育保险者占比(%)	55.10	48.29	6.81	51.17
无偿加班者占比(%)	58.60	56.91	1.69	57.57

3. 存在性别歧视带来的晋升障碍

我组的暑期社会调查显示,在认为就职中存在性别歧视的人中,认同招聘、晋升、工作内容存在性别歧视现象的分别有 61.54%、61.54%、53.85%,这表明用人单位除了"隐性"的招聘性别门槛,还在女性入职后的职业生涯中限制其发展空间,在工作内容上的差异使得女性缺乏相应的岗位培训与经验积累,更加重了晋升阻碍。

此外,各单位中整体男女比例区域均衡,甚至多数单位女性比例较高,而领导层总体上男多女少(图 6)。职业生涯中,更多的男性晋升管理层,而更多女性停留在基础岗位,女性里中高层管理人员占比 12.80%,男性占比 21.30%。在被调查者主观认为的阻碍晋升的因素中,婚育与家庭仍是女性区别于男性的最大障碍。11.50% 的女性因为婚育被迫失去晋升机会,而男性则是 1.80%。

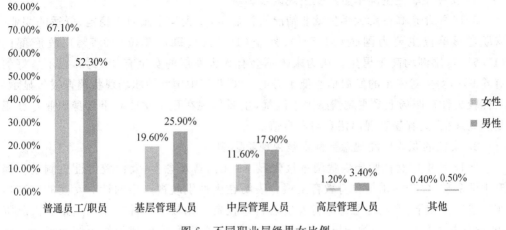

图 6　不同职业层级男女比例

从 2018 年中国女性职场现状调查报告中对于男女职工在各层级职位中的数量占比分布的研究可知,女职员在公司员工等级数量分布上呈现金字塔形状,即优质岗位偏少,较多聚集在低层次或低薪岗位,晋升机会受限。在高层管理人员中,男性比例高达81.3％,女性仅有 18.7％。

（三）女性职业生涯认知问题

1. 家庭与生育观念是阻碍女性职业生涯的主要障碍

2018 年中国女性职场现状调查报告数据显示,女性投入家庭的时间高出男性15％,但投入在工作上的时间却比男性低了 9％(图 7、图 8)。而步入婚姻后的女性相较于男性,工作时间不变的同时,在家庭上投入的时间却与日俱增。从图 7 数据看见,无论是已婚还是未婚职场女性,她们平均投入职场的时间低于男性。而缺少时间精力的投入难免也使得她们在职场上的进阶之路举步维艰。2016 年北京高校女大学生就业情况报告显示,分别有 58.8％、53.4％的女大学生不反对"干得好不如嫁得好""如果条件允许,做全职太太是女生不错的选择"。这表明仍有多数女性支持传统家庭观念,倾向回归于家庭的传统女性角色,把家庭主妇作为自己的"职业选择"。

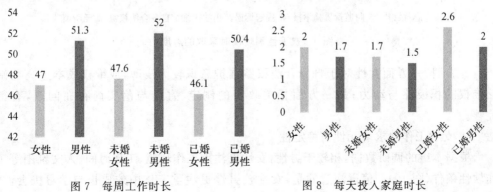

图 7　每周工作时长　　　　　　　图 8　每天投入家庭时长

2. 女性在职业生涯中更易受主观因素影响

2016年北京高校女大学生就业情况报告显示,女大学生倾向于稳定、舒适的职业,求职意愿单位主要为国企(31.5％)、外企(15.3％)、事业单位(13.7％)、政府部门(11.5％),比例均高于男生。认为未来不会有太大发展的女生有38.8％,很不看好的有5.9％,女生对未来的发展信心低于男生。2018年中国女性职场现状调查报告显示,女性较男性在职场上受主观情感因素困扰,主要体现在更多女性对于自身职业生涯规划感到迷茫,更容易表现出倦怠与不自信。

3. 女性的职业生涯观念受性别歧视现象影响

2018年中国女性职场现状调查报告显示,在消费观念上,女性较男性更侧重于提升生活品质、休闲娱乐与自身教育发展。表明在因性别歧视产生的针对女性的较高招聘与晋升门槛下,女性更愿意进行发展资料型投资。相较于男性在职场上拓展人脉资源、研修技术技能、晋升领导层等对客观成功的较强意愿,女性比男性更倾向于在工作中想要提升自我价值,实现物质生活与精神生活的独立自主等主观成果。这说明在职场中女性在职业生涯处于弱势的情况下想要获得个人价值的肯定,精神需求大于物质需求。

4. 女性缺乏应对就业歧视的维权意识

小组调查结果显示,对招聘包含禁止性别歧视信息、性别歧视举报机制、性别歧视法律援助、生育保险制度等相关公共政策,受访者认知了解程度接近甚至不足一半,分别为57.69％、23.08％、42.31％、53.85％。在遭受性别歧视时,近4成的人采取消极态度,不使用正当渠道或法律的武器维护自身权益(图9)。

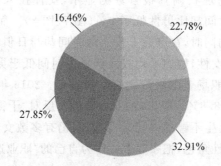

■忍气吞声 ■向监管机构举报 ■提起诉讼,用法律维护自身合法权益 ■无所谓

图9 遭受性别歧视时采取的态度

这表明,一方面女性对于自身合法权益维护意识较为浅薄,或维权成本过高而缺乏维权的积极性与动力;另一方面相关政策的制定、宣传与落实尚存在问题,有待完善。

5. 女性工作追求多元性与稳定性

根据本组的调研数据,相较于男性,女性更注重工作环境、工作时间、人文氛围等工作软性条件(图10)。值得注意的是,女性较男性更注重工作中的成长与学习机会,坚守岗位的倾向更高,体现女性"稳中求进"的岗位偏好(图 11)。

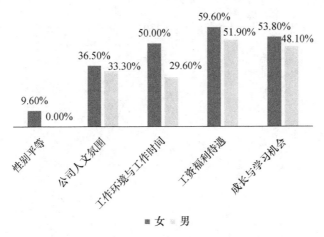

图 10　认为重要的工作岗位因素

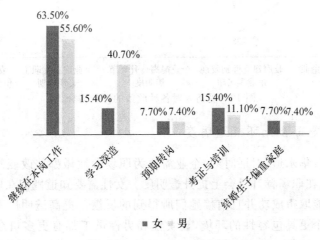

图 11　今后职业生涯规划

三、缓解新时代应届毕业生就业性别不平等的建议

　　女性作为社会人,理应具有享受平等的就业待遇,在实现自我价值的道路上与男性处于同等地位。但我们在本次暑期实践中发现,尽管是在我国首都北京,企业中依然存在着或多或少的对女性就业歧视现象。解决女性就业问题是实现男女就业地位平等重要的一步。根据本次暑期调研的 169 份有效问卷,图 12 是被调查者针对改善性别歧视的对策打出的有效性评分(1~5 代表"较无效"~"较有效")。

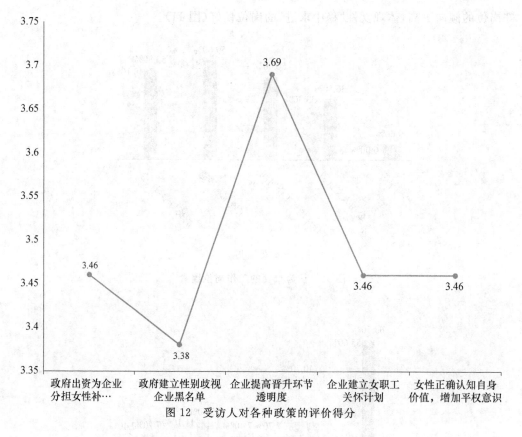

图12　受访人对各种政策的评价得分

（一）企业提高晋升环节透明度

据2018年普华永道《对话时刻：企业需要为职场女性做哪些改变》，58％的受访女性认为雇主应该在职场晋升机会上提升透明度。女性需要知道她们在职场上所处的位置，这样她们才能取得成功并且信赖她们所得到的反馈。提高透明度不仅会让女性受益，还能创建一个更具包容性的环境，让女性和男性员工都有更多机会发挥自身的潜力。因此，企业使任何一名员工晋升或者加薪时，可以通过公告的方式展示升职加薪员工的工作业绩（真实数据）、发展潜力、晋升加薪理由等，证明该员工确实值得获得晋升机会，以此来提升企业内部晋升环节透明度，这不但意味着企业晋升机制更加被员工理解，也意味着在内部员工的共同监督下，女性员工拥有了与男性员工同等的晋升机会。同时，其他员工可以以晋升员工为标准，理解企业需要且欣赏的是员工的什么品质，理解企业希望员工朝着哪些方向努力，最终减少企业内部发生黑幕或其他潜规则情况出现的可能性，达到激励员工的目的。

（二）企业建立女性职工关怀计划

企业关怀员工健康，是践行十九大"健康中国战略"的重大举措，也是企业服务转型和服务员工的新手段。加强对员工的人文关怀和心理疏导，不仅是企业持续发展的需要,也是员工全面发展的需要。公司可以成立"女职工关怀计划"以重点关怀新入岗女职员、高龄女职员、怀孕女职员等;亦可通过座谈会、问卷调查的方式了解新步入职场的女性职员对企业在关怀女性方面有何期待,开展女职工心理素质拓展活动,为新入职员工提供一对一帮扶引导等等以减轻应届毕业女性的就业焦虑感。

（三）女性自身要正确认知自身价值,增加平权意识

女性应该意识到自己在社会中是具有独特地位的,女性应当对自我的价值充分认可,对自身的特点充分认知,树立"不亚于男性"的意识,在择业、就业中发挥自己的力量,努力工作,为社会做出贡献,从而从自我意识方面实现男性女性平等的就业。

由 EPS 数据平台数据显示,近年来攻读硕士研究生的女性比例在不断提高,这侧面反映了女性自我塑造自我提升意识的增强,且数据显示女性受教育年限越高,失业概率越低,受教育程度越高,女性的工资水平越高。因此,女性若想充分实现自我价值,进修更高阶段的学位无疑是较稳健的。现在"终身职业"正在逐渐消亡,多次择业成为趋势,希望在青年时代一劳永逸地积累足够一生享用的知识或技能的传统观念已经行不通。因此,女性在告别校园迈入职场时,也应当与时俱进,积极主动地去完善自我知识体系,如:女性应当采用多种方式学习新颖的适应时代的知识,参加学习现代化的科学技术操作,熟练掌握 WORD 文档、XLS 表格、PPT 演示文稿等办公工具并灵活运用。对自身有较高要求的可以再钻研同领域其他专业的知识,更甚者可以跨领域学习,比如大学主修经济学的女性可以学习金融学方向知识作为补充,从而提高自己的综合专业能力,将自己培养成跨专业、高竞争力人才。积极主动去感知环境与形式的变化,提升自我在职场中的不可代替性。

（四）政府为企业分担女性补贴负担

女性生育不仅仅是私人层面活动,还是因其促进了社会再生产,具有公共性质。故政府对于女性的保护是不可或缺的。但国家还可能会面临一个非常尴尬的两难境地:不对女性实施政策保护,女性就业权益会受损;但另一方面,越是强化对女性的保护政策,市场中用人单位越可能利用各种借口回避女性。2011 年 11 月中国青年报社会调查中心通过民意中国网和搜狐新闻中心,对 1386 人进行的在线调查显示,63.0%的人担心生育政策会让"企业不愿招收女性,加剧女性就业难";54.9%的人担心"企业在一些重要岗位上选人更倾向于男性";44.7%的人认为"企业会压低女性工资来节约生育补贴成本。"出现这种现象,追根溯源其实是对女性就业保护的责任分担问题。国家虽然一直在强化女性就业保护政策,但从上文的国家政策分析中看到,对女性就业的实际支持却要用人单位承担,而国家却没有相应的直接支持的政策。

所以,政府支持女性就业的角色应当实现从督促企业保护女性权利"监管者"到"实施者"做出相应改变。例如,国家可以通过直接补贴用人单位、为积极雇佣女性的单位减税、为女性提供直接支持(如支付部分生育保险基金)等方式来鼓励单位聘用女性来支持企业以促进男女平等就业。

（五）政府建立性别歧视企业黑名单

政府若发现某用人单位多次被举报有性别歧视行为或有就业歧视条款,或用人单位在招聘、内部晋升环节对女性有明确的歧视规定,应当将该企业纳入企业黑名单。除非用人单位做出实质性改善使得企业招聘晋升条款对于男女性一视同仁,否则无法移出黑名单。在黑名单中的企业将无法享受税收优惠,并失去在人力资源市场中颁布招聘员工信息的权利。

（六）女性要摒弃保守传统就业观,树立进步新兴就业观

新时代的女性在选择职业时,不应该完全听从于旧时代的传统观念影响。新时代的女性应当拒绝"女子无才便是德""女主内,男主外"等迂腐思想,敢于实现自我价值,打破社会中男性更擅长打拼事业的固有思想。减少对男性劳动力的经济依赖,成为新时代的独立女性。比如女性具有胆识与谋略的就该勇于尝试创业,热爱航天的女性也有资格奔向月球,谁说女子不能与钢筋混凝土打交道,电气车间里的女子未必亚于好汉。打破传统的、保守的择业观念,树立进步的、创新的择业竞争观念。

四、结语

女性就业问题是实现男女平权的重要一步,对促进社会公平正义与社会主义现代化具有重要的意义。本文从女性就业的基本情况出发,提出女性就业的问题所在并分析其产生原因,发现男女就业差异的主要根源是女性生育给工作单位带来的人力成本以及女性因家庭而做出的被动放弃。已有的保障女性就业政策与女性就业观念存在局限性,体现在企业的责任逃避与女性的被动选择上。建议在提高政策实践效果与促进社会理念转变的基础上,女性应积极通过提升自我能力以降低性别歧视的影响。

参考文献

金窗爱,2012. 中国当代女性就业问题研究[D]. 长春:东北师范大学.

蓝李焰,2004. 女性就业的边缘化——中国目前的职业性别隔离状况及其原因[J]. 中共福建省委党校学报(9).

张海燕,2006. 中国女性就业现状与解决对策[J]. 边疆经济与文化(09):80-83.

余秀兰,2014. 女性就业:政策保护与现实歧视的困境及出路[J]. 山东社会科学(3):48-53.

张亮,2014. 推动男性家庭角色的改变——欧洲就业性别平等政策的新路径及对中国的启示[J]. 妇女研究论丛(5):94-100.

新中国成立 70 年来北京传媒方式的发展及其影响[①]

江 燕 温蕙如

【摘 要】 随着我国经济的发展和科技水平的提高以及人民对生活条件需求的日益增长,我国的传媒行业发展迅速并逐步渗透到各行各业中。其中,北京作为我国首都,几乎在任何领域的发展都十分具有代表性。因此,本小组以北京为范本,并以新中国成立 70 周年为契机,以问卷为主要形式,调查了解了新中国成立 70 年来北京传媒方式的发展、现状及其对人民群众生活的影响,对未来传媒方式、传媒行业的发展做出了期盼与展望。

【关键词】 北京地区;70 周年;传媒方式

今年是新中国成立 70 周年,在漫漫的历史长河中,中华人民共和国克服了一个又一个困难,战胜了一个又一个挫折,脚踏实地,一步一步地走向繁荣与昌盛。70 年来,我国的各行各业均有长足的发展且十分迅速,而我国的传媒行业作为其中的突出代表之一,已经成了大多数群众生活中非常关注的领域,它不仅提高了人们学习工作的效率,为人们了解中国、了解世界提供了条件,更是对其他行业的发展起到了一定的促进作用。但事物都有两面性,在带来积极影响的同时,对娱乐方面的过度沉迷和不良信息的逐渐渗入以及日益严重的隐私暴露问题也给人们的生活带来了不便。

本次调查主要采取的是网上问卷的方式。有效问卷为 259 份,其中,50 后占 1.26％、60 后占 9.43％、70 后占 30.82％、80 后占 11.32％、90 后占 23.27％、00 后占 23.27％、10 后占 0.63％。主要划分了 7 个大的时间段,调查了不同年代的主要传媒方式、对个人及群体的影响、群众对大众传媒表达的价值观看法及群众对改善传媒方式的建议和对未来发展的展望。被调查者包括农民、学生、公务员、事业单位工作者等各行各业的人。通过对调查数据的分析,了解传媒方式发展的现状,对其造成的影响进行深入分析,对它的改善提出建议且对它的发展做出期望。

一、新中国成立 70 年来北京传媒方式的变迁

(一)新中国成立到改革开放前:电话电报电影的逐步发展,电视电脑不断研发

"同胞们,中华人民共和国中央人民政府在今天成立了!"1949 年 10 月 1 日,毛主

---

① 本课题指导教师江燕(马克思主义学院);课题组组长温蕙如(物流 181);课题组成员:刘丹茹(物流 182)、门睿妍(物流 181)。

席铿锵有力的宣言随着铺天盖地的报纸和几乎每个城镇村落都有的广播传到了每一个中华儿女的心里,从那天起,中国就开始逐步发展起来了。新中国成立初期,中央人民政府迅速恢复和发展通信,但由于需要弥补战争带来的创伤和损失,巩固好基础,我国的经济与科技发展较为缓慢,传媒手段仍主要以广播、报纸、写信、书籍等为主。

首先,新中国成立后传媒行业是从电话、电报和传真开始的。1950 年 6 月,北京国际电台的中央收信台和中央发信台开始建设,于 1951 年相继竣工,这是新中国第一个重点通信建设工程;1950 年 12 月 12 日,我国第一条有线国际电话电路——北京至莫斯科的电话电路开通;1952 年 9 月 10 日,北京至上海的相片传真业务开放;1956 年 2 月 28 日,北京长途电话局开放会议电话业务,中华全国总工会召开的 10 省市电话会议为首次会议电话;1959 年第一套 60 路长途电缆载波电话机研制成功,北京与莫斯科之间开通国际电报业务,1 月 20 日正式开放,北京市内电话开始由 5 位号码向 6 位号码过渡;1964 年,北京至石家庄开始试通电报、电话业务;1966 年,我国第一套长途自动电话编码纵横制交换机研制成功,在北京安装使用;1974 年,60 路报纸传真机正式开通使用;1975 年,北京市内电话中继传输开始装用脉码调制设备……就这样,电话一步步发展起来,到后来几乎家家都有座机,电报和传真却在之后逐渐淘汰。

其次,随后发展起来的便是电视电脑。1958 年,中国第一台黑白电视,由天津无线电厂制造出并命名为"北京",当时被誉为"华夏第一屏幕"。但那个时候,黑白电视的发展并不快,谁家要能有一台电视,周围街坊邻居无不羡慕,经常几十个人挤在一起看。同年,北京电视台(中央电视台前身)开始试播,尽管电视的普及率较低,但人们已经多了一条了解国家大事和时事新闻的途径。几乎与电视同时,我国的计算机发展也有了较大突破,1958 年,中科院计算所研制成功我国第一台小型电子管通用计算机 103 机(八一型),标志着我国第一台电子计算机的诞生;1965 年,中科院计算所研制成功第一台大型晶体管计算机 109 乙机,之后推出 109 丙机,该机为两弹试验中发挥了重要作用;1974 年,清华大学等单位联合设计、研制成功采用集成电路的 DJS-130 小型计算机,运算速度达每秒 100 万次……

除此之外,电影的发展也不容忽视。1905 年,由中国人自己摄制的电影《定军山》上映成功,标志着中国电影事业的起步。新中国成立后,反映工农生活和革命战争题材的电影纷纷搬上银幕,向人们传播了艰苦奋斗,爱国爱家的热烈情怀。20 世纪 80 年代中期以后,中国电影走向辉煌,数量和质量都远远超过了以前。许多优秀影片荣获国内国际大奖。

新中国成立初期,我国的发展注定是艰难与缓慢的,但通过我国科研人员的不懈努力,我国依然在传媒手段上有了以上较大突破。

(二)改革开放后到 2000 年:彩电诞生、手机流行以及互联网运用

改革开放是我国前进历程中的重要转折点,特别是"引进来,走出去"的方针,促进了我国与世界在经济科技等各方面的交流和发展,自改革开放后,我国发展迅速,传媒行业便是其中之一。

1978年,彩电诞生了,中国引进第一条制造彩电的生产线,到了20世纪90年代初期,彩电行业突飞猛进,很快形成了彩电专属的规模;1990年4月份,"亚洲一号"卫星成功升空,它的发射为我国广播电视行业领域展开了一条全新的路,从那也开启了卫星电视的序幕,随着科技的发展,时间的流逝,电视上的画面逐渐清晰,并越来越精致,普通家庭也都能享受电视带来的乐趣。电视的功能越来越多,内容也越来越多元化。与此同时,电脑也在逐步发展,而互联网更是推动了电脑的普及。20世纪60年代末互联网诞生,90年代随着个人电脑的普及而风靡全球。1994年中国正式接入互联网,上网用户急剧增加。1995年全面开展互联网业务,应用领域越来越广,覆盖了社会生活的方方面面,构成了信息社会的一个缩影,互联网的诞生,无疑是传媒行业进入全新发展历史的转折点。

除此之外,手机的出现也促进了传媒行业的发展。1987年11月18日,广州开通了我国第一个移动电话局,有了第一名模拟蜂窝移动手机用户,中国的移动通信时代由此开启。从"大哥大"的引入到摩托罗拉的流行,再到爱立信的小巧型手机,再到诺基亚的商务手机,手机的逐渐发展更加有利于人与人之间传递信息,了解多方消息。

(三)2000年至今:彩电、智能手机普及,互联网迅速进步

2001年中国加入世贸组织是我国进入21世纪之后发展过程中的转折点,自此,中国传媒行业的发展可谓飞速。

在电视电脑方面,电视从"大屁股"彩电发展到了液晶电视,家家户户都淘汰了自己的古董,换上了高清又不占地方的液晶电视,各个地方台、新闻台、体育台、娱乐台等使全国各地甚至世界各地的新闻都能足不出户了解到,同时,商业也由此得到了长足的发展,广告的传播更加方便,发传单的方式被部分取代,也更加节约资源。电脑更加轻便小巧,互联网方面,百度、雅虎、阿里巴巴等互联网搜索平台相继出现,迅速在人们生活中以及各行各业尤其是传媒行业的发展中占据重要地位。

手机的发展使我们每个人的体会更加深刻,从刚开始的只能打电话发短信到现在几乎是一个便携式的小型电脑,甚至比电脑还方便,让我们无不惊叹其发展迅速,传媒行业也由此进入了黄金时代。而以华为为代表的国产手机正在向5G迈进并已取得一定成效,是每一个中国人的骄傲。

二、北京传媒方式的变迁给人们带来的影响

新中国成立70年来,传媒方式的发展变化为其接收者带来不同程度的影响,下面我们从广度和深度两个方面进行论述。

(一)广度:大众传媒受众更加广泛,传播内容趋于全面

随着时代变迁,科技飞速发展,信息传播的媒介已经不限于纸张。电力的出现与普及发展使人们的生活向着更加科技化的方向迈进,电脑手机的广泛使用已经为信息传

播提供了极大的便利,这就造成了信息传播速度快,信息传播区域大,传播的信息受众广等特点。

在纸质媒介的基础上,电子媒介也渗透在我们生活的各个方面。目前,在全中国已有12亿以上的居民拥有手机或电脑,北京地区更是现代化的代表,这为大众传媒提供了坚实的物质基础。

新中国成立70年来,大众传媒广泛的影响着人民群众。调查得出,有74.21%的人认为大众传媒为群众的工作生活提供了便利,72.33%的人认为扩大了其知识领域,大于三分之一的人可以及时了解国内外时事、丰富生活。有半数以上的人认为广泛的大众传媒利大于弊。由此可见,广泛的大众传媒对于人们的积极影响较大,但仍存在消极影响。

由于信息传播速度加快,有17.61%的人认为信息的真实性难以考证,还有少部分人认为个人隐私受到侵犯、接收语言暴力等消极影响。只有0.63%的人认为自己的知识产权不能得到良好的维护,这也反映了人们现在对于自我知识产权的维护意识较为薄弱。

如今的大众传媒不仅受众广泛,而且传播的内容更是涉及了生活的各个方面。有39.38%的人接触大众传媒的首要目的是浏览新闻,25%的人是为了搜索资料,还有小部分人是为了娱乐购物与网络社交。由此可见,浏览新闻已成为人们接触大众传媒的重要目的,新闻所传达的信息真实性也可以间接的决定着大众传媒向大多数人传达信息的真实性。但仅有3.13%的人认为大众传媒报道及其言论观点以及承载的诸多信息真实可信,45%的人认为半真半假。如此庞大的数量不仅说明了在20世纪以来大众传媒传达信息的不真实性,也说明了大众在接受传媒信息的过程中有着自己对信息真实性与信息价值的判断。

在生活中,转发公众号的文章到朋友圈已经是广大中老年人的新习惯之一,但其中很大数量的文章都有虚假的成分存在,缺乏专业知识的中老年人群体在朋友圈里一传十,十传百,把真实性不明的文章广泛的传播,使得负面影响迅速扩大,很可能造成难以挽回的局面。大众传媒影响的广泛性,使传播的信息鱼龙混杂,不少负面或不真实的信息通过高速的网络传播途径迅速地在人群中蔓延。不可否认,大众传媒的发展与效率提升,使信息的传播面更广,信息传播速度更快,但也同样为负面影响的扩大化提供了帮助,且容易出现覆水难收的状况。

(二)深度:大众传媒与其承载的信息深刻地影响着人们的思想及其价值观

由于各种传媒工具在广大人民群众生活中遍布广泛,传播的信息也非常丰富,必然会给民众的思想价值观带来不浅的影响。在价值观传达上,有74.38%的人认为有好有坏,认为价值观过于功利化的人与认为价值观非常正能量的人均为11.88%,也有0.63%的人认为过于低俗。由此看出,大众传媒确实向民众传导了正确积极的价值观,但也同样存在着对于不良影响与消极情绪的传播与价值导向。有75%的人期待大众传媒传达以爱国主义为核心的集体主义价值观,这说明我国大力倡导的社会主义核心价值观已经得到了广泛的关注,并得到了广大群众的认同。

针对近些年网络直播产业的兴起,从各类网络平台产生了各方面的网红主播与网红节目,以互联网为传播媒介,各类网红都对不同人群产生了影响。有 16.88％的人认为应该向积极向上的网红进行学习,也有 3.75％的人希望像有些网红一样不劳而获。由此看出,在网红行业加入大众传媒后,对于大众的价值观引导有着很大的影响。网红们应该向大众传达什么样的信息,会为大众带来什么样的影响,这是受众面广泛的网红们应当承担的责任。

近些年来,社会主义核心价值观的提出与传播,坐上了网络的高速列车,并通过通俗易懂的介绍与解释,使高度凝练的 24 个字慢慢内化于人们心中。这 24 个字通过三个层面对未来生活的美好畅想与行为准则,借助大众传媒的手段,已经深刻地影响了人们的价值观与行为道德。人们对于社会主义核心价值观的认同已经体现在日常行为上,这说明社会主义核心价值观已成为大众的价值观需求,大众传媒应当根据大众需求制定与传播更易接受与更深刻的社会主义核心价值观的内容。有 78.75％的民众希望大众传媒可以真实反映社会现象,贴近人民群众,有 73.13％的人认为大众传媒应当增强社会责任感,也有大部分人认为大众传媒不能只注重商业利益,同时,也要加大对不良媒体的打压。

三、北京人民对未来传媒行业发展的展望

(一)我国传媒业的发展趋势

1. 发展机遇好,迎接世界挑战

新经济时代的来临和经济全球化进程的加快,给传媒产业带来了前所未有的发展机遇,传媒产业成为世界公认的最具发展前景的行业之一。在问卷中,85％的人认为现阶段传媒方式发展趋势向好,15％的人认为发展趋势不向好,这表明我国传媒业发展在大部分人眼中依旧是看好的。与此同时,它也引发了传媒产业的变革和新一轮的竞争,网络媒体的兴起和传媒企业之间的大规模购并、联合,正成为新一轮传媒竞争中的显著特点。如何抓住传媒产业目前尚存的发展机遇,快速壮大自身实力,迎接世界传媒巨头的挑战,已成为中国传媒产业的当务之急。

2. 利用市场资源,加速发展

传媒业经营需要大投入,这是业内的共识。国际传媒业的发展趋势给我们一个启示:中国传媒产业要生存和发展,最佳途径在于充分利用资本市场的资源,运用资本运营等手段来进行资本积累,实现加速扩张。传媒产业是一种高投入、高垄断、高利润与激烈竞争并存的特殊行业。媒体产业集团将是我国传媒产业的发展趋势,而实现媒体集团提供综合信息服务则需要资本市场对传媒产业发展的强力支撑。为了进一步规范传媒行业的运作,国家出台了有关内地媒体集团融资的具体规定,并在 2002 年上半年全面清理和整顿违规融资的现象。然而,目前我国文化事业处于高速发展的阶段,仍需

要大量资金的投入,违规融资清理整顿后留下的空缺,给相关的传媒类上市公司提供了新的投资机会和发展空间。

3.国家重视,政策支持

中共中央办公厅下发的关于深化传媒业改革的文件,意味着传媒的结构调整、重组购并、传媒企业进入资本市场等经济活动将成为行业发展的主流,并构成该行业最主要的商业机会。在当今的时代,高成本制作高质量的专业大型电视节目,虽然风险较大,但一旦成功,将获得高额利润。这样就有可能在短时期完成媒体业务的大整合,在电视、报纸、杂志等领域进入广告市场,迅速实现传媒产业的战略目标。传媒限制政策的逐步放开会为传媒业的持续投资注入动力,传媒本身也具有较强的赢利能力,传媒对舆论富有导向力也使得投资商可利用传媒的影响力从相关行业获利,再加上传媒集团在主板成功上市的刺激,国内的传媒投资热潮仍会持续升温。

(二)传媒行业的未来展望

未来我国大众传媒业发展的趋势有关人士预测将向两个方面发展:一是超大规模传媒集团的问世以及它所带来的传播领域市场份额的重新"洗牌"。二是传播领域"游戏规则"的建立、健全以及相应的制度创新。

传媒产业企业化,按市场经济原则进行管理,国家对传媒机构的管理法制化。国家将制订大量的法规制度来约束传媒的行为,逐步减少对传媒的行政干预以保持对传媒管理的连续性;国家仅控制少量的全国性传媒机构,并且用法律手段保证其覆盖率,大量的社会资本将进入传媒产业,传媒的所有制形式呈现多样化,部分传媒机构将实现直接上市融资;传媒的新闻采、编、播部门与其他部门分离,不参与经营,仍实行事业单位式的管理体制,以保证传媒的舆论宣传导向作用,这是传媒业的立身之本。

其中,综合性传媒比重下降,广告业务仍将稳步增长。专业性、商业性传媒的比重将逐步提高,综合性传媒的比重相应下降,广告主将倾向于选择专业性传媒发布广告,而分类广告也将成为时尚;报纸刊登广告的版面占总版面的比例扩大,广告收入在报纸总收入中的比重上升,而报纸的售价与其生产成本的差距继续增大。广告播出时间占电视总播出时间比重也会有所上升;随着专业性传媒和分类广告比重的提高,报纸的广告营业额仍将保持高速的增长。平面媒体增长速度加快,区域化市场格局逐渐形成,同质化依然是主要竞争特点,与立体媒体争夺广告市场的竞争加剧;媒介整合合作加快,市场格局开始重构,创造了巨大的市场机会。

(三)我国传媒业改革之路

在当今的媒介资金运作层面、经营管理层面、技术装备层面、内容价值层面及人才素质层面,我们与西方发达国家相比的确是滞后的,但正因为如此,我们可以利用现成的经验,绕开可能的陷阱。

借用中国人民大学喻国明教授提出的观点,中国的传媒业正处在一个历史发展的"拐点"上。一方面,我国传媒业的进一步发展存在着巨大的增量空间和可能;但是,另一方面,对于我国传媒业发展态势的研究表明,如果我们仅仅按照现有的发展框架、发展模式和发展逻辑继续画延长线的话,这个发展空间就不能实际地为我们所占有,发展的可能就很难变成发展的现实。

因此,今天的新闻传播学研究比历史上任何一个时候都需要认真地考虑中国传媒业的发展路径选择问题,在全球化浪潮的席卷下,中国媒体必须积极"走出去"。这需要政策上的支持,更需要观念上的更新和策略上的适当选择。国内传媒市场的大蛋糕固然诱人,但对于国际话语权的捍卫更是不可忽视。中国传媒要转换观念,要结合西方媒介的先进技术和文化形态,取长补短,以具有中国风格的时代内容走向世界。与其坐视国外传媒巨头挖掘中国丰富的信息资源,不如自己主动向世界传播。

参考文献

刘璇,2019. 基于影响力经济视角下传媒产业经济新思路分析[J]. 现代企业(06).
陈东旭,2019. 大众文化传播与广播电视发展的趋势[J]. 传播力研究,3(02):18.
蔡琳,2019. 基于大众文化与广播电视传媒引导思考[J]. 传媒论坛,000(18):86.
李准,2019. 大众传媒娱乐化对大学生思政教育的影响及对策[J]. 传媒论坛,2(13):29,31.
方秀丽,2018. 论新媒体环境下"中国梦"大众化的传播途径[J]. 北京印刷学院学报,26(06):60-70.
徐顽强,王剑平,王文彬,2018. 中国传媒产业的融合实践及趋势[J]. 中国出版,000(013):30-33.
段铭,2018. 关于传媒产业发展的格局及趋势[J]. 传播力研究,2(34):211.
姚海霞,2018. 广播电视与新媒体融合发展的路径[J]. 传媒论坛,1(07):133-134.
吴建良,2009. 中国大众文化的兴起与文化结构的变迁[J]. 中国矿业大学学报(社会科学版),11(04):26-31.
刘东建,2007. 大众传媒的思想政治教育功能浅析[J]. 思想理论教育导刊,000(01):41-42.

新中国成立 70 年来民族地区农(牧)村
少数民族脱贫致富调研①
——以新疆青河县为例

张娜　巴提玛·斯尔克

【摘　要】　贫困问题是新疆社会稳定与长治久安最突出的影响因素,"精准扶贫,精准脱贫"是中国特色社会主义的伟大实践。青河县地处于新疆阿尔泰山东南麓,属于典型的少边穷地区。通过随机入户走访、填写问卷等形式,从农户家庭收入与支出和贫困方面以及国家实施的扶贫政策方面进行调查,了解到在精准扶贫政策的推动下,青河县贫困人群的生活水平显著提高,各项权利得到保障,脱贫人数猛增,如今已经实现脱贫摘帽。

【关键词】　新疆;精准扶贫;阿勒泰地区青河县

本次调查主要采取互联网调查、入户采访、与村干部访谈、实地考察等形式开展调研活动,调查的对象主要是新疆阿勒泰地区青河县居民。与此同时,调查问卷由小组成员在各大社交网站发送链接,总共发出调查问卷 92 份,收回 92 份,回收率达到 100%。通过调查,发现 67.39% 的被调查群众认为家乡最近几年有了翻天覆地的变化。

一、青河县基本情况

青河县地处准格尔盆地东北边缘,阿尔泰山东南麓,西邻富蕴县,南连昌吉州奇台县,东北同蒙古国接壤,总面积 1.57 万平方千米,边境线长 259.4 千米,全县现有耕地 29 万亩,可利用草场 1625 万亩,是全地区重要的粮食生产线。全县辖 3 乡 5 镇,51 个行政村,总人口 6.37 万人,由哈萨克族、汉、蒙古、回、维吾尔等 16 个民族组成,其中,哈萨克族占 76.47%,汉族占 18.27%,其他少数民族占 5.26%。各民族在这片土地上休戚与共,团结互助,2009 年被评为国家级民族团结进步模范县。2002 年被定为国家扶贫开发工作重点县,2006 年被调整为五类地区,经过历届领导班子和各族干部群众的不懈努力,2017 年青河县实现脱贫摘帽,同年被评为自治区优秀平安县,全县各族群众正向小康社会迈进。

青河县历史悠久、文化底蕴丰厚,生态环境优越、资源富集,是中国阿肯之乡、绒山羊之乡、新疆最大的"大果沙棘种植基地"。境内拥有新疆卡拉麦里有蹄类野生动物自然保护区,阿尔泰山两河源自然保护区以及全国唯一的布尔根河狸国家级自然保护区。

---

①　本课题指导教师张娜(北京工商大学马克思主义学院);课题组组长巴提玛·斯尔克(化学 172);课题组成员:何小皎(化学 172)、迪丽胡玛尔·热哈玛提(化学 172)、马清逸(化学 172)。

大青河、小青河、查干河、布尔根河和乌伦古河5条河流横贯境内,年径流量10.7亿立方米,被国务院定为阿尔泰山地森林草原生态功能区,全年空气质量均达国家一级标准。境内有珍贵的草原石人、古栈道、三道海子巨石堆、古墓群与鹿石岩画、壮观奇险的地震断裂带、"天外来客"集落陨石、熊猫山等自然景观;拥有新疆常年对蒙古开放的国家一类口岸——塔克什肯口岸,是新疆对蒙古开放的口岸中设施最完善、交通最便利、贸易最繁荣的陆路口岸,是"中蒙俄"经济走廊西通道的重要节点,年利用境外资源已达百万吨。

1. 居民收入来源:我们调查发现青河县老百姓中中小学文化程度者居多。家庭人口普遍4人以上,占总调查的81.53%。家庭收入来源方面,38.04%的人家庭收入来源为薪资;30.43%的是农产品收入,近些年来,青河县运用各大电商平台资源,加快推进农产品电商销售;22.83%的人是养殖收入,青河县畜牧业发展壮大,按照促规模、引企业、增效益的目标,积极引进和扶持企业加快开发畜产品,不断增强了产业发展活力,提升了畜产品附加值;27.17%的人为个体收入,其中,14.13%的人是通过外出打工获得收入。通过调查,我们了解到,外出打工收入1万元可以领取1000元奖励资金,政府通过这种奖励方式鼓励村民积极外出就业,从而使得他们在提高收入的同时享受惠民政策,进一步提高生活水平。

2. 生活支出:在生活支出方面,认为家庭主要生活支出是家庭基本生活支出者占总调查人数的80.43%(图1)。其次是认为教育支出是家庭主要生活支出者占67.39%,在调查过程中,我们发现,随着我国教育制度的改革与教育事业的飞速发展和不断深入,居民的生活水平也日益改善,居民家庭用于教育的投资占比较大。农牧业生产支出和医疗支出也是家庭的主要支出,有41.30%的人将其作为家庭主要支出。

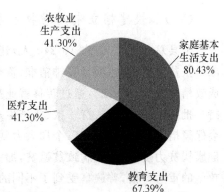

图1 "您的家庭主要支出在哪些方面"的调查结果(多选)

3. 家庭增收困难原因:在家庭人口多的情况下,调查者认为增收困难的原因是收入单一,占总调查的82.61%(图2),全家人只靠一个人单薄的工资,对于很多父亲来说造成了很大的压力。恶劣的自然条件也是必不可少的因素,占总调查的34.78%,青河县经常发生的自然灾害有洪水和雪灾,因为22.83%认为土地是农民的天,所以洪水是无情的,每当洪水来临时不仅造成房屋倒塌、交通中断,而且粮田、草场会被淹,人民群众的生产生活会受到极大影响。42.39%的人认为农牧民增收困难主要还是因为土地资源少。青河县农民主要种植小麦、向日葵、玉米、马铃薯、沙棘等农作物来增加收入,一到8月中旬,开始拉草,为冬季做准备,每当这个时候劳动力严重不足,劳力不足占总调查的51.09%,14.13%人说家里没年轻人或者大多数年轻人搬到县里住。概而言之,大家认为贫困的原因是:(1)农业以外几乎没有其他的经济来源(图3),占总调查的73.91%。由于很多孩子在内地消费相对较高的

367

城市上学,所以子女上学负担重也是重要的原因,占总调查的 69.57%。除此之外还有当地自然条件差、家庭成员患重病及残疾、劳动力少等方面的因素。

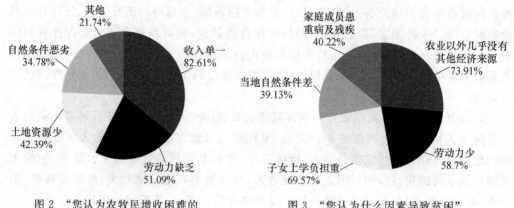

图 2 "您认为农牧民增收困难的
原因"的调查结果(多选)

图 3 "您认为什么因素导致贫困"
的调查结果(多选)

二、推动精准扶贫具体措施

(一)加快建档立卡户增收致富步伐

全县总共有 2972 户 10 240 人,建档立卡贫困残疾人家庭得益于自治区"六个精准":扶贫对象精准、项目安排精准、资金使用精准、措施到户精准、因村派人精准、脱贫成效精准、"七个一批":通过转移就业扶持一批、发展产业扶持一批、土地清理再分配扶持一批、转为护边员扶持一批、实施生态补偿扶持一批、易地扶贫搬迁扶持一批、综合社会保障措施兜底一批和"三个加大力度":加大教育扶贫力度、阻断贫困代际传递,加大健康扶贫力度、防止因病致贫返贫,加大基础设施建设力度、改善生产生活条件等脱贫攻坚的重大举措,普遍享受到了不同的扶贫政策。

1. 建档立卡贫困残疾人全部纳入了低保范围,实现了应保尽保,每月能够领取 120～190 元的低保补助,残疾人"两项补贴"都能按月足额及时打入建档立卡贫困残疾人的卡上,基本养老保险实现了政府代缴,基本医疗保险补助政策得到落实。对建档立卡贫困人口实行健康体检,并建立了健康档案,确保患病贫困人口全部纳入健康管理服务范围。全县 848 户 2240 人完全和部分丧失劳动能力人员生活得到了保障。

2. 青河县安居富民定居兴牧工程是青河县脱贫攻坚项目中的重要环节,根据县委政府的统一安排,2016 年计划实施安居富民 609 套、定居兴牧 887 套,工程计划投资16 734万元,建筑面积达到 119 680 平方米。1496 套中登记在册的贫困户 509 套,建档立卡贫困户 535 套,其余 452 套为非贫困户建设,建档立卡贫困残疾人家庭全部享受到了安居房建房补助政策,今年建档立卡贫困残疾人家庭的住房补助有的高达 4.25万元。

3. "阿格达拉"哈萨克语意为平坦的戈壁,青河县已将水从县城引入这里进行农田开发,同时县里采取超常规政策实施易地扶贫搬迁,完成了全县 2302 套贫困户住房等主体工程,各安置点水、电、路配套设施及教育、医疗等公共服务设施建设,曾经的荒漠戈壁成了青河县今年扶贫攻坚"脱贫摘帽"的主战场。

4. 青河县贫困人口为 3341 户 10 988 人,占全县农牧业总人口的 26.9%,为了推进脱贫攻坚工作,自治区推出《自治区扶贫小额信贷贴息资金及风险补偿管理办法》,为"有劳动能力、有贷款意愿、有创业就业潜质的"贫困户提供 5 万元以下、3 年以内的免抵押、免担保的政府贴利息的贷款。今年,青河县投入 1000 万元,解决贫困户、扶贫合作社和企业贷款难的问题。我们了解到很多农民把这个资金用在生产发展上,比如种植向日葵,发展牛产业、奶制品、毛皮初加工、特色旅游产品等小微产业上,激发了贫困户主动创业致富积极性。

5. 认了亲戚,多了牵挂:新疆深入开展民族团结工作,广大干部职工通过结对子、认亲戚等方式,建立起了超越民族、超越血缘、超越地域的亲情,大家同吃、同住、同劳动、同学习,互帮互助,一起谋划致富发展,让各民族人民交往交流交融更加密切,情和情交得更深,真正成为一家人。

(二)推动文化建设,为旅游业发展助力

1. 投资 100 万元对三道海子文物看护房 260 平方米文物展厅装修布展,其目的在于鹿石等文物的保护,帮助参观者清楚了解三道海子的地理环境、文化遗产的时代、内涵及价值,借助全国文保单位"三道海子"打造地域特色文化。

2. 投资 67 万元建设青河县观星台,包括观星设备安装、木栈道铺设等,打造太空文化,吸引游客聚焦青河美景,把青河澄朗的星空呈现出来。

3. 为了推动农户脱贫致富,自 2001 年起,青河县大面积推广种植沙棘,积极引进沙棘加工企业,阿里巴巴兴农扶贫业务落地新疆,阿里巴巴旗下零售通、农村淘宝与当地政府一起,推出"新零售扶贫模式",经过严格品控,零售通为青河沙棘汁开辟绿色通道,引入平台,面对超过 100 万家小店销售。如今,青河沙棘成为当地一款重要的扶贫产品。

4. 安排专项资金对每个行政村图书室每年免费赠阅图书、音像制品、报纸、期刊等出版物,每年平均投入 10000 元。

5. 从 2011 年开始,乡镇(街道)文化站按照县政府建立的基本公共文化服务清单,对所有农牧民免费开放,全额经费补助保障,每个文化站每年 50000 元。

(三)大力推进教育扶贫

1. 义务教育"两免一补"政策:2016 年起,统一城乡义务教育学校生均公用经费基准定额,小学生均 600 元/年,初中生均 800 元/年,特教学生(随班就读)生均 6000 元/年。城乡学生免费提供教科书政策,2016 年起,家庭经济困难寄宿学生生活补助政策调整为农村义务教育阶段寄宿生 100% 进行补助。

2. 内地新疆高中班办学补贴政策:内地办班城市按照国家规定的年均每个学生

8000 元经费,自治区按照每生每年 2700 元标准安排补助经费,主要用于学生交通费、伙食费、医疗费等补助。对于每个内高班学子来说这不仅是有个更大的学业环境,还能开阔视野,结交各地朋友,所有内高班学生也非常感激党和国家这项惠民政策。

3. 青河县义务教育学校学生和区内初中班学生,都享受到了国家提供的营养餐补助资金,资金标准为每生每天 4 元,全年 800 元(按在校时间 200 天计算)。

三、总结

在党和国家不断关怀和各项惠民政策落实下,青河近年来发生了翻天覆地的变化:随处可见高大整齐的富民安居房、四通八达整洁美丽的乡村路路通,生活水平的提高让幸福的笑容始终绽放在每个青河人的脸上。调查发现,67.39%的人认为生活更加有了保障,生活质量也比以前明显提高,55.43%的人对现状比较满意,但是还存在如下问题需要解决。

1. 生活垃圾处理问题。加强生活垃圾分类等生态文明教育,偶尔能见到少部分人有随手扔垃圾的现象,希望加强宣传,提高人民素质,加快生活垃圾分类设施建设,完善垃圾分类技术设施标准。

2. 饮水问题。调查发现部分村还没有通自来水,饮用的是传统的井水,相信通了自来水能给村民带来很多的方便,尤其是对提水多年的中年老人会带来很大便利,不过相信未来几年能落实。

那个当年深度贫困的青河县在不断地进步,不断地发展,当然赶上大城市还有一定的时间,调查中 45.65%的人都认为 10 年后才能赶上城市生活,不管怎么样,跟过去比生活环境改善了很多,生活基本上都有了保障,人们的意识也有了很大的改变。82.61%的人都认为必须通过个人的努力才能提高生活质量(图 4),81.52%的人希望更多的时间工作、挣钱、提升自我、改善家里的环境,相信通过个人的努力加上政府政策的支持,青河会不断发展。

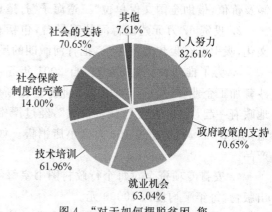

图 4 "对于如何摆脱贫困,您认为需要采取以下措施有"的调查结果(多选)

当然还有很多的惠民政策在本次调查中未得到体现,同时也有奋战在基层一线干部们的关爱、关怀。但是党和国家对新疆,对新疆西北边的一个小县城的关怀,相信每个老百姓心里都深深地记着。对于新疆各族群众来说,坚持党的领导是新疆社会稳定和长治久安的坚强政治保证,伟大祖国的繁荣昌盛是 2300 多万新疆各族儿女的共同福祉。饮水思源,感恩已成了各族人民一种最朴素最真诚的情感,这是一种持久的情感。

新疆和田地区脱贫攻坚工作情况调研报告^①

杜 凡 丁凯泽

【摘 要】 消除贫困、改善民生、实现共同富裕是我们中国特色社会主义的本质要求,是中国共产党的重要使命。本次调研以新疆和田地区作为重点研究对象,深入新疆和田地区,对和田地区的政府人员、驻村工作队、车间工人、农民群众就脱贫攻坚方面进行详细的询问,了解了新疆和田地区脱贫攻坚工作的情况。调查发现,和田在经贸、教育、基础设施等方面都取得了较大扶贫成效。

【关键词】 脱贫攻坚;设施建设;经济贸易

一、脱贫攻坚的重大意义

消除贫困、改善民生、实现共同富裕是我们中国特色社会主义的本质要求,是中国共产党的重要使命。中国共产党人从党成立之日起,就确立了为天下劳苦人民谋幸福的目标。"全面建成小康社会,一个也不能少"这既是以习近平同志为核心的党中央提出的坚定目标,也是中国共产党人向全国人民发出的铮铮誓言。党的十八大以来,以习近平同志为核心的党中央围绕脱贫攻坚,做出了一系列重大部署和安排,全面打响脱贫攻坚战。党的十九大进一步明确把精准脱贫作为决胜全面建成小康社会必须打好的三大攻坚战之一。

今年是 2019 年,距离中华人民共和国成立已有 70 年。回望历史,我们不难看到,每一个十年都有它的主旋律。其中,有过革命建国激情自然释放的年代,有过重新点燃自由开放激情的年代,也有过回归经济现实的年代。而我们现在所处的第七个十年,便是贫富社会分化的年代。党中央把脱贫攻坚摆到治国理政突出位置,提出一系列新思想新观点,作出一系列新决策新部署,推动中国减贫事业取得巨大成就,对世界减贫进程做出了重大贡献。

在做此次调研之前,我们率先思考了这样一个问题:党和人民为何把全面小康、全员脱贫看得如此之重? 我们得出以下的结论:由于历史的和自然的原因,中国各地区之间和地区内的经济发展已经出现很大的不平衡,特别是在东部和中、西部经济技术水平有很大差别,而贫困地区的生产力尤其发展缓慢。采取积极扶持措施帮助贫困地区和贫困户致富,加快贫困地区的经济发展,对加强社会安定团结、加速社会主义建设、正确处理民族关系、发扬革命传统、巩固国防都有重要的作用。扶贫在构建和谐社会,增进城乡居民亲情等方面的作用和意义更为突出。

---

① 本课题指导老师杜凡(北京工商大学马克思主义学院);课题组长丁凯泽(材料 181);课题组成员:吴南(材料 181)、胡毓哲(材料 181)、石浩然(材料 181)、吕鹏飞(金融 191)。

本次我们走入新疆，深入南疆和田地区展开我们的调研。选择和田的原因就在于它有五个最：一是处于新疆最南侧，二是自然条件最恶劣，三是经济最落后，四是少数民族聚集区，五是维稳形势最严峻。可以说和田地区的变化就是新疆全区贫困地区大变化的缩影，也是全中国贫困地区沧桑巨变的见证者之一。

新疆和田地区是全国"三区三州"深度贫困地区之一，是脱贫攻坚的坚中之坚、难中之难，2019年是和田脱贫攻坚任务最繁重的一年，也是和田打赢脱贫攻坚战攻坚克难的关键之年。为全面贯彻落实习近平总书记关于扶贫工作的重要论述、指示批示精神，贯彻落实习近平总书记在解决"两不愁三保障"突出问题座谈会上的重要讲话精神，我们利用暑假时间深入新疆和田地区开展脱贫攻坚调研，掌握脱贫攻坚基层第一手资料。

涉及的内容有劳动薪资、工作强度、医疗保障、教育资源和升学情况问题以及基础设施等问题等。

二、新疆和田地区脱贫面临的实际问题

和田地区，古称"于阗"，清代改为"和阗"，藏话意思为"产玉石的地方"。张骞通西域让和田地区第一次被记录到汉文典籍里，距今已有两千多年历史。《唐书·西域传》这样描述到"于阗或曰瞿萨旦那，亦曰涣那、曰屈丹，北狄曰于遁，诸胡曰或旦"。和田地区虽有地理位置偏远，自然气候恶劣的特点，却因它的丝绸、美玉、地毯这三宝而享誉中外。和田是丝绸之路南道上的必经之地，南来北往的商旅在这里集散交流，久而久之成了南道重镇，丝绸、美玉和地毯经丝绸之路从和田继续传入中亚、西欧、北非，伴着美妙而孤寂的驼声，迈向远方。和田开拓的"玉石之路"，不仅为"丝绸之路"赋予了新意义，而且在传播东方文化艺术，沟通东西方经济、科技和文化交流中发挥了重要作用。

目前，和田地区辖7县1市，和田市、和田县、皮山县、于田县、墨玉县、洛浦县、策勒县、民丰县，共有91个乡镇，13个街道办事处，1582个村委会、215个社区居委会。改革开放以来和田发展速度之所以缓慢，经过分析，有以下原因。

（一）自然条件差，自然灾害多

和田地区最严重的威胁是沙漠化，沙漠南侵速度平均每年10米以上，其中，策勒、民丰的沙漠侵蚀速度很快，个别地段每年推进50米左右。整个和田地区沙化的严重形势，给人一种异常紧迫之感。据航空照片和卫星照片预算，近30年中，流沙南侵和人为造成的沙化土地面积3万平方千米，其中，耕地沙化面积约10万亩以上。土地盐碱化近年来发展迅速，对农业生产形成另一方面的危害。次生盐渍化土地占土地面积60万亩，占耕地面积的25%，形成了大面积低产田。

（二）人口增长快，人均资源匮乏

和田地区人口1949年的65.8万人增到现在的252万人，但现供人类利用的灌溉

绿洲面积不足 2% 土地。在绿洲范围内，每平方千米 110 人。据估算，和田地区人口最大容量以不超过 160 万人为宜，贫困人口而言耕地的数量直接影响他们的收入。随着人口的增长加大了对燃料的消耗。在和田木材几乎是农民生活的唯一燃料，许多农民利用农闲时节进沙行漠戈壁砍挖红柳、胡杨等，人口的增加，砍挖木材量也加大，由此造成毁林、灭林速度加快，造成了沙化和盐碱化的后果。

（三）生产结构不合理，乡镇企业不发达，农民收入来源单一

和田地区是典型的农业区，农业生产方式落后，有 87% 的劳动力从事农业。农业收入占农工业总产值的 71% 以上，工业发展处于初级阶段，工业结构层次低，技术落后，重工业以资源开采和粗加工为主，轻工业以农产品初加工业为主。地方财政非常薄弱，典型的"吃饭"财政。

（四）人口素质低，文化落后

和田有些地方离婚率惊人，两三次结婚是普遍的事情，多子多福观念还存在着一些人的头脑中，重视孩子的数量，早婚早育，超计划生育，越穷越生，越生越穷。所调查的 20 多个贫困户中，主要劳动力的 66% 为文盲，30% 为小学文化程度，轻视文化教育所以存在着入学率低、巩固率低、升学率低和辍学率高等问题。

三、对和田地区脱贫调查情况一览（2014—2019）

和田地区的贫困发生率由 2014 年 32.57% 降低到 2018 年底 18.60%，家庭人均收入增长 3000～8000 元不等，全部达到一家至少有一人就业，为实现"一人就业，全家脱贫"打下了坚实的基础（图 1）。

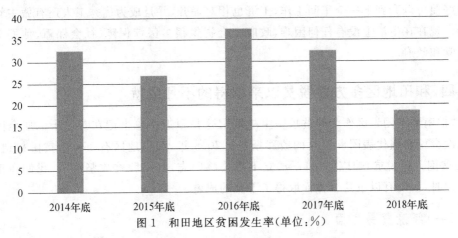

图 1　和田地区贫困发生率（单位：%）

（一）对和田地区政府和驻村工作队的调查情况

驻村干部在村中任务具体到每个人包户，一人分到几户，负责这几户的脱贫工作。

在走访的过程中，我们发现驻村干部的工作主要包括为每个家庭孩子上学提供助学金，并在孩子毕业后帮忙找工作，为每家每户定期体检。地区政府还提供免费小额贷款，为每家每户实现买车建房提供便利。驻村干部还给维吾尔族家庭教普通话。之前交通不发达，大部分以土路为主，政府大力投资修路，不管有几户，都会将柏油路通到家门口。对于家中无业的人，驻村干部也会尽心尽力地给他们找到适合的岗位，如联系企业工厂、疆内其他地州捡棉花等，还有的当上协警，交警等。政府给地区学校配备的设施也越来越好，还提供了内地的老师来帮助教学。

（二）对维吾尔族农民与工人生活的调查情况

维吾尔族农民人均年收入由 2014 年的 5300 元左右增长到 2018 年的 8800 元左右，且每年的增长都超过 10 个百分点。在我们走访的一户农民家庭中，家中有一个母亲两个孩子，家里 3 亩地，男孩在驻村工作队的帮助下做了一名协警，女孩也找了工作，母亲则在家种地，有时候也会去到政府安排的地方劳作，家庭一个月收入已经大于 1 万元，可以过上很不错的生活。母亲说之前生活没有理想，只是想种地带孩子，现在在党的领导下生活品质提高了，也有了更高的理想和期望。维吾尔族群众都很好客，即使家里十分清贫，他们也会把家里最好的东西拿出来给客人吃。

在扶贫工厂的维吾尔族工人在服装厂或鞋厂人均月收入也有 1500 元以上，做得多的，根据计件大概都在 2500 元。工厂还为工人配备了食堂和宿舍，村里为他们照顾老人和小孩，解决了后顾之忧，离得远的可以在厂子里吃饭休息。工作之余还可以在家种地和做一些手工艺品，收入越来越可观。我们采访的一名服装厂工人说，之前没有工作，自从 2019 年年初听说政府大力组建脱贫工厂，就报名来到这里，主要以完成企业的订单为主，先实行为期 3 个月的培训，然后开始进入生产流水线，从简单的技术活做起，做得好便可以升到下一个车间工作，工资也相对提升，并且成为优秀工人还有做主管的机会。现在在生活上没有任何困难，政府也会提供很多医疗保障、社会保障，他们都很感谢党和政府。

四、和田地区多方面脱贫以来取得的不凡成就

"把南疆贫困地区作为脱贫攻坚主战场"，这是习近平总书记在参加十二届全国人大五次会议新疆代表团审议时的殷殷嘱托。2018 年，和田地区有 174 个贫困村退出，42 万贫困人口脱贫，响应那句口号"立下愚公移山志，打赢脱贫攻坚战"。我们在走访脱贫户时，发现有以下几个方面取得了不凡的成就。

（一）经济贸易方面

人民的工资不断提升（图 2），企业发展不断壮大，产品面向了世界，现在和田地区每个村都有自己的企业，千家万户实现了家门口就业，企业正在不断发展壮大，政府扶持力度也比较大，有许多优惠政策，内地产业转移企业纷纷来到和田地区兴办企业。在

我们走访中，为解决"人多地少，就地就近就业难"等问题，和田地区于田县建设了多个就业产业园，我们走访了两个脱贫产业园"于田县木尕拉镇就业扶贫产业园""于田县温州鞋业产业园"。

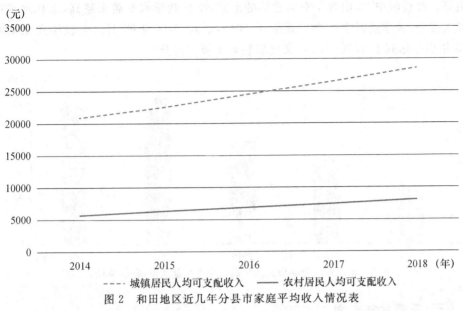

图 2　和田地区近几年分县市家庭平均收入情况表

在扶贫产业园中，工作人员向我们介绍了他们企业的工作思路是"抓产业、促脱贫、保稳定"，工作举措是"双培训、双覆盖、双保险"。工作口号是"立下愚公移山志，打赢脱贫攻坚战"。

在脱贫产业园中，已经带动了超过 5000 人就业，实现了"一人就业，全家脱贫，带动一片，激励一方"，两个产业园，人们平均月收入达到了 1500 元，年收入人均工资在 1.8万元以上，其主要生产的产品如运动鞋、皮鞋、羽绒服等，更是远销俄罗斯、乌克兰、巴基斯坦、巴西、美国等国家，经济贸易蓬勃发展，为和田地区脱贫攻坚战打下了坚实经济基础。当地居民的收入更是逐年递增，农村居民人均收入达到 8800 元；城镇居民人均可支配收入达到 28 600 元，生产总值也从 2014 年的 198 亿元变到了现在的 290 亿元，经济飞速的发展，离不开党在基层推行脱贫攻坚政策与关怀。

（二）文化思想方面

无论是企业里还是平民百姓中，"热爱中国共产党，热爱伟大祖国，热爱中华民族大家庭"已经深入人心，群众感谢党的好政策，感恩习近平总书记，感恩中国共产党，这里每周群众都自发参加升国旗仪式，有强烈的爱国爱党情怀。我们走访中，还发现无论是企业、校园还是农民百姓，思想文化都有了明显提高，得到了文化精神脱贫！我们走访了一位脱贫户老人，这位老人思想文化可以说改变非常大，贫困户时期，自己的想法就是把两个孩子养大了就行了，在党的领导下脱贫之后，想法是把两个孩子培养成警察与教师这样能奉献于国家的职业，思想进步飞快。在产业园中，工人们的思想也有了巨大改变,企业安排工作人员学习汉语,使得整个产业园的汉语水平比两年前有了很多提升,我们采访了一位脱贫工人,她贫困时期的生活很艰苦,孩子上学都是问题,当时的她很绝望,但党的脱贫政策下,自己就业了,脱贫了,孩子也免费上学了,生活突然处处变得美好。在校园中,也出现了双语教学的形式,文化教学水平越来越高,文化水平得到了极大提升,大学及以上的学历达到了 10%,远超 2014 年的 4%,高校毕业生就业率2018 年更是达到了 97%(图 3),文化思想有了极大提升!

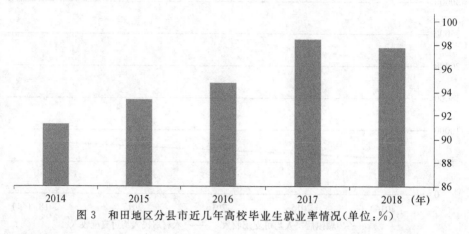

图 3　和田地区分县市近几年高校毕业生就业率情况(单位:%)

(三)基础设施方面

无论是机场、铁路、高速路还是水利都有了飞速发展。和田地区城市面貌发生了很大的变化,与其他城市的差距正快速的缩小,公共服务设施正在不断完善,交通、电力、网络等一应俱全,甚至在偏远的农村都通上了乡村公路,出行很方便,招商引资投入财产逐年攀升(图 4)。和田机场焕然一新,年吞吐量大幅提升,据了解,于田机场也在紧张的施工中,和若铁路正在施工,预计 2022 年通车运行,形成了进出南疆通道,和田地区也通上了高速路,喀什—和田高速路已经通车,群众出行更加方便。和田地区新建了多个水利项目,对灌溉、发电等发挥了促进作用。

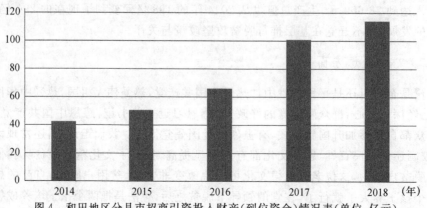

图 4　和田地区分县市招商引资投入财产(到位资金)情况表(单位:亿元)

（四）社会保障方面

社保扶贫使得贫困人口享受到了高效便利的服务，贫困家庭就医实现了先诊疗后付费，报销比例也比较高，孤寡老人、五保户都住进了宽敞明亮的养老院，孤儿住进了设施齐全的儿童福利院，和田地区政府为群众考虑得很周到，方方面面都站在群众角度考虑，为群众解决了很多困难。随着党的脱贫攻坚战的打响，新疆社会保障建设迎来了飞速发展的春天，保障能力不断增强，形成了社会保险、社会救助、社会福利为基础，以基本养老、医疗、失业、工伤、生育保险和最低生活保障制度为重点，以慈善事业、企业保险为补充的多层次社会保障体系。校园中，学生上学无需学费，减少了家里的经济负担的同时也增长了人们的文化程度，其次，政府也提供了"助学金"制度，更是为那些上不起大学的学生提供了机会。农业中，"双保险、双覆盖"，为农民提供了良好的社会服务与保障，不仅加快了农村的经济发展，增加了农民的收入，也为农民们美好生活创造了良好的保障。